本项目由深圳市宣传文化事业发展专项基金资助

深圳学派建设丛书（第八辑）

深圳土地要素市场化配置改革与创新

Reform and Innovation on Market Allocation of Land Factor in Shenzhen

张喆 沈晖 林梦笑 魏凌 著

中国社会科学出版社

图书在版编目（CIP）数据

深圳土地要素市场化配置改革与创新/张喆等著. —北京：中国社会科学出版社，2021.7

（深圳学派建设丛书. 第八辑）

ISBN 978 - 7 - 5203 - 8610 - 4

Ⅰ.①深… Ⅱ.①张… Ⅲ.①城市土地—土地管理—市场配置—深圳 Ⅳ.①F299.232

中国版本图书馆 CIP 数据核字（2021）第 115732 号

出 版 人	赵剑英
责任编辑	马 明　孙砚文
责任校对	任晓晓
责任印制	王 超
出　　版	中国社会科学出版社
社　　址	北京鼓楼西大街甲 158 号
邮　　编	100720
网　　址	http://www.csspw.cn
发 行 部	010 - 84083685
门 市 部	010 - 84029450
经　　销	新华书店及其他书店
印　　刷	北京明恒达印务有限公司
装　　订	廊坊市广阳区广增装订厂
版　　次	2021 年 7 月第 1 版
印　　次	2021 年 7 月第 1 次印刷
开　　本	710×1000　1/16
印　　张	22.75
字　　数	338 千字
定　　价	119.00 元

凡购买中国社会科学出版社图书，如有质量问题请与本社营销中心联系调换
电话：010 - 84083683
版权所有　侵权必究

《深圳学派建设丛书》
编委会

顾　　问：王京生　李小甘

主　　任：王　强　张　华

执行主任：陈金海　吴定海

主　　编：吴定海

总序：学派的魅力

王京生[*]

学派的星空

在世界学术思想史上，曾经出现过浩如繁星的学派，它们的光芒都不同程度地照亮人类思想的天空，像米利都学派、弗莱堡学派、法兰克福学派等，其人格精神、道德风范一直为后世所景仰，其学识与思想一直成为后人引以为据的经典。就中国学术史而言，不断崛起的学派连绵而成群山之势，并标志着不同时代的思想所能达到的高度。自晚明至晚清，是中国学术尤为昌盛的时代，而正是在这个时代，学派性的存在也尤为活跃，像陆王学派、吴学、皖学、扬州学派等。但是，学派辈出的时期还应该首推古希腊和春秋战国时期，古希腊出现的主要学派就有米利都学派、毕达哥拉斯学派、埃利亚学派、犬儒学派；而儒家学派、黄老学派、法家学派、墨家学派、稷下学派等，则是春秋战国时代学派鼎盛的表现，百家之中几乎每家就是一个学派。

综观世界学术思想史，学派一般都具有如下的特征：

其一，有核心的代表人物，以及围绕着这些核心人物所形成的特定时空的学术思想群体。德国19世纪著名的历史学家兰克既是影响深远的兰克学派的创立者，也是该学派的精神领袖，他在柏林大学长期任教期间培养了大量的杰出学者，形成了声势浩大的学术势力，兰克本人也一度被尊为欧洲史学界的泰斗。

其二，拥有近似的学术精神与信仰，在此基础上形成某种特定的学术风气。清代的吴学、皖学、扬学等乾嘉诸派学术，以考据为

---

[*] 王京生：国务院参事。

治学方法，继承古文经学的训诂方法而加以条理发明，用于古籍整理和语言文字研究，以客观求证、科学求真为旨归，这一学术风气也因此成为清代朴学最为基本的精神特征。

其三，由学术精神衍生出相应的学术方法，给人们提供了观照世界的新的视野和新的认知可能。产生于20世纪60年代、代表着一种新型文化研究范式的英国伯明翰学派，对当代文化、边缘文化、青年亚文化的关注，尤其是对影视、广告、报刊等大众文化的有力分析，对意识形态、阶级、种族、性别等关键词的深入阐释，无不为我们认识瞬息万变的世界提供了丰富的分析手段与观照角度。

其四，由上述三点所产生的经典理论文献，体现其核心主张的著作是一个学派所必需的构成因素。作为精神分析学派的创始人，弗洛伊德所写的《梦的解析》等，不仅成为精神分析理论的经典著作，而且影响广泛并波及人文社科研究的众多领域。

其五，学派一般都有一定的依托空间，或是某个地域，或是像大学这样的研究机构，甚至是有着自身学术传统的家族。

学派的历史呈现出交替嬗变的特征，形成了自身发展规律：

其一，学派出现往往暗合了一定时代的历史语境及其"要求"，其学术思想主张因而也具有非常明显的时代性特征。一旦历史条件发生变化，学派的内部分化甚至衰落将不可避免，尽管其思想遗产的影响还会存在相当长的时间。

其二，学派出现与不同学术群体的争论、抗衡及其所形成的思想张力紧密相关，它们之间的"势力"此消彼长，共同勾勒出人类思想史波澜壮阔的画面。某一学派在某一历史时段"得势"，完全可能在另一历史时段"失势"。各领风骚若干年，既是学派本身的宿命，也是人类思想史发展的"大幸"：只有新的学派不断涌现，人类思想才会不断获得更为丰富、多元的发展。

其三，某一学派的形成，其思想主张都不是空穴来风，而有其内在理路。例如，宋明时期陆王心学的出现是对程朱理学的反动，但其思想来源却正是前者；清代乾嘉学派主张朴学，是为了反对陆王心学的空疏无物，但二者之间也建立了内在关联。古希腊思想作为欧洲思想发展的源头，使后来西方思想史的演进，几乎都可看作是对它的解释与演绎，"西方哲学史都是对柏拉图思想的演绎"的极端说法，却也说出了部分的真实。

其四，强调内在理路，并不意味着对学派出现的外部条件重要性的否定；恰恰相反，外部条件有时对于学派的出现是至关重要的。政治的开明、社会经济的发展、科学技术的进步、交通的发达、移民的汇聚等，都是促成学派产生的重要因素。名震一时的扬州学派，就直接得益于富甲一方的扬州经济与悠久而发达的文化传统。综观中国学派出现最多的明清时期，无论是程朱理学、陆王心学，还是清代的吴学、皖学、扬州学派、浙东学派，无一例外都是地处江南（尤其是江浙地区）经济、文化、交通异常发达之地，这构成了学术流派得以出现的外部环境。

学派有大小之分，一些大学派又分为许多派别。学派影响越大分支也就越多，使得派中有派，形成一个学派内部、学派之间相互切磋与抗衡的学术群落，这可以说是纷纭繁复的学派现象的一个基本特点。尽管学派有大小之分，但在人类文明进程中发挥的作用却各不相同，有积极作用，也有消极作用。如，法国百科全书派破除中世纪以来的宗教迷信和教会黑暗势力的统治，成为启蒙主义的前沿阵地与坚强堡垒；罗马俱乐部提出的"增长的极限""零增长"等理论，对后来的可持续发展、协调发展、绿色发展等理论与实践，以及联合国通过的一些决议，都产生了积极影响；而德国人文地理学家弗里德里希·拉采尔所创立的人类地理学理论，宣称国家为了生存必须不断扩充地域、争夺生存空间，后来为法西斯主义所利用，起了相当大的消极作用。

学派的出现与繁荣，预示着一个国家进入思想活跃的文化大发展时期。被司马迁盛赞为"盛处士之游，壮学者之居"的稷下学宫，之所以能成为著名的稷下学派之诞生地、战国时期百家争鸣的主要场所与最负盛名的文化中心，重要原因就是众多学术流派都活跃在稷门之下，各自的理论背景和学术主张尽管各有不同，却相映成趣，从而造就了稷下学派思想多元化的格局。这种"百氏争鸣、九流并列、各尊所闻、各行所知"的包容、宽松、自由的学术气氛，不仅推动了社会文化的进步，而且也引发了后世学者争论不休的话题，中国古代思想在这里得到了极大发展，迎来了中国思想文化史上的黄金时代。而从秦朝的"焚书坑儒"到汉代的"独尊儒术"，百家争鸣局面便不复存在，思想禁锢必然导致学派衰落，国家文化发展也必将受到极大的制约与影响。

深圳的追求

在中国打破思想的禁锢和改革开放40多年，面对百年未有之大变局的历史背景下，随着中国经济的高速发展以及在国际上的和平崛起，中华民族伟大复兴的中国梦正在进行。文化是立国之根本，伟大的复兴需要伟大的文化。树立高度的文化自觉，促进文化大发展大繁荣，加快建设文化强国，中华文化的伟大复兴梦想正在逐步实现。可以预期的是，中国的学术文化走向进一步繁荣的过程中，将逐步构建中国特色哲学社会科学学科体系、学术体系和话语体系，在世界舞台上展现"学术中的中国"。

从20世纪70年代末真理标准问题的大讨论，到人生观、文化观的大讨论，再到90年代以来的人文精神大讨论，以及近年来各种思潮的争论，凡此种种新思想、新文化，已然展现出这个时代在百家争鸣中的思想解放历程。在与日俱新的文化转型中，探索与矫正的交替进行和反复推进，使学风日盛、文化昌明，在很多学科领域都出现了彼此论争和公开对话，促成着各有特色的学术阵营的形成与发展。

一个文化强国的崛起离不开学术文化建设，一座高品位文化城市的打造同样也离不开学术文化发展。学术文化是一座城市最内在的精神生活，是城市智慧的积淀，是城市理性发展的向导，是文化创造力的基础和源泉。学术是不是昌明和发达，决定了城市的定位、影响力和辐射力，甚至决定了城市的发展走向和后劲。城市因文化而有内涵，文化因学术而有品位，学术文化已成为现代城市智慧、思想和精神高度的标志和"灯塔"。

凡工商发达之处，必文化兴盛之地。深圳作为我国改革开放的"窗口"和"排头兵"，是一个商业极为发达、市场化程度很高的城市，移民社会特征突出、创新包容氛围浓厚、民主平等思想活跃、信息交流的"桥头堡"地位明显，形成了开放多元、兼容并蓄、创新创意、现代时尚的城市文化特征，具备形成学派的社会条件。在创造工业化、城市化、现代化发展奇迹的同时，深圳也创造了文化跨越式发展的奇迹。文化的发展既引领着深圳的改革开放和现代化进程，激励着特区建设者艰苦创业，也丰富了广大市民的生活，提升了城市品位。

如果说之前的城市文化还处于自发性的积累期，那么进入新世纪以来，深圳文化发展则日益进入文化自觉的新阶段：创新文化发展理念，实施"文化立市"战略，推动"文化强市"建设，提升文化软实力，争当全国文化改革发展"领头羊"。自2003年以来，深圳文化发展亮点纷呈、硕果累累：荣获联合国教科文组织"设计之都""全球全民阅读典范城市"称号，被国际知识界评为"杰出的发展中的知识城市"，连续多次荣获"全国文明城市"称号，屡次被评为"全国文化体制改革先进地区"，"深圳十大观念""新时代深圳精神"影响全国，《走向复兴》《我们的信念》《中国之梦》《永远的小平》《迎风飘扬的旗》《命运》等精品走向全国，深圳读书月、市民文化大讲堂、关爱行动、创意十二月、文化惠民等品牌引导市民追求真善美，图书馆之城、钢琴之城、设计之都等"两城一都"高品位文化城市正成为现实。

城市的最终意义在于文化。在特区发展中，"文化"的地位正发生着巨大而悄然的变化。这种变化不仅在于大批文化设施的兴建、各类文化活动的开展与文化消费市场的繁荣，还在于整个城市文化地理和文化态度的改变，城市发展思路由"经济深圳"向"文化深圳"转变。这一切都源于文化自觉意识的逐渐苏醒与复活。文化自觉意味着文化上的成熟，未来深圳的发展，将因文化自觉意识的强化而获得新的发展路径与可能。

与国内外一些城市比起来，历史文化底蕴不够深厚、文化生态不够完善等仍是深圳文化发展中的弱点，特别是学术文化的滞后。近年来，深圳在学术文化上的反思与追求，从另一个层面构成了文化自觉的逻辑起点与外在表征。显然，文化自觉是学术反思的扩展与深化，从学术反思到文化自觉，再到文化自信、自强，无疑是文化主体意识不断深化乃至确立的过程。大到一个国家和小到一座城市的文化发展皆是如此。

从世界范围看，伦敦、巴黎、纽约等先进城市不仅云集大师级的学术人才，而且有活跃的学术机构、富有影响的学术成果和浓烈的学术氛围，正是学术文化的繁盛才使它们成为世界性文化中心。可以说，学术文化发达与否，是国际化城市不可或缺的指标，并将最终决定一个城市在全球化浪潮中的文化地位。城市发展必须在学术文化层面有所积累和突破，否则就缺少根基，缺少理念层面的影响，缺少自我反省的能力，就不会有强大的辐射力，即使有一定的辐射力，其影响也只是停留于表面。强大而繁荣的学术文化，将最终确立一种文化类型的主导地位和城市的文化声誉。

深圳正在抢抓粤港澳大湾区和先行示范区"双区"驱动，经济特区和先行示范区"双区"叠加的历史机遇，努力塑造社会主义文化繁荣兴盛的现代城市文明。近年来，深圳在实施"文化立市"战略、建设"文化强市"过程中鲜明提出：大力倡导和建设创新型、智慧型、包容型城市主流文化，并将其作为城市精神的主轴以及未来文化发展的明确导向和基本定位。其中，智慧型城市文化就是以追求知识和理性为旨归，人文气息浓郁，学术文化繁荣，智慧产出能力较强，学习型、知识型城市建设成效卓著。深圳要大力弘扬粤港澳大湾区人文精神，建设区域文化中心城市和彰显国家文化软实力的现代文明之城，建成有国际影响力的智慧之城，学术文化建设是其最坚硬的内核。

经过40多年的积累，深圳学术文化建设初具气象，一批重要学科确立，大批学术成果问世，众多学科带头人涌现。在中国特色社会主义理论、先行示范区和经济特区研究、粤港澳大湾区、文化发展、城市化等研究领域产生了一定影响；学术文化氛围已然形成，在国内较早创办以城市命名的"深圳学术年会"，举办了"世界知识城市峰会"等一系列理论研讨会。尤其是《深圳十大观念》等著作的出版，更是对城市人文精神的高度总结和提升，彰显和深化了深圳学术文化和理论创新的价值意义。这些创新成果为坚定文化自信贡献了学术力量。

而"深圳学派"的鲜明提出，更是寄托了深圳学人的学术理想和学术追求。1996年最早提出"深圳学派"的构想；2010年《深圳市委市政府关于全面提升文化软实力的意见》将"推动'深圳学派'建设"载入官方文件；2012年《关于深入实施文化立市战略建设文化强市的决定》明确提出"积极打造'深圳学派'"；2013年出台实施《"深圳学派"建设推进方案》。一个开风气之先、引领思想潮流的"深圳学派"正在酝酿、构建之中，学术文化的春天正向这座城市走来。

"深圳学派"概念的提出，是中华文化伟大复兴和深圳高质量发展的重要组成部分。树起这面旗帜，目的是激励深圳学人为自己的学术梦想而努力，昭示这座城市尊重学人、尊重学术创作的成果、尊重所有的文化创意。这是深圳40多年发展文化自觉和文化自信的表现，更是深圳文化流动的结果。因为只有各种文化充分流动碰撞，形成争鸣局面，才能形成丰富的思想土壤，为"深圳学派"形成创造条件。

深圳学派的宗旨

构建"深圳学派"，表明深圳不甘于成为一般性城市，也不甘于仅在世俗文化层面上做点影响，而是要面向未来中华文明复兴的伟大理想，提升对中国文化转型的理论阐释能力。"深圳学派"从名称上看，是地域性的，体现城市个性和地缘特征；从内涵上看，是问题性的，反映深圳在前沿探索中遇到的主要问题；从来源上看，"深圳学派"没有明确的师承关系，易形成兼容并蓄、开放择优的学术风格。因而，"深圳学派"建设的宗旨是"全球视野，民族立场，时代精神，深圳表达"。它浓缩了深圳学术文化建设的时空定位，反映了对学界自身经纬坐标的全面审视和深入理解，体现了城市学术文化建设的总体要求和基本特色。

一是"全球视野"：反映了文化流动、文化选择的内在要求，体现了深圳学术文化的开放、流动、包容特色。它强调要树立世界眼光，尊重学术文化发展内在规律，贯彻学术文化转型、流动与选择辩证统一的内在要求，坚持"走出去"与"请进来"相结合，推动深圳与国内外先进学术文化不断交流、碰撞、融合，保持旺盛活力，构建开放、包容、创新的深圳学术文化。

文化的生命力在于流动，任何兴旺发达的城市和地区一定是流动文化最活跃、最激烈碰撞的地区，而没有流动文化或流动文化很少光顾的地区，一定是落后的地区。文化的流动不断催生着文化的分解和融合，推动着文化新旧形式的转换。在文化探索过程中，唯一需要坚持的就是敞开眼界、兼容并蓄、海纳百川，尊重不同文化的存在和发展，推动多元文化的融合发展。中国近现代史的经验反复证明，闭关锁国的文化是窒息的文化，对外开放的文化才是充满生机活力的文化。学术文化也是如此，只有体现"全球视野"，才能融入全球思想和话语体系。因此，"深圳学派"的研究对象不是局限于一国、一城、一地，而是在全球化背景下，密切关注国际学术前沿问题，并把中国尤其是深圳的改革发展置于人类社会变革和文化变迁的大背景下加以研究，具有宽广的国际视野和鲜明的民族特色，体现开放性甚至是国际化特色，融合跨学科的交叉和开放，提高深圳改革创新思想的国际影响力，向世界传播中国思想。

二是"民族立场"：反映了深圳学术文化的代表性，体现了深圳在国家战略中的重要地位。它强调要从国家和民族未来发展的战略出发，树立深圳维护国家和民族文化主权的高度责任感、使命感、紧迫感。加快发展和繁荣学术文化，融通马克思主义、中华优秀传统文化和国外学术文化资源，尽快使深圳在学术文化领域跻身全球先进城市行列，早日占领学术文化制高点。推动国家民族文化昌盛，助力中华民族早日实现伟大复兴。

任何一个大国的崛起，不仅伴随经济的强盛，而且伴随文化的昌盛。文化昌盛的一个核心就是学术思想的精彩绽放。学术的制高点，是民族尊严的标杆，是国家文化主权的脊梁骨；只有占领学术制高点，才能有效抵抗文化霸权。当前，中国的和平崛起已成为世界的最热门话题之一，中国已经成为世界第二大经济体，发展速度为世界刮目相看。但我们必须清醒地看到，在学术上，我们还远未进入世界前列，特别是还没有实现与第二大经济体相称的世界文化强国的地位。这样的学术境地不禁使我们扪心自问，如果思想学术得不到世界仰慕，中华民族何以实现伟大复兴？在这个意义上，深圳和全国其他地方一样，学术都是短板，理论研究不能很好地解读实践、总结经验。而深圳作为"全国改革开放的一面旗帜"，肩负了为国家、为民族文化发展探路的光荣使命，尤感责任重大。深圳这块沃土孕育了许多前沿、新生事物，为学术研究提供了丰富的现实素材，但是学派的学术立场不能仅限于一隅，而应站在全国、全民族的高度，探索新理论解读这些新实践、新经验，为繁荣中国学术、发展中国理论贡献深圳篇章。

三是"时代精神"：反映了深圳学术文化的基本品格，体现了深圳学术发展的主要优势。它强调要发扬深圳一贯的"敢为天下先"的精神，突出创新性，强化学术攻关意识，按照解放思想、实事求是、求真务实、开拓创新的总要求，着眼人类发展重大前沿问题，聚焦新时代新发展阶段的重大理论和实践问题，特别是重大战略问题、复杂问题、疑难问题，着力创造学术文化新成果，以新思想、新观点、新理论、新方法、新体系引领时代学术文化思潮，打造具有深圳风格的理论学派。

党的十八大提出了完整的社会主义核心价值观，这是当今中国时代精神的最权威、最凝练表达，是中华民族走向复兴的兴国之魂，是中国梦的核心和鲜明底色，也应该成为"深圳学派"进行研究和探索的价值准则和奋斗方向。其所熔铸的中华民族生生不息的家国情怀，无数仁人志士为之奋斗的伟大目标和每个中国人对幸福生活的向往，是"深圳学派"的思想之源和动力之源。

创新，是时代精神的集中表现，也是深圳这座先锋城市的第一标志。深圳的文化创新包含了观念创新，利用移民城市的优势，激发思想的力量，产生了一批引领时代发展的深圳观念；手段创新，通过技术手段创新文化发展模式，形成了"文化+科技""文化+金融""文化+旅游""文化+创意"等新型文化业态；内容创新，以"内容为王"提升文化产品和服务的价值，诞生了华强文化科技、腾讯、华侨城等一大批具有强大生命力的文化企业，形成了文博会、读书月等一大批文化品牌；制度创新，充分发挥市场的作用，不断创新体制机制，激发全社会的文化创造活力，从根本上提升城市文化的竞争力。"深圳学派"建设也应体现出强烈的时代精神，在学术课题、学术群体、学术资源、学术机制、学术环境方面迸发出崇尚创新、提倡包容、敢于担当的活力。"深圳学派"需要阐述和回答的是中国改革发展的现实问题，要为改革开放的伟大实践立论、立言，对时代发展作出富有特色的理论阐述。它以弘扬和表达时代精神为己任，以理论创新、知识创新、方法创新为基本追求，有着明确的文化理念和价值追求，不局限于某一学科领域的考据和论证，而要充分发挥深圳创新文化的客观优势，多视角、多维度、全方位地研究改革发展中的现实问题。

　　四是"深圳表达"：反映了深圳学术文化的个性和原创性，体现了深圳使命的文化担当。它强调关注现实需要和问题，立足深圳实际，着眼思想解放、提倡学术争鸣，注重学术个性、鼓励学术原创，在坚持马克思主义的指导下，敢于并善于用深圳视角研究重大前沿问题，用深圳话语表达原创性学术思想，用深圳体系发表个性化学术理论，构建具有深圳风格和气派的话语体系，形成具有创造性、开放性和发展活力的理论。

　　称为"学派"就必然有自己的个性、原创性，成一家之言，勇于创新、大胆超越，切忌人云亦云、没有反响。一般来说，学派的诞生都伴随着论争，在论争中学派的观点才能凸显出来，才能划出自己的阵营和边际，形成独此一家、与众不同的影响。"深圳学派"依托的是改革开放前沿，有着得天独厚的文化环境和文化氛围，因此不是一般地标新立异，也不会跟在别人后面，重复别人的研究课题和学术话语，而是要以改革创新实践中的现实问题研究作为理论创新的立足点，作出特色鲜明的理论表述，发出与众不同的声音，充分展现深圳学者的理论勇气和思想活力。当然，"深圳学派"要把深圳的物质文明、精神文明和制度文明作为重要的研究对象，但不等于言必深圳，只囿于深圳的格局。思想无禁区、学术无边界，"深圳学派"应以开放心态面对所有学人，严谨执着，放胆争鸣，穷通真理。

　　狭义的"深圳学派"属于学术派别，当然要以学术研究为重要内容；而广义的"深圳学派"可看成"文化派别"，体现深圳作为改革开放前沿阵地的地域文化特色，因此除了学术研究，还包含文学、美术、音乐、设计创意等各种流派。从这个意义上说，"深圳学派"尊重所有的学术创作成果，尊重所有的文化创意，不仅是哲学社会科学，还包括自然科学、文学艺术等，应涵盖多种学科，形成丰富的学派学科体系，用学术续写更多"春天的故事"。

"寄言燕雀莫相唶，自有云霄万里高。"学术文化是文化的核心，决定着文化的质量、厚度和发言权。我们坚信，在建设文化强国、实现文化复兴的进程中，植根于中华文明深厚沃土、立足于特区改革开放伟大实践、融汇于时代潮流的"深圳学派"，一定能早日结出硕果，绽放出盎然生机！

作于 2016 年 3 月
更于 2021 年 6 月

目　录

第一章　导论 ……………………………………………………（1）
　　第一节　研究背景及意义 ……………………………………（1）
　　第二节　研究综述与评析 ……………………………………（5）
　　第三节　研究内容与技术路线 ………………………………（24）
　　第四节　研究方法与主要创新 ………………………………（26）

第二章　土地要素市场化配置的理论分析 …………………（30）
　　第一节　土地要素市场化配置的内涵 ………………………（30）
　　第二节　土地要素市场化配置的动因 ………………………（35）
　　第三节　土地要素市场化配置的影响因素 …………………（40）
　　第四节　制度变迁理论分析的适用性 ………………………（49）

第三章　深圳土地要素市场化配置改革的逻辑起点
　　　　　（1978—2000年）……………………………………（56）
　　第一节　土地有偿使用制度的发端 …………………………（57）
　　第二节　深圳市土地有偿使用制度演变路径 ………………（63）
　　第三节　阶段性招标、拍卖成交数据分析 …………………（83）
　　第四节　深圳市土地有偿使用制度改革成效分析 …………（86）
　　第五节　土地有偿使用制度变迁面临的问题及挑战 ………（91）

第四章　深圳土地要素市场化配置机制的建立与深化
　　　　　（2001—2011年）……………………………………（96）
　　第一节　深圳土地要素市场化配置机制的建立 ……………（97）

第二节　深圳土地要素市场化配置机制建立的
　　　　　路径分析 …………………………………………（115）
　　第三节　机制深化：工业用地招拍挂制度探索 …………（122）

第五章　深圳土地要素市场供应体系改革与完善
　　　　　（2012年至今）……………………………（138）
　　第一节　深圳土地要素市场供应体系改革背景 …………（138）
　　第二节　深圳原农村集体经济组织手中各类建设用地
　　　　　市场化改革 ………………………………………（142）
　　第三节　土地要素市场改革的深化与完善 ………………（154）
　　第四节　土地要素立体利用中的市场配置 ………………（185）
　　第五节　土地要素市场化配置方式的探索 ………………（197）

第六章　深圳土地要素市场化配置改革案例研究 ………（214）
　　第一节　深圳土地要素市场化机制建立时期典型案例 …（214）
　　第二节　深圳工业用地首宗招拍挂出让创新实践 ………（228）
　　第三节　深圳优化空间资源配置典型案例：
　　　　　凤凰社区农地入市 ………………………………（233）
　　第四节　土地要素供应方式的综合创新实践案例 ………（238）

第七章　多层次土地要素市场的建设与探索 ……………（254）
　　第一节　不动产担保市场初探索 …………………………（254）
　　第二节　司法委托土地拍卖探索 …………………………（259）
　　第三节　全国土地市场信息会展平台的搭建 ……………（266）
　　第四节　产业空间资源配置平台的建设 …………………（275）

第八章　深圳土地要素市场化配置改革总结与展望 ……（282）
　　第一节　深圳土地要素市场化配置改革的动因分析 ……（283）
　　第二节　深圳土地要素市场化配置改革的路径创新 ……（285）
　　第三节　深圳土地要素市场化配置改革成功的因素 ……（291）
　　第四节　深圳土地要素市场化配置的改革意义 …………（297）

第五节　深圳土地要素市场化配置改革面临的
　　　　问题与展望……………………………………（303）

附　录……………………………………………………（323）

参考文献…………………………………………………（335）

后　记……………………………………………………（345）

第一章

导 论

第一节 研究背景及意义

一 研究背景

(一)"深圳奇迹"的改革成就

对于土地,我们总有太多难以割舍的感情。它承载了中国几千年农业经济的全部,也承载了城市文明的所有梦想。改革开放40多年来,我国社会发生了翻天覆地的变化,实现了从计划经济体制向习近平新时代中国特色社会主义经济体制的历史性跨越,全方位融入世界经济体系,铸就了我国繁荣稳定的大好局面。深圳是我国改革之城,20世纪80年代,作为中国改革开放的"窗口"和"试验田",开创了一场土地使用制度的自主创新之旅,创造了"三天一层楼"的"深圳奇迹"。这充分展现了我国城市建设的巨大成就,为全国的改革创新提供了先行先试的宝贵经验。2018年是我国改革开放40周年,2019年是深圳建市40周年,2020年是深圳经济特区成立40周年,深圳因改革开放而生,因经济特区而立市、立名、立史。[①] 40多年来,深圳在改革开放的道路上创造出辉煌的发展成就。2019年,深圳市地区生产总值达2.69万亿元,仅次于上海、北京,达到全国第三位;人均地区生产总值20.35万元,国内城市

---

① 邹兵:《从特区到大湾区——深圳对中国城市化的历史贡献与未来责任》,《时代建筑》2019年第4期。

排名第一位；出口总额高达1.67万亿元，连续27年居内地大中城市首位，城市化率高达100%。回顾走过的足迹，仅仅40多年，深圳从一个31万人的边陲小镇发展成现代化、国际化的人口超千万级的大都市，创造了人类工业化和城市化发展历史上的奇迹。深圳取得如此巨大成就，主要得益于其从"必须要改革"到"善于改革"，最后到"精于改革"的转变。深圳的长足发展并不是依靠自然资源的富足，也不是地域辽阔，更不是无限的土地资源[①]，而是来自制度、理念、组织和技术的综合创新。这些创新为深圳市带来资金、人才等最核心的城市发展要素。深圳市域面积小，难以外延扩张，只能充分利用其自然资源禀赋来聚集能量。深圳经济特区的设立和发展，对外开放的倒逼机制，使得深圳市形成以土地、劳动力和资本等要素为基础的商品市场，通过价格机制配置资源，造就出深圳市的体制基因。通过改革创新，激发了城市的自我生命动力，以迎接机遇和挑战，实现飞跃发展。政府、企业和人民都在市场化的变革中受益，推动了深圳市场经济的深化，不断产生完善市场经济体制的动力。[②]

土地制度改革是深圳改革开放的重要组成部分，为"深圳奇迹"的产生提供了强有力的支撑，为深圳乃至全国的改革开放提供了新的发展思路，做出突出的贡献。因此，对深圳土地制度的研究具有重要的理论意义和现实意义。其中，深圳土地制度改革中最重要的一环就是对土地要素市场化配置制度的改革与创新。此改革推动了深圳经济体制的转型，为深圳的城市发展提供了必需的空间保障和巨大能量场，是深圳改革开放的经济基石，是其浓墨重彩的一笔，造就了深圳的持续飞跃。

（二）发展空间不足的挑战

虽然深圳土地制度的改革之路特别是土地要素市场化配置改革取得了丰硕的成果，但其发展之路亦非坦途。深圳市在人口、经

---

① 徐远、薛兆丰、王敏等：《深圳新土改》，中信出版集团2016年版，第10—36页。

② 南岭：《深圳基因：市场经济体制形成之初》，《特区实践与理论》2019年第3期。

济、科技和产业飞速发展的同时，也面临着土地资源不足带来的发展瓶颈。深圳市是一个东西向狭长形的沿海城市，陆域面积1997平方千米，其中基本生态控制线面积约974平方千米，现有建设用地面积约990平方千米，截至2020年10月，实际管理着大于2000万的人口。改革开放以来，深圳市本身的土地资源不足加上城市经济的快速发展，使其土地供需矛盾十分突出。习近平总书记在深圳经济特区建立40周年庆祝大会的讲话中指出，"经过40年高速发展，深圳经济特区城市空间结构、生产方式、组织形态和运行机制发生深刻变革，面临城市治理承压明显、发展空间不足等诸多挑战"。

在2005年的深圳第四次党代会上，时任深圳市委书记李鸿忠提出，在经济飞速跨越的背后，制约深圳经济发展的矛盾正日益凸显：深圳的土地、空间有限难以为继；能源、水资源短缺难以为继；实现万亿元GDP需要更多劳动力投入，城市已经不堪人口重负，难以为继；环境承载力严重透支难以为继。面对土地空间资源的高度紧约束难题，深圳只有通过持续深化改革获得发展：一是大力推行基本生态控制线管理制度，实施最严格的土地管理，以实现遏制建设用地快速扩张和粗放利用；二是从2005年开始试行工业用地招拍挂出让，推行产业用地资源市场化配置，推动土地节约集约利用；三是从2009年开始，深圳市由增量发展转为存量挖潜，利用盘活存量土地、节约集约用地的综合方式，进行土地制度的改革，实现城市的转型发展，对破解城市发展的空间瓶颈具有重要作用。[①]

可以说，40多年来，土地管理制度改革有力支撑了深圳的快速工业化和城市化进程，助力特区在经济社会发展上取得举世瞩目的成就。但其仍面临发展空间不足等诸多挑战，站在特区40周年的肩膀上，深圳要实现改革开放再出发。只有依靠继续深化改革，特别是纵深推进土地要素市场化配置改革与创新，才是破解深圳发展空间不足困境的必然之举。

---

① 深圳市规划国土发展研究中心编著：《深圳市土地资源》，科学出版社2019年版，第88页。

（三）"先行示范"的国家使命

2019年8月9日，中共中央、国务院颁布《关于支持深圳建设中国特色社会主义先行示范区的意见》，要求深圳建设中国特色社会主义先行示范区。它确立了深圳的未来发展目标，即到2025年，要建成现代化、国际化的创新型城市；到2035年，要成为我国建设社会主义现代化强国的城市范例；到21世纪中叶，要成为竞争力、创新力、影响力卓著的全球标杆城市。2020年10月18日，中共中央办公厅、国务院办公厅印发了《深圳建设中国特色社会主义先行示范区综合改革试点实施方案（2020—2025年）》，同时以附件形式印发了《深圳建设中国特色社会主义先行示范区综合改革试点首批授权事项清单》，第一部分即涉及多项土地要素市场化配置的改革内容。中央对深圳的高定位、高要求，源自对深圳改革开放40多年来取得成绩的强大信心。深圳的改革发展是以我国改革开放的重要窗口为定位的。在国家支持和自身的努力下，通过改革和创新，深圳改变了自己的命运，从一个农业经济区，经历代加工为生计的时代，一跃成为我国城市经济第一方阵的一员，成为以高新技术产业为安身立命之本的创新之城，乃至力争建设中国特色社会主义先行示范区。国家对深圳的土地制度特别是土地要素市场化配置改革赋予了重要的战略定位，这也是时代赋予深圳的重要历史使命。

二　研究意义

土地是一种人类生存必不可少的、具有资源和资产双重属性的资源。只有高效合理利用土地，才能够实现国家经济社会的健康发展。土地问题不仅与人民的生存息息相关，也事关国家和社会的现代化进程。自改革开放以来，按照社会经济发展趋势，我国逐渐找到更加合适国情的土地要素配置方式。深圳改革开放的40多年里，社会主义市场经济体制在这一过程中提供了强大的动力，土地要素配置的市场化改革更是"深圳奇迹"实现的重要支撑。同时，深圳土地要素市场化配置的相关制度与技术创新，也一直为全国各地的改革发展提供着新思路，发挥着重要的作用。推动持续改革创新的当下是深圳土地要素市场化配置发展的关键历史时期，应在更高的起点、层次和目标上全面深化改革，探索建设土地要素市场化配置的新路径。

在这一时代背景下，应站在"深圳奇迹"历史成就的肩膀上，直面发展空间不足等诸多挑战，努力肩负起"先行示范"的国家使命。本书拟对深圳土地要素市场化配置改革的理论分析、历史脉络、重要里程碑成果与案例、创新智慧及经验教训等进行梳理总结，分析面临的挑战，回应"先行示范"的使命并对未来进行展望。道格拉斯·诺斯指出："历史是至关重要的。它的重要性不仅仅在于我们可以向过去取经，而且还因为现在和未来是通过一个社会制度的连续性与过去连结起来的。今天和明天的选择是由过去决定的，过去只有在被视为一个制度演进的历程中才可以理解。将制度整合到经济理论与经济史中去，是推进理论与历史的实质性一步。"[1] 本书的研究初心亦如之，以期进一步推动深圳乃至全国土地要素市场化配置的深化改革，实现从实践经验到理论结晶的提炼升华。在建设中国特色社会主义先行示范区的时代要求下，本书内容既是对历史的总结，也是对未来发展的助力，具有重要的历史沉淀作用、理论价值和现实意义。

第二节　研究综述与评析

国内外对土地资源优化配置的研究，从理论体系到实践研究都较为丰富，体现了市场对资源配置的重要性。其中，对市场配置起源的研究主要从理论着手，以亚当·斯密"看不见的手"为开端，经历了古典经济学、新古典经济学、新制度经济学三大阶段，从单一市场到将政府调控纳入思考，再到对产权的重点分析，理论越来越成熟，对实践的指导作用也越来越重要。对我国土地要素市场化配置的研究大多从实践出发，立足国情持续开展，对指导我国从计

---

[1]　[美] 道格拉斯·诺斯：《制度、制度变迁与经济绩效》，刘守英译，上海三联书店1994年版，前言第1页。

划经济到市场经济的过渡和转换提供了理论依据与实践范例。本节将重点对涉及土地要素市场化配置研究的相关文献进行全面收集、计量分析，对具有重要影响的文献进行分主题剖析，以归纳现有研究成果的观察视角和重要结论，在前人的研究基础上进行探讨。

一 土地要素市场化配置研究的计量分析

以"土地"与"市场配置"为关键词，检索中国知网、维普、万方等若干中文数据库，可获得的相关中文文献最早的是1988年汝莹发表的《论城市土地要素的市场配置》。截至2020年7月，约有530篇文章相关度较高。对其进行文献计量分析，可发现以下特点。

（一）成果发表时间特征

由图1-1可知，相关研究在1994年之前数量较少，每年度均在10篇以下。1994年开始掀起第一个小高潮，其后回落，但各年度均保持一定研究热度。2004年达到第二个小高潮，其中2014年发表成果近50篇，成为目前成果发表数量最多的年份。

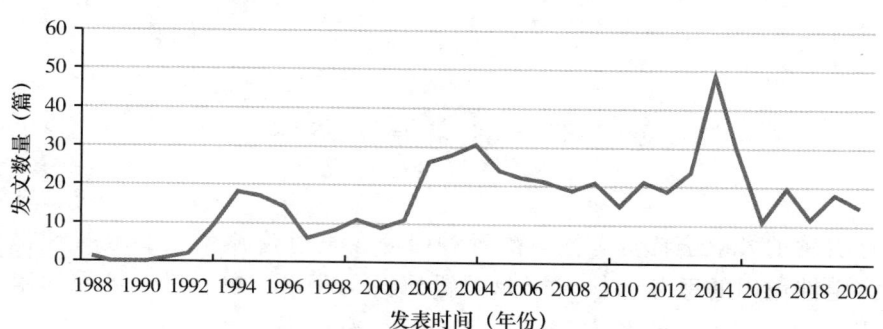

图1-1 土地要素市场化配置研究成果发表时间

这一时间特征与我国改革开放中政策里程碑的时间节点有着相关性。中国改革开放虽然始于1979年前后，但早期高考刚恢复、高校科研工作处于重启阶段，成果只能零星出现。20世纪80年代末到90年代初，改革进入"深水区"，相关争议不断。直到1992年1月18日邓小平南方视察，改革开放以经济建设为中心、大力探讨市场化改革的方向才坚定不移地被全面贯彻。相应地，土地要素市场化配置这一重要课题才得到了更多关注。但总体来说，在1994年之前我国以计划经济体制为主的背景下，土地资源市场化配置的研究缺少国内实践的支撑，相关研究较少。1994年我国开始实施分税制财政管理体制，中央和地方的财政分配关系发生变化，两大制度供给主体对土地要素的配置也将相应发生变化，尤其以收取土地出让金为重要来源的政府财政引发了系列问题。为更好地理顺财政机制，需要从市场化角度寻找出路，也引发了众多学者对土地要素市场化配置的研究。

2014年左右出现土地要素市场化配置研究高潮，与2013年11月召开的中国共产党十八届三中全会提出的经济体制改革有着强相关关系。中国共产党十五大提出"使市场在国家宏观调控下对资源配置起基础性作用"，十六大提出"在更大程度上发挥市场在资源配置中的基础性作用"，十七大提出"从制度上更好发挥市场在资源配置中的基础性作用"，十八大提出"更大程度更广范围发挥市场在资源配置中的基础性作用"，十八届三中全会则强调以处理好政府和市场的关系为核心，使市场在资源配置中起决定性作用，并更好地发挥政府作用。可以看出，我国对政府和市场关系的认识在不断深化，对市场在资源配置中的基础性作用做了"量"上的调整。党的十八届三中全会将市场在资源配置中的基础性作用改成决定性作用，是"质"上的调整。同时，加上中央政府对工业用地市场化出让的持续推动等，明确要大力推进土地资源的市场化配置。这引发了大量学者与实务工作者对市场在土地资源配置中如何发挥决定性作用的思考。

（二）主要作者分布特征

对土地要素市场配置研究者的成果数量进行分析（见图1-2），可以看到蔡继明、袁绪亚、曲福田、王万茂、吴群、迟福林等人聚焦于该领域，长期扎根相关主题的研究。不过这些主要作者对该问题的研究分布在不同的时期，如袁绪亚早在1995年就发表了2篇论文，但1997年后没有再持续发文。又如，蔡继明在2014年后才重点关注这一领域。

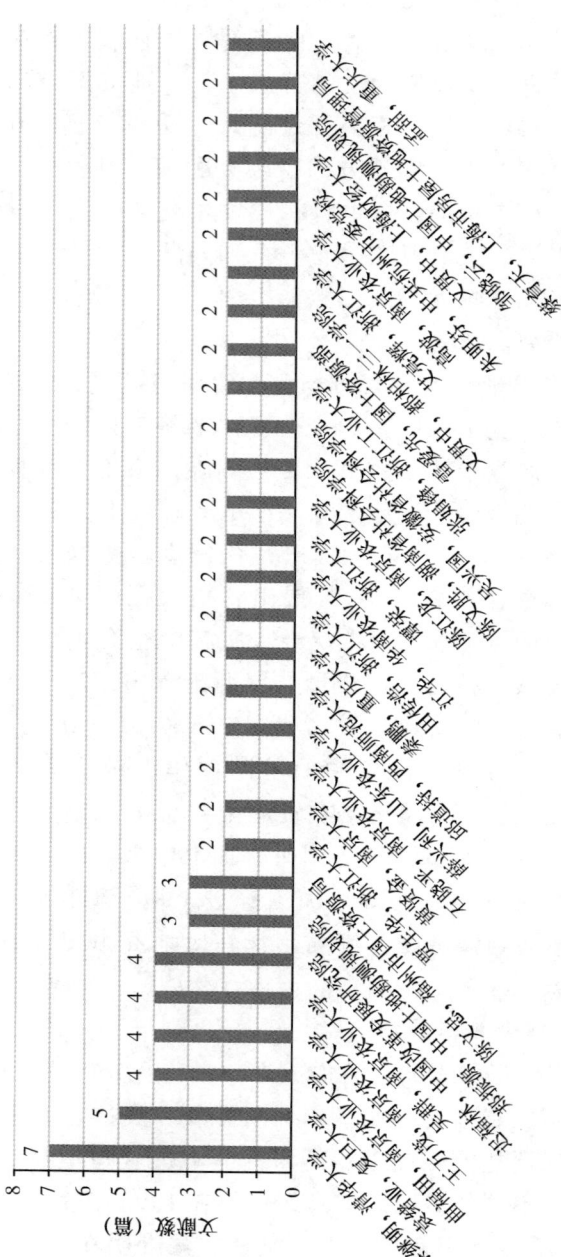

图1-2 土地要素市场化配置主要作者分布

除了数量外，通过分析文献引用率，亦可反映出该领域的重要作者。在引用率上，前30个文献的被引量是从324到48。前三个文献分别为：王慎刚、张锐2006年发表的《中外土地集约利用理论与实践》，被引量为324，居首位；曲福田、高艳梅、姜海2005年发表的《我国土地管理政策：理论命题与机制转变》，被引量为226，居第二位；韩松于2008年发表的《集体建设用地市场配置的法律问题研究》，被引量为187，位居第三。综观被引量位居前30名的文献，曲福田、贾生华、王万茂等为该领域具有影响力的重要研究者。此外，重要作者大部分分布在高校，雷爱先等原国土资源部实务工作者亦对此有深入思考，做出了贡献。

（三）成果发表载体特征

对文献类型进行分析（见图1-3），主要载体为期刊，其余为硕、博士论文。通过对前40个所载期刊或学位论文机构的归纳分析，可以发现土地要素市场化配置研究文章主要发布在核心期刊上，或是重点高校的学位论文，说明对该问题的研究程度较深，质量较优。其中，《中国土地科学》居于榜首，《中国土地》位居第二，南京农业大学博士和硕士论文共有11篇，体现了不同期刊和学校对该问题的重视程度，也体现了从理论到实践较为广泛的社会关注度。

二　土地要素市场化配置研究的主题分析

（一）关于市场配置的起源发展

市场对资源的配置对推动世界经济发挥了重要作用，也引发了众多思考和研究。如今，该领域的理论已经发展得比较完善。

吴郁玲将市场配置起源以时间、研究内容的角度进行梳理。时间角度分析认为，是从亚当·斯密"看不见的手"设定开启的对市场配置资源的理论研究。随着19世纪中后期西方经济学"边际革命"，这种持续单一以市场为动力的均衡模型并不能从根本上解决总需求和总供给的平衡问题、资源浪费问题和失业问题等，进而引发了凯恩斯革命。"看得见的手"出自英国经济学家凯恩斯的《就业、利息和货币通论》，强调国家或政府对经济生活的调控与干预。

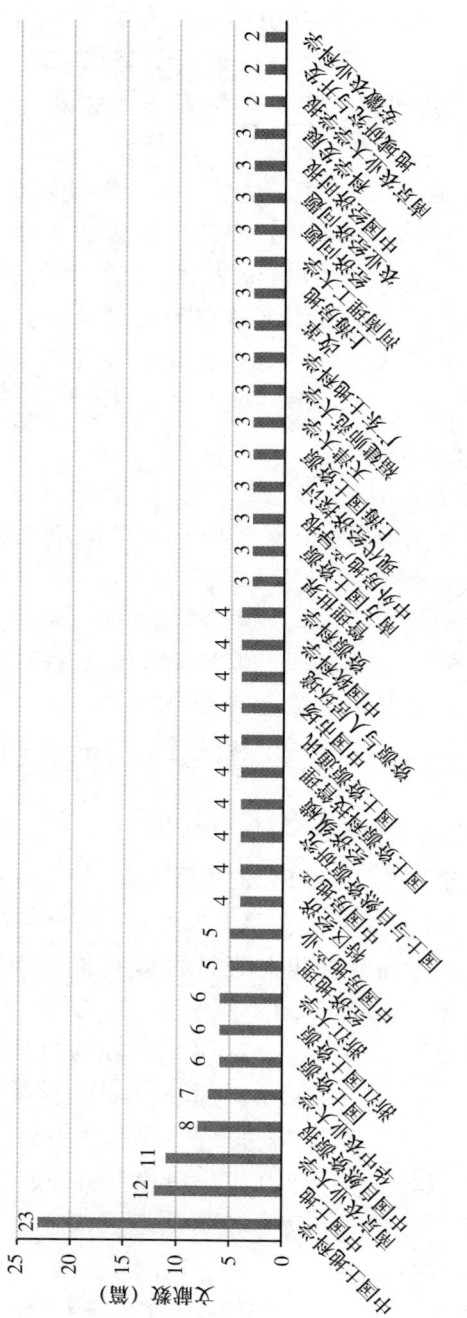

图1-3 土地要素市场化配置研究文章发表载体信息

当市场出现失灵现象时，政府往往会采取一定的措施以促进资源的合理配置。凯恩斯将政府引入资源配置的影响主体之中，以萨缪尔森为代表的新古典综合派在凯恩斯思想基础上提出了资源配置的二元论，形成混合经济以实现资源优化配置。[①] 新制度经济学则将制度分析引入新古典经济学，强调产权和交易成本的度量与不完全信息，重点诠释在不同的配置机制上如何解决特定的资源合理配置问题。在对市场配置理论的评价中，陈荣认为，古典经济理论中的市场理性在资源合理配置中不能完全发挥作用，需要公共干预（如城市规划和城市开发及土地利用政策）进行调节。但作为政府失灵理论的代表，新自由主义经济学家认为，如果市场不能解决所有问题，国家也无法实现对资源配置的完美安排，同样会出现政府失灵的现象，即在出现市场失灵的情况下，政府的干预手段不能有效增加资源配置效率，甚至恶化市场失灵情形的现象。[②] 在论述世界市场化配置思想发展的大背景下，以下文献也引入了土地要素配置相关内容。王万茂进一步指出土地要素对国民经济做出了巨大的价值贡献，进行市场化配置是为了进一步提高其利用效益，梳理了我国土地要素市场配置的脉络，即从新中国成立后的土地资源行政配置模式，到1979年开始的"计划经济为主，市场调节为辅"，再到党的十四大提出的"市场在资源调配中起基础作用"，指出完美的市场并不存在，必然会产生市场失灵的情况，它有赖于政府制定反垄断法规、税收政策、货币政策等调节供给和需求，减少市场的盲目性。[③] 王慎刚、张锐亦指出，市场这只"看不见的手"容易产生土地过度开发的问题，并且对有钱人的制约作用不明显，所以应该由政府管制予以引导。[④]

---

① 吴郁玲：《基于土地市场发育的土地集约利用机制研究——以开发区为例》，博士学位论文，南京农业大学，2007年，第10—20页。
② 陈荣：《城市土地利用效率论》，《城市规划汇刊》1995年第4期。
③ 王万茂：《市场经济条件下土地资源配置的目标、原则和评价标准》，《自然资源》1996年第1期。
④ 王慎刚、张锐：《中外土地集约利用理论与实践》，《山东师范大学学报》（自然科学版）2006年第21卷第1期。

(二) 关于土地要素市场配置的作用

1. 土地要素市场配置的主要作用

在市场配置作用方面，多数研究者认为市场配置的主要作用是提高土地资源的配置效率。例如，陈荣从土地利用效率角度分析，将土地利用效率分为城市土地配置的结构效率和土地使用的边际效率，认为我国城市土地低效利用有多方面原因，提出提高城市土地利用效率需要在采用市场化配置方式的基础上加上政府的公共干预。[①] 陈江龙、曲福田则直接提出建立和完善市场能够提高土地资源配置效率，要发挥市场在土地资源配置中的基础性作用，土地市场程度低则会导致土地资产的价值无法真正体现。[②] 与以上两种认识稍有不同，贺振华从土地流转角度分析，认为完善的土地流转市场环境下，土地数量的差异会导致土地流转，但可能产生无效率的土地流转，导致农业劳动生产率降低，同时认为土地数量加上生产率存在的差异可能产生相同的土地边际生产率，不会产生土地流转，从侧面反映市场并不一定能够提高土地资源配置效率，而是需要一定的限定条件。[③] 吴郁玲在此基础上加入部门间这一变量，提出市场经济条件下，土地以效率为标准在不同产业部门之间配置，农用地的利用系数低于非农用地利用系数，导致农业用地大量转移到非农建设部门，产生了城市的外延扩张；土地粗放利用是土地要素低效率配置的表现，市场发育不完善将会导致市场配置资源效率低下，而转型期的政府对土地利用的干预有可能存在缺位和越位，导致供求、竞争和价格等市场机制扭曲，市场失灵加之政府失灵，只会使得土地利用更加粗放。研究认为，市场是资源配置的基础性手段，但是我国在转型期的市场发育还不成熟，无法发挥市场优化配置资源的基础性作用，这种具有缺陷的市场导致土地资源配置和

---

① 陈荣：《城市土地利用效率论》，《城市规划汇刊》1995年第4期。
② 陈江龙、曲福田：《土地储备与城市土地市场运行》，《现代经济探讨》2002年第1期。
③ 贺振华：《农户外出、土地流转与土地配置效率》，《复旦学报》（社会科学版）2006年第4期。

土地利用效率的低下。[1]

在研究市场配置作用时，很多研究将市场和政府放在一起探讨，形成两种配置方式互为补充的论点。例如，钱文荣将市场配置看作国家管理土地的有效调控工具，地租和地价的存在使得在财务约束下可以减少土地的闲置和浪费，起到自律的作用；土地价格和数量信号相结合，能够提高土地管理机关的决策能力，该研究将市场配置看成国家管理的工具之一。[2] 贾生华、张娟锋也认为能够通过市场配置来解决灰色土地市场的问题。[3] 田彦军则从具体管理模式的转变角度出发，认为市场配置有助于建立新型的资源观和资源管理观，从资源管理走向资源、资产和资本三位一体的土地管理；能够促进土地管理从单纯满足需求转为需求和供给的双向调节，使得资源管理更加理性、综合和平衡。[4]

还有研究从市场本身着手，认为市场配置的属性决定了其对土地价格、收益等具有公平的分配和确定作用。例如，钱文荣认为，市场配置是一种对收益的计量和分配依据，有利于创建公平的竞争环境，提高土地使用者高效利用土地的动力，产生土地正常收益。[5] 雷爱先和李龙浩则从市场本质特征入手，分析作用发挥的根源在于市场是土地权利在平等主体间的转移，市场配置土地资源的基础性作用在经营性土地资源配置中得到有效发挥。[6] 王慎刚、张锐重点研究了集约用地，认为市场配置对集约用地作用的推进是通过价格强力调控的。[7] 马凯、钱忠好将此引入农地市场，认为该配置方式

---

[1] 吴郁玲：《基于土地市场发育的土地集约利用机制研究——以开发区为例》，博士学位论文，南京农业大学，2007年，第10—20页。

[2] 钱文荣：《中国城市土地资源配置中的市场失灵、政府缺陷与用地规模过度扩张》，《经济地理》2001年第4期。

[3] 贾生华、张娟锋：《土地资源配置体制中的灰色土地市场分析》，《中国软科学》2006年第3期。

[4] 田彦军：《理性看待"土地财政"》，《中国土地》2013年第4期。

[5] 钱文荣：《中国城市土地资源配置中的市场失灵、政府缺陷与用地规模过度扩张》，《经济地理》2001年第4期。

[6] 雷爱先、李龙浩：《土地政策与土地市场发展》，《中国房地产市场》2006年第2期。

[7] 王慎刚、张锐：《中外土地集约利用理论与实践》，《山东师范大学学报》（自然科学版）2006年第21卷第1期。

能够让农地补偿价格保持在市场水平，实现采用收益法、市场比较法等评估土地价值，让农民集体全程操作过程透明、谈判成本降低，消除地方政府独享的增值收益，保护农地政策的有效执行。①田彦军从价格形成机制角度认为，该配置方式能够完善土地使用权价格形成机制，进一步显化土地资产价值。②

2. 提高市场化配置效用的途径

通过分析市场配置的作用，很多研究者将更好地发挥市场配置的效用作为研究的另一个重点。

一方面，研究者从资源配置本身出发，通过研究市场运行机制，对促进市场运行的因素进行研究。许明月从资源配置效率提升的角度进行分析，认为土地资源逐步向最善于利用土地者的受众集聚是有条件的，能否将资源配置到最善于利用资源的人手中是关键环节，还需要交易者将自己作为经济人，并且除了所有权以外其他权利人拥有相对独立的权利，如此才能够实现资源的有效配置。③杨庆媛认为市场具有信息传递、优化土地资源配置、评价和实现土地价值的作用，同时受制度因素、体制因素、机制因素和市场管理因素的影响，需要具备相同的"配套"才能实现市场有效发挥配置资源的作用。④

另一方面，研究者通过分析市场和政府的关系来研究如何通过更好地配合来实现资源效率的最大化。雷爱先认为，土地市场中的市场和政府的作用并不能等量齐观，而是要在修正市场的不充分和不公正中加入政府干预，但政府的作用不能扰乱市场配置资源的基础性作用，采用的干预手法应该主要是经济手段和法律手段，不能过多使用行政手段。⑤吴郁玲提出，要通过转变土地管理机制创新

---

① 马凯、钱忠好：《土地征用、农地直接入市与土地资源优化配置》，《农业经济问题》2009年第4期。
② 田彦军：《理性看待"土地财政"》，《中国土地》2013年第4期。
③ 许明月：《市场经济条件下我国土地权利的独立性研究》，《现代法学》1999年第6期。
④ 杨庆媛：《中国城镇土地市场发展问题研究》，博士学位论文，西南农业大学，2001年，第34—39页。
⑤ 雷爱先：《市场配置与政府调控》，《中国土地》2003年第6期。

土地市场，将市场机制放在配置土地资源的首要位置，具体表现在：需要深化土地市场化改革，促进市场发育；通过规范地方政府行为，建立和完善土地的宏观调控体系；通过推动相关配套制度改革走向深入，优化土地集约利用的市场制度环境。[1] 王慎刚、张锐认为，例如香港通过批租保证土地以市场价格出售，政府对整体进行规划和控制土地开发规模，根据市场需求制订中长期土地供应计划，完善法律保证规划的实施，严格限制开发期囤积土地进行投机。[2] 蔡继明、王成伟认为，土地作为最基本的经济资源，需要由市场在其配置中起到决定性作用，即从计划经济转变成市场经济，在规划和用途管制中要尊重市场规律。[3]

（三）关于城乡土地要素的市场化配置

我国土地利用的城乡二元结构是土地要素配置中重要的现实国情，因此，对城乡二元结构的单因素分析及综合研究得到学界和业界的重视。成果主要分布在城市土地市场配置、农村土地市场配置和城乡一体化土地市场配置三个方面。

1. 城市土地市场配置方面

随着我国市场经济体制的建立和城市国有土地的逐步市场化配置，一些纯商业化的土地配置已经趋向完全市场化，但是介于市场与非市场配置之间的土地利用方式还存在界限不清、灰色区域的问题。因此，这一领域成为该方向的研究热点。通过相关研究，研究者希望能够提升城市土地市场配置效率，完善城市土地市场配置。艾建国从城市土地配置的经济适用住房选址角度分析，认为要按照市场机制配置土地资源，与旧城改造结合，在片区改造中合理构建社区服务网点，集中配套设施，建造高档住宅，适应不同收入阶层的需要；利用营销策略、街道分割等方式创造出不同标准的商品住宅。该研究结论有利于兼顾公众和政府利益，能够对当前开展的经

---

[1] 吴郁玲：《基于土地市场发育的土地集约利用机制研究——以开发区为例》，博士学位论文，南京农业大学，2007年，第10—20页。
[2] 王慎刚、张锐：《中外土地集约利用理论与实践》，《山东师范大学学报》（自然科学版）2006年第21卷第1期。
[3] 蔡继明、王成伟：《市场在土地资源配置中同样要起决定性作用》，《经济纵横》2014年第7期。

济适用住房等公益类型用地方式提供借鉴。① 黎赔肆、周寅康、彭补拙则从公共用地和非公共用地角度分析，认为市场机制无法提供公共土地资源，也无法解决公共用地外部性的问题，在计划经济时代，政府指令性的配置方式，土地无偿、无限期使用，不存在利益分配问题，很少从经济利益角度区分公共用地和非公共用地，所以在市场经济条件下，特别是在城市国有土地市场建立完善的阶段，应该对一些尚未完善的领域进行重点分析。②

曲福田、石晓平主要从不同主体之间的行为模式角度进行分析，希望能够通过建立完善的制度环境来提升市场配置土地要素的效率，认为城市国有土地市场因为国有土地产权制度不完善、政府和企业关系未理顺、土地市场化改革制度供给不足的问题，导致国有土地市场发育不完善、土地低效率配置，企业无法享受足够公平的竞争环境；市场机制作用下，土地使用效率不断提升，但也产生了土地低效利用和限制现象，城市建设用地通过蚕食耕地来实现，造成耕地资源保护政策的低效性；城市国有土地市场化配置对提高土地资源配置效率具有显著作用，不仅能激励土地使用者集约利用土地，而且促进国有企业建立现代化的企业制度，更为我国市场经济改革创造了公平的竞争环境。该研究从不同主体的内生动力角度进行分析，有利于在创建更加优质的制度环境时借鉴参考。③

2. 农村土地市场配置方面

农村土地市场配置上包括两方面：一方面研究集中于通过提高土地配置效率推动规模化经营，即农村内部流转；另一方面研究集中于农村土地征收和入市中如何利用市场机制体现农民利益。

在农村土地提高配置效率方面，薛兴利、岳书铭、刘桂艳等提出以实行新型土地股份合作制、搞好农地市场体系建设和进行配套的方式来完善农村土地资源配置，认为需要将公平优先转为效率优

---

① 艾建国：《对城市经济适用房建设用地选址的分析与思考》，《经济地理》1999年第5期。

② 黎赔肆、周寅康、彭补拙：《城市土地资源市场配置的缺陷与税收调节》，《中国土地科学》2000年第5期。

③ 曲福田、石晓平：《城市国有土地市场化配置的制度非均衡解释》，《管理世界》2002年第6期。

先，用市场为主的方式配置农地资源，实现土地合理流转和规模经营，尊重农民土地权利产生稳定的投资回报预期，自发调节土地流动方向使其由低效率到高效率，形成稀缺土地资源的较高价格并实现保值增值，合理分配不同主体间的地租收益，促进农村劳动力向二、三产业和城镇转移。①李相宏则直接将农业规模经营总结为集约型、契约型和市场激励型，认为我国农业规模经营应该依靠市场配置资源，利用政府纠正市场失灵；其与前人研究不同之处在于，前人做出的关于农业规模和单产没有正比关系的结论存在效率指标不合理、样本偏小、样本区域太过典型、研究内部规模经济较多的问题。②田传浩、贾生华通过论证农地市场发育程度和土地使用权配置的关系为正比、与土地使用权的集中程度成正比，认为农地市场会导致土地使用权集中，可提高资源配置效率，有利于调整农业经营规模和提高土地质量。③

在讨论土地所有权发生转移的角度上，刘守英提出要缩小新增农民用地范围，让存量和处于经营状态的集体建设用地进入市场。④曲福田、高艳梅、姜海认为，需要建立"产权明晰、管理有效、市场配置、调控有序"的土地管理机制；只有利用好数量庞大的建设用地，才能够保护好耕地和实现经济发展目标，它需要通过市场价格来实现资源的高效利用，缓解土地资源稀缺问题。⑤与对当前征用方式的研究不同，马凯、钱忠好通过研究农地直接入市问题，认为农地保护合约不完善，使得政府无法准确判断土地边际净收益，容易导致政府失灵。⑥在以上单一分析某种配置方式的基础上，贺

---

① 薛兴利、岳书铭、刘桂艳等：《尽快实现以市场为主配置农村土地资源》，《农业经济问题》2001年第7期。
② 李相宏：《农业规模经营模式分析》，《农业经济问题》2003年第8期。
③ 田传浩、贾生华：《农地市场对土地使用权配置影响的实证研究——基于苏、浙、鲁1083个农户的调查》，《中国农村经济》2003年第10期。
④ 刘守英：《中国土地制度改革的方向与途径》，《上海国土资源》2014年第35卷第1期。
⑤ 曲福田、高艳梅、姜海：《我国土地管理政策：理论命题与机制转变》，《管理世界》2005年第4期。
⑥ 马凯、钱忠好：《土地征用、农地直接入市与土地资源优化配置》，《农业经济问题》2009年第4期。

振华对比分析了土地调整和市场配置的区别，认为在农户生产率相同的情况下，土地调整能够有效提高土地配置效率。① 韩松提出可采用农民集体所有土地直接入市和扩大国家土地征收两种方式来扩大市场配置范围，认为直接入市符合所有权平等的物权法原则，有利于充分实现集体土地所有权权能，更好地实现集体土地的社会保障功能。②

3. 城乡一体化土地市场配置

城乡二元结构产生了很多发展过程中的问题，因此，很多研究者从城乡一体化方面对土地制度和土地利用方式进行研究。田光明从土地二元制度严重影响城乡关系的角度，利用二元经济理论对我国城乡二元结构进行分析，认为农村土地制度改革创新是为了实现效率和公平的统一和土地要素的自由流动，采用市场化方式配置土地资源，其分析表明城乡二元结构对我国全面建设小康社会具有阻碍作用，因此，缩小城乡差距，实现城乡一体化发展成为推进我国发展方式转变的基本要求，是实现全面建设小康社会和解决"三农"问题的根本方法。③ 付光辉、刘友兆、吴冠岑认为应通过建立城乡统一的土地市场实现城乡统筹发展，通过改革现行土地制度、重塑集体土地所有权产权主体、赋予集体建设用地完整的土地所有权和改革农村宅基地使用制度，建立公共利益征地市场、国有土地（废弃地）流转市场、集体土地使用权出让市场和城乡统一的居住用地市场。④ 蔡继明、王成伟则对城乡一体化用地方式进行具体分析，认为农村集体经营性建设用地不能仅限于乡镇企业用地，需要和城市建设用地享有同等权利，建立城乡统一的建设用地市场，扩大农村集体经营性建设用地进入市场的规模，在旧村改造和新村建设中使用新农村建设中的原有宅基地，将节省的宅基地调整为经营

---

① 贺振华：《农户外出、土地流转与土地配置效率》，《复旦学报》（社会科学版）2006 年第 4 期。

② 韩松：《集体建设用地市场配置的法律问题研究》，《中国法学》2008 年第 3 期。

③ 田光明：《城乡统筹视角下农村土地制度改革研究——以宅基地为例》，博士学位论文，南京农业大学，2011 年，第 5—10 页。

④ 付光辉、刘友兆、吴冠岑：《论城乡统筹发展背景下城乡统一土地市场构建》，《中国土地科学》2008 年第 22 卷第 2 期。

性建设用地与国有土地同等入市，城市规划中的农地如果非出于公共利益需要不要征收，直接变成经营性建设用地入市，应允许农村集体宅基地使用权转让、出租、抵押和担保；改变原有城乡建设用地增减挂钩，将挂钩在农村集体之间流转，然后获得建设用地指标进行交易。[1] 张合林等将土地市场化水平和城乡一体化发展相结合，采用实证研究法探求了城乡一体化发展和土地市场化之间的双向互动关系，指出土地市场发育对城乡一体化发展有重要影响及推动作用。[2]

（四）关于市场配置与土地财政的关系

我国土地制度是有关土地占有、使用、收益和处分等的一系列法律关系的总和，其主体是土地所有制度和土地使用制度。其中，土地所有制是一切土地关系的基础，其以土地所有权为法律表现形式，代表了在一定的社会条件下人们拥有土地的一种经济形式。土地使用制度是土地使用制的法律体现形式，是通过依法对土地占有、利用、管理并取得收益的一系列法律关系的总称。我国从土地所有权中分离出使用权，由无偿、无限期、无流动的土地利用方式转变到市场配置土地资源的模式，各相关主体经历了对土地资源、资产等的价值认识。尤其是地方政府因土地使用出让收益获得了更大的财政空间，不少地方政府的财政来源逐步向土地出让收益大幅倾斜，形成对此的高度依赖，因而出现"土地财政"的说法，也引发了对地方政府行为的研究。

王玉堂认为，政府机构与国家效用函数的分离造成土地市场灰色部分的大量存在，微观的土地市场主体可以通过自主的制度创新动机来激发城市土地市场制度不均衡，利用国家的强制性制度变迁来创造和改进公开土地市场，完善制度供给缺口，达到制度的均衡。[3] 杨瑞龙结合两次实践指出，作为"第一行动集团"的地方政

---

[1] 蔡继明、王成伟：《市场在土地资源配置中同样要起决定性作用》，《经济纵横》2014年第7期。

[2] 张合林、刘颖：《我国城乡一体化与土地市场制度关系的实证分析》，《财经科学》2017年第9期。

[3] 王玉堂：《灰色土地市场的博弈分析：成因、对策与创新障碍》，《管理世界》1999年第2期。

府，与中央政府效用函数不一致，它更占有优势，是制度供给和创新的重要影响者，单纯依靠中央政府进行强制性供给将会受到地方政府的影响，难以实现制度均衡，所以，在制度均衡过程中必须考虑地方政府的作用。如果能够确定中央和地方的分配比例，将使得地方政府产生明确的预期，促进国有土地市场化配置朝良性方向发展。①② 马凯、钱忠好通过研究土地征用中农民和政府利益的转移关系，提出农地保护政策是为了防止在农地非农化过程中过度破坏农地，能够遏制非农化主体的行为，也是对地方财政收入和投资的抑制，反之则符合地方政府作为经济人的利益追求，在征地补偿标准低的前提下，实现地方政府将更多农地非农化的追求，让政府垄断收益超出市场完全竞争条件下的平均净收益。③

与以上对土地财政的批评声音不同，雷爱先认为政府可以通过财政政策调节土地市场，通过扩张性财政政策增加政府支出、减少政策税收。④ 田彦军认为以土地出让金为主要组成的收入为地方建设注入了活力，缓解了地方政府发挥公共职能面临的资金压力，支持了地方改革开放的探索和实践，实质是国家对国有土地所有权收益的集中体现。他认为土地财政是通过土地市场实现对经营功能性用地的有偿使用，是国家土地所有者权益的体现，所以，需要理性看待土地财政，将其看成市场化配置土地资源的必然趋势和重大作用，有利于市场经济的扩大与发展。⑤

在此基础上，张俊远、王瑞芳综合分析土地财政的利弊，进而指导地方政府的转型升级，认为我国近些年的经济成长是政府推动型的经济增长，是依赖税收、土地和产业等方面的扶持政策促进地

---

① 杨瑞龙：《我国制度变迁方式转换的三阶段论——兼论地方政府的制度创新行为》，《经济研究》1998年第1期。
② 杨瑞龙：《论我国制度变迁方式与制度选择目标的冲突及其协调》，《经济研究》1994年第5期。
③ 马凯、钱忠好：《土地征用、农地直接入市与土地资源优化配置》，《农业经济问题》2009年第4期。
④ 雷爱先：《市场配置与政府调控》，《中国土地》2003年第6期。
⑤ 田彦军：《理性看待"土地财政"》，《中国土地》2013年第4期。

区工业化进程，土地财政成为地方政府参与市场的重要手段，通过政府供应土地的垄断地位，降低工业用地价格，提高商业用地价格，导致生产要素市场配置的扭曲，提出各级政府应该继续转变经济增长模式，建立以市场为主导的生产要素市场，体现土地、资本和劳动力真正的市场价值，扩大城市商住用地供应面积促进房地产业平稳有序发展，转变政府职能建立公共服务型政府。[1] 赵燕菁对土地财政的分析成为该领域的重要观点，他认为必须正视土地财政的历史功劳：让中国崛起完成原始积累，为中国和平崛起提供了土地要素为核心的融资模式，避免了西方国家外部征服的武力路径。[2]《中国土地财政制度演变、问题及对策研究》一文继续引用这一观点，指出土地财政生成了高效率的资本，缓解了原始资本积累阶段的信用饥渴，确保了中国经济成为开放和全球化获利的一方；但土地财政同样面临加大贫富差距、带来财政金融风险、造成资源浪费、产生社会冲突等风险。[3]

综上所述，应从中国土地制度性质角度理解土地财政问题。中国的土地公有制是将土地看作生产资料，支撑工业和城市建设，并没有存在土地利益阶层的可能性，这也是中国土地制度的巨大优势。在这个制度中，一级土地市场的供地主体只有一个，那就是地方政府，其需要发挥按照规划为城市发展供给土地以支撑城市综合发展的作用。由此，可能产生由政府在市场机制下利用土地资产价值，形成"土地财政"。土地财政来源于20世纪80年代开始的土地有偿使用制度改革，解决快速城市化过程中的资金紧缺问题，为城市化提供了资本支持。但是在近几年的传媒语境下，土地财政一般被赋予偏贬义色彩。实际上，其在学界探讨中褒贬不一，词语结构本身只是描述了客观事实，本书对其的使用也基于客观立场。

---

[1] 张俊远、王瑞芳：《土地财政与生产要素市场资源配置的扭曲——来自省际面板VAR的证据》，《社会科学家》2013年第19期。
[2] 赵燕菁：《土地财政：历史、逻辑与抉择》，《城市发展研究》2014年第1期。
[3] 北京兰瑞环球投资管理咨询有限公司：《中国土地财政制度演变、问题及对策研究》，《发展研究》2018年第11期。

（五）关于深圳土地要素市场配置

深圳房地产作为全国房地产领域的"样板房"，其研究价值一直得到学界和业界的重视。关于深圳土地要素市场化配置的研究，主要集中在深圳土地市场改革变迁历程和市场化实践的研究上。

在对深圳整个土地制度改革变迁历程研究的文献中，主要方向是对改革开放以来深圳土地制度改革历程根据不同的标准进行阶段划分，以探索不同阶段的土地制度特征和取得的成效、问题以及解决办法。付莹根据深圳土地使用制度从无偿到有偿变迁的阶段性特征，将其划分为国有土地有偿使用的初期试验（1979—1987年）、国有土地使用权有偿有期限出让（1987—1998年）、国有土地使用权有偿出让方式完善（1998—2005年）、国有土地使用权有偿出让方式成熟（2005—2012年）和探索集体土地使用权出让模式（2012年至今）五个阶段，并对各阶段的现状和问题及引发的制度变迁进行描述。[1] 谢涤湘、牛通从深圳土地城市化进程的研究视角出发，将深圳土地政策变迁划分为初步探索（1979—1986年）、逐步完善（1986—1992年）、城市化加速（1992—2004年）和城市发展瓶颈（2004年至今）四个阶段。[2] 罗罡辉等将深圳市"合法外"土地政策的变迁划分为初始形成（1980年8月至1986年6月）、探索发展（1986年7月至1992年6月）、调整完善（1992年6月至2004年9月）和深化创新（2004年9月至今）四个阶段。[3] 严若谷分析了深圳不同城市化发展阶段的土地产权组合，发现两者存在互相促进的耦合关系：在土地国有的前提下，建立了政府宏观调控土地开发的制度框架和两权分离的土地二级市场，以及可量化

---

[1] 付莹：《深圳经济特区有偿使用土地制度变迁及其影响》，《深圳大学学报》（人文社会科学版）2016年第33卷第4期。

[2] 谢涤湘、牛通：《深圳土地城市化进程及土地问题探析》，《城市观察》2017年第8期。

[3] 罗罡辉、游朋、李贵才等：《深圳市"合法外"土地管理政策变迁研究》，《城市发展研究》2013年第11期。

分割、转移的城市土地权利体系。① 以上研究主要从有偿制度发展、城市化进程、特殊用地的形成轨迹及创新做法的形成演变等角度对深圳市土地制度改革进程进行梳理和阶段划分，并且对各阶段的特征进行归纳总结，有助于从纵深方面认知发展阶段的划分办法和对解读发展阶段的相关内容。

在对深圳土地要素市场化实践的研究中，2013 年，原国土资源部土地利用司对深圳国有经营性基础设施和社会事业用地有偿使用情况开展实地调研，指出深圳的主要做法包括：一是制定相关政策，保证制度先行；二是明确土地有偿使用范围；三是采用差别性供应方法；四是实施差别化地价政策。深圳实施了系列的创新做法：一是有利于更大程度、更广范围上发挥市场配置土地资源的基础性作用；二是符合节约集约用地的根本要求，是落实最严格的土地管理制度的重要举措；三是丰富土地有偿使用方式，为法律的完善和修订提供政策储备；四是充实地价政策体系。总体来说，深圳的工作对全国有参考价值，对国家相关政策的制定也有积极意义。② 类似的实践调研和经验总结，以点带面反映了深圳的实践情况。

三 研究评析

可以看出，在对市场配置作用方面，研究结论包括市场提高了土地资源的配置效率，市场配置的属性决定了其对土地价格、收益等具有公平的分配和确定作用等，总体上是肯定市场配置土地要素的作用的。同时，对市场的单一化配置方式也提出了一些问题和解决方案，最主要的是市场和政府相结合的方式。在对资源配置主体研究中，重点关注市场和政府的关系，分析了两种单一配置模式的优点和缺点，从而找到两者互补的方式，但较少研究分析微观主体的作用和利益。在对资源配置课题研究方面，将

---

① 严若谷：《中国快速城市化进程的土地产权制度分析》，《学术研究》2016 年第 7 期。

② 国土资源部土地利用司调研组：《深圳：市场配置土地资源再创新》，《中国土地》2013 年第 9 期。

土地分为城市土地和集体土地分析。其中，对于农村集体土地的研究，因当前市场化水平很低，所以开展的讨论较多，还有很多研究直接将城乡土地一体化作为解决方案，提出一些类似城市用地权利市场化的方式。在对资源配置的另一种形式，即政府配置方面，很多研究对政府配置的弊端进行分析，以期为盘活土地资产找到更好的配置方式，同时将土地财政和地方政府行为关系进行了深入研究，以分析是否因土地财政导致地方政府行为阻碍了对资源配置效率的提升。

综上可知，目前研究现状为：（1）研究角度较丰富，成果较多，但研究成果偏于分散，系统性不足，特别是对深圳土地要素市场化配置改革与创新的智慧结晶进行系统梳理、分析与总结的研究尚是少数；（2）现有研究成果虽然也从市场经济的角度探讨土地要素市场化配置，但理论上更加偏重虚拟分析，实践的辅证支撑不足，进行实践总结的文献过于偏实务经验推广，视角的深度和广度不足，所以在理论与实践相结合方面有待整合，特别是在理论提升方面尚有深入的空间；（3）大部分现有研究成果基于新闻报道史实进行事件与政策分析，宏观阐述为主，微观过程欠缺，特别是历史事件的背景起由、政策出台前后的社会变化、微观主体的影响等，都缺乏材料支撑和深入分析。总体来说，收集的案例数据鲜有一手珍贵史料或者历史事件亲历者的视角，在历史价值上有一定遗憾。

第三节　研究内容与技术路线

一　研究内容

我国现行的土地制度具有中国特色社会主义特征，是在土地公有制的基本框架下，主抓保护耕地和节约用地，同时实现产权保护、用途管制和市场配置等机制。在此基础上，形成了具备"征收储备（来源）—规划（用途管制）—利用与配置（土地供应）—开发（供后监管）"等环节的土地要素管理链条。

在上文分析的"先行示范"使命等时代背景与现有研究成果的基础上，本书着眼于研究土地要素管理链条中的"利用与配置（土地供应）"环节，聚焦于其中的市场化配置分析。

本书内容由八章组成，按从理论到实践再回到理论的总—分—总主体框架组织。第一章导论介绍了研究背景与意义、研究综述与评析、研究内容与技术路线、研究方法与主要创新等内容。

第二章为理论分析的总起章节，从理论抽象角度分析了土地要素市场化配置的内涵、动因、影响因素及本书中制度变迁理论分析的适用性，为下文的实践观察打下了总体理论视角基础。

第三章至第七章为分论述，以深圳土地要素配置市场化改革历程中各阶段成果分析为行文主线，首先，按时间纵向逻辑全面系统梳理深圳土地要素市场化配置的改革脉络；其次，以多个里程碑式政策或举措为重点进行横截面分析，包括土地有偿使用制度初建、1987年土地拍卖第一槌、2001年土地有形市场建立、2005年工业用地招拍挂制度探索、2012年《深圳市土地管理制度改革总体方案》、多层次土地要素市场化的建设等；最后，进行案例分析，以个案详情以点带面，具象化改革政策效果与社会影响。中间的分析框架局部采用制度变迁理论的要素。

第八章为理论总结，从实践回归理论，提炼出深圳土地要素配置市场化改革的动因、创新路径、成功因素和重要的价值意义，同时分析其面临的挑战和未来展望，与第二章理论分析遥相呼应。

章节内容安排致力于结合宏观与微观的分析视角，力求为我国土地要素市场化发展提供理论和实践上的参考与借鉴。

二 技术路线

围绕上述研究内容，技术路线大致采用总—分—总的逻辑思路，理论联系实际，通过实际事件抽象出发展模式，利用理论进行剖析，进而发现结构性问题，最终针对问题提出解决的路径。具体研究路线如图1-4所示。

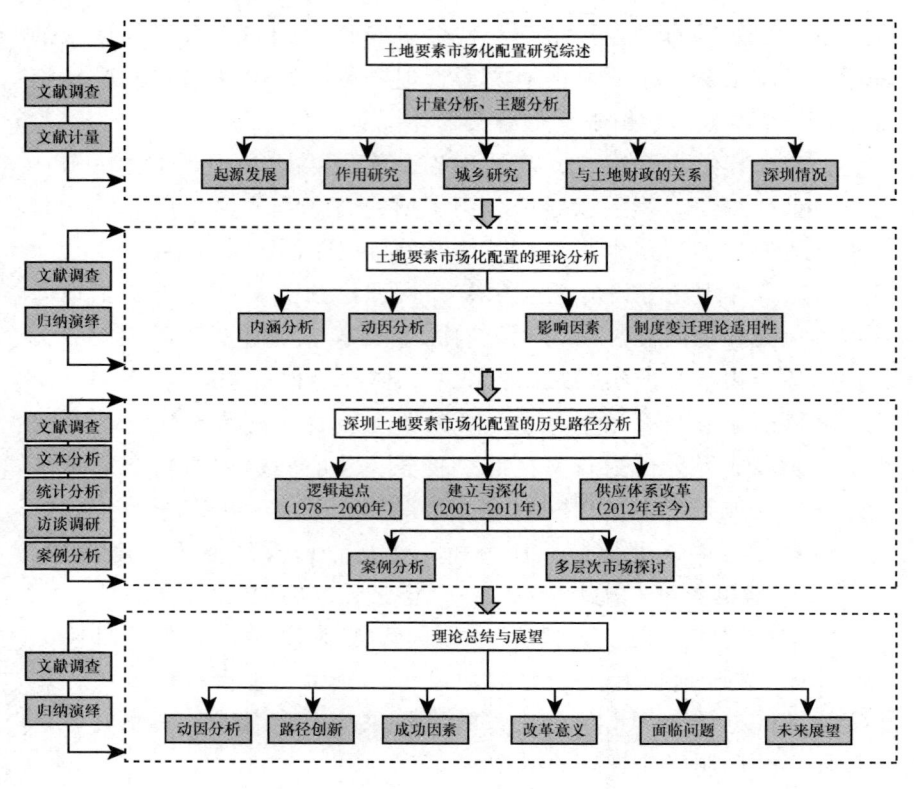

图 1-4 技术路线

第四节 研究方法与主要创新

一 研究方法

（一）文献计量法

本书在研究综述中采用文献计量法、统计学方法，定量分析在目前数据库载体中符合关键词设定的关于土地要素市场化配置的文献。计量对象包括文献量、文献时间特征、作者群体特征、载体特征等，注重量化的综合性，通过"量"这一特征反映现有研究成果的分布情况。

（二）文献调查法

该研究方法贯穿全书，无论是理论研究或实践案例背景分析等，均对大量文献进行收集、鉴别、分类、整理、分析，通过对相关文献的研究形成对观点或历史事实（如从各维度观察深圳土地要素配置方式自改革开放以来的发展变化）比较全面的认知积累，从而为进一步的研究打下基础。

（三）归纳演绎法

归纳和演绎分别反映着我们认识事物的思维途径，前者是从个别到一般的思维运动，后者是从一般到个别的思维运动。本书反复运用这一研究方法，从土地要素市场化配置改革中散点的实践活动、政策措施到案例，归纳出具有一般意义的、抽象的改革思想，使之系统化，实现制度改革与创新模式的可推广。从理论总结又回到实践，对深圳土地要素市场改革制度进行分析综合，以实现对未来土地要素市场配置改革与创新的指导。

（四）文本分析法

本书对改革开放以来深圳土地要素市场配置机制的变迁过程和相关政策成效进行历史回顾，因此必须对政策文本进行分析，从文本分析其与以往政策的差异，指出去文本背后的文化因素、经济因素和效用指向。文本分析帮助本书以理性的角度对政策进行抽丝剥茧，实现对改革与创新缘起、过程、展望的深刻认识和更好把控。

（五）质性研究法

质性研究是以研究者自身作为研究工具，在自然情境下，采用多种资料收集方法（本书主要是访谈调研、观察法等），对研究现象进行深入的整体性探究。本书采用半结构式访谈，对在深圳土地要素市场化配置改革中起到重要作用的机构和人物进行多次深度访谈与招拍挂现场观察等。如探讨在文献资料上未揭示的改革开放初期政府决策者与市场利益主体逐渐从计划经济走向市场经济的思考模式冲击与变化，结合其提供的珍贵史料和作为亲历者的真实感受，深入挖掘历史里程碑事件背后的故事，并且起到口述历史、记录历史、铭记深圳本土文化基因的重要作用。

（六）案例分析法

为了能够深入研究深圳土地要素市场化配置改革与创新经验，

本书从土地交易市场建立、工业用地招拍挂制度和土地供应体系改革等多个关键历史节点，利用典型案例进行多维度分析，以期对深圳土地要素市场化配置改革的具体实施措施和影响进行剖析，为全国及未来提供具体的可借鉴模式。

（七）统计分析法

基于从深圳土地市场建立至今积累的最全面、系统、权威的交易数据，根据不同的分类维度进行统计分析，根据精确、具象地反映历史发展趋势，与前文的定性研究方法相辅相成，更为科学地揭示土地市场发展规律。

二　主要创新

基于上文分析的已有研究成果情况，本书拟从系统性、理论性及史料价值三方面着力创新，以弥补目前对深圳土地要素配置市场化改革领域观察和研究的不足。

（1）本书对深圳改革开放前后至今的土地要素配置市场化改革的智慧结晶进行系统梳理与回顾总结，无论是时间维度的完整性，还是里程碑事件的时序分析、政策衔接性剖析等，均在目前区域性土地要素市场配置研究的系统性上有所突破。一方面，旨在促进该领域的横向交流与启发；另一方面，期望通过系统的总结和提炼，真正揭示深圳先行先试的改革窗口作用。

（2）针对已有研究或是偏虚拟分析，实践支撑不足，或是偏实务经验推广、视角的深度和广度不足等问题，本书积极尝试采用理论分析法深度挖掘事实，找到合适的理论模型，实现理论与实践相结合。书中通过土地要素配置理论、制度变迁理论等的嵌入应用，剖析制度变迁主线，旨在高度抽象事实模型，提高理论研究水平，厘清事实真相，从顶层设计出发实现制度优化。

（3）其他研究成果鲜有从一手珍贵史料或者历史事件亲历者的视角出发，在历史价值上有一定遗憾。本书利用翔实的一手全样本数据、系统的政策文件、真实的历史过程，并结合亲历者的口述、笔记等一系列珍贵的一手资料进行梳理回顾。在整理数据和案例时，力求实现用理性的角度整合历史资料，将一个个政策文件放到当时的历史背景剖析，走到亲历者的身边，回溯其如何识别现状、分析问题、确定利弊、解决供给，最终实现政策效用。本书在对以上理论基础进行分析的基础上，将综合利用已有理论基础，根据"土地要素市场化配置从无到有、从有到不断拓展深度广度"的逻辑进行梳理论述。

　　因时间有限，本书亦存在研究不足，有待日后继续深入补充。一是土地要素市场化配置问题是较为复杂的系统研究，需要不断深化研究范围，下一步还应对涉及不同地域、不同类型的市场进行细化分析和辅证。二是本书针对深圳土地要素市场化配置的创新路径等进行探索，侧重点在于市场化机制的深耕和提炼，对政策调控方面的研究还不够深入，特别是关于如何在市场调控与政策调控方式间进行取舍权衡等的探讨并没有在本书专门论述并达成结论。作为一个问题的两个侧面，它们密切相关，在未来的研究中可进一步完善。

第二章

土地要素市场化配置的
理论分析

第一节 土地要素市场化配置的内涵

一 土地要素

土地要素有两层含义，一是自然理化性质上，指的是构成土地的成分。这一概念层次与"土地"相对应，土地是指地球陆地表层由岩石、土壤、地形、气候、水文、生物等自然要素组成的自然历史综合体，是一个宏观综合的概念[①]，而"土地要素"则是个微观概念。二是经济特性上，土地要素一般是在生产要素的语境框架中使用。生产要素是指进行物质生产所必需的一切要素及其环境条件，一般包括劳动、土地、资本等。这些生产要素进行市场交换，形成各种生产要素价格及其体系。土地要素与土地资源有所区别，土地资源是指已经被人类利用和可预见的未来能被人类利用的土地。可利用是土地资源重要的自然禀赋和社会使用属性，也是土地能转化为资产的基础，但因其无产权要求，不必然转化为可交易的资产，故该概念不涉及市场活动、价值交换、收益分配的层面。本书主要使用土地要素经济特性上的含义，侧重其作为生产资料的经

---

① Christian C. S., Stewart G. A., "Methodology of Integrated Surveys", Report of Toulouse Conference on Principles and Methods of Integrated Aerial Studies of Natural Resources. Unesco, Paris, 1964.

济属性和价值潜力。

此外,土地要素凸显了立体空间上的可拓展性,除了传统意义的地表、地上范畴,还包括地下空间,是涵盖了地表、地上、地下各类空间要素的总称。下文除了分析传统常见的地表空间要素的市场化改革外,亦会在第六章分析逐步受到重视的立体空间要素市场化配置情况。

在土地要素的分类上,根据《城市用地分类与规划建设用地标准》(GB/T 50137—2011),城市建设用地主要包括:居住用地、公共管理与公共服务业用地、商业服务业设施用地、工业用地、物流仓储用地、道路与交通设施用地、公共设施用地和绿地与广场用地。其中,经营性用地、工业用地等土地类别是土地市场中最为重要的。经营性用地的内涵界定有其历史脉络。1998年《深圳经济特区土地使用权招标拍卖规定》(深圳市政府令第68号)规定,经营性项目用地特指居住用地、商业用地和加油站用地等。2002年《招标拍卖挂牌出让国有土地使用权规定》(国土资源部令第11号)规定,经营性用地特指商业、旅游、娱乐和商品住宅等用地。2005年3月,我国物权法规定,经营性用地特指工业、商业、旅游、娱乐和商品住宅等用地。2007年9月,修订后的《招标拍卖挂牌出让国有建设用地使用权规定》(国土资源部令第39号)依法采用了物权法有关经营性用地的定义。从以上历史脉络来看,2007年是经营性用地内涵发生分野的时点,自物权法和国土资源部39号令颁布要求工业用地招拍挂出让后,经营性用地的内涵进一步扩展到工业用地。虽然在法律上经营性用地包括工业用地,但实际市场发育中,住宅、商业等用地和工业用地的改革并不同步,故下文除另有说明外,"经营性用地"一词一般取狭义范围,主要指住宅用地和商业用地等。

工业用地一般定义为工矿企业的生产车间、库房机器附属设施等,包括专用铁路、码头和附属道路、停车场等用地,不包括露天矿用地。根据《土地利用现状分类》(GB/T 21010—2017)的地类划分标准,工业用地包含在工矿仓储用地中,是指工业生产、产品加工制造、机械和设备修理及直接为工业生产等服务的附属设施用地。2018年，住房和城乡建设部办公厅发布《关于国家标准〈城乡用地分类与规划建设用地标准 GB50137（修订）（征求意见稿）〉公开征求意见的通知》，在《城乡用地分类与规划建设用地标准 GB50137（修订）（征求意见稿）》中，将村庄产业用地定义为用于生产经营的各类集体建设用地，包括商业设施用地、旅游设施用地、工业生产用地和物流仓储用地，同时提出将混合式住宅小区（指兼具小卖部、小超市、农家乐等功能的村庄住宅用地，不包括独立占地的民宿、餐饮等经营功能的集体建设用地）归入村庄产业用地。

  以上产业是根据社会生产活动的历史发展顺序对产业结构进行的划分，将产品直接源于自然界的生产活动归入第一产业；将对初级产品进行再加工的产业归入第二产业；对生产和消费活动提供各种服务的产业归入第三产业。我国国家统计局将产业划分为第一产业（农业：包括种植业、林业、牧业和渔业）、第二产业（工业：包括采掘业、制造业、电力和煤气及水的生产和供应业）、第三产业（除第一产业和第二产业外的其他产业）。产业用地包括工业用地。综合可知，工业是产业的一部分。本书会交叉出现工业用地和产业用地，不同政策对两种用地具有不同的规定。

  作为对深圳市土地要素市场化改革的研究，少不了对总部用地的描述。总部用地是在总部经济发展前提下总部企业使用的土地。其中，总部经济的概念是指，一个区域为形成合理的价值链分工的经济活动创造一切的有利条件，来吸引一些跨国公司及外埠的大型企业集团总部入驻地方，利用极化效应和扩散效应，实现一系列企业总部在地方的该区域形成集群布局，进而把生产加工的基地以各种形式放置在周边或者外地一些成本较低的地区的行为。总部经济指引下发展的总部企业，是指在地区设立具有独立法人资格，对一定区域内的企业行使投资控股、运营决策、集中销售、财务结算等管理服务职能的总机构。本书中的总部用地是指经相关办法遴选确定的总部企业，独立或联合申请的用于建设总部大厦的商业服务业用地。因此，总部用地也是产业用地的一种。

二　市场化配置

市场化配置是指利用市场机制进行资源的配置。这一资源配置方式的实现以市场经济发展为基础。市场经济是指通过市场供求关系、价格变动及竞争，自发实现社会生产和流通的经济体系。在市场经济中，各类生产要素均实现商品化，通过市场交易实现配置，形成劳动要素价格、土地要素价格和资本要素价格等常见的经济形态。

在土地要素市场化配置中，首先要形成土地要素市场，土地要素通过市场交易实现商品价格的形成和变动。土地要素市场通常又称土地市场。

（一）土地市场

土地市场的概念可以从广义和狭义两个方面概括。广义的土地市场可以概括为因为土地交易而引发的一切商品交换关系的总和。土地市场交易是土地产权的转移，而非土地本身，所以，广义的土地市场也是指在土地产权的流动过程中土地产权供需双方发生的各种活动和经济关系的总和。狭义的土地市场则专门指代如土地交易所及不动产交易所等一类的土地交易场所。土地市场的主体是土地买卖双方，客体是交换的土地权利。在市场经济制度足够发达的情况下，土地市场作为市场体系的基本组成部分而存在。土地市场按交易内容划分，包括土地买卖市场、出租市场、土地开发市场、土地中介和服务市场等；按市场地域分为国内土地市场和国际土地市场等。

土地市场实质上是土地使用权的市场。当前，我国土地要素市场已经基本形成以政府供应为主的土地一级市场，以及以市场主体之间进行转让、出租和抵押为主的二级市场。二级土地市场与一级土地市场的不同点在于，它是土地使用权在土地使用者之间的流动，属于横向流动，体现的是土地使用者之间产生的经济关系。因为城市土地为国家所有，所以，一级土地市场由政府垄断经营，二级土地市场是竞争性市场，由供求来决定价格。这一土地市场结构模式从20世纪80年代延续至今。

（二）隐形与有形市场

深圳土地市场的建立经历了从隐形市场到有形市场的过程。

土地隐形市场的概念有广义和狭义之分。一般来讲，广义的土地隐形市场，特指各利益主体明知我国土地产权制度规范，却在土地产权权能流动的过程中，试图并成功绕开现行土地法律法规，擅自行动并形成一系列关系，这其中的一切土地交换关系之和视为广义的土地隐形市场。狭义的土地隐形市场指代因利益驱使，当事人通过擅自改变其原有土地用途或者土地使用类型形成新的土地用途或者土地使用类型产生的土地交易市场。① 相对而言，土地有形市场是指在公开平台按相关管理部门的法律法规要求，具有提供交易场所、办理交易事务、提供交易信息、代理土地交易功能，能够进行交易形成的市场。下文使用的"土地市场"一词，如无特殊说明，主要指有形市场。

建立土地有形市场，目的在于提高交易透明度，充分发挥市场竞争的作用。在我国土地制度的框架下，土地要素市场化配置的前提是土地市场的建立（特别是土地有形市场的完善），土地要素市场化配置改革亦属于土地市场改革的主要内容。

（三）市场化配置方式

在我国土地供应端，土地使用权出让的方式包括四种，分别为招标、拍卖、挂牌和协议。招标出让国有土地使用权，是指市、县人民政府自然资源主管部门（以下简称出让人）发布公开招标公告，邀请特定或者不特定的公民、法人和其他组织参加国有土地使用权投标，由投标人投标后，经评标后确定中标人的行为。拍卖出让国有土地使用权，是指出让人发布拍卖公告，由竞买人在指定时间、地点进行公开竞价，由出价最高者获得土地使用权的行为。挂牌出让国有土地使用权，是指出让人在一定期限内将土地交易条件在土地交易机构公告，按公告规定的期限将拟出让宗地的交易条件在指定的土地交易场所挂牌公布，接受竞买人的报价申请并更新挂牌价格，根据挂牌期限截止时的出价结果确定土地使用者的行为。

---

① 罗湖平：《中国土地隐形市场研究综述》，《经济地理》2014年第34卷第4期。

协议出让国有土地使用权,是由出让人以协议方式将国有土地使用权在一定年限内出让给土地使用者,由土地使用者支付土地使用权出让金的行为。以上招标、拍卖、挂牌出让方式均为市场化配置方式,协议出让则多带有政府为调整经济结构而给予优惠的情况。在我国早期土地要素配置中,认为只要是有偿使用便是市场化配置,但随着对市场化配置的认知逐步深入,有偿是市场化配置的重要特征,但如果并非市场定价,而是人为定价的有偿,亦不是市场化程度高的配置方式。

第二节 土地要素市场化配置的动因

一般来说,资源的配置方式有两种:一种是计划配置方式,另一种是市场配置方式。计划配置方式主要以行政指令和计划体系进行资源的分配,其基础为计划经济体系,价格由政府行政命令决定,供应由政府机构统筹,不存在竞价机制。中国曾经使用的粮票、油票、布票、肉票等,即是计划配置方式的充分体现。

一 土地要素配置的计划或市场机制,谁更高效

土地是人类生存发展、进行经济活动的承载主体。土地要素在自然特性上具有面积的有限性、位置的不可动性、质量的差异性等特征,在经济特性上具有稀缺性、多样性、报酬递减可能性、用途短期难以变更等特性。相对于其他生产要素,土地要素的稀缺性比其他任何生产要素都更显著、更迫切。特别是随着人口的增多、经济活动规模的扩大和人类活动纵深度的发展,土地的稀缺性具有明显加强的客观趋势。

正因为土地要素的稀缺性,如何提高土地资源配置和利用效率,使其利益最大化成为重要的课题。面对计划配置与市场配置两种选择,从理论到实践,均证明了市场配置方式能更高效地实现土地要素的价值。

(一)行政决策的有限理性

计划配置中,土地要素的配置和再配置都是由政府行政指令自

上而下地实现的。政府是社会经济活动中的唯一指挥棒，但政府的干预行为往往出于一定的社会经济目的，囿于某一种视角，并非总是有益于资源的高效率配置。例如，在我国城市化早期阶段，为了快速推动经济发展，我国优先发展第二产业，在城市的许多中心地段配置了大量的工业用地，忽略商业用地及公共设施的配套，造成城市土地利用结构的失衡。当时无偿、无期限、无流动的土地利用政策进一步加剧这种失衡的现象，站在今天的视角看，它是一种典型的行政决策理性、政府失灵的现象。

行政决策的有限理性还来源于行政目的的单一性，无法充分考虑社会的各个层面。计划配置下，政府统一规定生产投入和产出的价格，既脱离了生产实际的供需情况，也无法引导资源优化配置，只能作为政府平衡预算的手段。土地要素的配置在新中国成立早期采用计划方式，由于不存在供需机制和价格信号，土地要素不一定流向最需要这一资源的生产部门，也无法充分流动到社会各个层面培育新产业和资产化。

（二）市场机制的内生驱动

亚当·斯密认为，市场是由内在机制维持其健康运行的，即资源在市场上通过自由的竞争和自由的交换来实现对资源的配置机制。市场运行的理论基础是经济人假设。作为理性经济人，在市场行为中追求利益最大化。在土地资源配置方面的理性经济人假设体现为：土地产权人通过市场交易的方式获得土地之后，在利润最大化的指引下，会最大限度地利用土地资源，对土地的节约和集约利用具有良性促进作用。由供需产生的价格，通过市场这只"看不见的手"，使土地朝着最具价值的方向流动。可以说，市场具有强大的内生"造血"功能。

从市场配置的特点可以看出，其主要是由市场主体的互相作用等客观内在机制来决定的自然过程。相对而言，计划配置则是由人为的主观意识决定的外力过程。事物的持久发展，主要由其内生驱动决定，市场机制决定了其能通过不断的自然流动实现效率的上升，而且能从广度和深度上契合社会各层面的需求，实现社会结构的日趋合理化。

1979 年，赫维兹用公式演算推导：是否有比市场配置更有效的方法呢？结论是没有。他证明了不存在其他的配置机制比市场竞争下导致的帕累托最优配置有更低的信息空间的维数①，其他配置机制都要付出更多的成本和需要更充分的信息。因此，使土地要素商品化、配置市场化，市场通过充分的供需机制、价格机制和竞争机制，将土地要素配置到能够带来最大收益的生产领域中去，能实现资产的价值最大化。当土地要素的市场配置符合土地市场的需求时，经济效益实现最大化。

二 土地要素配置的公开、透明与廉政，谁更有力

每一种生产要素都蕴含着巨大的价值，特别是土地要素，于国于家均有重要的发展意义，于个人则是自身财富的重要组成部分。正因如此，土地要素的配置必须讲求公开透明，而主导土地要素供应的政府部门，必须达到廉政的要求，这样才能实现社会的稳定、和谐。

（一）地方政府的双重性角色

在计划配置中，土地要素的主要供应方是地方政府。地方政府一方面作为中央政府与用地企业的中间环节，需要贯彻执行中央政府的各项政策、指令，约束用地企业的相关行为，如约束城市建设用地的无限制扩张，保障公益性用地、耕地面积，保护生态环境等；另一方面，又需要从地方社会经济发展的角度维护自身利益，在利益最大化的作用机制驱使下干预土地市场，在土地供应中出现诸如违法批地、未批先用等现象，扰乱土地市场供应秩序。

地方政府的双重角色，导致其具有既当"裁判"又当"运动员"的便利，出现寻租行为的可能性。行政部门在作为"政府人"的同时，也直接参与土地经营，是土地交易的直接参与人之一。这种双重身份使得地方政府在土地资源配置和土地收益分配问题上，受经济利益导向的强烈影响，以权力为筹码，进行非生产性经济利益的活动，具有出现土地寻租行为的潜在可能。如果地方政府借助

---

① 李日琴、李风圣：《论市场体制与效率和公平的关系——从福利经济学三个定理谈起》，《社会科学辑刊》1995 年第 1 期。

行政权力参与到土地竞争市场，因为其对土地权利的垄断性将会抑制土地市场的竞争，降低土地资源优化配置效率，产生政府失灵，也就是计划失灵。

（二）市场经济的规则透明性

市场配置在市场经济的总体框架下，主要是由自由市场的市场主体供需诉求、自由价格的浮动和自发竞争共同引导的。用通俗易懂的话来理解，就是追逐利润是市场行为永恒不变的目标。为了实现这一目标，经过长期的发展，市场配置逐步具备以下特点。

一是具有自主性和平等性。市场配置承认和尊重市场主体的意志自主性，供需、价格和竞争情况均反映市场的真实状况。可以说，市场经济是竞争经济，通过竞争达到优胜劣汰，合理配置资源，是市场经济的优越性之一。市场经济充分的竞争运行机制，也保护了交易双方的自由、自主和平等。在理想的市场配置中，交易主体地位平等，所有市场主体都应平等地享有权利和履行义务。

二是具有契约性。市场经济中的平等早期是通过订立的契约来保障的，契约可以说是市场制度和法律的原型。市场经济得以持久运行，关键在于其经济关系的契约化乃至法制化。土地要素的市场配置中，市场通过法律或者公序良俗确认市场主体的权利和义务，以及市场交易中的原则、方法、结果等，市场交换规则得到市场主体的普遍认同，充分保障市场主体的自由和财产权。从契约发展到法治，也体现了市场化配置的社会配套要求。在计划配置体系下，人治先于法治，但在市场配置体系下，法治发展得越健全，土地要素市场化配置越高效。同时，市场经济为现代意义的法制提供赖以产生和发展的经济基础。市场经济愈发达，法制愈发展。

三是具有开放性。市场经济是开放型的经济体系，因为封闭的市场无法真正实现资源的优化配置。在我国现代化的土地要素配置中，也逐步从地方性的配置格局走向全国"一盘棋"的配置思维。

由于市场化配置具备了以上特性，其运作规则必然要求公开、透明，政府的角色设计必然没有了寻租的空间，而是承担起公共服务的职能，廉政建设水到渠成。2001年中国加入世界贸易组织（WTO）时，其四个基本原则包括非歧视性、透明性、自由性、公平竞争性，亦是对土地要素市场化的要求。①

三 土地要素市场的复杂性，要求配置"两手抓"

土地要素对国家的经济、社会均影响巨大，既要求在资源稀缺性下实现优化配置，又必须兼顾公开透明，更应考虑到社会财富分配的相对公平，因此具有严峻性和复杂性。生产要素特别是土地要素的分配，很大程度上决定了收入分配，这正如马克思在1875年所说的："既然生产的要素是这样分配的，那么自然就产生现在这样的消费资料的分配。"在要素配置中，市场配置虽然具有高效的优点，但高度竞争也会带来市场的波动性，出现恶性竞争影响市场秩序，很有可能导致贫富分化、社会收入不均，以社会公平为代价来成全经济发展。计划配置虽然具有经济稳定、社会分配平均的优点，但其资源利用效率低，经济发展迟缓，无法满足社会需求。因此，需要两者结合，如果将市场作用机制比作"看不见的手"，国家政府对经济的干预可以比作"看得见的手"，必须"两手抓"。

我国改革开放以来，土地要素的公平占有不是重新分配，而是破除早期政策性、计划性的人为划分，使社会成员在土地要素的使用面前人人平等。在市场经济中，大家站在同一起跑线上，都有使用土地要素的平等权利。但这种公平待遇必须有一个前提条件，就是运行规则上的公平，即大家使用的是同一规则。这一规则必须由公共服务的提供者——政府来制定。所以，实现社会分配公平，一方面是土地要素的市场化配置，另一方面是政策的一视同仁，每个市场主体机会均等、公平竞争。

此外，市场失灵和政府失灵在真实经济运行中均存在。在市场竞争中，竞争者（球员）唯利是图、暗箱操作、垄断市场，导致市场秩序混乱，此时政府（裁判）应维护市场秩序，打击不法行为。在土地资源的优化配置中，市场调节和政府干预，自由竞争和宏观调控，是紧密相连、密不可分的。由于市场调节和政府干预都不是万能的，二者均存在失灵的可能，因此需要通过政府干预纠正市场

---

① 李明月：《我国城市土地资源配置的市场化研究》，博士学位论文，华中农业大学，2003年，第26页。

失灵的同时，避免政府失灵现象的产生，共同促进土地市场的规范化、公平化、高效化建设和运行，实现土地资源优化配置。当土地市场存在缺陷时，政府通过市场调控机制进行适当干预，能够使资源回到较优的配置状态。其中，政府的干预手段包括土地用途管制、土地供应计划、土地规划等，最终目的都是实现供求平衡，确保土地资源可持续利用。下文的分析亦可证明，在土地要素不断市场化配置的过程中，政府一直"护航"在旁。

第三节 土地要素市场化配置的影响因素

土地要素的市场化配置主要受到产权情况、市场供需、价格浮动、市场竞争和政策调控的影响。其中，产权制度是土地要素市场化配置的基石，没有清晰的、可支配的产权就无法进行有效的市场配置；供需、价格和竞争机制是土地要素市场化配置的核心，也是市场经济的核心，无形中指挥着土地要素的流向；政府调控取决于政府职能定位，良好的调控是土地要素市场秩序的保障。

一 产权制度是土地要素市场化配置的基石

（一）土地产权的权利束分析

关于产权的理解，可以通过权利束（a bundle of rights）理论进行分析。一种权利，既可以拥有，又可以通过交易让与他人，或者分割其部分权能给予他人。这种本质上既具有可分割性又具有可转让性的权利，是对权利束概念的一种解释。[1] 土地市场中的土地产权，可以称为权利束，包括所有的土地权利，如土地所有权、土地使用权、土地租赁权、土地抵押权、土地继承权、地役权等。[2] 这些权利是可以互相分散组合的。在错综复杂的关系中，自物权、他

---

[1] 王淑华：《城乡建设用地流转法律制度研究——以集体土地权利自由与限制为视角》，博士学位论文，复旦大学，2011年，第39页。

[2] 陆红生：《土地管理学 总论》，中国农业出版社2011年版，第5—10页。

物权及准物权等界限明晰、密切关联。① 有些权利的实现则须依赖另一个权利的让渡，带来正向或负向的影响。

在土地权利束中，居于核心位置的为土地所有权。它是一种最完整的权利，是其他土地权利的源头所在。在社会主义土地公有制下，土地使用制需要与土地公有制相适应，以使社会主义土地公有制得以实现和巩固。同一种土地所有制可以包括多种不同的使用制及其形式。而且，不同的土地使用制对土地所有制的实现和巩固，对土地资源的利用会产生不同的作用和影响。所以，一种土地使用制对特定的土地所有制具有相对独立性。

随着社会的发展，土地权利体系已由以土地所有权为核心，逐渐转向物尽其用，土地的其他权利越来越丰富，也越来越重要。在这一过程中，土地制度的明晰化，能够产生明确的土地产权关系，促进土地的有效利用和土地市场的有序运行。如果土地制度滞后于土地现实的经济关系，将导致土地产权关系模糊，产权主体利益无法保全，阻碍土地的合理利用，土地市场的发育也会迟缓。所以，对土地市场发展问题的实证分析，有助于判断土地制度问题，促进土地制度的优化和创新，反过来又促进土地市场的健康发展。

土地市场中，各级市场之间的产权关系均对应着土地产权权利束的分支：一级市场本质上是土地所有权与土地使用权的关系，二级市场是土地使用权之间及与土地租赁权、土地抵押权的关系，三级市场体现的是土地使用权与房屋所有权的关系，四级市场显示了房地产投资者的直接物权和收益权转化为债权或股权之间的关系，五级市场呈现为房地产金融衍生品市场，一般体现为正常商业关系或债权债务关系。②

在深圳40多年来的土地市场改革与创新中，目前已成熟的市场结构主要有三级：深圳市自然资源管理部门代表政府，将土地使用权有偿、有限期地出让给用地单位或者个人的土地市场，称为一级土地市场，其实质是从土地所有权让渡到土地使用权；土地使用者

---

① 魏振瀛主编：《民法》，高等教育出版社2010年版，第36页。
② 林梦笑、沈晖、耿继进：《关于多层次自然资源市场体系的战略思考》，《中国房地产》2020年第15期。

将土地使用权进行再次转移，市场主体如开发商等在拿地后，依法将土地使用权转让给其他用地单位或者个人的土地市场（含出售、交换、出租、抵押和赠与等），称为二级土地市场，其实质是土地使用权在不同权利主体之间的转移；三级市场是对土地资源的深加工再交易，其市场行为主要包括办完产权证后的房屋买卖及租赁。值得注意的是，司法拍卖的土地属于二级市场，司法拍卖的房屋则属于三级市场。土地市场作为一个互相联动的体系，一级市场是二级市场和三级市场得以生长与发展的基础和前提，二级市场和三级市场的发育又反过来促进一级市场的繁荣。

（二）土地产权与市场配置

土地产权和市场化配置的根源均在于土地要素的稀缺性。如果土地资源不稀缺、利益不冲突，每个人都可以无限拥有，那便没有人会去划分哪些是你的，哪些是我的，也不需要买卖。归属边界的划分、资源配置，都因为其具有商品资产价值，具有不可替代的稀缺性。反过来说，社会、经济、科技之所以能发展，也是因为具有排他性的、收益独享性的产权设置的激励作用。

产权明晰与完整是土地要素市场化配置的前提和基石，能最大限度地消除市场外部性的缺陷（下文将在市场机制的缺陷内容中阐释外部性）。清晰的产权是生产要素可配置的必要条件，也意味着最终的自主配置决策权。完整的土地产权，包括排他性的所有权或使用权、土地收益的全部享用性和自由支配的流转性。当然，产权不清晰完整的情况下，通过市场主体的协商，也有可能交易，但交易成本必然更为高昂。清晰完整的土地产权，才具备市场自由、高效交易的基础。交易本质上是产权的让渡，只有解决了"是谁的"的问题，才能实现由"谁"交易的问题。

从消除外部性的角度来讲，解决了"是谁的"，并能明确谁应该行使权利和承担义务，避免了市场主体责、权、利不对等，滥用权利而逃避责任，降低市场的交易成本。产权明晰的情况下，任何市场行为造成的后果都必须由相应的市场主体承担，这样作为理性人，市场主体便会充分考量成本与收益，不断趋向边际成本等于边际收益，在市场主体博弈中逐步消除外部性。

我国土地产权制度的建立与土地要素市场化配置也有着同步发展的关系。在土地要素市场化配置的形成发育阶段，土地产权也得到高度的重视，不断颁布全国性和区域性的土地产权制度，可以说，没有产权制度的建设，就没有今天的土地市场。[①]

二 供需、价格与竞争机制是土地要素市场化配置的核心

土地要素实现市场化配置的核心在于市场供需机制、价格机制和竞争机制的存在，造就其资源优化重组的功能。市场主体供需诉求的出现，是市场机制可以运行的前提，有供需才有市场，才能流动。价格机制是对相同或不同的标的物以同一种价值衡量方法进行量化，是现阶段市场供需程度的体现，也是交易得以实现的经济条件。其一般直接与交易行为的成本及利润紧密相关，并且深刻影响着市场下一阶段的生产投入量。竞争机制主要是市场主体之间围绕标的物的价格等展开较量，存在竞争才存在价格的波动与博弈协商的空间。可以说，竞争机制是市场化配置的灵魂，供需、价格、竞争机制互相影响，相互作用。

（一）土地供需机制

对于抽象意义的生产要素，市场主体对生产要素的需求是从需求者对标的物的需求引致或派生的。供应方或是指向标的物的价值变现收益，或是为了实现标的物的潜在增值。需求方则指向标的物的使用权或财产性价值。短期和长期的生产要素需求是不同的，时间因素亦会对要素需求产生影响，因为短期与长期的要素需求弹性不同。此外，供需情况还会受到技术发展的影响。

这些均适用于土地要素市场。土地市场的核心是土地供给和土地需求，在供需平衡的基础上，决定了土地价格和资源配置。市场的基本规律是以供求为主导，实现一种动态平衡的状态，无论是在土地市场发展还是制度形成过程中，都有供给和需求两个角度。

土地供需机制可以从经济学角度理解，来源于一般均衡理论，土地供需最终的方向是保持平衡状态。土地供给分为两种，一种是

[①] 马欣、陈江龙、吕赛男：《中国土地市场制度变迁及演化方向》，《中国土地科学》2009年第23卷第12期。

自然供给，另一种是经济供给。其中，自然供给是有限的，经济供给的能力则会根据自然供给的数量和对土地的开发利用水平而变动；土地需求是消费者的意愿和其具备的购买能力能够综合决定的对土地的需求量。

在土地一级市场，土地需求者被动接受土地非市场供给；在土地二级市场，土地需求者主动评估自身购买能力和土地未来价格预期，做出是否购买的决定。随着需求者消费能力和消费期望的提高，在这种变动中，供给和需求应保持一定周期内的动态弹性平衡。政府在土地市场中，通过国家宏观政策调控对土地利用结构和节约集约水平进行控制，提高土地的经济供给，实现土地供需的局部均衡。

（二）土地价格机制

市场化配置核心中的核心即为价格机制。市场供需必须通过价格机制体现并满足。价格由市场决定，其科学性在于避免长官意志带来的人为干扰。价格机制的内涵是市场主体对具有稀缺性的交易标的物进行价值评估，进而通过货币化等方式出价协商。买卖双方利益上的冲突博弈会引导分散的市场主体的出价逐渐趋向真实反映社会不断变化的供需情况。

在市场交换中，土地价格一般不仅仅体现为其土地生产力自然秉性价值，更包括社会经济属性中使用权、租赁权、抵押权等的可获价值，实质上是地租收入资本化的货币表现。在土地要素市场化配置中，土地价格的形成决定因素是土地供给和土地需求。当土地供给增加而土地需求不变或者减少时，地价会下降；当土地供给减少，需求不变或者增加时，地价会上升。土地供给和土地需求是动态变化的，两者的变化决定了土地价格的变化。

在土地要素市场的建立和发展过程中，价格起到重要影响作用。土地市场交易主体是理性人，目的是以一个适合的价格出售或者买进土地。合适的价格则应充分体现其成本投入及预期收益。在通过行政计划方式配置土地要素时，政府无法真正了解市场成本与收益的准确标准，而这本应由市场内生决定。同时，行政部门也无法像企业一样深耕某一行业的市场信息、消费者爱好等，无法真正满足市场的需求，亦无法为下一阶段的生产投入提供信号。只有实现充分的价格机制，市场化才能真正高效配置资源，实现价值计算和市场信息揭示的功能。

市场化的价格有着重要意义，土地价格的变化决定土地要素的配置效率，土地政策调控则通过调节土地的供给和需求影响土地价格，进而弥补市场不足，实现土地资源的合理调配。政府对不同类型的土地，可以通过调节税费额度、税费收取方式等实现对土地价格的调控。土地价格的变动能够影响土地的供需，影响对土地资源的利用。例如，为了实现对土地的节约、集约利用，通过提高税费额度、用地审批条件的方式，可以提高土地价格，进而减少对土地资源的浪费，最终实现土地节约、集约利用。为了促进某一产业的发展，可以通过放宽审批条件和降低税费额度的方式，降低用地价格，节约产业用地成本，增加产业发展利润，实现产业的快速发展。

（三）市场竞争机制

市场经济下，生产要素供需情况决定价格，也决定市场的竞争情况。价格是市场最明显的信号，市场供需通过价格机制启动竞争机制。竞争一旦在市场展开，就会在价格浮动与供需变动之间持续作用，最终实现资源配置。

竞争本质上是一种对抗性行为，深层意义上体现为利益驱动，使用议价、营销、信誉等综合策略争夺市场。新古典经济学家认为，实现完全竞争的市场是最有效的社会资源配置方法，完全竞争意味着经济人的行为与完全性的市场，竞争则是其中受到利益主体诉求的牵引而自动进行的调节机制。但凯恩斯等则提出，完全竞争模型是脱离实际的，特别是完全竞争模型下的帕累托资源配置效率最大化并没有现实基础，因此不存在完全竞争市场。

在土地要素市场的竞争中，不断出现的天价"地王"即为其最显著的表现。在土地一级市场，早期土地拍卖出让方法直接体现为"价高者得"的竞争模式，其后出现的综合评标出让、单竞双限、双竞双限等竞争模式，则增加了对"成本—收益"结构的更多博弈空间，进一步提高土地要素的配置效益。

随着我国市场经济探索的深入,供需机制、价格机制和竞争机制的效用模式更为丰富,运用更加灵活,联动效应也更强。但市场配置不是万能的,对其缺陷弥补及辅助的机制也应该探讨。

三 政府职能定位是土地要素市场化配置的保障

（一）市场机制的缺陷

市场机制虽然起着主导作用,但不可否认其亦有失灵的时候。市场失灵是指在市场正常运行中,产生无法由市场调控的意外。导致市场失灵的原因一般包括市场机制的垄断性、自利性、外部性和信息不对称。

垄断性方面,在生产要素市场中,生产资料因其稀缺性,必然会在社会发展中产生大量需求,资源的归集亦符合马太效应,更大型的、实力更雄厚的利益集团会有更强的能力去获取资源,久而久之,必然形成劳动要素市场的垄断。纵观西方历史,市场竞争发展到一定阶段,垄断势力便会形成,反过来阻碍竞争机制的正面作用,使价格偏离价值,对市场配置产生破坏性。特别在土地要素市场,土地具有不可复制性,异质性越强,越容易实现垄断,生产者对价格的操控能力也就更强。在我国的土地要素市场中,一级市场的供应者是政府,二级市场在市场主体之间目前并未形成垄断,但随着土地价值不断增加,资金门槛越来越高,"大鱼吃小鱼"的市场更有利于资金雄厚的大开发商获得土地。

在自利性方面,市场机制无法兼顾公共产品的生产。消费过程中,那些非排他性和非竞争性的产品叫作公共物品。非排他性是指没有排斥他人使用的可能性,即大家都能够共同使用某种产品;非竞争性是指使用者对某些物品的消费实质上并不减少该类产品对其他使用者的供应量,即增加消费者的边际成本为零。从本质上说,公共产品与市场机制的作用是矛盾的,基于利益最大化原则的驱动,生产者并不会主动地生产公共产品。部分城市土地资源,如城市绿地、基础设施、公益性用地等,都是比较典型的带有公共物品属性的土地利用类型。在市场机制的作用下,这一类用地往往呈现供应不足的现象。这种由土地公共物品属性导致的市场失灵,形成与城市的整体协调发展以及城市居民日常需求之间十分尖锐的矛盾。

在外部性方面，外部性又称外部经济，是指一个生产者生产或消费者消费的活动对其他生产者或消费者产生附带的影响，由影响的正面性或者负面性进一步分为正外部性和负外部性。例如，垃圾中转站用地向周围散发出恶臭味，是一种负外部性；房地产开发商为了美化小区环境，在小区中进行大量的绿植建设，同时也优化了城市景观和环境，是一种正外部性。经济学已经证实，无论是正向外部性还是负向外部性，都会使市场配置资源的效率达不到帕累托最优，因为外部性的存在，让标的物价值和市场情况无法真正揭示，配置成本与市场价格不对等，出现配置过度或不足的情况。

土地是一类具有明显外部性的资源。土地资源利用的外部性是指，在土地开发利用的过程中，通过对资源环境的影响而对其他土地价值产生有利或不利的影响。这种影响并未通过市场行为得到体现，并导致土地利用者的私人收益和社会收益、私人成本与社会成本不一致。在城市用地中，公益性用地是一种具有明显正外部性的用地类型，它是保证城市存在和发展不可或缺的一种土地类型，具有提供公共服务、促进社会平等、提高城市运行效率等作用。然而，由于城市公益用地的非竞争性和非排他性，其实际经济收益难以实现，具有非营利性或者营利很少的特征。因此，在完全市场机制的作用下，城市公益性用地的配置数量会出现小于社会最优配置数量的情形，造成市场失灵，影响城市整体的社会经济发展。此外，城市土地开发过程中，房地产的开发同样也具有正外部性和负外部性。一方面，房地产的开发具有建设和美化城市的作用，一定程度上能够带动邻近地区地价升值的功效；另一方面，由于土地资源的稀缺性及房地产开发的高收益性，在市场机制的驱动下，开发商更愿意进行房地产、工厂的开发，造成城市土地利用结构失衡，对城市的生态环境等带来不利影响。

在信息不对称方面，信息不对称是指参与市场交易的一方没有掌握到应该掌握的信息，或者一方比另一方掌握更多的信息。在现实经济中，信息往往是不完全的，由于信息不对称产生的逆向选择和道德风险问题，对市场运作效率产生负面影响，导致市场失灵。土地产权是与土地有关的权利束，土地市场中的交易实际上是土地权利的交易。土地供应方往往比土地需求方在土地交易中更加了解土地权利的状况，如土地交易中的权属纠纷，是制约土地市场健康发展、阻碍土地资源市场化配置、影响土地市场效率的重要原因。

总体而言，因为土地资源的垄断性、自利性、外部性和信息不对称特征，土地资源配置过程中存在市场失灵的现象，使得单纯通过市场机制无法实现城市土地资源的最优配置。

（二）服务型政府的角色定位

针对上述市场的缺陷，政府这只"看得见的手"是对市场的调节和补充。它的作用边界、伸到哪里，与政府的职能定位有着密切的关系，政府的行为由其职能角色定义。

早期，我国政府承担了社会管理者的角色，高度集权，行政行为的目的是管理，决策具有强制性和明显的"划地而治"的色彩。改革开放以来，政府的角色认知不断提高，现在我国主要是建设服务型政府，职能边界在于服务社会。相应地，在经济建设中，市场为主导，行政为辅助，政府服务于市场的发展。

政府服务经济建设的调控功能主要体现以下几个特点。一是针对垄断性，应维护透明的市场规则，营造公平竞争的环境。如针对市场相关的法律规章的制定和修改等，应全部透明化，公示后方可执行。又如营造自由、平等、公平的竞争环境，充分调动市场主体的积极性，禁止垄断行为的产生，维护良性竞争。

二是针对自利性，可利用政府在土地要素一级市场配置中的角色供应公共品，或者通过利益置换等方式鼓励社会力量参与公共品建设。例如，2018年，深圳市发布《深圳市人民政府关于完善国有土地供应管理的若干意见》（深府规〔2018〕11号），恢复了自1988年取消的"土地划拨制度"，对公益性或非营利用地采取划拨模式。虽然深圳本身面临土地资源稀缺的现状，但对于公共管理和服务（如产权归政府的只租不售的人才和保障性住房）、交通设施、公用设施等公益性、非营利性用地，应该通过划拨统筹管理，以确保公共服务均等化。

三是针对外部性，政府应站在国家战略和社会公共福祉的高度，对土地使用者之间的利益进行再次调配。即便是通过招拍挂等市场化配置方式获得的土地，若闲置而不开发建设，一旦被认定为闲置土地，则应该对其处罚。这是通过奖惩方式对土地要素市场配置负外部性的抑制。[①] 如通过出台政策鼓励市场主体参与全域土地综合整治项目，对效果显著的土地综合整治项目予以奖励，这就体现了对正外部性的扶持。

四是针对信息不对称，政府应提供服务于土地市场交易的平台，如提供可参考的土地交易合同示范文本、构建政府背书的土地二级市场交易平台等，均有利于提供有关土地要素市场的专业知识，帮助市场主体扫除盲点，增加交易信息的权威来源，提高土地市场交易成功率。

第四节 制度变迁理论分析的适用性

可以看到，土地要素市场化配置属于土地制度的一环，对深圳土地要素市场化配置改革历程和创新经验进行研究，本质上是在分析区域性制度变迁。学界在整理制度的替代、转换和交易过程中，制度变迁理论为制度变迁研究提供了系统的分析视角。本书拟在探讨制度变迁理论适用性的基础上，利用该理论进行后续章节内容的分析。

田光明认为，采用制度变迁的分析框架，从制度变迁需求角度看，我国已基本形成土地的市场化配置，具有完善的土地交易制度和规则，但是随着城市化、工业化进程的加快，在城乡分割中形成的土地市场制度产生差异较大的价格体系，完全显现了城乡二元土地结构的损益效应外部性，只有制度变迁才能实现外部

[①] 李明月：《我国城市土地资源配置的市场化研究》，博士学位论文，华中农业大学，2003年，第26页。

损益的内部化。① 同时，对2019年度土地科学研究重点方面进行分析，亦发现不少论著采用制度变迁理论研究我国土地管理制度的历史。② 可见，学界对制度变迁理论的适用性认可度较高。在理论分析上，对我国地政问题进行研究起源于制度经济学派，从制度经济学到新制度经济学和政治经济学，不同的学派分别从不同角度对制度和制度变迁进行分析，各有侧重。本书将整合不同学派的概念，形成对深圳土地要素市场化配置改革中制度变迁的研究脉络。采用制度变迁理论开展研究，能够将制度变迁的实际过程经过理论的抽象进行内涵挖掘，实现对过去的梳理、对现状的分析以及对未来的展望。同时，为了使用制度变迁理论，需要对制度变迁发生的原因、路径依赖和具体方式等进行框架性分析。

一　制度变迁发生的原因

（一）制度供给与制度需求

从新制度经济学角度看，制度变迁发生的原因一般有三种。一为产权学概念，即人们对产权调整中的收益和成本进行分析，发现在实现内部利润的时候就会推动制度变迁。二为诱致性制度变迁，认为制度通过形成一种人们交往中的稳定预期，实现对人际关系的协调，反映了不同社会中的行为准则。该观点认为，制度变迁由制度需求和制度供给来决定，需求产生于技术变动，供给则受到社会一致成本的影响，将技术看作成因，制度变迁看作结果。三为诺斯观点，其将制度定义为制度安排，是指规范经济单位之间竞争的安排，是为了约束个人在追求财富或者个人效用最大化中的行为而产生的一系列约束条件。③

其中，制度变迁包括制度供给和制度需求两个方向。其中，制度变迁的发生源于对新制度的需求，源自对目前制度安排下无法实

---

① 田光明：《城乡统筹视角下农村土地制度改革研究——以宅基地为例》，博士学位论文，南京农业大学，2011年，第5—10页。
② 朱道林、程建、张晖等：《2019年土地科学研究重点进展评述及2020年展望——土地管理分析报告》，《中国土地科学》2020年第34卷第1期。
③ [美]道格拉斯·诺斯：《经济史中的结构与变迁》，陈郁、罗华平等译，上海三联书店、上海人民出版社1994年版，第33—34页。

现自身的潜在利益；制度变迁能够成功，取决于对这种制度变迁行为的支持和反对方的力量对比是否处于优势地位。

对制度变迁需求的主要影响因素包括：一是相对价格的变化，改变了不同利益群体讨价还价的地位和能力；二是宪法秩序，即政权基本规则，从根源上深刻影响制度变迁需求；三是技术水平决定了制度的结构和变化；四是市场规模会影响制度运作成本。在土地要素市场化配置制度改革中，土地价值和价格的认知对政策法律秩序的呼吁、技术水平的多维发展，都发生了剧烈的变化。

对制度变迁供给影响的主要因素包括：一是宪法秩序因素，规定了制度安排的选择能力并影响着制度变迁的深度和方式；二是制度设计成本因素，制度变迁供给只有在制度潜在预期收益比制度成本高的时候才会发生；三是非正式制度对正式制度推行的影响因素，当两者和谐时，制度变迁供给能够进行得比较顺利；四是当前的制度安排在路径依赖下变迁的难度决定了既得利益集团对当前制度维持的决心，即变迁的阻力。在土地要素市场化配置制度供给中，政府作为决策者，开始改革计划经济时代的制度，具备强有力的社会把控力量。因此，供给的深度、成本、难度，都在强烈的国家发展目标和决心下屡屡破冰。

制度变迁萌芽在制度的非均衡状态，即制度安排和制度结构两方面的供给不能满足当下对制度的需求。进入该状态，就需要新的制度安排实现制度向均衡状态的改变。因此，制度变迁始于制度非均衡，实现于制度均衡。整个过程需要在制度非均衡与制度均衡中找到和谐统一点。

本书通过分析制度变迁的决定因素，将深圳土地要素市场化配置改革与创新过程中的各影响因素进行分析，结合制度供给和制度需求分析，力求实现对每个制度安排和制度结构的动态均衡分析，为下一步的改革方向提供参考。

（二）外部利润

制度变迁的产生发源于外部利润的存在。外部利润是指并未在当前制度框架内发挥作用的看不见的利润。所以，当前制度安排下的当事人在正常情况下无法察觉，也无法获取这种利润。只有当外部环境发生的变化使原有制度框架能够不断积聚这些外部利润，等到这种聚集能够激励经济人产生内在化的主动追逐冲动时，就会诱致经济当事人出现改变当前制度的想法，有可能产生制度变迁。

可以说，外部利润是制度变迁中的诱因。这一诱因需要制度变迁相关当事人不仅能够从无视到意识到外部利润的存在，再在外部利润引致作用下，不断权衡制度变迁的预期成本及预期收益，以确认利润的大小，然后做出相应决断。相关当事人作为理性人，在发现改变原有制度安排能够带来净利润时，也就是当其发现收益大于成本时，就有可能产生制度变迁的动力，进而在其他变迁条件准备充分时发动制度变迁。

土地要素采用计划配置还是市场化配置方式，要看是否可提高交易效率。在市场中，为了能够实现利润，交易相关人员会对成本和收益进行权衡，以指导自身行为。外部利润的出现，会对已有动态均衡的交易方式产生动摇，产生利润的再分配。这一再分配的过程，就是制度变迁发生的过程。利用对外部利润的分析，能够对深圳土地要素市场化配置产生的原因、发展的过程、成熟的方式和问题的解决办法提供分析的思路。

以上两种制度变迁发展原因的归结，与土地要素市场化配置的动因及影响因素相呼应。制度是各种利益群体博弈的产物，其变迁必然与利益群体对价值认知的变动相关。诺斯认为，相对价格的根本性变化是制度变迁的最重要来源。[①] 价格是标的物的货币化表现，相对价格的变动能起到抑制或鼓励某种利益行为的作用，改变利益群体的行为方式和观念可引起制度的变迁。土地要素市场化配置的制度变迁，亦适用于这一研究视角。

二　变迁的路径依赖

对于无效率制度存在的原因，诺斯归结为路径依赖作用。这一类似惯性的概念，是指在制度形成之后，无论其是否有效，都会持

---

① ［美］道格拉斯·诺斯：《制度、制度变迁与经济绩效》，刘守英译，上海三联书店1994年版，前言第1页。

续一段时间,并且对以后制度的选择产生一定的影响。① 因为制度变迁很难逃离路径依赖,所以,路径依赖会决定制度变迁的相应轨迹。

之所以产生路径依赖,是因为其成本低廉,初始制度形成之后,对其优化和激励是按照原有制度路径的方向前进,比另辟蹊径更加节约成本;初始制度的形成代表相关利益集团的形成,相关利益群体为了实现自身利益的最大化,会保全初始制度,进而阻碍对现存制度的改革,无论新制度是否可能更有效率;路径依赖会导致制度变迁进入自我强化的过程,有可能导致制度变迁进入良性循环,也有可能朝着错误的方向继续深入。

所以,研究路径依赖及路径变迁轨迹,能够最大限度地实现制度改良。良性的路径依赖能够降低交易成本,减少不确定性,提高社会财富的创造效率,又称生产性轨迹;恶性的路径依赖会阻碍生产活动,变成一种纯粹的财富再分配过程。这些因现存制度而生的利益集团会通过构筑政体,进而对制度产生锁定效应,有可能使制度锁定在一个无效率的状态。

制度变迁中的路径依赖具有自我强化的机制,包括成本的固定效应、学习效应、网络效应和预期效应四种机制。强化机制能够对制度矩阵相互依赖的稳定构造形成一种越发强大的报酬递增效果,反过来,报酬递增也会逐渐发展成为一种阻碍制度变迁的保守力量,使得制度变迁严格按照特定的轨迹演变。

路径依赖的行为模式是在固有产权制度的制约下,相关利益主体因各自的意识形态而对一项制度安排从预期成本和预期效益的角度进行分析。相关利益主体会受到成本固定效应(为了交易成本的下降)、预期效应(实现自我行为预期)、网络效应(各利益主体合作)、学习效应(提高制度稳定性)的综合作用以支配自己的行为,这种行为会随着自我增强机制(强化路径依赖,实现收益递增)而调整。

因此,分析土地要素市场化配置改革与创新中相关当事人(政

---

① [美]道格拉斯·诺斯:《经济史中的结构与变迁》,陈郁、罗华平等译,上海三联书店、上海人民出版社1994年版,第33—34页。

府、公众、农村集体、农民等）的行为，从其在制度变迁中受到的各种效应影响分析入手，揭示其行为的路径依赖特征，进而找到不良的路径依赖，以减少无效制度安排。同时，强化优质的路径依赖，增强有效制度安排的作用，实现对制度结构的优化。

三　制度变迁的方式

制度变迁始发于外部潜在利润，开始于相关主体发现并衡量外部潜在利润的转化可能性，最终目的是实现外在收益的内部化。在制度变迁的路径依赖作用下，潜在利润的产生不会马上引起相关利益主体的行动，只有经历外部潜在利润的积累和相关主体的行为启动，才会产生潜在利益的内部化，最终才能引发创新。这一过程决定了制度变迁的滞后性。

对制度变迁方式的划分有多种：诱致性变迁和强制性变迁（按照变迁主体划分）、主动式变迁和被动式变迁（按照变迁主动性划分）、激进式变迁和渐进式变迁（按照变迁速率划分）、正式制度变迁和非正式制度变迁（按照制度类型划分）。本书主要关注制度变迁的诱致性和强制性之间的关系。

诱致性制度变迁是一种自发性的变迁，该变迁是否发生取决于制度创新者的预期收益与预期成本之间的价值是否为正。这种变迁的主体通常是个人或者一群人，由其自发倡导、组织和实行，政府则以正式形式承认新的制度。诱致性制度变迁往往具有三种特征：一是营利性，只有实现相关群体的预期利润，才有可能推进制度变迁；二是自发性，在外部潜在利润的吸引下，相关群体自发进行制度变迁行为；三是渐进性，由于诱致性变迁是个人或者群体从局部开展，经历自下而上的变迁过程，所以会经历许多复杂的环节才能实现外部利润的内部化。

强制性制度变迁是一种政府直接通过法律或者命令引入，是国家在潜在外部利润存在的情况下进行的制度变迁。国家的潜在外部利润既包括经济因素，也包括非经济因素，诱因更加复杂。所以，判断一项制度是否有效，不仅仅停留在经济层面。因此，国家效用最大化和社会财富最大化可能存在不一致性。强制性制度变迁能够在最短的时间内完成制度变迁,政治因素和意识形态是变迁的重要成本,发生的主要原因是改良不利于国家总体利益实现的不良制度。

本书采用按照变迁主体划分的方式,对土地市场制度变迁过程中的强制性和诱致性进行分析,实现对其类型的识别,了解每种类型实施过程中的效果,以期对变迁方式有更为明确的认知。

总体而言,下文拟利用制度变迁理论对深圳土地要素市场化配置改革与创新的变迁影响因素、变迁模式等进行分析,采用制度变迁理论的路径依赖分析内容对深圳土地要素市场配置机制变迁中的路径惯性发展与路径创新因素进行探讨。其中,制度变迁理论将贯穿在本书对改革逻辑起点、历史嬗变分析和改革总结及展望预测的探讨之中。

第三章

深圳土地要素市场化配置改革的逻辑起点（1978—2000年）

40多年，深圳市土地市场伴随改革开放经历了一系列深刻的变革，经历了从无偿到有偿、从协议到"招拍挂"、从在城市蓬勃发展到转战农村、从一级市场到二级市场再到三级市场、从土地隐形市场存在到全面建立土地有形市场、从自发随意到逐步统一规范的发展过程，有力促进了土地要素的优化配置和合理利用，为保障深圳市经济和社会发展做出重要贡献。

以深圳土地要素市场化配置纵深发展的里程碑式事件或政策为标志，可将深圳土地要素市场化配置的发展划分为四个阶段。

第一阶段为深圳市土地有偿使用制度的出现及成型（1978—2000年）。从1978年改革开放前后到1987年深圳土地使用权第一次拍卖（被称为"动地一槌"），是土地使用制度从无偿、无限期向有偿、有限期的关键性转变。其后整个20世纪90年代，深圳不断深化土地有偿使用制度，使其成型并为构建统一、公开的土地交易市场打下基础。这一阶段为深圳土地要素市场化配置改革的逻辑起点。

第二阶段为深圳土地要素市场化配置机制的建立（2001—2004年）。2000年，深圳初步构建了专门的土地交易市场，并于2001年3月6日颁布了《深圳市土地交易市场管理规定》，直接促成深圳土地交易市场的诞生，推动深圳土地要素市场化配置机制的初步建立，对深圳土地要素市场的发展具有深远影响。

第三阶段为深圳土地要素市场化配置机制的深化拓展（2005—2011年），以工业用地招拍挂制度的探索为主要内容。其中，2007

年颁布并实施的包括《深圳市工业及其他产业用地使用权出让若干规定》在内的一系列规范性文件，在全国的工业用地招拍挂制度探索中都具有先行先试的重要意义。

第四阶段为深圳土地要素市场供应体系的整体优化与改革（2012年至今）。2012年颁布的《深圳市土地管理制度改革总体方案》、2013年出台的《深圳市人民政府关于优化空间资源配置 促进产业转型升级的意见》及其六个配套文件、2016年颁布的《深圳市工业及其他产业用地供应管理办法（试行）》、2018年出台的《深圳市人民政府关于印发总部项目遴选及用地供应管理办法的通知》、《深圳市人民政府关于完善国有土地供应管理的若干意见》、2019年出台的《深圳市工业及其他产业用地供应管理办法》、2019年出台2020年底修订的《深圳市地价测算规则》等系列文件，对深圳市土地要素市场原农村集体土地入市、总部用地等产业用地市场的改革与创新实践提供了重要支撑，在全国率先探索实施标定地价，建立了以标定地价为核心的"一套市场地价标准"，同时在土地要素立体利用的市场配置、土地出让竞价方式等方面进行创新探索。

在以上发展脉络中，因为我国土地制度以公有制为根本约束，从中华人民共和国成立到改革开放以前，采用无偿、无限期和无流动为特征的土地使用制度；土地市场的建立，发端于土地的有偿使用，所以本书将深圳市土地要素市场化配置机制建立的逻辑起点定位为对土地有偿制度的探索，重点对深圳土地要素市场化配置改革进行研究，从梳理改革历史沿革入手，以分析土地要素市场化机制建立的制度背景及制度变迁产生的逻辑起点。

第一节 土地有偿使用制度的发端

深圳市土地制度的变革与变迁是在中央授权的前提下进行的，是全国土地制度框架下的先行先试。对其制度变迁启发原因进行分析，需要结合当时全国的土地使用制度改革背景进行研究。

一 土地有偿使用制度的需求

中华人民共和国成立之后较长的一段时间内，我国主要实行的是按计划配置国有土地，采用行政划拨方式进行土地流转。除了国家因为建设需要，通过征用方式获取农村集体的土地时必须按照一定标准支付一定数额的征地补偿费以外，在其他的情况下，使用土地都是一种无偿和无限期的状态。这一现象导致土地资源处于无偿、无期限和无流动使用的状态。

土地无偿、无期限、无流动使用的特征包括以下三点。第一，以行政划拨的方式配置城市土地，无法发挥土地作为一种资源的有效、积极配置。土地使用者从国家获取用地因为无须支付地价，也不用缴纳地租，对土地资源的使用没有明确的期限，所以无法发挥用地主体对土地资源的有效利用，造成用地浪费和低效的现象。第二，国家无法实现因拥有城市土地所有权而带来的经济权利，成为名义上的土地所有者。第三，地方政府在城市土地的划拨和使用过程中同样无法获取任何收益，无法在土地分配中获取城市建设资金，导致城市基础设施建设资金短缺，严重滞后于社会经济的发展。土地使用权的不可转让性，使得不同主体对土地这一生产要素无法进行合理配置。在土地位置固定的约束下，用地者即使不再需要土地，也不会冒着失去土地使用权的风险将土地让渡给需要用地者，使不同主体之间产生利益不均衡，亦导致宝贵的土地资源出现巨大浪费的现象。

经济体制要与经济社会发展相适应才能促进社会发展。随着我国经济社会的发展，原有的计划经济体制下，经济和社会发展的弊端逐渐显露。为了解决这一问题，国家在党的十一届三中全会中开始提出经济体制改革和对外改革开放的发展方向，其目的就是探索构建一种能够实现经济全面发展的经济体制，以促进经济发展。其中，城市土地的无偿使用制度必然成为制度结构改革的重要课题。

二 土地有偿使用制度的供给

1976 年，我国开始把工作重点转移到经济建设上来。1978 年年初，国务院派出多个考察组，分赴西欧、香港和澳门等国家和地区，探寻发展之策。在此背景下，深圳市考察并吸取香港地区相关经验，对其土地管理体制进行深入研究。研究内容包括土地征用，土地出让、土地转让，土地登记、发证，已划拨土地处理，土地费税征收，土地开发及模式管理，土地开发基金的建立，土地纠纷仲裁，物业估价，土地同房屋关系，土地同财政、金融、规划、计划、建设及工商之间关系和地价确定等方面，这为探索深圳市土地管理体制改革路径提供了坚实的基础。①

1979年2月14日，国务院批复同意广东省《关于宝安、珠海两县外贸基地和市政建设规划设想的报告》，并在3月5日批准宝安、珠海撤县设市，宝安改设为深圳市。同年4月，中央工作会议研究讨论了广东省"先走一步"的要求，同意广东建立一个新的体制，并在会议文件《关于大力发展对外贸易增加外汇收入若干问题的规定》中提出在广东省深圳、珠海、汕头、福建省厦门和上海市崇明岛试办出口特区，单独管理。特区作为先行示范区，开展土地有偿使用制度改革，对区域经济发展和推进国家"四化"建设具有较为深远的意义。②

1979年7月1日，第五届全国人民代表大会第二次会议通过了《中外合资经营企业法》。该法律宣布中外合作经营企业可采取中方以土地入股的形式进行合作，并规定企业须缴纳场地使用费。这一法律的颁布主要是为了探索以地入股、利用外资、合作建房等模式。它实际上是我国土地使用权有偿出让的第一个法律规定。③

1979年7月15日，《中共中央、国务院批转广东省委、福建省委关于对外经济活动实行特殊政策和灵活措施的两个报告》（中发〔1979〕50号）正式提出要在深圳和珠海两个地方试办"出口特区"，等到取得一定的相关经验，再进一步考虑是否继续在汕头及

---

① 郑定铨：《深圳进行土地使用权有偿转让试点取得突破性进展》，《中国经济体制改革》1988年第4期。
② 朱乃肖：《深圳经济特区国营企业土地使用费问题探讨》，《经济问题探索》1984年第11期。
③ 丘国堂：《论土地市场的建立与实践》，环境资源法学国际研讨会，2001年。

厦门进行特区设置的问题，给予广东、福建两省更多自主权，对两省计划实行单列、财政包干等灵活政策。[①] 在当时的政治、经济环境下，如何吸引外资进入，发挥自身的优势，除了"人"，就是"地"。因此，深圳市政府决定从"地"上面做文章。1979 年 12 月 12 日，在京西宾馆会议上，吴南生代表广东省第一次正式向党中央、国务院汇报特区工作，正式建议将土地租用期限改为 50 年。1980 年 5 月 16 日，《关于广东、福建两省会议纪要的批示》由中共中央、国务院下发。该批示明确采纳广东省的建议，将"出口特区"名称改为内涵更加丰富的"经济特区"，同时提出，根据两省财力、物力的可能性，广东省应首先集中力量把深圳特区建设好，其次是珠海特区的建设。该文件的颁布，为深圳市经济体制改革提供了有利的政策条件，为土地有偿使用制度改革提供了便利。

20 世纪 80 年代初，我国推进对外开放进程，但作为最基本生产要素的土地，仍然受到国家高度、严格的计划管制。国家利用法律规定土地的利用，1982 年《中华人民共和国宪法》第 10 条指出："任何组织或者个人不得侵占、买卖、出租或者以其他形式非法转让土地。"在宪法确定的框架下，我国任何建设用地的需求均要通过政府征用和划拨的方式来满足。在该阶段，我国一直实行土地公有制，国有土地按计划配置，实行行政划拨，使得我国的土地资源实际上是一种无偿、无期限和无流动的状态。

建立深圳经济特区，产生了"外引内联"的巨大需求和压力，在建设资金严重不足的情况下，还要尽快满足外来投资者投资办厂、建设基础设施及安置大规模流动人口的土地需求。为了探索土地使用的高效化，深圳市开始尝试将国有土地由无偿使用转向有偿使用，对改革我国土地使用制度发挥了重要作用。深圳市的土地使用权获取方式也从一开始的合作开发以收取外商费用的方式，转变为征收土地有偿使用费，再进一步转变为公开、有偿出让国有土地使用权的方式，实现无偿到有偿的转变。

回溯 1979 年《中外合资经营企业法》和 1980 年《关于中外合

---

① 广东省政协文史资料研究委员会编：《经济特区的由来》，广东人民出版社 2002 年版，第 35—37 页。

营企业建设用地的暂行规定》，它们都对中外合营企业用地进行了明文规定，无论是新征用土地还是利用原有企业的场地，都应计收场地使用费，其他具体的执行按照合同约定。1979年12月31日，深圳签订了新中国第一份以吸引外资开发经营房地产为目的的《建设出售深圳华侨新村楼宇协议书》（见图3-1），约定采取补偿贸易方式由深圳提供土地、香港妙丽集团投入资金，两方合作兴建并经营住宅楼，同时明确了税后的纯利分配方式，深圳一方和香港一方按照85:15的比例分成。合作经营之后，香港妙丽集团开始申请独资开发经营。该项目合同的实行表明以合作开发的形式向外商（我国当时将回归前的香港企业称为"外商"）收取费用的模式取得了成功。

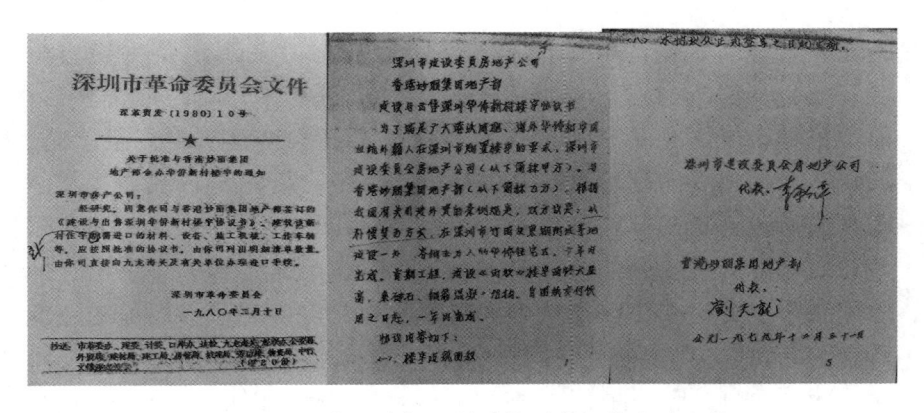

图3-1 新中国首份吸引外资开发经营房地产的
《建设出售深圳华侨新村楼宇协议书》

1980年8月26日，《广东省经济特区条例》施行，其强调了可收取土地使用费的原则，表明深圳特区的土地使用费收取已经从法律法规层面上升至省政府的认可高度并得到推行。1980年12月5日，深圳市建设委员会房地产公司签订了第一份涉及土地使用费征收的协议，它是与香港某公司针对罗湖小区的一块4000平方米的商住用地签订的。该协议的签订为解决深圳特区早期建设资金不足的问题提供了方案，也成为中华人民共和国成立以来第一个土地资源有偿使用的案例。

1982年1月1日，《深圳经济特区土地管理暂行规定》实施，以法律规范的形式确定了按规定标准征收土地使用费的行为。该规定的颁发，堪称深圳土地制度上的"第一次革命"。此次革命开始削弱对行政划拨使用土地方式的依赖，转而开启以协议、招标及拍卖方式有偿、有限期地出让国有土地使用权，开了我国土地有偿使用的先河。

试行土地有偿使用及强化土地管理后，1981—1985年，深圳经济特区土地开发方式除合作、租地和委托成片开发外，也陆续出现卖楼花、土地抵押贷款等"预支性"手段。在1986年12月拟订的《深圳经济特区土地管理体制改革方案》中，深圳市成为全国率先进行土地使用权有偿、有期出让、转让的试点地区。[①]

1987年，深圳已有几十家地产公司参与特区建设，但因是边建边卖，资金回笼慢，资金压力大，获取资金的来源主要为银行贷款，使得深圳市的资金压力突出。深圳作为紧邻香港的经济特区，开始借鉴香港土地拍卖制度探索改革路径，尝试将行政划拨土地、收取土地使用费的办法改为以公开拍卖为主、招标与行政划拨相结合的特区土地管理制度。从1987年7月1日起，深圳市初步决定取消行政划拨方式供应土地，规定所有的建设用地必须以有偿出让的方式供应。此时，深圳市的土地有偿使用制度实现法律层面的逐渐成熟。

1987年12月1日下午，深圳举办了轰动全国的"中国土地拍卖第一槌"的拍卖会，拍卖一块8588平方米地块50年的土地使用权，起拍价为人民币200万元，由经济特区房地产公司以525万元竞得该块土地的使用权。这一槌是对传统国有土地由国家统一调配、安排、无偿无期使用的土地管理体制的重大突破，标志着我国土地使用制度从无偿、无限期和无流动正式进入有偿、有限期和有流动的新时期，开辟了土地使用权有偿出让的交易市场。[②] 深圳经

[①] 北京大学国家发展研究院综合课题组：《更新城市的市场之门——深圳市化解土地房屋历史遗留问题的经验研究》，《国际经济评论》2014年第5期。

[②] 谢涤湘、牛通：《深圳土地城市化进程及土地问题探析》，《城市观察》2017年第8期。

济特区在此基础上，不断总结和探索土地使用权有偿出让及流转的方法，逐步建立土地交易可采取的协商议价、招标、拍卖和挂牌交易等方式，培育和完善了土地市场，促进市场经济的发展。

深圳市对于国有土地有偿出让和转让的尝试性工作，带动了其他城市土地使用制度的改革。自1988年起，上海、广州、厦门、天津等地陆续开展国有土地有偿出让和转让的试点工作。地方性的探索工作直接促成我国宪法和《中华人民共和国土地管理法》中有关土地使用制度内容的修改。宪法关于土地使用权可以依法转让、实行国有土地有偿使用制度等内容的修改，以国家根本大法的形式肯定了深圳土地管理体制改革的做法，为全面实行国有土地使用权有偿让渡提供了根本的法律依据和保障。1988年，国务院颁布《中华人民共和国城镇土地使用税暂行条例》，更改土地使用费为土地使用税，规定对城镇土地按等级征收使用税，并确定收税标准。至此，我国各级城镇的土地通过地税形式被完全纳入有偿使用范围。随后，1990年出台的《中华人民共和国城镇国有用地土地使用权出让和转让暂行条例》和1994年出台的《中华人民共和国城市房地产管理法》，都明确对土地使用权的出让、转让、出租、抵押及划拨等系列行为进行规范。至此，国有土地有偿使用制度在全国范围内得到普及。

第二节　深圳市土地有偿使用制度演变路径

改革开放以来，深圳土地有偿使用制度经历了深刻的变化，为深圳市土地市场改革奠定了坚实的基础。为了对深圳市土地有偿使用制度这一逻辑起点进行深入了解，本书在分析深圳土地有偿使用制度历史脉络的基础上，利用制度变迁理论的分析框架，按照制度的改革内核及成效，将其历史演变路径总结为四个发展阶段，各阶段时序、政策及意义见表3-1。

表 3-1　　土地有偿使用制度改革起步阶段重要政策

阶段	时间	政策	改革意义
征收土地有偿使用费	1979 年 7 月	《中外合资经营企业法》	探索以地入股、利用外资、合作建房等模式
	1979 年 12 月	签订第一个吸引外资开发经营房地产项目	以合作开发土地形式推动土地有偿制度探索
	1980 年 1 月	《投资简介》	以年为单位收缴土地使用费
	1980 年 7 月	《关于中外合营企业建设用地的暂行规定》	开启一次性收取土地使用费的尝试
	1980 年 8 月	《广东省经济特区条例》	从法律法规层面推动土地使用费收取
	1980 年 10 月	《关于征收城镇土地使用费的意见》	拉开我国土地有偿使用制度改革序幕
	1980 年 12 月	签订第一个客商独资营建商住大厦协议书	开创我国土地资源从无偿使用向有偿使用转变的先河
	1981 年 10 月	开始编制《深圳经济特区社会经济发展大纲》《深圳经济特区城市建设总体规划》	加强土地规划、审批和管理方式
土地有偿制度试验	1982 年 1 月	《深圳经济特区土地管理暂行规定》	以法律规范的形式确定按规定的标准征收土地使用费
	1982 年	按城市土地的不同等级向其他使用者收取不同标准的使用费	揭开土地改革和城市建设序幕
	1983 年 5 月	对深圳企（事）业土地使用问题做出若干暂行规定	化解政府的财政压力，促进区域经济的高速发展

续表

阶段	时间	政策	改革意义
土地有偿出让实践	1987年3月	修改《深圳土地管理暂行规定》	推进土地使用权有偿出让、转让、抵押等
	1987年7月	《深圳经济特区土地管理体制改革方案》	深圳成为全国率先进行土地使用权有偿、有限期出让和转让的试点地区
	1987年9月	签订《深圳经济特区土地使用权合同书》	首次以协议方式有偿出让土地
	1987年10月	《深圳市土地竞投公告》	首次进行土地使用权公开竞投
	1987年12月	动地第一槌	土地使用权的首次公开拍卖，推动住房制度变革
	1987年12月	《深圳经济特区土地管理条例》	我国首部针对国有土地使用权出让、转让制度的法规
土地有偿制度框架成熟	1992年6月	《深圳经济特区土地使用权出让办法》	对土地使用权出让流程进行合理安排
	1992年7月	实施原特区内各区农村城市化	以土地统征为切入点推进城乡统筹发展
	1994年6月	《深圳经济特区土地使用权出让条例》	取得特区立法权后的首批特区立法，特区土地有偿使用制度改革步入法制化管理轨道
	1998年2月	《深圳经济特区土地使用权招标、拍卖规定》	中国内地首次确定经营性用地的土地使用权出让一律按招标、拍卖进行，其确立的土地使用权招标拍卖规则与程序在国内影响深远

一　1978—1981 年探索土地有偿使用费的征收

深圳经济特区成立之后,"外引内联"产生的巨大需求及压力,加之建设资金严重不足的约束,使得深圳开始将目标转向土地要素,通过盘活土地要素的价值,将国有土地的使用由无偿转变为有偿,无形中开启中国土地使用制度翻天覆地的变化。可以说,深圳用一种超前的方式开启了土地使用制度改革的新征程。[①]

(一) 以合作开发土地形式收取费用阶段

1978 年,党的十一届三中全会做出实行改革开放的重大决策。以此为背景,外国资本开始涌入,中外合资经营对土地的需求量大为增加,旧的土地使用制度已不再适应当时经济发展的需要。在该阶段,土地使用制度就是由旧制度的无偿、无限期和无流动特征,向有偿、有限期、有流动性的方向改革。国务院在 1979 年的《中外合资经营企业法》中提出,在合营企业经营时期,在场地使用权不是中国合营者投资一部分的情况下,合营企业应该向我国政府缴纳一定量的场地使用费。为此,深圳市探索出合资建房的模式。该模式是一种由一方出地、另一方出资的"补偿贸易"。1979 年 12 月 31 日,深圳市签订了我国第一个房地产项目合同,尝试探索由深方提供土地、他方投入资金,实施利润分成的合作模式。深圳市合资建房模式的成功在一定程度上推动了土地有偿使用阶段的发展,可作为我国土地要素有偿参与市场的最早成功实践。

(二) 土地使用费收取阶段

1980 年 1 月,招商局发展部在蛇口工业区公布《投资简介》,宣布每平方英尺土地每年的土地使用费为 2—4 港元,年期一般为 25 年左右。这些项目的实施,表明土地有偿使用制度改革已经萌芽。

随后,国家层面的土地有偿使用制度开始萌芽。1980 年 7 月 26 日,国务院继《中外合资经营企业法》之后又颁布了《关于中

[①] 付莹:《深圳城市化转地政策对新型城镇化土地制度改革的启示》,《深圳大学学报》(人文社会科学版) 2018 年第 3 期。

外合营企业建设用地的暂行规定》，专为土地而设，并对费用标准、收取办法等做了具体规定。例如，提出场地使用费的标准区间，按照不同区位采用不一致的费用标准；收取场地使用费按合同约定经营期限一次性收取，如果没有约定时间就按15年一次收取等。

土地使用费可按合同约定期限一次性收取的规定为深圳特区土地改革提供了新思路，除了与港资合作开发商品住宅项目的方式外，租地开发、成片委托开发的办法也迅速推广开来。租地开发是把已经进行基础设施建设的土地租给外商独资建设，一次性收取多年的土地使用费，类似于一次性收取地价。成片委托开发则是参考蛇口工业区模式，以行政划拨或有偿使用的方式，将成片未经开发的土地交由企业开发建设和经营管理。这两种土地开发方式与合资开发都是我国城市土地开发与利用的最初形态。当时，与港资合作开发房地产项目的法律依据是国务院颁布的有关中外合作经营企业的条例。在这种模式下，利润价值高，回收周期较短，有利于满足当时特区的住宅建设需求，补充其土地开发资金，因此受到深圳特区领导者的高度关注。

1980年8月26日，《广东省经济特区条例》审议通过，正式宣告建立经济特区，其中特区土地为国家所有，土地管理者为特区管委会，土地使用前由政府组织实施"七通一平"等内容，并提出"特区的土地为中华人民共和国所有，客商用地，按实际需要提供，其使用年限、使用费数额和缴纳办法，根据不同行业和用途，给予优惠，具体办法另行规定"。这一规定反映出深圳经济特区土地使用费开始在法律法规层面得以沉淀和推广。

1980年10月，国家建委召开全国城市规划工作会议，提出《关于征收城镇土地使用费的意见》，建议"在城市规划区范围内，对占有土地的单位和个人，均应按当年实际占地面积缴纳土地使用费。收费标准应根据不同地段，分等级确定"。国务院于同年12月9日转批了会议纪要，提出实行综合开发、征收城镇土地使用费的相关政策。这成为利用经济办法管理城市建设的一项重大改革，对按照城市规划来配套开发土地，充分发挥投资效果，控制和合理解决城市建设及维护资金的问题具有很好的作用。① 这一意见的公布标志着我国土地有偿使用制度改革拉开序幕。

虽然城镇土地使用费方案在当时因时机不成熟未能具体实施推广，但对深圳经济特区而言，利用土地入股或出租带动土地滚动开发，能极大减轻特区"起步"的财政压力，对于当时的深圳经济发展尤为重要。1980年12月5日，深圳市房地产公司签订第一个客商独资营建商住大厦协议书，将罗湖一块4000平方米土地提供给港方使用30年，港方缴纳5000元/平方米的土地使用费，30年共计2000万港元。双方约定，港方有偿、有限期、熟地（市房地产开发公司负责"三通一平"）使用该块土地。这份协议几乎涵盖后期全国施行的土地使用合同里的所有核心内容。这一举动在国内开创土地有偿使用的先例。②

1981年2月，深圳政府与香港妙丽集团签订合同，由深圳市提供6000平方米的"地皮使用权"，妙丽集团进行"独资兴建并经营商住大厦"，规定土地的使用年期为30年，费用为5000港元/平方米。到1981年12月，深圳房地产公司仅仅在罗湖小区就已经引进外商独资经营房地产项目共计10个，出租的土地面积达到4.54万平方米，收取土地使用费21360万港元；另外，还有8.1万平方米的土地是4亿多港元的物化资本，用于与外商投资合作开发房地产。

1981年3月，梁湘上任深圳市委书记时，在面临无钱可用的局面下，经过考察和深思熟虑，认可"国有土地有偿使用"的论点，并试图"借"此前特区合作、租地开发土地的思路设计出一套以房地产开发带动特区建设的"无中生有"的发展模式。1981年5月，吴南生在国务院召开的广东、福建两省经济特区工作会议上对这一模式做了进一步的解释：深圳经济特区基本建设的初步投资估算约需9亿元，拟采取近期和长远相结合，分期、分区实施的步骤，近期利用国家贷款改造和扩建原有供水、供电、电信和道路，开发部

---

① 中国城市经济学会、东北财经大学图书馆编：《中国土地的有偿使用经营与管理》，东北财经大学出版社1988年版，第20、31页。
② 李勃、李莉、郭源园：《"深港"空间紧邻如何影响深圳经济制度变迁——以深圳土地管理制度变迁为案例》，《城市发展研究》2015年第22卷第8期。

分土地,并以合作开发土地和租地开发土地为主要经营办法,快速取得扩大建设规模所需的资金。这种办法取得的土地收入均在 5000 港元/平方米左右,总计收入 20 亿港元。通过国家贷款作为经济开发的资金来源,以土地有偿使用费作为资金积累的基础,促进经济特区的建设。

从 1980 年 12 月到 1981 年 12 月,基于合作建房和租地建房两种方式,深圳市房地产公司先后与外商(主要是港商)签订 22 项房地产项目协议,总投资 25 亿港元。其中,合资项目 11 个,投资 17 亿港元;独资项目 11 个,投资 8 亿港元(租地 4.54 万平方米,收取土地使用费 2.136 亿港元)。除 1981 年竣工的东湖丽苑、翠竹苑、湖滨新村等住宅项目,后续建成的还有国商、粤海、敦信、海丰、南洋、广信、华海、金城、德兴、友谊、罗湖、熙龙等 14 个大型楼盘项目,约 40 栋 20—30 层高的商厦和住宅楼宇。这批项目使特区收益在 15 亿港元左右,是特区开发建设以来收取外资的第一桶金。[①]

为了更好地促进土地资源的合理、有序利用,1981 年 10 月,经济特区组织国内专家开始编制《深圳经济特区社会经济发展大纲》和《深圳经济特区城市建设总体规划》,强调通过加强土地规划、审批和管理方式,为各单位用地圈定"红线",使深圳经济特区的未来发展用地和土地管理按照预期方向发展。

在该阶段,由于国家给予深圳经济特区的特权,使其能够在巨大的压力下,为了城市发展,主动探索周边地区如香港繁荣的原因,将香港的经验虚拟放入深圳的发展中,将本来存在于土地资产中的外部利润呈现出来,激发土地资源转变为土地资产。同时,参照香港做法,能够快速模仿,实现对外部利润的验证,并采用合资经营的方式,收取场地使用费,将外部利润内部化。这种内部化则成为进一步对由无偿向有偿变迁的源源不断的动力。之后,再由场地使用费到土地使用费的按年收费,最后到一次性收取,从合资到租地开发和成片委托开发。这不仅从开发利用方式方面进行改革,

---

[①] 陈梅、刘凤群:《深圳特区城市建设的拓荒者——记原深圳市委常委、市人民政府副市长罗昌仁》,中国社会经济出版社 2008 年版,第 75 页。

而且通过制定法律法规规范土地使用费的收取规则和标准等，都标志着制度变迁已经快速从受到外部利润的诱因吸引作用转向快速开展多维度制度安排。这种由政府直接推动的变迁，再加上参照香港方式的有限创新，快速有效，具有强制性。

值得强调的是，这一阶段收取的土地使用费，并非地价的真正内涵，但已经初步具有土地经济价值显化的意识。可以说，深圳收取的土地使用费，是我国最早的土地有偿使用概念的落地尝试。

二 1982—1985年土地有偿使用制度实验阶段

合资或独资租地开发，尽管可高效快速地收回土地利润，但这种方式在一定程度上推广较慢，且由于当时还没有开始住房制度改革，合资建设的房地产项目主要面向港澳侨民。而且，考虑特区整体建设进度，符合这种方式的土地数量不多，使得合资或独资租地开发具有一定的市场局限性。因此，除了出租土地用作房地产开发经营而获利外，深圳市开始探索其他土地开发和使用的经济效益机制，实现土地滚动开发过程中成本与收益相对平衡的预期。但这些土地使用机制改革必须形成制度，并受到法律保护。由于1980年颁布的《广东省经济特区条例》局限于当时薄弱的实践环节，有关土地有偿使用的条文较为粗略，为细化相关规定，广东省第五届人民代表大会常委会第十三次会议通过了《深圳经济特区土地管理暂行规定》，并自1982年1月1日起施行。该规定作为首部明确不同土地用途和使用年限的地方性法律，提出按土地用途、等级明确其使用费的标准。规定指出，对客商使用土地的年限，要根据经营项目的投资额及实际需要协商确定，其中，工业用地的最长使用年限为30年，商业（包括餐馆）用地的最长使用年限为20年，商品住宅用地的最长使用年限为50年，教育、科学技术和医疗卫生用地的最长使用年限为50年，旅游事业用地的最长使用年限为30年，种植业、畜牧业和养殖业用地的最长使用年限为20年。对客商经营项目使用的土地，如果按照规定使用年限期满后还需继续经营，则要报经特区主管部门核准，经核准的可以续约。除此之外，还规定了费用的收取方式和优惠条件，不管是外资还是合资，凡是客商用地均须缴纳使用费,并将国务院 1979 年颁布的《中外合资经营企业法》中规定的"场地使用费"一并纳入。

《深圳经济特区土地管理暂行规定》颁布实施后,深圳经济特区的土地管理与使用首度形成相对简单、清晰的统一模式,即市政府直接从行政方面审批用地,其规划部门从技术方面管理土地,之后市政府授权某些市属开发公司进行土地开发,再由这些开发公司把土地资金化,以与客商合作、合资或让客商独资等形式引进项目。此外,市政府在审批引进项目时连同该项目的用地申请一起审批,程序上有所简化。

该法规的出台,为深圳经济特区试行的合资开发或土地出租提供了法律依据,促进经济特区建设和经济发展。在实际操作中,一次性收取土地使用费的方式对政府而言,收益高,管理成本低,有助于新土地的开发利用;对于企业而言,尤其是港资企业,一次性付款不用缴纳利息,也不用补交因城市发展引起的逐年升高的土地使用费,是土地所有者和使用者都乐于接受的。

我国 1982 年颁布的《宪法》第 10 条规定:"任何组织或者个人不得侵占、买卖、出租或者以其他形式非法转让土地。"但是,深圳的经济开发需要较大的资金投入,为了推进经济发展,它开始按照土地等级向土地使用者收取相应标准的使用费。深圳政府通过土地的资本化,实现对资金的不断积累,揭开了深圳土地改革及城市建设的序幕。[①]

1983 年 5 月,深圳市政府发布《深圳经济特区近期内联企(事)业单位若干政策的暂行规定》。该规定对深圳内联企(事)业土地使用问题做出若干暂行规定,指出对内联企(事)业收取的土地使用费比外商要优惠,并且对免征或减征的范围进行明确规定。例如,"文教、卫生、科研用地,免收土地使用费。土地使用费的收费标准,可以浮动,每三年调整一次,调整幅度在 20% 以内,根据需要,还可以实行免征或减征。收费时间从企业开始经营时起计算。对使用荒坡、丘陵、沼泽等未开发土地,免收使用

[①] 李勃、李莉、郭源园:《"深港"空间紧邻如何影响深圳经济制度变迁——以深圳土地管理制度变迁为案例》,《城市发展研究》2015 年第 22 卷第 8 期。

费三年"①。该规定还完善了土地有偿使用制度，要求客商独资经营企业、中外合资或合作经营企业、国营企业、集体企业及个体经营户使用土地均要缴纳相应的土地使用费。土地使用费收取范围的扩大，表明深圳土地有偿使用制度的逐步完善，加强对国有资产的管理，并在一定程度上化解政府的财政压力，促进区域经济发展。

试行土地有偿使用及强化土地管理后，1981—1985年，深圳经济特区的土地开发进入超高速发展阶段。除合作、租地和委托成片开发外，卖楼花、土地抵押贷款等"预支性"手段陆续出现，成为特区获取资金的主要手段。深南大道等百余条公路网、国贸中心、南头、沙头角、华侨城等大型土地开发工程均在此时期建成或启动，成为"深圳速度"的标志，短短三四年内将特区由此前3.24平方千米扩展为中部和东西两端共达50平方千米的现代化新城，为深圳经济特区日后发展奠定了坚实的基础。

该阶段受到上一阶段的影响，已经将由无到有转变为由有到快的一种变革思路。已有的有偿使用方式已经无法满足城市发展预期和土地资产快速变现的预期收益，所以，政府开始探索各种具体实施模式。为了更加体现土地资产性质，对不同用途和年限的土地使用费收取标准进行法律层面的界定。在运行机制上，形成行政、技术和开发三方分工明确，政府、相关部门、开发公司三方分工的简单统一的发展模式。在此模式中，政府得到土地资本化带来的资金积累，土地使用者减少了因多年缴纳土地使用费带来的高额利息，实现供需双方的共赢。改革进入试验阶段，供需主体都能够基于自我成本和收益的预期，选择高效、便捷的一次性收取土地使用费的方法。不过，该阶段依然是政府主导的强制性制度变迁时期。

三 1986—1987年探索土地有偿出让阶段

经济特区成立后，深圳在"内引外联"的巨大需求和压力下，亟须解决城市建设资金匮乏的问题。正是建设资金不足逼迫深圳特区的"拓荒牛"们向土地要资金，推动国有土地由无偿使用向有偿

---

① 李勃、李莉、郭源园：《"深港"空间紧邻如何影响深圳经济制度变迁——以深圳土地管理制度变迁为案例》，《城市发展研究》2015年第22卷第8期。

使用转变的历史性变革。1986年，深圳市政府多次组织考察班子赴香港考察，并组织国内外专家学者研讨，起草了《深圳市房地产改革赴港考察报告》，提出借鉴香港土地所有权与使用权分离的理念，建设以公开拍卖、招标为主要方式的土地使用权制度。

随着社会经济的快速发展，深圳开始大胆探索土地管理制度创新。1987年3月，深圳市政府正式下文成立深圳市房地产改革领导小组，以对全市的房地产改革进行统一管理和协调，领导小组下设房产改革和地产改革工作组。其中，地产改革工作组负责《深圳经济特区土地管理体制改革方案》的起草。同月，地产改革工作组对《深圳土地管理暂行规定》进行修订，增加有关土地使用权有偿出让、转让和抵押等新内容，将原第5条"禁止出租和擅自转让土地"修改为"土地使用权转让，受让方与转让方必须签订转让协议书，报市政府批准，并办理变更登记手续，但住宅用地使用权可随住宅所有权转让，不须报经市政府批准"。至此，经过市政府批准的土地使用权可转让（原土地划拨使用的说法也改成经招标竞投之后有偿划拨），但该做法实质上违反当时宪法的有关规定，有比较大的政策推进障碍。

1987年7月，国务院明确首批土地使用权有偿出让试点城市，包括深圳、广州、上海和天津，其中深圳、上海为主要试点城市。因上海地位特殊，又有相对完整的部署，所以，此次试点主要集中在深圳。[①] 深圳的土地有偿使用制度开始逐渐向成熟阶段迈进。

从1987年7月1日开始，深圳市取消划拨方式供地，将所有建设用地均以有偿出让方式供应。1987年7月20日，深圳市经由市长办公会通过《深圳经济特区土地管理体制改革方案》。该方案要求在新的土地管理体制实施前，除了属于行政划拨土地以外，其余用地均采取有偿方式划拨，工作程序逐步向新的办法过渡。在1987年下半年的新旧体制过渡期内，有偿划拨将大多采取议标形式。方案要求加快土地管理体制改革步伐，加快制订深圳经济特区土地管理具体办法，抓紧制订竞投和招标的试点方案，加强对土地的严格

---

① 付莹：《深圳经济特区有偿使用土地制度变迁及其影响》，《深圳大学学报》（人文社会科学版）2016年第33卷第4期。

管理，为全面推行改革提供经验。该文件的颁布，表明土地有偿使用制度在深圳市开始全面铺开。

1987年，参与深圳特区建设的房地产公司的经营模式主要是边建边卖，采用银行贷款的方式进行后续开发建设。这种模式为深圳市发展带来比较大的经济压力。当时的香港每年可从土地出让中获得上百亿港元，而深圳土地面积较香港大1倍，取得的土地收益不仅无力支撑城市建设，还带来了发展的经济压力。为了向香港看齐，从土地中获取资金支撑城市发展成为深圳未来发展的导向之一。因此，在借鉴香港土地拍卖制度的基础上，深圳在《深圳经济特区土地管理体制改革方案》中提出"所有用地实行有偿使用，协议、招标、公开竞投，各搞一个试点，先易后难"这一基本设想。

为落实改革方案精神，加快探索土地协议、招标和拍卖制度，市政府决定尝试对三宗土地以协商、招标和拍卖的方式出让。第一个协议地块项目拟用于商品住宅，并参照香港常用的地价测算所用的剩余法将该宗地地价测定为400元/平方米（卖楼价减去建造成本和利润，1986年深圳房价标准为600元/平方米）。中国航空技术进出口公司深圳工贸中心原计划应由市政府划拨10万平方米的生产用地和4万平方米的生活用地，但生活用地批而未供，因此，在此次试点中改为采用协商方式作为土地受让单位。在双方协议过程中，就出让地块价格进行反复协商，最后达成200元/平方米的协议。尽管出让价格与预期相比下降了接近一半，但若按照当时深圳市土地使用费每年9元/平方米的标准来说，对双方来说均是双赢的局面。1987年9月9日，双方签订土地使用合同书（见图3-2），这块5321.8平方米的土地，以106.436万元的用地价进行有偿划拨。根据合同约定，用地者一次性付清地价款，使用期限为50年，并要求在1989年3月1日前竣工，负责完成附属建筑及公益工程配套建筑面积390平方米。①

出让成功后，马上进行第二宗土地招标。1987年9月29日，

---

① 深圳市规划和国土资源委员会市海洋局：《有偿出让土地深圳吃"螃蟹" 中航工贸中心协议成交 深圳首块有偿出让土地背后的故事》，http://www.szpl.gov.cn/xxgk/gzdt/zwdt/201009/t20100909_59050.html，2010年。

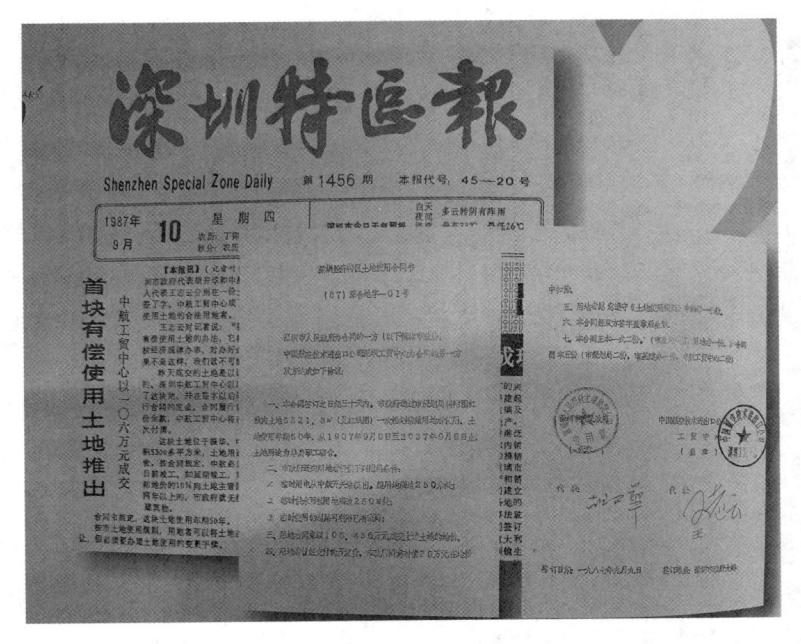

图 3-2　1987 年 9 月深圳市签订第一份协议用地出让合同协议

《深圳特区报》刊登《土地招标通告》，拟对位于罗湖区深南东路南侧、北斗路东侧，旧区名是牛屎湖，面积约为 46355 平方米的商品住宅用地进行招标。1987 年 11 月 14 日，市土地招标小组举行开标仪式，共有 9 家企业参与投标，其中出标价最高的是 1891.28 万元，地价 408 元/平方米，最低价是 1500 万元，地价 323 元/平方米，而市政府内定的底标价格为 332 元/平方米。根据标价 50%、规划设计方案 40% 和企业资信 10% 三方综合评分，深圳市深华工程开发公司得到最高分 94 分，中标价 1705.88 万元，地价为 368 元/平方米，使用年限同为 50 年（见图 3-3）。因为这次招标评分规则更新，大多数投标者事先做了两个以上的规划设计方案。如中标者深华工程公司，事先做了大量社会调查，预备了四个规划设计方案。这次土地招标的顺利进行，预示着深圳市土地出让改革制度的逐步展开。

随后，1987 年 10 月 15 日，深圳市人民政府发布《深圳市土地竞投公告》，并决定于 12 月 1 日北京时间下午 4 时整，在上步路深圳会堂首次进行土地使用权公开拍卖（见图 3-4）。凡在深圳经济

图 3-3　1987 年 11 月深圳首次土地使用权公开招标出让

特区注册、具有法人资格的企业，均有权参加竞投。竞投土地是位于本市罗湖区翠园新村西侧、面积约 8588 平方米的住宅用地。有意参加竞投者可前往深圳市土地管理体制改革办公室（市政府大楼 4 楼中）索取《深圳经济特区土地使用合同书》及《土地使用规则》。该土地拍卖活动受到许多企业家的关注。拍卖前 3 天，已有 44 家企业领取号牌参加竞投，其中外资企业 9 家。[1]

图 3-4　中国土地拍卖"第一槌"

---

[1] 刘贵文、易志勇、刘冬梅：《深圳市城市更新政策变迁与制度创新》，《西安建筑科技大学学报》（社会科学版）2017 年第 6 期。

与此同时,国家与其他地区的土地使用权出让和转让工作也一直在持续推进。11月初,国家土地管理局向国务院报送土地转让试点报告,提出允许土地使用权出让及转让,并对此做出相应的界定与解释,国务院转批了该报告。上海市拟定的《土地使用权转让办法》经由国家土地管理局上报国务院,并于11月29日由上海市政府公布。不过,对于深圳市公开拍卖土地的举动,各方均持观望的态度,无论广东省、特区办还是国家土地管理局,都没有公开表态。

1987年12月1日4点30分,我国首次土地使用权的公开拍卖正式开始。出席拍卖会的包括中共中央政治局委员、国家体改委主任李铁映和中国人民银行副行长刘鸿儒,还包括中顾委委员、国务院外资领导小组副组长周建南、参加全国市长学习班的17个城市的市长和深圳市委主要领导,其他人员包括国内外60名记者和28名香港企业家与经济学家组成的参观团。

该块土地经历17分钟的持续应价,最终由深圳经济特区房地产公司以525万元的高价拍得50年土地使用权(见图3-5)。再加上原来通过协议、招标方式对两块土地的出让,深圳政府共得到2336.88万元的出让金,相当于前两年特区内所有土地使用费的总和。回忆起这一次拍卖,拍卖官刘佳胜说:深圳从此竖起了中国土地改革的里程碑。如今,全国范围内的土地拍卖已经变成国家有偿出让土地使用权的重要途径,土地的拍卖行为开始常态化。但是当年土地拍卖第一槌面临的改革非议与压力,对深圳乃至全国土地管理制度改革的影响与意义,以及拍卖会的规格将自此后无来者。

这场拍卖采用土地所有权与使用权分离的方式,探索了土地使用权有偿出让及流转的形式,开创了土地使用权有偿出让的先河,突破了国有土地必须由国家统一调配、安排及无偿、无限期使用的土地管理体制,在国际上引发极大关注及反响。[1]

海内外媒体纷纷做出轰动性的报道,认为这是一件"里程碑式

---

[1] 严若谷:《中国快速城市化进程的土地产权制度分析》,《学术研究》2016年第7期。

图3-5 中国土地第一拍落槌瞬间

的革命性事件"。美国《纽约时报》、泰国《中华时报》以及中国香港《文汇报》《大公报》《信报》《星岛日报》等36个国家和地区的新闻媒体报道了这一"里程碑式的革命性事件"。其中,中国香港《信报》的头版头条表示:"中国经济改革进入新里程,有偿使用土地——深圳昨首次拍卖土地反应热烈。"中国香港的《大公报》则如此写道:"这是中国土地制度在理论和实践上的一次重大突破。"

深圳此举,虽为大势所趋,但为当时法律、政策所不准。时任深圳市委书记李灏谈及此事,曾说:"有哪一项突破中央会事先告诉你这个可以做?深圳是改革试验区,就是要求、允许你去探索、试验,靠自己闯。改革不是参加宴会,别人给你安排好座位,端上菜肴,等你上座。"[①]

针对我国土地制度改革的研究多关注这一具有划时代意义的拍卖活动。国家高端智库中国综合开发研究院文旅地产研究中心主任宋丁指出,这次拍卖在全国引起巨大反响,对整个中国土地制度和房地市场产生较大的推动作用,极大地促进了地方经济发展,并能

---

① 深圳市史志办公室编:《李灏深圳特区访谈录》,深圳出版发行集团海天出版社2010年版,第184页。

促进全国各地土地招拍挂制度的推进①，具有历史性意义。"土地有偿使用拍卖槌"亦被收入深圳博物馆永久保存（见图3-6）。

图3-6　土地有偿使用拍卖槌

该阶段产生了专门负责改革的领导小组，从制度安排变革进化到制度结构变迁，土地资产化制度逐渐成熟，但还是无法赶上对城市建设资金的有效补充，边建边卖的方式速度太慢。因此，领导小组深度挖掘香港土地有偿使用的具体操作规则和程序，将行政划拨土地加收取土地使用费的办法改为招标、拍卖和行政划拨相结合的方式，经由三宗地试点，找到了快速实现土地资产变现的方法。随着改革的进一步深入，循着良好的路径依赖——参照式变迁，有效推进该阶段的土地使用制度的变迁。这一阶段还是由政府主导的制度变迁，但是由于引进了市场化的出让方式，参与交易的企业更多。这些企业也开始主动摸索利用政策红利的办法，将变迁主体由单一的政府扩大为政府和企业的共同参与，改革趋向于有益探索阶段。

---

① 李昌鸿：《改革开放40年：土地拍卖第一槌开地产发展先河》，2018年6月14日，http://www.takungpao.com/special/239157/2018/0614/175985.html。

四 1988—2000年土地有偿使用制度框架成熟阶段

"中国土地拍卖第一槌"在深圳的敲响，标志着中国土地使用制度改革的序幕被全面拉开，也标志着中国土地使用制度从无偿、无限期和无流动正式进入有偿、有限期和有流动的新时期。市场开始在土地资源配置过程中发挥作用，同时推动中国住房制度的巨大变革。

1987年12月29日，广东省人民代表大会常务委员会通过《深圳经济特区土地管理条例》，自1988年1月3日起施行。《深圳经济特区土地管理条例》的核心内容是实施以城市土地使用权出让和土地使用权转让为核心的土地有偿使用制度。这一制度明确了国有土地使用权出让由政府垄断统一经营，并对土地产权界定、土地审批、有偿使用的方式及使用权的再转让等方面均有规定，它是我国首部有关国有土地使用权出让和转让制度的地方性法规。这一条例的出台，解决了深圳土地市场法律框架的关键问题。

《深圳经济特区土地管理条例》还针对土地管理部门的土地管理职责及违反规定的法律责任等做了规定，初步形成一个有关土地审批、出让、转让、转让管理及收益分配管理等综合多方面的国有土地管理与使用的框架体系。值得一提的是，该条例不仅规定土地出让须缴纳地价款外，还指出每年须缴纳少量的土地使用费（以体现土地使用人拥有的仅是使用权，原理类似于税）。此外，为了避免土地投机，对土地使用权转让设定了完成投资总额高达25%的下限，转让还须缴纳转让费（土地增值费/税的一种形式）等。这些规定时至今日仍有重要的现实意义。

1987年启动的土地有偿使用制度改革，最关键的创新是强化了国有土地的所有权，明确土地所有者与使用者之间的租赁关系，为土地使用者提供了相对平等的竞争环境，并保障有关土地权益。同时，明确所有权与使用权，使得政府可以直接管理和参与土地市场运转。这次改革标志着一个全新时期的来临，其从根本上缓解了各个地区的财政压力，促进中国的改革开放和经济建设进程。

1988年1月3日，广东省人大颁布的《广东省经济特区土地管理条例》以法规的形式把特区的土地使用制度改革成果及时地确定下来。与此同时，深圳土地管理体制改革试点工作正式宣告结束，标志着以土地使用权有偿出让为核心的土地管理体制改革转入全面实施阶段。同年8月，针对条例规定的土地年限、出让费以及地价与使用费平衡等方面细则起草制定了一系列原则性规定。这些规定或设想在此后特区的发展中或有调整和变化，但基本逻辑和原则始终未改，并配套管理条例确立的土地使用权出让制度，形成特区长期以来城市土地使用制度的基本框架。1988年，改革全面实施，当年深圳特区的房地产市场初见雏形，并成为特区重要的支柱产业。据统计，1988年仅地价款、土地使用费、房产税及房地产开发企业上缴税费四项收入就达3.816亿元，占当年特区财政收入的34%，其中土地收入约占18%。

1992年6月，深圳市颁布《深圳经济特区土地使用权出让办法》，对特区内的国有土地使用权出让进行规范，其中出让地价款包括出让金、市政配套设施费及土地开发费。其按照种植业、畜牧业、养殖业用地20年，工业用地、商业用地、服务业用地、旅游事业用地30年，住宅用地、办公用地、教育用地、科学技术用地、医疗卫生用地50年的标准，对最高使用年限进行确定；将出让对象除国家法律法规另有规定的按照规定办理以外，其他情况下都界定为国内外企业、其他组织和个人；对境外的主体，以外汇的方式支付地价款；在协议出让方面界定了六大类，主要包括高科技工业项目用地、不能使用标准厂房的工业用地、福利商品房用地、微利商品房用地及其他非营利性用地和旧城旧村改造用地；对市场定价模式规定了由市规划国土局和市物业估价定期公布的方式。《深圳经济特区土地使用权出让办法》的出台，为深圳土地一级市场构建了重要的法律框架。同年，深圳还开展了统征工作，以期消除原特区内的农村，实现特区全部城市化，以土地为切入点推进城乡统筹发展，进而有利于实施统一的规划和建设。

1994年7月，深圳市人大常委会颁布实施《深圳经济特区土地使用权出让条例》，从土地使用权出让合同、拍卖出让土地使用权、招标出让土地使用权、协议出让土地使用权和土地使用权终止五个方面规范了土地使用权出让的行为，规定对依出让取得的土地使用权，在使用年限内，可以依法使用、转让和出租、抵押或者用于其他的经济活动。对于协议出让的土地使用权，要求土地使用权出让和建设项目结合，没有建设项目则不供应土地。

1998年2月，深圳市人民政府颁布《深圳经济特区土地使用权招标、拍卖规定》（市政府令第68号），规定经营性项目用地应采用招标或拍卖方式出让，其中经营性项目用地包括居住用地、商业用地、加油站用地和招标人（拍卖人）认为适宜采用招标或拍卖方式出让的其他项目用地；应成立招标、拍卖委员会作为土地招标或拍卖出让的集体决策机构；明确了招标或拍卖出让的规则和程序。这是我国第一个要求经营性用地全面市场化出让的地方政府规章。虽然深圳市在2013年已废止该规定，但其确立的招标拍卖规则程序至今在国内影响深远。

回溯深圳土地一级市场的上述规范文件，《深圳经济特区土地使用权出让条例》和《深圳经济特区土地使用权招标、拍卖规定》是最重要的开端。该阶段的深圳市以各特区法规、规章和规范性文件为代表，建立了土地有偿使用制度框架，并在经历过有益的探索之后，从法律法规入手，解决了阻碍改革创新的问题，开始建立多层次的土地管理和使用框架体系，采用出让价款和类似于税的每年须缴纳的少量土地使用费的方式，进一步明确所有权和使用权的区别。深圳改革的成功，推动全国有偿使用制度从探索进入全面铺开的阶段，深圳也将改革的触角从城市扩展到农村。在坚持国家关于国有土地和集体土地所有权界定的情况下，通过统征实现特区内的全部城市化，绕过先征后用这一效率低下的中间环节。这一变革是纯粹的强制性变迁，政府与农村集体及农民之间的权力不对等，引发单项的变革实施，为以后的发展埋下历史遗留问题。

总的来说，深圳特区土地使用制度改革坚持城市土地属于国家所有的这一原则，把土地所有权和使用权分离，并且明确政府是以所有者的代表身份行使与用地者的租赁关系，将土地使用权按规定用途和一定年期，以协议、招标和拍卖三种方式，出让给土地使用者并且一次性收取地价款,与用地者以订立出让合同的方式,确定地价款的支付以及土地使用年限、用途、地面建筑物及构筑物状况、建造周期、使用权处置等的条款,一方面强化了土地所有权,另一方面又为用地者的使用权提供了法律保障。[①] 土地有偿使用制度的建立,尽管因征收城市土地使用费或使用税增加了土地使用者的成本,但在遏制土地闲置、土地利用效率不高的问题上获得一定成效。而且,如果土地要素不能自由流动,城市基础设施建设缺乏资金、土地利用效率不高等问题仍然不会得到有效解决。

第三节 阶段性招标、拍卖成交数据分析

在深圳土地要素市场化配置的发端阶段,招标和拍卖成交的数量和日后相比虽然差距很大,但却具有重要的时代意义。

1987—2000年,深圳公开招标、拍卖出让土地使用权尚处于探索阶段,以招标拍卖方式公开出让61宗土地(见图3-7),其中1991年的数量最多,1994年、1995年、1997年均为零成交。

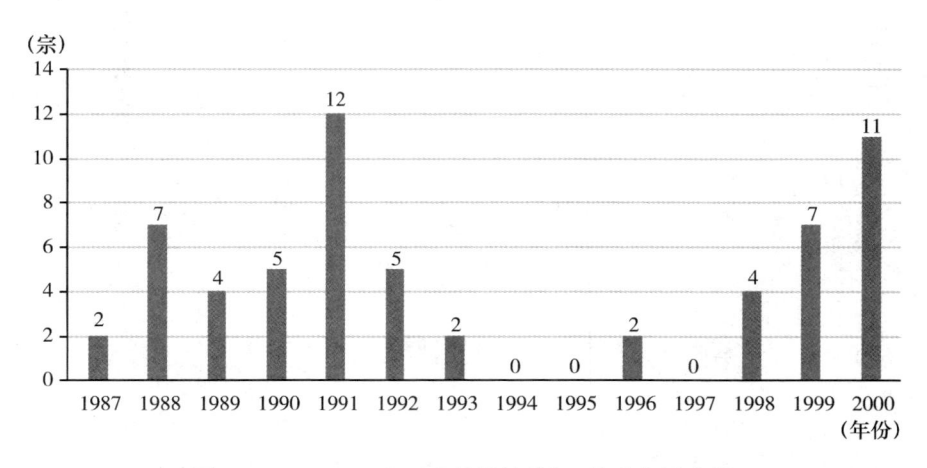

图 3-7 1987—2000 年深圳招标、拍卖出让宗数

---

① 王炬:《深圳经济特区土地使用制度改革与房地产市场》,《中国土地科学》1992 年第 6 卷第 4 期。

该阶段的特点表现如下。

第一，从出让方式上看，拍卖出让 11 宗地，占出让总量的 18.03%；招标出让 50 宗地，占出让总量的 81.97%。其中，招标出让方式中，以公开招标为主，也有 2 宗地探索采用邀请招标方式出让。评标方法上，以价高者得的商务评标法公开招标为主，间或探索综合招标出让。

第二，从出让面积上看，14 年间，深圳共招标、拍卖出让土地 146.39 万平方米（见图 3-8），单宗地平均面积 23998 平方米，若扣除 1999 年和 2000 年三宗地较大地块的非典型样本，单宗土地面积降至 15107 平方米，可见深圳的房地产开发深受香港影响，单个项目地块规模小。另外，1998 年《深圳经济特区土地使用权招标、拍卖规定》（市政府令第 68 号）公布后，深圳的招标、拍卖土地面积开始放量，但放量区域主要集中在新成立的盐田区。

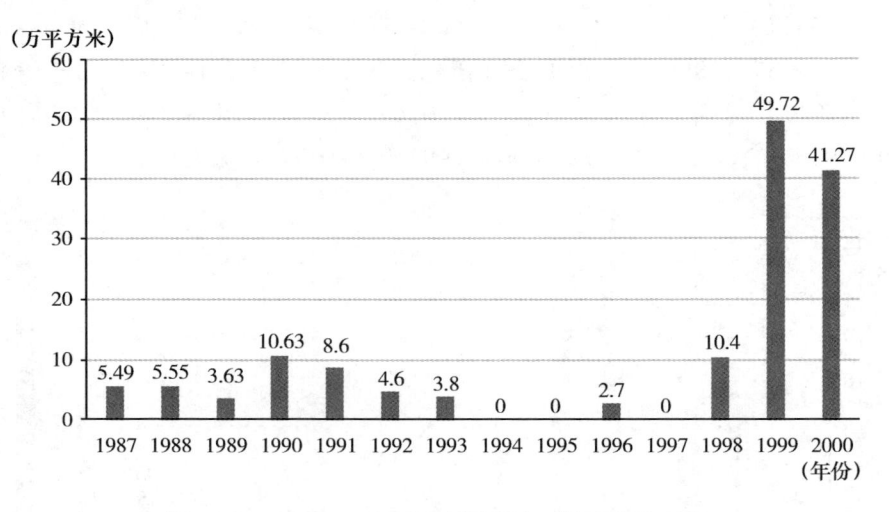

图 3-8　1987—2000 年深圳招标、拍卖出让面积

第三，从区域分布来看，罗湖区出让 16 宗地，土地面积 18.49 万平方米；福田区出让 31 宗地，土地面积 43.81 万平方米；盐田区 8 宗，土地面积 48.83 万平方米；南山区 3 宗地，土地面积 23.57 万平方米；宝安区 3 宗地，土地面积 11.68 万平方米（见图 3-9）。其中，罗湖区在 1987—1989 年出让 12 宗地，放大统计时段，其后

30 年内罗湖区的招拍挂出让地块屈指可数。可见特区前 10 年的开发建设主要集中在罗湖区，其可新增开发建设用地在此期间已基本消耗殆尽。

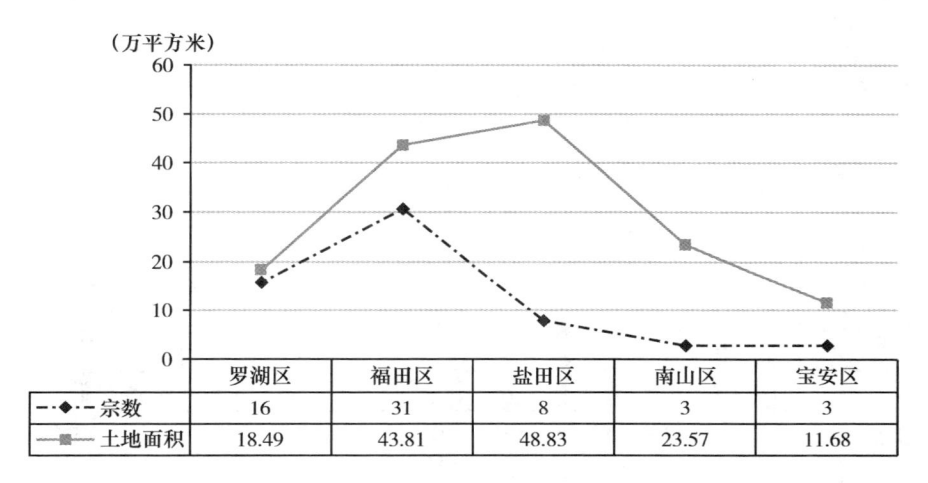

	罗湖区	福田区	盐田区	南山区	宝安区
宗数	16	31	8	3	3
土地面积	18.49	43.81	48.83	23.57	11.68

图 3 - 9　1987—2000 年深圳招标、拍卖出让土地区域分布

第四，从地价来看，1987—2000 年合计招标、拍卖收取地价 62.45 亿元，1992 年、1993 年和 2000 年分别为三个地价收取高峰年份（见图 3 - 10）。1992 年，借邓小平同志南方视察东风，深圳分别招标出让了 H107 - 7 和 B206 - 7 两宗地。1992 年 8 月 29 日，位于深圳火车站广场的 H107 - 7 宗地招标出让。该宗地土地面积 10920 平方米，容积率 4.6，规划建筑面积 50230 平方米，由深圳物业发展集团股份有限公司以 4.2001 亿元中标，创深圳当年楼面地价新高（8361 元/平方米）。该项目后来建成罗湖商业城，这几乎是深圳乃至中国最早的商业综合体雏形。1992 年 10 月 28 日，位于蔡屋围三角地的 B206 - 7 宗地公开招标，其土地面积 18734 平方米，容积率 10.0，规划建筑面积 187300 平方米。该宗地面向国际招标，引来国内外 200 余家企业参与投标，这几乎是深圳历史上单一宗地参与投标人数最多的一次招拍挂活动，最终由深业集团有限公司以 1.4233 亿美元中标，创下当年深圳"总价地王"。该项目后建成后，因此命名为深圳地王大厦。1998 年，盐田区从罗湖区分设正式成立，市政府同意在一定期限内其土地出让收益扣除刚性支出后全部返还用于盐田区开发建设。该政策直接推动 1999—2000 年盐田区公开招标和拍卖的土地从面积到地价的放量供应。

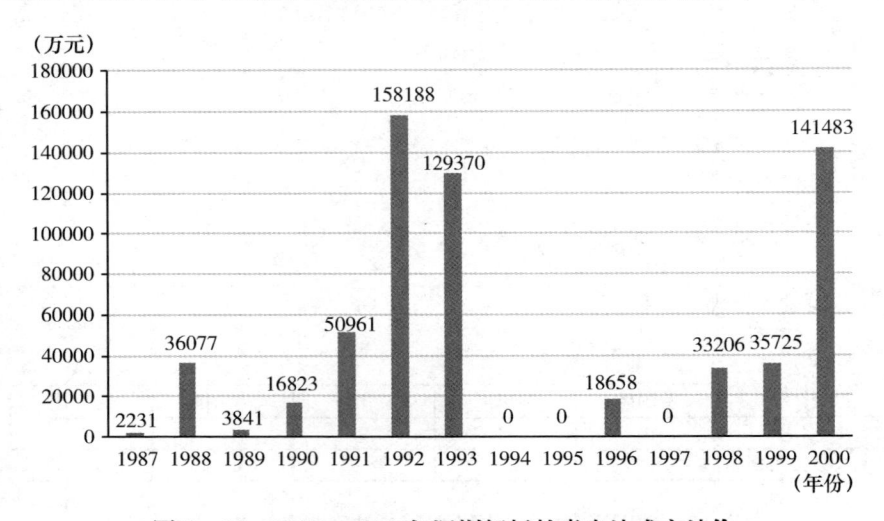

图 3 - 10　1987—2000 年深圳招标拍卖出让成交地价

(万元)

年份	成交地价
1987	2231
1988	36077
1989	3841
1990	16823
1991	50961
1992	158188
1993	129370
1994	0
1995	0
1996	18658
1997	0
1998	33206
1999	35725
2000	141483

注：1988 年、1992 年和 1993 年有四宗地以外币成交，其中，三宗地以美元计价成交，一宗地以港元计价成交。本处已按中国人民银行公布的当年官方外汇牌价换算为人民币进行统计。

第五，从土地用途来看，1987—2000 年，深圳招标、拍卖的土地涵盖用途较多，涉及住宅、综合楼、单身公寓、商业、别墅、加油站和工业等。由于国家和深圳都缺乏标准的规划和土地用途分类，也缺失两者之间的对照标准，当时的土地用途分类较为混乱，招标、拍卖土地以居住用地为主。值得一提的是，1989 年 5 月和 6 月，深圳分别公开招标出让了位于罗湖区罗芳村的 H124 - 3 和 H124 - 6 两宗工业用地，这是国内工业用地招拍挂出让的最早记录。

第四节　深圳市土地有偿使用制度改革成效分析

通过对深圳市改革开放以来土地有偿使用制度探索历程的分析，

可知制度变迁具有普遍的逻辑关系，它是一个从无到有、从开始起步到逐渐试验再到发展成熟的过程。变迁是将外部利润内部化的过程，土地有偿使用制度变迁的潜在外部利润是土地流转带来的收入对经济和城市发展具有巨大经济贡献，制度变迁则是将潜在外部利润内部化，不仅从土地有偿使用制度本身的建立方面实现利润的内部化，还调整了包括住房制度在内的整个公有制结构，实现深圳乃至全国土地有偿使用制度的建立和完善，促进了宪法的修改和城市的发展，提升了经济发展水平。

一 为完善全国法治与体制建设发挥了重要作用

深圳市土地有偿使用制度和招标拍卖出让的成功试验，对我国原有的土地管理体制产生极大的冲击，在国内外引起强烈反响，一定程度上促进了立法界对原有土地法律条文的重新审定。

1982年颁布的宪法规定：禁止侵占、买卖、出租或者以其他形式对土地进行非法转让。但是从1984年开始，我国部分地区，尤其是东部沿海开放城市普遍出现土地开发热。1985年中央一号文件进一步放开，允许小城镇进行土地开发经营、农村地区建设店房进行经营和出租，土地出租、出让行为迅速增加。这种现象自1987年深圳、上海等地试点土地使用权有偿出让之后，变得更加常见。土地出租、批租成为一些地方新的财政来源和经济活力增长点。随着改革开放的深入，市场开始繁荣，市场机制作用日益受到重视。1987年，党的十三大提出计划和市场内在统一的体制即社会主义有计划商品经济体制，同时提出"一个中心，两个基本点"的方针。根据这一精神，适应经济体制改革需要，必须及时总结宪法实施中的经验，充分肯定促进市场经济发展的私营经济的补充作用，但当时宪法中并没有明确私营经济的地位。

1987年10月，深圳市政府对《深圳经济特区土地管理暂行规定》（1982年）进行修改，将原有规定"土地使用权不能转让"改为"土地使用权可以有偿出让、转让、抵押"，又将其更名为《深圳经济特区土地管理条例》，同时报请广东省人民政府审定。1987年12月，经由第六届人大常委会第三十次会议审议，广东省通过了该条例，规定从1988年1月3日颁布实施。该条例在法律层面肯定了深圳特区土地的价值属性，为开展土地使用权拍卖、出让及抵押提供了有效的法律保障。自此开始，深圳市取消了对土地的行政划拨，开始对所有建设用地以有偿和有限期的方式出让供应。①

深圳市土地市场从改革之初以收取土地使用费方式简单进行土地批租，转变为在市场机制下，以一种特殊商品的新身份进行流转。1988年，深圳共有7宗地采用公开拍卖或公开招标的方式出让土地使用权，涉及面积共5.55万平方米，收取地价3.61亿元。1988年3月的第七届全国人民代表大会上，几个省份的人大代表"质询"特区办关于深圳土地出让和转让行为的合法性问题。深圳市政府提出，土地有所有权和使用权的双重属性，深圳土地制度改革中出让的仅为土地使用权，并没有违背宪法中关于土地所有权的相关规定。

深圳市对国有土地使用权有偿出让的改革尝试，引发和带动了其他城市的土地使用制度改革。自1988年起，上海、广州、厦门、天津等地陆续展开国有土地使用权有偿出让试点。这些地方性的探索工作直接促成宪法中有关土地使用制度的修改。1988年4月12日，第七届全国人民代表大会第一次会议通过的《中华人民共和国宪法修正案》在第2条中写道："宪法第十条第四款：'任何组织或者个人不得侵占、买卖、出租或者以其他形式非法转让土地。'修改为：'任何组织或者个人不得侵占、买卖或者以其他形式非法转让土地。土地的使用权可以依照法律的规定转让。'"随后，对土地管理法进行修订，修改为"国家依法实行国有土地有偿使用制度"和"国有土地和集体所有土地使用权可以依法转让"等内容。宪法和土地管理法的先后修改，是对深圳土地管理体制改革这一做法的充分肯定，为我国全面推行国有土地有偿使用制度提供了法律层面的根本保障。这一时期，土地使用者仍可以通过无偿划拨的形式获得土地，新增的有偿出让方式包括协议出让、公开招标、拍卖三种形式，转让的方式包括出售、交换与赠与。

---

① 卢荻：《深圳土地"第一拍"拉开了我国地产市场的帷幕》，中国经济特区论坛：纪念中国经济特区建立30周年学术研讨会，2010年。

同年，国务院在《中华人民共和国城镇土地使用税暂行条例》中将土地使用费更改为土地使用税，规定对城镇土地按等级征收使用税，确定收税标准。从此，我国各级城镇土地通过地税形式完全纳入有偿使用的范围，各个城市纷纷开始建立房地产交易所，各个专业银行也对应设立了房地产信贷部。1990年，国务院出台《中华人民共和国城镇国有用地土地使用权出让和转让暂行条例》，根据宪法将土地使用权从土地所有权中分离出来，规定国家按照所有权与使用权分离的原则，实行城镇土地使用权出让、转让制度；取得土地使用权的土地使用者，其使用权在使用权年限内可以转让、出租、抵押或者用于其他经济活动。1994年通过的《中华人民共和国城市房地产管理法》，对土地使用权出让、转让、出租、抵押和划拨等行为进行明确规定，其中多处参考借鉴了《深圳经济特区房地产转让条例》（1993年）等相关法规的成熟经验。20世纪90年代，国有土地有偿使用制度开始在全国范围内普及，深圳的"一槌"奠定了中国城市土地管理制度改革的基石。同时，深圳先行先试形成的土地房产政策法规体系也为全国房地产领域的法治建设提供了宝贵的经验。

二 为社会主义市场经济理论的建立与完善提供了良好的实践基础

深圳的发展，是邓小平对外开放思想的成功实践。为了使中国富强起来，邓小平通过比较中国与发达国家的差距，提出要实施对外开放，引进资本、技术和管理，推动经济体制改革，实现国家的快速富强。我国的改革从来都不是照搬照用就能完成，需要用自身的探索，按照"摸着石头过河"的路线方针，通过设立一个试验的窗口来启动第一步。当时的广东省政府在看到香港的经济成功起飞后，提出要在深圳建设出口加工基地，利用国外的资金和技术来解决就业和发展经济。中央的想法和地方的思路得到积极的呼应，深圳等经济特区得以建立，推动了深圳来料加工产业的发展，带动了就业，增加了居民收入，成为落实国家对外开放大政方针的试验田。

深圳不仅在经济发展上进行了实践探索，在制度上也勇于创新。

例如，土地有偿使用的探索，从收取土地使用费到协议、招标、拍卖出让土地使用权，从实践中创新了国有土地所有权与使用权的分离，为我国土地有偿使用制度改革奠定了实践和理论基础，推动了土地市场的形成。

1987年，深圳以招标和拍卖两种方式分别出让了2宗土地，收取地价2231万元，这一收入总额超过特区1985年和1986年全部土地费用收入的总和。宪法修改后，从国家根本大法层面确认了土地使用权有偿出让的合法化，加快了深圳土地有偿出让的进程。从1988年到1990年，深圳经济特区采用协议、招标和拍卖的方式有偿出让土地628万平方米，收取地价18.4亿元。在"取之于地、用之于地"政策的指引下，深圳市政府把收取的资金再次投入土地开发，以改善地方的公共服务设施及城市基础设施。同时，深圳土地有偿使用制度实施的成功经验开始在全国各城市大面积推广应用，实现了土地资源的合理流转，推动我国工业化和城市化进程以及区域经济的高速发展。

从深圳的发展实践来看，邓小平的改革开放思想和社会主义市场经济理论在特区的对外开放和城市建设中起到巨大作用。特区成立后，深圳正是在邓小平改革开放理论的指导下，冲破旧有的计划经济体制，以敢为人先的担当和勇气改革创新，实现经济的快速飞跃发展。作为改革开放的重要内容，深圳的土地制度改革从土地有偿使用入手，突破法律、理论尤其是旧有思想的藩篱，盘活了土地资源，激活了市场，激励了民众，激发了城市的发展动力。

三 为合理引导城市空间的科学发展贡献了有益的尝试

土地有偿使用制度的建立，为政府规划与引导城市发展提供了有效手段。政府通过招标、拍卖等方式出让土地，推动土地资源市场化配置，提高了土地利用效率，提供了城市建设和发展资金，增加了政府财政收入，促进了城市基础设施建设，优化了城市空间布局。例如，在土地无偿使用时期，城市中的大量土地为工业用地，而这些企业由于发展水平限制，效益并不高。基于地租理论形成的土地有偿使用制度，促使黄金地段、低效益用地的转换，实现土地利用效率提高、综合效益最优化的目的。叶涛等分析了深圳土地政策改革和土地利用效率的关系发现在土地有偿使用制度改革环境中,特区的地价形成机制不断向基于市场的方向发展,土地政策变化对土地利用效率和经济效益呈现显著的正向影响。①

第五节 土地有偿使用制度变迁面临的问题及挑战

制度变迁具有路径依赖的特征,使得一项制度安排会被其逻辑起点锁定。在该制度变迁方向上,只能进行制度的微调,除非遇到下一个制度变迁。因此,在土地有偿使用制度变迁过程中,会产生一些经济低效和社会低效的情况。对这些情况的分析,能够尽量摆脱制度变迁路径依赖带来的障碍。

我国土地制度改革的核心内容是探索土地有偿使用制度。在土地有偿使用过程中,政府在土地征收和土地出让两个环节承担了"裁判员"和"运动员"的双重角色,加之征地与卖地之间的巨额利益诱导,有出现权力寻租的潜在风险,可能严重妨碍土地公开、公平、公正交易,造成廉政风险,严重损害公共利益。因此,需要通过改革探索建立完善的土地市场交易制度,以维护土地市场公开、公平、公正的交易秩序,确保土地市场的有效、可持续运转。

一 巨大的利益对廉政建设产生了新的挑战

我国政府的财政收入主要包括预算内收入、预算外收入和制度外收入三种类型。土地有偿使用制度的全面施行,在一定程度上使"土地变成一座取之不竭的金矿",促进政府把土地出让金收入作为"第四财政"。为了积累更多的发展资金,很多地方将卖地作为地方财政收入的主要来源。在我国许多城市,这一收入占地方可支配财政收入的比例高达40%—60%,部分城市的比例可能更高。土地出

---

① 叶涛、史培军:《从深圳经济特区透视中国土地政策改革对土地利用效率与经济效益的影响》,《自然资源学报》2007年第3期。

让金成为地方发展的"金矿",在征地和卖地过程中形成的巨额利益面前,土地领域很难避免寻租问题的产生。这是一个共性问题,是在体制机制不健全之时外部利润影响下产生的风险。

土地有偿使用制度全面施行的初期,采用协议出让的方式流转土地占绝大多数。然而,协议出让方式的特性,决定了政府在受让方的选择和受让价格的确定两方面有较大的自由裁量权。协议出让中,开发商的目标是低价获取土地,在目标导向下难免存在不惜重金收买政府官员的问题,而协议出让的决策机制为此留下寻租空间,可能出现压低地价等暗箱操作,导致土地有偿出让工作无法公开、公平、公正,最终还会使国家蒙受巨大的经济损失。

《深圳市村镇土地管理中腐败情况调查及其对策》一文指出,1993年上半年,深圳市的经济罪案举报中心就收到36件有关贪污受贿活动的举报,涉嫌46名干部,主要聚焦于村镇土地的开发和出让。涉及人员虽然职务不高,但是涉及的权力却很大。

在土地有偿使用制度建立过程中,土地由单纯的资源属性发展成资源和资产属性相结合的双属性,创造了巨大的利润,为社会经济发展提供了经济支撑。但是,经济的高速发展依托于土地的出让,在土地出让领域尚未建立健全监督机制之时,难以避免一些人投机取巧,在犯错风险不明朗或者风险不够大的时候,选择冒险以获取利益,在围绕土地的交易中产生了一些腐败现象。土地有偿使用制度的产生,一定程度上会增加廉政风险,但是作为改革的先锋,深圳能够及时意识到这种隐形交易的危害,转而建立有形市场,以减少腐败的机会和土壤,通过建立土地交易市场和公开交易平台,以完善市场体系和监督体系,实现经济和廉政建设的双丰收。

二 日趋复杂的市场关系对行政监督机制提出了更高的要求

土地有偿使用制度确立后,国家成为唯一的国有土地所有者,在国有土地使用权出让和出租方面形成具有垄断性的城市土地一级市场。其中,土地使用者从国家取得土地使用权,然后按照法律和法规规定的程序进入市场,通过转让或者转租等的方式再次流通,形成具有竞争特性的城市土地二级市场。① 但是，旧有的无偿、无限期划拨的土地取得方式历时已久，使得用地单位囤地、征而不用、用地浪费的现象十分严重。土地使用制度改革以后，这部分用地的产权仍然十分不规范。由于管理不善，许多单位及企业会绕开法律法规和政策擅自交易甚至变相流转，造成国有资产流失，扰乱了土地市场秩序。由于政策措施不配套以及权力监督机制缺失，在早期土地商品化时，缺少有效措施对部分地方政府领导者进行制约，造成土地开发中出现随意决策的问题。

建立土地市场，进一步显现出土地的资产属性。一方面，政府需要建立完善的信息查询与发布机制，确保土地标的物的信息公开透明，防止因信息不对称，被权力钻空子寻租；另一方面，需要建立完善、公平的交易规则，确保土地市场运行中更好地兼顾效率与公平。此外，还需要政府这只"有形的手"，建立健全监督机制，保障和促进规范交易，同时将权力关在笼子里，规范使用。

三 固有的财政体制对土地财政及房价产生了深远的影响

受 1994 年分税制改革的影响，在土地有偿使用制度探索中，房地产市场的走向一直是地方和中央博弈的产物。土地出让金从经济层面看，是土地使用期内全部地租的总和，所以会涉及不同届政府的代际问题，即本届政府获取的土地出让金，因为是以一次性预收的方式得到的，其会利用这些资金一次性预支进行城市建设。

土地出让金支撑了城市基础建设，推动了城市经济发展。但是从代际关系看，现行的官员考核机制、招商引资机制和土地出让金管理机制共同催生了当届政府批地、卖地的需求，导致当届政府收取土地出让金后提前透支下届政府的收入，产生政府代际不公平，可能造成下一届政府无力负担城市后续配套建设与更新的投入。加之土地资源的不可再生性和有限性，地方政府的土地财政收入必定

---

① 王德润：《城市土地储备制度：模式、效果、问题和对策》，《黑龙江科技信息》2016 年第 9 期。

是逐步减少的，出现无土地可出让的尴尬局面只是时间的问题。[①] 因此，在现有的财政体制下，很难完全避免土地财政的产生。当一座城市的经济命脉过度依赖土地财政和房地产时，必然挤压制造业、服务业等第二、三产业的生存空间，带来社会风险。

对于民众，自土地有偿使用制度实行以来，逐步升高的房价也引起了社会的高度关注。部分观点将房价高企与土地要素市场化和土地财政进行联系，认为市场化实现了土地资产的市场竞争定价。同时，政府为了财政收入不对房价进行管控，一些相关利益群体通过抬高地价获取高额收益，并进一步将高涨的购房成本转移给普通民众。这样的观点有失偏颇，毕竟房价是一个综合性问题，其高低浮动背后有着多种因素共同影响。市场化的地价是其中一个因素，也与国家经济状况（经济增长速度、物价、工资及就业水平、利率、金融环境等）、税费制度、社会因素（人口增长、家庭结构等）有着紧密的关系。特别是国家的货币政策，在国际国内大环境下，某个阶段的财政政策和货币政策内生性导致资产价格膨胀、货币贬值，使土地、房产成为民众重要的资产保值和避险工具，加速土地和房产价格的快速上涨。

虽然高房价不是由土地财政引发的，但它的确影响了社会民生。深圳在原有能够吸引大量优质人才的情况下，因为房价高企，某一阶段会变得不再十分宜居，促使一些企业和人才无奈离开以寻找下一个适宜生存和发展的城市。所以，深刻理解土地制度变迁问题，有助于厘清制度变迁牵一发而动全身的效应。

在解决办法的探讨中，住房具有的最重要功能是社会保障功能，其次才是市场经济功能。与新加坡和香港相比，深圳的保障性住房政策和保障性住房建设仍存在不足，无法满足中低收入群体的生活保障。深圳的保障性住房建设在1988年开启，满足机关干部、企业员工等不同群体的多元化要求，促进商品房价格的基本稳定。1998年7月，国务院发布《关于进一步深化城镇住房制度改革加快住房建设的通知》，宣布全面停止住房实物分配，实行住房分配货

---

① 林强：《半城市化地区规划实施的困境与路径——基于深圳土地整备制度的政策分析》，《规划师》2017年第9期。

币化，首次提出建立和完善以经济适用住房为主的多层次城镇住房供应体系。1999年10月，深圳市《深圳市国家机关事业单位住房制度改革若干规定》颁布，并于2000年1月1日开始实施，落实了国家住房制度改革精神，提出"住房制度改革应当促进住房由实物分配向货币工资分配的转变，建立新的住房运行机制，实现资金的良性循环，增加住房有效供给""户籍人口的住房主要实行'双轨三类多价制'的供求模式"等措施。2002年以后，深圳基本停止供应福利性用房，同时严禁企业自建微利房，对企业自有土地建造职工宿舍进行严格限制，除少量建设的廉租房和经济适用房外，将深圳住房政策逐渐过渡为单轨制。为了生存，几百万的工薪阶层选择在原农村集体经济组织及原村民建设的违法建筑中生活，进一步助推违法建筑的快速增加。自2010年开始，深圳市政府开始注重对社会保障房和安居工程的建设[①]，同时兼顾保障重点产业项目。

财政体制的构建和发展，会对社会的方方面面产生影响。所以，土地市场改革进程中，深圳充分体验到改革这把双刃剑的功用。因此，对深圳土地市场改革和创新的回顾，更需要从理论高度进行归纳总结，探究改革的初心及其结果，从顶层设计环节来优化，以指导下一步的改革实践，减少历史遗留问题。

---

① 张思平：《深圳奇迹：深圳与中国改革开放四十年》，中信出版社2019年版，第33—42页。

第四章

深圳土地要素市场化配置机制的建立与深化（2001—2011年）

土地作为最基础的生产要素，承载着人类的经济活动。土地市场作为土地这一生产要素的供需流通平台，其畅顺稳定运行，对于国民经济的良性发展具有重要影响。虽然在20世纪80年代土地有偿使用制度逐步建立，但在没有法规强制性约束的情况下，以隐蔽和变相形式出让与出租国有土地使用权的交易活动也不同程度地存在着。这种不规范且难以管控的市场即隐形市场。在这种市场下，土地的国家所有权无法得到体现，使用权价值无法得到市场化兑现，干扰了正常的用地秩序，阻碍市场的健康发展。所以，在土地有偿使用制度初步建立之后，随着土地交易的兴起和快速发展，必须尽快建立规范的土地有形市场，对其交易流程、运作模式、管控服务等链条进行规范管理，进而为健康繁荣的土地市场打下可持续发展的坚实基础。在这一方面，深圳率先破冰：2001年，首先实现所有经营性土地公开出让，深圳市土地房产交易中心正式挂牌成立，诞生了我国第一个土地公开、公平、透明的有形市场；2005年，率先以招拍挂方式出让工业用地，从经营性用地到工业用地全面推进市场化配置。回顾关键时间节点，深圳市经营性用地和产业用地在有形市场的公开出让，分别比国家总体要求提前三年和两年，为我国土地要素市场化配置的起步提供了宝贵的先行先试经验。

第一节 深圳土地要素市场化配置机制的建立

一 制度变迁背景分析

（一）20世纪80年代土地交易程序缺少法规的约束

深圳经济特区土地市场是随着对外开放、商品经济和经济体制改革的发展而逐步形成的。早期，深圳只是象征性地收取土地使用费，并没有完全体现土地级差地租。[1] 这种现象在深圳经济特区初创时较为明显，彼时的深圳政府对成片开发区的建设需要投入大量的资金，但是单靠政府无力完成全部资金的投入，所以必须引进投资。引进投资的办法多为以行政划拨的方式供应土地，或者以"外引内联"的方式引进中央部委企业和外资企业，通过项目征地、企业代征等方式，让企业自建厂房的同时承担工业区的基础设施建设以推进成片开发区的开发建设。例如，早期的南油开发区、科技工业园、蛇口工业区、八卦岭工业区、上步轻工小区和笋岗仓库区等。[2] 据相关统计数据，到1986年年底，深圳市政府划拨的土地面积为82平方千米，收取3800多万元土地使用费；同时期政府用来修建基础设施的投资金额达到13亿元之多，其中还有6.7亿元的银行贷款，贷款的年利息高达5000多万元，对比收取的土地使用费，占同期政府基础设施投资的3.9%，也仅占同期政府财政收入的1.5%。这些费用还不够偿还政府一年的贷款利息。

1987年12月，深圳市政府进行了第一次土地使用权拍卖，"价高者得"的市场化竞价模式让土地价值得到彰显，由此开启了我国土地使用制度的改革。1988年1月颁布的《广东省经济特区土地管理条例》以法规的高度确定了特区土地使用制度改革成果，1989年

---

[1] 深圳房地产年鉴编辑委员会编：《深圳房地产年鉴（1991年）》，海天出版社1991年版，第38页。

[2] 邹兵：《从特区到大湾区——深圳对中国城市化的历史贡献与未来责任》，《时代建筑》2019年第4期。

4月宪法的修改从法律的高度对土地使用权流转进行了合法性的界定，再加上土地管理法的修改，让以市场化的方式合理利用深圳市的土地有了更科学的路径。

但是上述法律和法规没有对土地出让交易过程进行规定，因此，当时实际操作土地出让交易的过程中还缺少具体的法律和法规约束。在社会经济高速发展及房地产市场日益活跃的大背景下，许多城市经营性国有土地使用权出让中采用公开招标方式的概率很低，而以隐蔽、变相方式交易国有土地使用权等行为潜伏在公开交易之下，甚至还有些土地使用者擅自改变土地的合法用途，造成国有资产的损失。[①] 如深圳1988年通过《深圳经济特区土地管理条例》停止了土地划拨制度，但公开拍卖或招标的出让方法并没有立刻被广泛采用，而是多采用协议出让，存在巨大的寻租空间。此外，1990年的《中华人民共和国城镇国有土地使用权出让和转让暂行条例》（中华人民共和国国务院令第55号）和1994年的《中华人民共和国房地产管理法》对于出让金何时缴付到位没有细致规定，均是提出按合同约定，即让地方自行处置，赋予地方政府较大的自由裁量权。由于这些规定存在土地使用权人可以利用地方政府或土地管理部门的自由裁量权经过公关来拖延付款获取利润的漏洞，特别是在深圳这个发展日新月异的城市土地上，这一现象的利益驱动更加明显。

总体而言，20世纪80年代初，深圳市对土地有偿使用制度的探索，是从象征性在形式上收取土地使用费开始，以单纯获得城市建设资金为直接出发点，以简单的行政划拨等引资为操作方式，并没有真正体现土地的市场价值，也无法持续满足政府及城市建设的资金需求。以从1987年开始的土地使用权拍卖为标志的土地使用制度的改革，则促成国家法律为土地使用制度改革提供基本法律保障，从宏观角度为土地交易提供合法的身份。但这只是原则性法律规定，在实操层面缺失了对土地交易程序规则等具体规定，导致市场钻空子行为较为活跃，隐形交易频发，无形中造成国有资产的流

---

① 严每蓉：《土地使用制度的"二次革命"——深圳土地交易进入阳光时代》，《中外房地产导报》2001年第12期。

失。针对这一发展阶段产生的矛盾,需要通过细化土地交易规则,建立公开、透明、规范的交易市场来解决。

(二) 20世纪90年代探索建立有形市场及配置机制

随着土地有偿使用制度改革的逐步深入,政府获取的土地收益稳定增长,深圳市基于土地收益建立了土地开发基金,依据城市发展规划及产业发展规划,对土地直接进行成片开发,持续推动土地资源配置的市场化进程。1991年3月,广东省第七届人大常委会第二十次会议公布了新修订的《广东省经济特区土地管理条例》,对土地使用权的出让、转让、出租、抵押做出明确且详尽的规定。1992年6月,深圳市政府颁布《深圳经济特区土地使用权出让办法》,在土地使用权出让合同以及不同土地使用权的出让方式流程方面,结合土地使用权的终止、罚则等事项进行具体的安排。这些文件的出台,标志着深圳土地一级市场的初步形成。

1992年7月,深圳市通过实施原特区内各区农村的城市化,对农村土地采取两种途径进行国有化:第一种是对集体所有的尚未被征用的土地实行一次性征收,并给予相应补偿;第二种是对已经划定的集体工业、企业用地及私人宅基地,确定使用权仍属原使用者。此次以土地为切入点推进的城乡统筹发展,有利于实施统一的规划和建设,为执行倾斜性特区政策扫平城乡二元体制产生的障碍。

在1993年以前的这段时期,政府多采用以毛地价出让成片土地开发区的方式,通过签订土地出让合同,允许成片开发区企业按照规划的方式对土地进行开发建设、经营管理(政府仍然没有加强对土地的调控能力及统一管理)。这类成片开发区有车公庙工业区、莲塘工业区、盐田港开发区等。由于政策导向,在特区外的宝安、龙岗还出现大量违章违法用地及以成片开发之名获取土地却撂荒、闲置的现象。1994年,深圳市开启成片土地开发区全市范围内的清理。首先,明确土地管理权限,为避免因为产权混乱及国有土地资产流失,确定由土地管理部门在土地出让方面统一行使土地审批权,涉及土地成片开发的,由土地开发企业统一整理上报深圳市规划国土局审批后签发《土地使用权出让批复》。其次,以清理违章和违法用地的方式，对越权审批及违法占地的情况，以收回土地和核算投资补偿及补办出让手续为具体办法，完成对成片土地开发区的规范管理。

1994年6月，深圳颁布《深圳经济特区土地使用权出让条例》，并于1995年9月和1998年2月经历两次修正。该条例的出台，对协议、招标和拍卖三种土地使用权出让方式的程序、规则进行规范，为下一步建立公开、透明的土地交易市场奠定基础。但是，当时的土地市场存在一系列问题。一是土地一级市场中以协议方式进行出让的占比依然很高，其中1987—1999年，深圳市90%以上的土地是以协议方式出让的。[①] 二是以协议为主的出让方式缺失价格竞争机制，交易价格和交易数量均无法真实地反映土地稀缺资源的属性。[②] 三是一、二级土地市场存在隐形交易，部分市场主体能够通过跑批文、带资开发基础设施项目补偿土地等途径以低于正常出让价格获得土地，而在二级市场，这些原来用无偿或者协议方式低价获取土地的人，又能转手按市场价转让土地，从中套利。四是没有建立起法定规划制度，部分用地单位利用规划和土地管理制度不健全的特征，通过补缴地价的方式变更土地用途，转无偿非经营性用地为经营性用地，进而开发房地产。这些隐性渠道的存在不利于市场环境的良性建设，产生劣币驱逐良币的后果，导致正常的招标和拍卖需求不被正视，严重影响土地市场的健康发展。

协议出让占比过大和隐形土地交易市场问题，引起深圳市的重视，并通过出台政策进行解决。1998年2月，深圳市颁布《深圳经济特区土地使用权招标、拍卖规定》（深圳市政府令第68号），在国内首次明确招标和拍卖方式适用于居住用地、商业用地及加油站用地等经营性用地出让，将协议出让方式限定在工业用地和财政全额投资的公益性与非营利性用地等方面。1998年7月，《深圳市规划条例》颁布，借鉴香港经验，建立了以法定图则为核心的法定规

[①] 深圳房地产年鉴编辑委员会编：《深圳房地产年鉴（2000年）》，海天出版社2000年版，第50页。

[②] 付莹：《深圳经济特区有偿使用土地制度变迁及其影响》，《深圳大学学报》（人文社会科学版）2016年第33卷第4期。

划体系，遏制了已出让土地擅自变更规划和土地用途的行为。

1998年5月，时隔5年，深圳又开始拍卖土地（1993年5月28日拍卖景田B304-10宗地后，除1996年招标出让过两宗居住用地外，5年间没有公开拍卖过土地），向社会公开拍卖位于福田区石厦北、景田北和益田路的三宗土地的使用权，土地面积共计50818.4平方米。1998年，深圳市招标和拍卖经营性土地10.40万平方米，收取土地出让金3.32亿元。这些数据表明，深圳市完成了市场化方式出让土地使用权的阶段性改革，将土地拍卖和招标正式纳入法制轨道并进行严格控制，初级土地市场化配置机制已经形成。[1]

1998年，深圳市规划国土局根据房地产市场实际情况，更新了《深圳经济特区城镇土地滚动定级估价系统》中的样点数据及一些定级数据，调整了特区内市场地价标准。新标准适当调低了梅林、草埔、南山、盐田片区的地价标准，提高了银湖地段、景田及深圳湾填海区的地价标准，并及时向社会公布。在此阶段，地价由三部分组成，分别为土地使用权出让金、土地开发金和市政配套设施金。其中，土地使用权出让金是国家对其拥有的土地所有权在经济形式上的体现，土地开发金和市政配套设施金则是政府以建造市政配套设施和进行土地开发为形式的一种成本补偿。按照《深圳经济特区协议用地地价标准及减免规定》《关于在特区范围内收取市政建设配套费的通知》的文件规定，其出让金数额按以下原则调整：第一、第二、第三类用地的出让金调整为10元/平方米，第四、第五类用地的出让金分别调整为50元/平方米及10元/平方米，自征自平土地可按照原规定在土地开发金中按40元/平方米标准扣减，不足部分在市政配套设施金中扣减。凡以协议方式取得的自用土地，土地使用者按深圳市政府颁布的《协议用地地价标准》缴付地价。宝安、龙岗两区因历史情况较复杂，遗留问题较多，其协议地价标准及土地使用权出让金比例仍按《深圳市宝安、龙岗区协议地价标准及减免办法》规定执行。地价标准的出台进一步促进深圳土

---

[1] 邹兵：《深圳土地整备制度设计的内在逻辑解析——基于农村集体土地非农化进程的历史视角》，《城市建筑》2018年第6期。

地市场的规范与完善。

1998年6月10日,《广东省城镇国有土地使用权公开招标拍卖管理办法》由广东省政府颁布,自1998年8月1日起实施。该办法明确规定经营性房地产用地必须采取招标、拍卖方式出让。这让广东成为我国第一个在制度上废除经营性用地协议出让的省份,也是1994年《中华人民共和国城市房地产管理法》第13条有关的引导性规定颁布后第一次在地方尝试落实执行。但关于土地出让金何时缴付到位,规定显得宽松一些。为了更好地规范土地交易市场,8月3日,广东省纪委、广东省监察厅及广东省国土厅联合发布《关于加快建立有形土地市场的通知》(粤纪传〔1999〕4号),并以内部传真电报的形式发出。该通知指出,土地出让的行为必须进入市场,同时督促各县市抓紧设立土地交易机构,搭建土地市场。

1999年5月,国务院颁布了《国务院办公厅关于加强土地出让管理严禁炒卖土地的通知》,规定了原则上必须以招标和拍卖的方式提供的土地包括商业、旅游、娱乐及豪华住宅等几种类别的经营性用地。1999年8月16日,国土资源部办公厅向国家国内贸易局发出《关于土地使用权拍卖有关问题的函》(国土资源厅〔1999〕255号),指出土地使用权拍卖不属于《中华人民共和国拍卖法》的调整范围。因为拍卖法界定的适用范围仅仅是拍卖企业开展的拍卖活动,不能另加扩展其他行为。国有土地使用权拍卖作为一种国有土地使用权出让的具体实施方式,必须经由市、县人民政府的土地行政主管部门组织实施。该文件的发布加速了全国土地市场交易规范性制度文件的出台。

1998年8月,广东省人民政府办公厅发出《关于建立和完善有形土地市场的通知》(粤府办〔1999〕80号)。该通知要求各地必须加快建设有形土地市场,按自收自支的事业法人设置土地交易机构,由同级国土资源部门对交易机构的业务进行具体指导,同时,交易机构需要接受监察部门和上级国土资源部门的监督,在此过程中可以收取土地使用权交易相关手续费。

20世纪90年代开始,深圳市通过逐步扩大土地有偿使用范围推动土地要素市场化配置进程,通过出台政策法规来规范土地市场，通过特区内的土地统征实现国有化，清除了城乡二元发展的障碍，但也产生了炒卖土地风盛行、违法违章建筑增多和土地闲置等一系列历史遗留问题。在寻求问题解决的实践中，深圳市逐渐认识到只有加大土地市场化配置改革的力度，才能逐步解决上述一系列问题，促进土地要素市场化配置机制的逐步成型。同时，国家和省出台了一系列有关土地市场建设的支持政策。深圳乃至全国基本做好了建设土地有形市场的政策和实践准备。

（三）21世纪初建立土地有形市场的政策准备

2000年1月，国土资源部发出《关于建立土地有形市场 促进土地使用权规范交易的通知》（国土资发〔2000〕11号），指出土地要素市场是社会主义市场经济体系的重要组成部分，遵循市场规律配置土地是市场经济发展的必然选择。建立和完善有形市场，是当前培育和规范土地要素市场、深化土地管理改革的重要工作和关键环节。建立有形市场，是土地管理改革、转变政府职能的大事，是积极推进依法行政、建立政务公开的有力措施，也是加强廉政建设、接受社会监督的重要举措。各级土地行政主管部门必须高度重视，积极创造条件，加快有形市场的建设步伐。通知要求土地一级市场的出让土地使用权的首次交易、土地二级市场的原划拨土地使用权的交易和法律允许的集体建设用地流转等三类土地交易都应进入土地有形市场公开进行。通知还指出，有条件的地方还可以扩大土地公开交易覆盖面，将土地二级市场中的因土地抵押权实现产生的土地使用权、法院判决用于债务清偿的土地使用权的转让和出让，以及土地使用权的转让、租赁、抵押、作价出资、交换、赠与等交易活动纳入有形市场交易。根据国土资源部11号文件精神，同年4月，广东省国土资源厅发出《转发国土资源部关于建立土地有形市场 促进土地使用权规范交易的通知》〔粤国土资（地产）函〔2000〕23号〕，要求各地政府和国土资源管理部门认真落实国土资源部精神，抓紧建立土地有形市场，规范土地使用权交易。同年8月，广东省国土资源厅发出《关于切实抓好当前有形土地市场有关工作的通知》〔粤国土资（地产）字〔2000〕141号〕，要求县及县级市加快建立和完善有形土地市场，以规范土地交易，杜绝场外交易。

为解决土地市场存在的一系列问题，深圳酝酿着土地市场改革的重大举措。2000年，深圳市土地管理部门分管市领导受贿、滥用职权一案，直接加速了深圳土地市场改革的进程。在严峻的廉政风险面前，建立公开、透明的土地市场，成为迫在眉睫的大事。2000年11月11日，深圳市机构编制委员会发出《关于建立深圳市土地房产交易中心的批复》（深编〔2000〕046号），同意成立深圳市土地房产交易中心，明确其职责任务是提供土地使用权和房产交易专门场所，为各种类型的土地使用权及房产交易相关活动提供服务；接受土地使用权的出让和转让委托，组织土地使用权一级市场土地交易、二级市场土地转让交易和包括土地二级市场与房地产三级市场的司法机关裁定的不动产转让；组织土地使用权的交易（交易方式包括招标、挂牌和拍卖等）；受理房产转让委托及产权代理；开展房地产展销、房地产交易、咨询、评估等各类活动；采集并发布有关土地使用权和房产供求的信息，提供相关政策和法规类的咨询服务；受到行政主管部门的委托，对房地产的买卖合同进行规范管理。总体来看，从2000年年初开始，在国家政策的推动下，深圳市结合自身实际设立了土地交易机构，明确了机构的性质和职责，为后续出台《深圳市土地交易市场管理规定》做好准备。

二　核心举措及意义剖析

深圳土地交易市场建立的核心举措主要体现于《深圳市土地交易市场管理规定》（本章简称100号令）和《关于加强土地市场化管理进一步搞活和规范房地产市场的决定》（深府〔2001〕94号），（本章简称94号文）的颁布与落实。

（一）100号令的颁布与主要内容

2000年1月14日，深圳市规划国土局向市法制局发出《关于报送〈深圳市土地交易市场管理规定〉（送审稿）的函》（深规土函〔2000〕249号）。随后，深圳市法制局向29个单位书面征求对《深圳市土地交易市场管理规定（送审稿）》的意见。虽然立法法中没有规定政府规章的立法必须举行听证会，但深圳认为建立土地交易市场对其土地制度改革影响深远,应按照立法法关于立法的程序规定贯彻落实国务院关于要求政府立法集思广益的通知精神。2000年11月29日,深圳市法制局召开了征求意见的座谈会,参与单位包括政府部门、区政府、仲裁机关、纪检监察机关、司法机关、银行和房地产公司等29个单位33个代表。2000年12月11日,深圳市法制局向市政府提交了《关于送审〈深圳市土地交易市场管理规定〉(送审稿)的报告》(深法制函〔2000〕204号)。2001年2月7日,深圳市政府第三届第二十一次常务会议讨论并原则通过了《深圳市土地交易市场管理规定》,同时在规定中增加了"以协议地价方式取得土地使用权,申请改变用地性质、功能,转让土地使用权的,依法收回土地使用权,通过招标、拍卖方式重新出让""将在法院执行中处分的不动产统一纳入深圳市土地交易市场,并在交易市场进行拍卖"等内容。2月27日,深圳市法制局向市政府上交《关于提请发布〈深圳市土地交易市场管理规定(修改稿)〉的报告》(深法制〔2001〕31号)。在国家政策和深圳市自身改革需要内外因素的合力推动下,3月6日,《深圳市土地交易市场管理规定》(市政府令第100号)正式发布。该规定是国内首部针对土地市场交易制定的地方性政府规章。

100号令主要规定了以下内容。一是建立深圳土地交易市场,并由市土地房产交易中心作为承办机构,设置了交易中心理事会作为交易中心的最高决策机构。二是规定了三类不动产权交易必须进入土地交易市场公开进行:第一类,土地一级市场的经营性用地土地使用权的出让;第二类,土地二级市场的转让,包括各类依法取得用地的土地使用权转让、除征地返还用地以外的涉及的土地使用权转让和合作建房、旧城改造项目选择改造单位或与他人合作改造的和为实现抵押权进行的土地使用权及地上建筑物转让四种类型;第三类,司法或执法机关强制执行的不动产转让,包括涉及土地二级市场的官司地转让和涉及房地产三级市场的官司房转让。三是重点规范了土地二级市场的转让程序和规则。

总体而言,100号令对设立土地交易市场做了规定,明确了市场的功能与职责、土地交易方式、土地交易规则、监督查处等内容，目标导向主要是对土地使用权出让及转让环节进行规范，遏制可能产生的投机行为和寻租空间。2000年深圳市成立土地机构，再加上100号令的出台，直接催化了深圳土地交易市场的诞生，标志着深圳土地市场改革进一步深化。

在100号令实施后，深圳土地交易市场构建了由土地一级市场和二级市场联动的土地市场体系。其中，土地一级市场基本实现土地要素以招标、拍卖、挂牌方式市场化配置，二级市场的土地转让全部进场公开交易。二级市场由原来秩序较为混乱、无法监管的自发交易，转变为公开、公平、透明的平台交易，为市场主体规避了复杂的市场风险，交易数量大幅增长。虽然后来因土地增值税的开征等，土地二级市场逐渐萎缩，但100号令为全国提供了一个土地一、二级市场联动的规范样本。

100号令是我国以地方政府规章形式确定土地有形市场的第一个规范性文件，对建立公开、公平和公正的土地市场与确保深圳市土地交易市场的依法设立和运作具有重要意义，在全国土地有形市场的建立中发挥了重要的先行示范作用。100号令以法律形式构建了"想用地，找市场"的模式，在公开、公平、公正的原则下进行交易①，其核心内容是实现"让每一寸土地转让都进入市场"的目的。它的颁布大大推进了土地使用制度的改革进程，也实现了深圳市土地使用制度改革新阶段的开启，是21世纪中一项重大的土地使用制度改革的突破。② 可以说，该文件的颁布堪称深圳市在"动地一槌"之后又一重大的土地市场制度改革里程碑。

（二）94号文的颁布与主要内容

100号令颁布后，为进一步开放搞活并规范土地市场，解决行政划拨用地、协议出让土地入市、闲置土地、合作建房等一系列土地市场化问题，2001年7月6日，深圳颁布了《关于加强土地市场化管理进一步搞活和规范房地产市场的决定》（深府〔2001〕

---

① 武小平：《土地只能在场内交易——析〈深圳市土地交易市场管理规定〉》，《中外房地产导报》2001年第15期。

② 邹兵：《深圳土地整备制度设计的内在逻辑解析——基于农村集体土地非农化进程的历史视角》，《城市建筑》2018年第6期。

94号)。

94号文的主要内容如下。

(1) 规定军事用地、工业用地（特区内限高新技术项目用地）等四类可协议出让的用地范围和两类经市政府批准后可协议出让但必须缴纳市场地价的土地，明确了协议用地的管理、使用权益。

(2) 经营性、营利性项目用地严格按照招标、拍卖方式出让土地使用权，市规划国土部门不再受理此类用地申请。

(3) 确立了协议出让土地地价一律按市场地价计收的原则，划定了可以减免地价的标准及范围。

(4) 推进土地全面市场化，允许原行政划拨土地、历史用地补交地价后进入市场；给予地价优惠，调动市场主体积极性，行政划拨用地、历史用地补交地价的标准仅为市场地价的四分之一或五分之一。

(5) 对市属国企应交地价转国有资本金的行为和土地年地租的收取管理等进行严控。

(6) 明确对闲置土地的处理方式，一是依法无偿收回（包括行政划拨用地和历史用地），二是缴纳闲置费后继续开发。

(7) 明确合作建房的政策收尾工作，对行政划拨用地、历史用地、协议用地等需要合作完成开发工作的，必须补交市场地价后入市交易。

(8) 对二级和三级市场的房地产买卖免征土地增值费，提高商品房预售条件。

94号文以全面推进土地要素市场化配置为目标，明确了经营性用地必须招标、拍卖出让，严格限定了协议出让的用地范围，增加入市类型，扩大入市范围，确立了市场地价的原则，规范了减免地价的范围和标准，盘活了存量用地和低效用地，消化了闲置用地，降低了交易成本，减轻了企业经济负担，规范了房地产市场，全面推动土地一、二级市场联动发展。

(三) 两项政策的历史意义

总的来说，出台两个政策是深圳土地交易市场建立的核心举措，对深圳乃至全国土地有形市场的建立均产生深远的影响。其历史意义主要体现在以下几个方面。

第一，促进土地交易市场相关法律法规在微观层面的完善。100号令的出台，构建了一个逻辑比较严密且土地交易信息公开、透明，又便于市场主体参与市场竞争和进行社会监督的平台。其将一、二级市场土地交易和司法强制执行的不动产转让一并纳入平台，有效遏制因信息不对称造成的土地交易过程中的暗箱操作及权力寻租现象，也是国内首部在微观操作层面依法规范土地交易行为的法规，充分发挥深圳作为改革开放前沿的窗口作用，体现深圳勇于创新的精神。此后，关于土地市场改革的相关内容很快上升到国家层面。2002年5月，国土资源部颁布《招标拍卖挂牌出让国有土地使用权规定》及《协议出让国有土地使用权规范》两个文件，首次明确了六类纳入招标、拍卖、挂牌的出让国有土地范围和五类情形纳入协议出让范围，均借鉴了100号令和94号文部分市场化思路。

第二，推动一级市场经营性用地实现全面市场化配置。100号令的出台，从法治层面彻底完成深圳经营性用地由双轨制向单轨制的转变，场内交易成为必需。虽然1998年的《深圳经济特区土地使用权招标、拍卖规定》（68号令）要求经营性用地必须全部采用招标或拍卖的市场化出让方式，但实际上多有漏网之鱼，协议出让依然占据很大比例。100号令实施后，杜绝了经营性用地协议出让的出现。这一局面的产生，比国家层面提前三年多。2002年5月，原国土资源部颁布实施《招标拍卖挂牌出让国有土地使用权规定》，明确规定包括商业、旅游、娱乐、商品住宅用地的经营性用地必须通过招拍挂方式出让。2004年颁布的《关于继续开展经营性土地使用权招标拍卖挂牌出让情况执法监察工作的通知》，规定2004年8月31日以后所有经营性用地出让全部实行招拍挂制度。这被称为"8·31大限"。至此，全国经营性用地真正实现市场化配置。

深圳对一级市场的建设，除了出让方式的改革外，还积极开展土地经营相关工作。2001年前后，深圳的土地市场与房地产市场供应充足，人口规模基数不大，供需相对平衡。反映在土地市场的招拍挂出让上，当时的深圳土地管理部门和今天国内大多数二、三线城市一样，需要在经营性用地出让上做大量的前期推广工作，在市场调研的基础上开展土地营销，详细论证和分析欲拍卖土地怎么卖、何时卖、分几块卖、每块地多大等诸问题，制订符合市场需求的土地出让方案。如2001年的"港交会"（深圳在香港举办的"深圳房地产产销会"）推广了深圳湾填海区2.9平方千米的土地，吸引境内外社会各界对深圳市土地交易市场的高度关注，取得了良好的效果，促成2001年年底深圳湾三宗地的成功拍卖。

第三，开展交易规则的创新。在技术层面，凝聚了实践经验的总结，首次将"挂牌"交易方式写入正式文件。在100号令出台之前，按照国家和深圳的政策法规，土地出让时有三个及以上符合条件的竞买人可使用招标出让方式，有两个及以上符合条件的竞买人可使用拍卖出让方式，但在全面推进土地资源市场化配置后，对于只有一个符合条件的竞买人的情况却无法交易的规则，不符合土地资源全面市场化配置的实际需要，因此，深圳在实践中创新采用挂牌交易方式。100号令则首次规定了挂牌出让和挂牌转让是合法的出让方式，弥补了土地交易方式的空白。

第四，规范了土地二级市场，激发了市场活力。100号令和94号文有力推动深圳土地二级市场的发展，其中的关键举措：一是搭建平台，规范交易方式，将土地使用权出让、转让和租赁等行为纳入场地固定、交易集中、规则统一、操作透明的土地有形交易市场，实现二级市场土地转让进入土地交易市场公开交易，引导规范存量土地交易。二是增加入市类型，扩大入市范围，允许原行政划拨土地、历史用地补交地价后进入市场。三是给予地价优惠，调动市场主体积极性。行政划拨用地、历史用地补交地价的标准仅为市场地价的四分之一或五分之一。深圳在早期的开发建设过程中，存在大量的行政划拨用地、历史用地、协议地价用地等非市场化用地，这些土地的出让合同和房地产权证也注明其土地性质为非商品性（即不能在市场自由流通），其房地产权证的颜色用绿色以示区分商品性质的红色房地产权证。94号文的一大重要贡献就是在全面推进土地市场化的背景下，在三年政策窗口期内解决了一大批非商品性质工业用地的市场化问题，允许其补交一定标准的优惠地价后进入市场流通，盘活了大量的闲置土地，促进了土地流转。四是变通适用法律，降低交易门槛。变通适用房地产管理法第39条，允许未完成开发投资总额25%的国有建设用地使用权公开转让。五是实施税费减免，做好配套措施等。

2000年之前，深圳市土地供应较为充足，房地产二、三级市场发展较为缓慢，大量土地无力开发，导致土地闲置。经过两项政策对二级市场的规范与疏导，2001—2005年共转让162宗地，5年内的交易量占所有公开交易量的84%，2003年土地转让数量一度超越土地出让数量。土地二级市场与一级市场共同发力，为深圳经济社会发展提供了充足的空间保障。总体而言，两项政策均采取符合市场需求的制度创新举措，通过规范土地市场交易行为的方式，对充分发挥市场机制配置土地资源发挥了基础性作用，极大激发了土地二级市场的高效、规范开展。

第五，探索土地管理领域政府治理体系现代化之路，提供了全国土地市场廉政建设的深圳示范。土地要素市场化配置让土地管理决策职能和执行职能产生分离，使得政府能够聚焦土地宏观规划和管理等公共职能，推动政府行为的规范，提高了工作效率。深圳在早期的城市建设中供应了大量的行政划拨用地、历史用地、协议地价用地等非市场化用地，这是一笔宝贵的社会资源和财富。但是由于长期缺乏市场渠道而无法盘活，在利益驱动下，权力寻租介入隐形土地市场，严重损害土地有偿使用制度，滋长了社会腐败。100号令和94号文共同确立的土地资源全面市场化配置制度，有效解决了上述系列问题，在机制上实现土地阳光交易，杜绝了暗箱操作，有力推动了深圳土地管理领域的廉政建设。

回首40多年，自土地交易市场建立后，深圳在土地出让、转让、司法拍卖等工作中均未出现过腐败或违法违纪现象，成为全国廉政模范。2005年，《人民日报》为深圳这一市场改革专题刊发《阳光是最好的防腐剂》。同年，中共中央政治局常委、中央纪委书记吴官正在广东省委书记张德江的陪同下视察深圳土地交易市场（见图4-1）。2008年中共中央政治局常委、中央纪委书记贺国强，

2013年中共中央政治局委员、广东省委书记胡春华等，陆续对深圳土地交易市场的建设与发展尤其是廉政建设领域取得的成绩给予高度评价。联合国透明国际腐败指数总负责人约翰·兰斯多夫一行，曾在国家监察部外事局和市监察局领导的陪同下专程来到交易中心参观访问。深圳土地资源市场化配置对廉政建设的促进作用享誉国际。

图4-1　2005年5月20日中纪委书记吴官正视察深圳土地交易市场

100号令和94号文的颁布，产生了巨大的政策效应，让土地交易市场取得了令人瞩目的成就。2001—2011年，土地交易市场共招拍挂出让土地2064.09万平方米（其中经营性房地产用地1115.91万平方米，工业用地948.18万平方米），成交地价款916.70亿元（其中经营性房地产用地地价807.72亿元，工业用地收取地价108.98亿元）。这为城市发展提供了空间保障，筹集了大量建设资金，确立了土地要素市场化配置制度，积极推进了依法行政和政府职能转变，推动土地阳光交易，加强了廉政建设，更好地接受社会监督。

三　阶段性土地一、二级市场经营性房地产用地供应情况

2001年，深圳市土地交易市场建立，经营性房地产用地实现全面招拍挂出让（由于工业用地招拍挂出让的启动时间不一样，本节涉及的一级市场数据全部为经营性房地产用地出让），土地二级市场转让也实现全部进场交易。2001—2011年，深圳土地使用权招拍挂出让呈现出以下特征。

第一，受资源禀赋限制，深圳土地一级市场招拍挂出让交易量一直不大。2001—2011年，合计出让居住用地、商服用地等经营性房地产用地1090.36万平方米，年均招拍挂出让土地99.12万平方米，最低为2007年出让48.97万平方米，最高为2010年出让154.45万平方米，年度供应量持续在100万平方米上下剧烈波动。土地一级市场供应量有限，传导至房地产二、三级市场，房价就很难平抑。

第二，深圳土地二级市场转让的交易量受政策影响较大，走出先扬后抑的曲线（见图4-2）。1994年，《中华人民共和国房地产管理法》颁布，第39条第2款规定以出让方式取得土地使用权的，转让房地产时应当满足完成开发投资总额25%以上的要求。该规定有助于遏制圈地、炒地行为，但也阻碍了土地二级市场的发展，无助于盘活存量土地。受此影响，2001年前，深圳土地二级市场以合作建房等形式的自发交易为主，部分开发商在拿地之后只能通过引进投资商，一方出地、一方出开发建设资金，通过签订出让合同补充协议等变通方式合作建房解决土地二级市场土地转让问题。2001年，《深圳市土地交易市场管理规定》（市政府令第100号令）和《关于加强土地市场化管理　进一步搞活和规范房地产市场的决定》（深府〔2001〕94号），有力推动深圳土地二级市场公开交易的蓬勃发展，二级市场公开交易量三年内连续攀升，其中，2002年与土地一级市场出让交易量基本持平，2003年一举超过一级市场的交易量达到138.19万平方米。2005年11月，深圳开征土地增值税。自2006年开始，深圳土地二级市场转让交易量逐年下降，渐趋于零；自2006年起，土地权利人多采取公司股权收购的方式规避土地增值税，达到土地使用权转让的目的。

(万平方米)

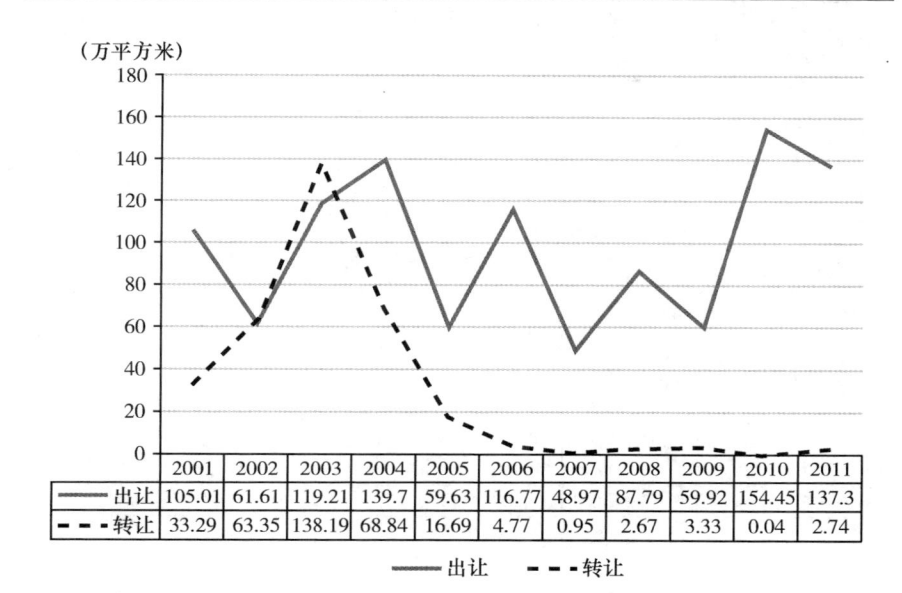

	2001	2002	2003	2004	2005	2006	2007	2008	2009	2010	2011
出让	105.01	61.61	119.21	139.7	59.63	116.77	48.97	87.79	59.92	154.45	137.3
转让	33.29	63.35	138.19	68.84	16.69	4.77	0.95	2.67	3.33	0.04	2.74

图 4-2 深圳土地一、二级市场招拍挂供应走势（2001—2011）

第三，从总量来看，深圳受土地供应量的限制，地价收入不高。11 年间，土地一级市场通过招拍挂出让经营性房地产用地收取地价合计 793.57 亿元（见图 4-3），直到 2008 年，年度地价总收入才超过百亿元。从趋势上看，年度地价收入总体趋高，尤其是 2006 年年度地价收入大幅上扬，但 2002 年、2005 年和 2007 年分别有一定幅度回落；从 2008 年开始，年度低价收入加速走高。

第四，土地二级市场年度成交地价走势和土地二级市场转让交易量的走势大致一致，先扬后抑。2001—2011 年，深圳土地二级市场转让成交地价 74.69 亿元，其中 2003 年的成交总价和一级市场成交地价基本一致。

第五，一级市场综合平均楼面地价总体上逐年走高，2011 年比 2001 年上涨了 130.84%（见图 4-4）。综合平均楼面地价走势与经济形势和宏观调控政策密切相关。受 1998 年房改和多年积极财政政策的影响，从 2005 年开始，楼面地价上涨明显；受 2008 年国际金融危机影响，当年楼面地价明显走低；受 2009 年 4 万亿元政策影响，当年楼面地价大幅上涨；在经济过热、国家和国土资源部连

(亿元)

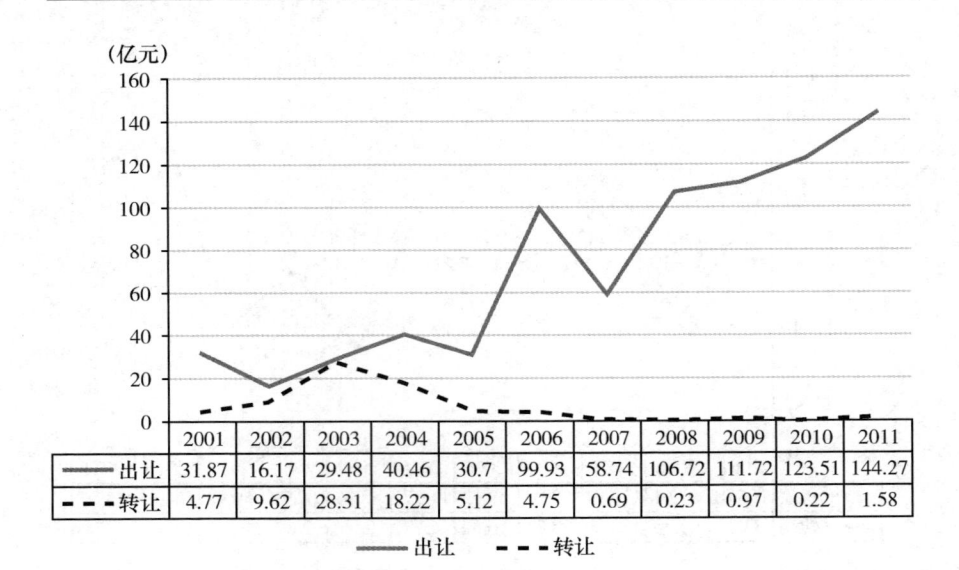

	2001	2002	2003	2004	2005	2006	2007	2008	2009	2010	2011
——出让	31.87	16.17	29.48	40.46	30.7	99.93	58.74	106.72	111.72	123.51	144.27
---转让	4.77	9.62	28.31	18.22	5.12	4.75	0.69	0.23	0.97	0.22	1.58

图 4-3　2001—2011 年土地一、二级市场招拍挂成交地价走势

续出台房地产宏观调控政策要求遏制地价房价过快上涨的背景下，从 2010 年开始，地价连续小幅回落。

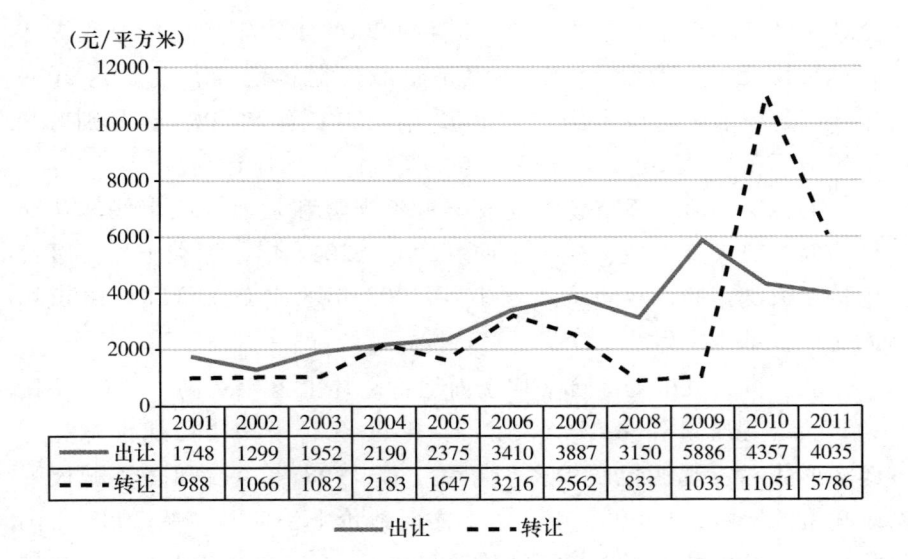

(元/平方米)

	2001	2002	2003	2004	2005	2006	2007	2008	2009	2010	2011
——出让	1748	1299	1952	2190	2375	3410	3887	3150	5886	4357	4035
---转让	988	1066	1082	2183	1647	3216	2562	833	1033	11051	5786

图 4-4　2001—2011 年深圳土地一、二级市场
招拍挂综合楼面地价走势

第六，土地二级市场年度综合楼面单价，总体略低于当年一级市场地价，地价总波动中逐渐上扬。11年间，地价总体涨幅达480%（见图4-3）。2007年以后，尤其是2010年受交易样本量小和样本位置影响地价涨幅特别大，属于非典型样本，不能完全代表全市土地二级市场地价走势。

第二节 深圳土地要素市场化配置机制建立的路径分析

深圳市土地交易市场的建立，从宏观的政府治理理念转换到中观的依法行政行为规范，再到微观的市场交易环境优化和交易体系与交易平台的构建和完善，都发挥了重要作用。

一 政府治理理念的转变

政府在资源有限、职能确定的前提下，在不同时期选用不同的治理理念，能够实现在经济发展、社会进步、民生保障方面的有机统一。

改革开放之初，在经济起步阶段，政府依赖行政审批的管理方式，而随着市场经济的不断完善，仅仅进行管理已经不能满足经济社会的进步，与社会发展目标不相匹配。深圳市在行政审批改革方面一直在推进，于1998年及2000年进行了两轮审批制度的改革，2004年颁布行政许可法完成行政审批项目的削减，2005年开始确定建设服务型政府的具体目标，2006年启动清理非行政许可审批和登记事项的改革，2008年开始确定在五年的时间内完成行政管理体制的改革，2010年宣布要在三年内构建完成服务型政府的框架，2013年建成了新型现代化的服务型政府。[①]

在深圳土地市场建立初期，政府需要通盘考虑如何发展土地市场，确定发展方向，制定发展政策，推动政策实施，完善政府

---

① 黄尹：《服务型政府建设中政府与社会组织关系的走向》，硕士学位论文，中国青年政治学院，2010年，第33页。

审批机制，通过行政管理来维持经济发展。建立有形土地交易市场后，通过制定政策和制度，能够用法治手段维护土地市场健康有序运行，政府不再直接承担土地要素配置的具体事务，专注制定土地利用宏观政策，实现土地管理政策制定和执行的职能分开，确保政府将更多精力放在土地管理的宏观规划和政策制定上，推动政府职能向适应市场经济体制改革需要转变。政府通过建立土地交易市场，以市场规则确保土地交易行为公开、透明，并接受各方的监督，从源头、体制和机制上防范土地交易过程中的权力寻租现象。

此时，随着土地资源有限的制约越来越严重，政府需要通过生成资源的方式，实现政府推动、企业参与、市场运作的有机结合，按照市场规律，参与城市经济建设和产业政策的制定，为民众提供社会福祉。这种合作机制实现了中国特色社会主义市场经济中公有制和商品生产的融合、公有制和混合经济的融合、公有制企业参与市场竞争。在产业方面，以市场机制为主导，利用资本化方式，将经济发展交给企业、社会；在民生方面，政府必须全面承担资源的提供、调配和管理职责，以公平公正、基本托底和有效提升的原则配套相关政策；在城市经济方面，政府要区分是倾向于经营性资源还是公益性事业来确定相应的治理方式。政府资源有限，所以必须将有限的资源投入城市建设广阔的空间中去。通过转变政府治理理念，能够给市场经济以广阔的天地，实现市场经济的自由发展。利用政策和制度对市场进行规范和调整，即可完成政府和市场功能的有效配合。①

二 依法行政行为的规范

现代政府治理体系的主要特点是依法行政。要建立土地交易平台，就必须推动实现市场在资源配置中起决定性作用，在制度设计上避免长官个人意志代替依法行政。

在现代政府治理理念的导向下，政府的发展定位是通过依法行

---

① 陈云贤：《中国特色社会主义市场经济：有为政府+有效市场》，《经济研究》2019年第1期。

政建设服务型政府。

深圳改革开放40多年，就是通过摸着石头过河、总结实践经验、制定规章制度到依法行政不断推动改革深入的。从深圳的土地要素市场化配置改革与创新来看，也是循着这条轨迹，在总结前20年土地有偿使用制度改革时间经验的基础上，通过制定100号令和94号文，建立土地交易市场，实现土地一、二级市场全面市场化。可见，深圳土地市场的建设，一直在努力构建合法行政、合理行政、程序正当、高效便民的法治体系。

在政府治理理念引导下，需要具体的行政行为对土地市场进行规范，也需要社会公众对行政行为进行规范和监督。因此，不断完善建设土地市场交易法律法规体系，能够实现从制度的框架下界定行政行为模式，减少腐败现象的产生，提高行政服务水平。

三　市场交易环境的优化

在全面推行招拍挂出让经营性房地产用地使用权之前，企业可以通过各种途径用较低的价格拿到土地，导致出现大量的闲置土地。通过规范市场行为，大量闲置土地能够进入市场实现流通，因此增加了商品房的供地量，有序流动了土地资源，在一定程度上抑制了商品房价格的上涨，促进了房地产开发效率的提高，加大了房地产的开发规模，实现房地产市场的进一步繁荣。[1] 同时，每年的土地供应量可以有计划、合法地推出。开发商可依据实际水平，加大土地储备力度，以科学、合理的房地产项目开发方案来促进土地房产市场的繁荣。

制度变迁的过程会存在一个不完全制度环境，此时的政府、产权与市场结构关系并没有厘清，市场也没有形成制度设计应有的模样，或者说制度还没有实现对市场的完美预期和安排，政府"暗箱操作"和地方官商勾结的权力寻租不可避免，土地市场没有实现公开交易。对此，市场会发出反馈信号，亟待"看得见的手"和"看

---

[1]　付莹：《深圳经济特区有偿使用土地制度变迁及其影响》，《深圳大学学报》（人文社会科学版）2016年第33卷第4期。

不见的手"成熟并有机结合，促进土地市场的健康发展。[①] 在该阶段，土地批租程序的不规范和有效监管机制的缺乏，加之土地管理部门不合理的职能配置，使得权力约束能力不足，引发一些腐败现象。利用规范的土地市场交易规则，充分挖掘市场机制配置土地资源的功能，不仅能够把土地使用权交易过程中的各种行为固定在土地交易市场中，还能按市场程序进行规范化管理，实现土地交易的规范性、合法性及安全性；也有助于土地交易行为全程监管机制的建立和完善，进而破除有关土地交易过程中的机制违规行为及腐败现象，提高土地交易行为的市场化程度，加强土地投资开发决策的科学性，完成对土地优化配置和高效使用市场机制的建立。

从转变观念这一重点出发，实现对集市功能、集中办公服务功能、土地使用权交易功能和信息服务功能的发挥，完成一流的交易、展销和洽谈场所的建立，使得"一条龙"服务成为可能，同时具备招标、评标专家数据库等一系列的技术支持，并且能够在报纸、电视和互联网等各种媒体上发布土地的供求行情及相关政策和法规信息，增加信息透明度。这一整套健全的市场监督机制，既能实现对土地供应透明程度的提高，增进发展商竞争的公平性，实现房地产开发公司市场化的优胜劣汰，还使得土地流入那些真正有实力、有品牌的房地产企业手中。

四　市场体系与交易平台的构建与完善

（一）构建与完善土地市场体系

1987年以拍卖方式开启的土地使用权出让，在一级市场上实现土地要素以招标拍卖方式市场化配置或者以行政性的协议出让方式转让。但土地二级市场在实践探索中有待完善和发展，尤其是在出让阶段没有明确规定出让后的土地使用权如何转让。这种缺失在土地交易规则体系是一种断裂。

---

① 刘光全：《关于我国土地市场公开交易制度存在的缺陷与对策研究文献综述》，载《"决策论坛——管理科学与工程研究学术研讨会"论文集》上，《科技与企业》2016年，第191—192页。

针对这一缺陷，100号令出台补足了土地二级市场建设的相关内容，将土地使用权的转让纳入土地交易市场公开交易范围，构建了完整的土地一、二级市场交易体系。

（二）明确交易方式和行为规范

建立土地要素市场不仅仅是设立有形的、固定的交易场所，更重要的是调整和规范土地交易关系，健全土地交易规则，形成公开、公平、公正的交易环境。因此，深圳在100号令中使用的是"土地交易市场"名称，弥补了"土地有形市场"或"有形土地市场"的名称在市场流通内涵上的不足。

如上文分析的，1987年开始的土地使用权出让，在初始阶段只是一定程度上推行了招标、拍卖两种市场手段，还大量存在行政审批的协议批租方式。这种市场化与非市场化土地资源配置方式二元并存格局，其负面影响很多。一方面，市场化与非市场化共存，无法充分发挥市场机制在配置资源中的基础性作用，降低土地优化配置和高效利用的效果；另一方面，无法实现公开、公平、公正出让土地，难以遏制腐败现象。

随着100号令的颁布，深圳市从交易方式着手，进一步规范交易行为。第一，为了完全市场化，对市政府收回的闲置行政划拨用地、历史用地等涉及经营性项目用地的土地使用权必须全部采取招标和拍卖等方式出让。第二，完善对二级土地市场的交易方式，土地使用权转让必须采用招标、拍卖或者挂牌的方式进行。该规定的核心是加强对各种土地交易行为按法规进行的规范和监管。

在该阶段，具体的交易模式包括招标、拍卖和挂牌。土地挂牌交易是对过去招标和拍卖出让土地方式的一种完善和补充。它具有招标、拍卖不具备的优势和广阔的发展前景。首先，土地的最低交易价是透明的，申请人可以根据对市场的预测来应价，如果在规定期限内有两个以上的申请人，还可以多次报价。因为招标和拍卖方式不透明底价，在招标时竞争者之间的报价一般相差较大，是在拍卖时的几秒钟进行的快速决策，所以，该方式是一种土地交易理性回归的助手，其能够稳定成交价并提高成交率。挂牌交易的过程是相对平和的，能够对土地的有效出让和稳定地价产生一定的好处。[①]其次，挂牌交易更容易实现网上自助，建立更大的虚拟土地交易市场。深圳率先在政府令中创新使用土地使用权挂牌出让方式。2002年，国土资源部颁布的《招标拍卖挂牌出让国有土地使用权规定》（国土资源部11号令）使得该项制度在全国得到广泛的开展。

（三）建立完善土地市场交易平台

土地要素市场是社会主义市场经济体系的重要组成部分，遵循市场规律配置土地是市场经济发展的必然选择。如同股票作为有价证券一样，土地具有特殊的性质，土地交易必须做出一定的限制，包括交易的范围和场所。随着经济的进一步发展，解决市场与集中的矛盾问题愈显迫切。全国各地从地方政府到企业，甚至到个人都强烈要求建立一个具有证券交易所性质的固定、有健全交易规则的土地交易场所。100号令是顺应社会发展、反映社会需求的产物，从根本上解决市场与集中的问题，有利于建立一个公开、公平、公正的交易市场，确保土地交易的合法性和安全性。

伴随土地使用制度改革的不断完善，政府的职能重叠现象，诸如管理部门和办事机构重叠等，产生了不少问题，亟须通过职能分离，建立专门从事土地交易的市场服务机构，以满足建设专业化土地有形市场的社会需求。

由国家相关规定做指导，通过参照部分省市的成功经验，由100号令提出并建立的土地交易市场，加之深圳市土地房产交易中心的建立，深圳市的土地交易市场有了承办机构。[②]通过政府宏观管理部门职能和权限的分解，交易中心土地交易服务机构的职能和权限得到确定，能够在提供固定场所、相关服务和制定完善交易规则方面进行研究，实现深圳市土地使用权的集中交易和统一管理，进一步改善了市场环境。

---

① 月若水、李元：《土地挂牌交易是创新之举》，《中外房地产导报》2001年第12期。

② 布衣：《土地交易有了公平秤——〈深圳市土地交易市场管理规定〉近期出台》，《中外房地产导报》2001年第5期。

深圳市土地房产交易中心成立之初的形势并不乐观。彼时，信息化手段远没有今天丰富，新建立的交易平台缺乏土地供求信息的积累和发布渠道，不了解市场情况。于是，市土地房产交易中心凭着一股创业的干劲，深入市场，了解用地主体需求情况，并起草相关文件，成立调研小组，组织现场勘查，确定合理的拍卖底价。2001年5月23日，龙岗区葵涌镇G15108-15宗地在土地交易市场建立后实现首次公开招标出让，并由比亚迪公司溢价8%竞得。2001年6月8日，土地交易市场实现首宗土地公开转让，深业集团以7480万元底价成功竞拍得到由深圳市中科创业（集团）股份有限公司转让的福田区B302-0078宗地。随着土地二级市场局面的打开，2001年，深圳土地交易市场平台公开转让26宗地，土地面积32.89万平方米，成交地价4.77亿元，实现溢价1180万元。

土地交易市场建立后，为建立阳光市场，确保土地交易的平稳顺利运行，实现公开、公平、公正的土地交易原则，深圳设计并建立了一套比较完整的土地交易中心运行框架，主要表现在：第一，深圳市政府设立土地房产交易中心理事会，理事会成员包括深圳市规划国土部门、物价部门、交易中心代表，以及房地产、土地、法律和规划等方面的专业人士。理事会对交易中心的重大问题进行决策。第二，交易中心接受土地主管部门的行政管理和行业监管，纪检监察部门联系、指导并监督阳光市场建设，接受审计部门定期审计监督。第三，交易中心建立健全了内部运行管理机制。第四，交易中心为阳光运行土地交易市场，从市场建立初期即建立了一套完整的土地一级市场出让、土地二级市场转让和房地产三级市场协助司法强制执行的业务规则、标准和程序。第五，交易中心作为市场承办机构，一直注重信息化建设，开发建设了土地房产交易信息化平台，实现土地房产交易信息管理、信息发布、信息查询、保证金缴纳、线上答疑和网上竞价等功能。

总而言之，深圳土地交易市场建立的路径起端于现代政府治理理念的转变，落实于市场体系与交易平台的构建、推广，体现了制度变迁诱致性和强制性因素的结合。

第三节　机制深化：工业用地招拍挂制度探索

工业发展是城市经济的核心支撑之一。进入21世纪，在土地资源高度紧约束的背景下，如何解决产业发展粗放经营、摆脱来料加工实现产业转型升级、破解产业发展空间瓶颈、改革现有工业用地土地利用方式的课题摆在城市管理者的案头。2005年前后，在土地有偿制度确立和土地交易市场建立的基础上，在相关配套制度完备的同时，以工业用地招拍挂制度为代表的深圳市土地市场范围拓展开始了相应的探索，为深圳的产业转型升级和土地市场的广度扩充发挥了重要作用。

一　工业用地招拍挂制度变迁背景

1981年年底，深圳出台《深圳经济特区土地管理暂行规定》，以收取土地使用费的方式，设立了成片委托、租赁土地给外商独资和利用外资合作三种土地开发模式。实践中，主要采用国有土地有偿使用和通过征收集体土地开发的两种供地模式。为了加快深圳特区经济建设速度，政府以授权开发公司的方式，由开发公司直接与集体土地所有权单位依法商谈土地征用补偿和安置补偿等事宜，两方以签订征用土地协议书的方式实现对土地的交接，推动原特区内发展较早的蛇口、车公庙工业区、沙头角保税区和华侨城等区域的成片开发。在这种机制下，用地产权比较清晰。原特区外则在港资北上及交通条件的不断改善中，出现了由集体组织私下出租、出售土地的现象，其用地出现了复杂的产权格局。

1987年5月，深圳市政府发布《深圳经济特区土地管理制度改革方案》，提出"所有用地实行有偿使用，协议、招标、公开竞投，各搞一个试点，先易后难"这一基本设想。1987年年底，《深圳经济特区土地管理条例》正式获批。根据该条例，特区内建立了国有土地有偿使用和出让制度，在制度上初步实现土地所有权与土地使用权的分离，这是土地使用权有偿和有限期出让的正式发端。政府是土地使用权出让的主体，客体则为国有用地，以土地一级开发为主要供给方式，用协议、招标和拍卖的方式出让土地，可以因事因地而采取不同的方式出让。因土地使用权的出让和转让、再转让所收取的地价和税费，一律归政府所有，由地方财政专项储存，主要用于城市建设和土地的再开发。

1987年以后，在《深圳经济特区土地使用权出让条例》（1994年）和《深圳经济特区土地使用权招标、拍卖规定》（1998年）相继出台的背景下，深圳市居住和商业等的供地实现市场化。1987年，深圳在我国内地首次推出土地使用权出让拍卖制度后，全国各地市纷纷试行土地招拍挂制度。这些土地使用权出让方式可以提高城市土地利用水平，改善投资环境，比协议出让有着明显优势，能够让土地以更加公平和合理的价格出让，减少人为干扰因素，遏制腐败现象。此后，全国各地市陆续推行土地招标拍卖出让，为地方经济发展提供了巨大的资金支持。虽然这一阶段土地招标拍卖已发展得较为成熟，但产业用地出让仍有较强的政策支持性。1987—1999年，深圳市以拍卖形式出让的土地有7宗，共9.33万平方米；利用公开招标（纯商务标）形式出让的土地有72宗，共90.37万平方米；利用协议形式出让的土地（含工业用地）却有3273宗，共9635.03万平方米，其中90%以上的土地以协议方式进行出让[①]，工业用地全部以协议出让方式供应。

二 工业用地招拍挂制度改革路径

（一）工业用地市场化出让初探索（2002—2005年）

在工业化发展的初期，深圳采用协议出让的方式供应产业用地，对引进项目和促进经济发展等发挥了重要作用。例如，2004年，深圳市实际供应的土地面积为1063.63万平方米，其中工业仓储用地占比75.88%，采用协议方式供应的土地占比84.95%。这一高占比说明其对产业发展的支持。但进入21世纪，深圳开始面临有限的

---

① 深圳房地产年鉴编辑委员会编：《深圳房地产年鉴（2000年）》，海天出版社2000年版，第50页。

土地资源空间供给与旺盛的产业发展空间需求之间的矛盾。

2005年，时任市委书记李鸿忠公开表示，深圳的发展正面临"四个难以为继"的难题：一是土地、空间难以为继；二是能源、水资源难以为继；三是实现万亿元GDP需要更多劳动力投入，而城市已经不堪人口重负，难以为继；四是环境承载力难以为继。"四个难以为继"对深圳形成倒逼之势，亟须转变经济发展方式突破增长极限，实现产业升级换代。土地资源的难以为继倒逼深圳创新产业用地供应方式，节约、集约利用土地，保障经济社会的可持续发展。

从2004年开始，中央在政策层面持续推动工业用地的市场化出让。2004年10月，《国务院关于深化改革严格土地管理的决定》要求持续推进土地资源的市场化配置，"工业用地也要创造条件逐步实行招标、拍卖和挂牌出让"。2005年1月，中共中央发布《建立健全整治和预防腐败体系实施纲要》，提出要"加强土地出让制度建设，严格控制划拨用地及协议出让土地的范围，逐步将工业用地纳入招标拍卖挂牌的范围"。为落实国家政策精神，破解土地资源难以为继的发展瓶颈，经多方选址，2005年12月20日，深圳市在土地交易市场以挂牌方式首次公开出让工业用地。最终，新基德公司以1940万元的报价，成为最后的赢家，该成交价共超出底价3.6倍。

工业用地首次挂牌出让是深圳市扩大土地资源市场化配置范围、从经营性房地产用地拓展到工业用地领域的一个标志性事件，是深圳继"第一槌"和100号令之后在土地使用制度改革中的又一个里程碑。推行工业用地招拍挂出让，有助于以经济手段解决工业用地领域长期存在的低价用地和土地资源粗放利用等问题，遏制多占、滥占和闲置土地等现象，有助于节约、集约用地，促使政府在产业用地管理上转变职能，为市场提供更高效、优质的服务，从源头上预防腐败，从制度上保护干部，完善土地有偿使用制度，为全国相关改革提供有益经验。

（二）工业用地市场化出让全面推行（2006—2007年）

2006年年初，伴随经营性用地使用权有偿出让方式的进一步完善，在全国国土资源管理依法行政工作会议中，中央进一步强调，必须努力创造条件，推动对工业用地的招拍挂。2006年5月31日，国土资源部发布《招标拍卖挂牌出让国有土地使用权规范（试行）》及《协议出让国有土地使用权规范（试行）》，两个文件都针对出让国有土地使用权在程序、规则及技术标准等方面进行了全面规范。2006年9月5日，国务院发布《关于加强土地调控有关问题的通知》，要求严格土地管理，建立工业用地最低价标准制度，强调工业用地必须采用招标、拍卖、挂牌方式出让，其出让价格不得低于公布的最低价标准。2006年12月23日，国土资源部颁布《关于发布实施〈全国工业用地出让最低价标准〉的通知》，要求自2007年1月1日起，所有工业建设用地的供应必须严格按照招标、拍卖、挂牌的方式进入市场交易，任何单位和个人不能违反相关规定操作，或者干预招标、拍卖、挂牌方式。根据该通知的要求，我国各级的国土资源部门都应当遵守并且执行实施对工业用地的招标、拍卖和挂牌出让方式，严禁以任何形式规避。①

2006年6月22日，深圳市召开建市以来首次土地管理工作会，出台《关于进一步加强土地管理 推进节约集约用地的意见》，以及《关于处理宝安龙岗两区城市化土地遗留问题的若干规定》《深圳市土地储备管理办法》《深圳市集约利用的工业用地地价计算暂行办法》《深圳市工业项目建设用地审批实施办法》《深圳市工业项目建设用地控制标准》《驻深武警边防部队工程建设项目管理办法》《深圳市原村民非商品住宅建设暂行办法》共计7个配套文件（下称"1+7"文件）。"1+7"文件意在调整土地资源管理思路，转变土地资源利用模式，通过实行较严格的土地管理，推进节约、集约利用土地，保障深圳未来社会经济可持续发展。在这次大会上，深圳市政府强调内容如下。

第一，推进土地管理理念的"三个转变"。一是推进土地资源观念转变，把土地资源的节约、集约利用作为土地管理的基本目标。二是推进土地利用方式转变，实行较严格的土地管理制度，把

---

① 黄淑娟：《浅谈工业用地招拍挂制度》，《广东科技》2014年第20期。

节约、集约用地作为缓解土地供需矛盾的根本途径。三是推进土地管理方式转变，强化土地利用的规划和计划管理，严控建设用地供应规模；充分发挥市场机制在土地资源配置中的作用，加快推进产业用地的市场化配置；建立节约、集约利用土地资源的激励、引导和约束机制，实现全市土地资源"供应减量化、使用高效化、利用循环化、闲地资源化"；改变重审批、轻管理的现象，加强对土地利用全过程的监督管理。

第二，土地利用和管理要重点做到"两个确保"：一是确保城市化建设的需要；二是确保重点区域开发和重大产业项目建设的需要。

第三，做好新形势下的土地管理工作，实现土地利用和管理的"五个提高"。一是要牢固树立城市规划在城市发展中的龙头地位，大力提高规划对土地管理的指导作用。二是要切实扭转粗放型的土地利用方式，大力提高土地的节约、集约利用水平。三是坚持"一个标准管理、一个池子蓄水、一个龙头放水"，大力提高土地的集中统一管理水平。同时，要对特区内外土地实行统一管理，强化土地统一开发，加快建立土地储备统一管理制度，进一步加强土地有形市场建设。四是要严格执法，加强监管，大力提高土地管理的刚性水平。五是加强房地产市场调控，大力提高土地管理的宏观调控水平。

第四，土地利用和管理要突出重点，抓出实效。一是要进一步明确各级各部门土地管理的职责。二是要进一步巩固和完善宝安、龙岗两区城市化转地成果。三是强力推进违法用地和违法建筑查处。四是要进一步加强生态控制线管理。五是要切实加强土地储备管理。六是要加快处理土地历史遗留问题。

在"1+7"文件中的主文件——《关于进一步加强土地管理推进节约集约用地的意见》（深府〔2006〕106号）中，深圳市提出"除重点引进、重大投资的项目和由政府财政投资的公共配套及市政基础设施项目等这些用地才能使用协议的方式出让土地外，其他类型的用地在三年内都要逐步实现全部按照'招拍挂'的方式进行出让"的目标，要求"抓紧制定……工业用地招标拍卖挂牌出让……

配套规章和政策，使土地管理工作真正做到有法可依，有章可循"。

为落实《关于进一步加强土地管理　推进节约集约用地的意见》精神，逐步全面推广工业用地招拍挂出让，理顺工业用地招拍挂出让的体制机制，2006年9月，深圳市出台《深圳市工业用地招标拍卖挂牌出让工作近期实施方案（2006—2008年）》，确定了分阶段、分行业、分项目稳妥推进工业用地招标、拍卖和挂牌出让的思路，提出要创新土地出让机制，完善产业用地市场化配置比例和范围，通过减少审批流程来提升行政效率。同时，从制订年度计划、规划选址、确定产业准入条件、制订出让方案等方面，初步建立了一套工业用地招拍挂出让机制。

2007年4月，《国土资源部　监察部关于落实工业用地招标拍卖挂牌出让制度有关问题的通知》（国土资发〔2007〕78号）发布，其中关于"符合协议出让条件的并已前置审批的工业地，如未能在2007年6月30日前签订土地出让合同，将由政府采用招标拍卖挂牌方式出让或租赁"的规定，被称为工业用地"6·30"大限。深圳在2005年已开始探索工业用地招拍挂制度，比全国性规定提前两年，为全国提供了先试先行的实践探索。

2007年7月16日，深圳市颁布《深圳市工业及其他产业用地使用权出让若干规定》（深圳市人民政府令第175号），明确了工业用地招拍挂方式出让的适用范围，结合产业发展特点确定了各部门的分工和职责，首次提出工业用地应当带企业、项目准入条件出让，工业用地的竞买资格条件应当由产业主管部门负责等，明确了工业用地招拍挂出让的机制、规则和程序。

2007年9月28日，国土资源部修订《招标拍卖挂牌出让国有土地使用权规定》（国土资源部第39号令），将工业用地全面纳入招拍挂出让范围。

（三）适应产业转型的产业空间资源招拍挂出让转让（2008—2011年）

从2008年开始，国际金融危机开始冲击我国，全国经济形势严峻，土地市场空前低迷。深圳市积极应对，一是在危机中推进经济转型，发展总部经济，于年初以市政府1号文件发布《深圳市人民政府关于加快总部经济发展的若干意见》，提出"实施积极的土地支持政策。加强总部企业用地保障，将总部企业用地优先纳入年度土地供应计划，在每年新供用地中，提供一定比例的用地通过招标拍卖挂牌等公开方式，满足经认定的总部企业用地需求。企业总部需购置和租赁自用办公用房的，根据总部类型，给予必要的资助。加快园区功能置换，完善配套设施，引导具备条件的工业园区改造成为综合工贸园区，鼓励商贸流通企业、生产环节外迁的企业将管理、物流、销售总部留驻综合工贸园"。

二是服务下基层。2008年下半年，组织了由市领导带队的市工业企业百人服务小组，深入基层了解企业发展中的具体困难和诉求，针对性指导企业积极应对金融危机。其中，结合企业的产业发展空间诉求，2008年第四季度快速增加相关总部项目用地和产业用地的招拍挂出让。

三是针对企业产业转型升级、产业外迁和破产清算等腾退出的工业楼宇再利用问题，解决深圳工业用地出让中用地与项目挂钩一般不允许分割转让的矛盾。2008年9月，深圳市印发《深圳市工业楼宇转让暂行办法》，以规范工业楼宇的转让，实现对产业发展环境的优化，促进土地的节约、集约利用；同时，确定了可分割转让工业楼宇的类型，明确了办理程序，提出了按照项目对楼宇出让的资格进行审查。

工业用地招拍挂出让制度的推行，实现土地资源的市场优化配置，提高了土地利用效率，实现土地出让领域从源头开始遏制腐败行为的预期效果。

但是，工业用地招拍挂出让制度也存在不够成熟的地方。一是"一刀切"方式的工业用地招拍挂出让政策，没有考虑产业政策、环保标准、产业布局结构和生产技术水平要求等特点。"中华人民共和国境内外的公司、组织和个人都可参与竞买"的资格条件，与产业发展实际需求尤其是与深圳亟须产业转型升级向产业链高端跃迁的需求不完全匹配。二是与改革开放以来已实行多年的招商引资制度出现分歧，即在土地出让中是招商引资后落实项目用地，还是通过土地招拍挂公开引进产业项目，产生"鸡与蛋"的关系问题，症结在于如何处理地方招商引资和落实国家土地招拍挂出让政策的关系。三是在国际金融危机的大背景下，如何通过产业用地政策助力保增长、扩内需、促进经济平稳较快发展。2009年，国土资源部和监察部联合下发《关于进一步落实工业用地出让制度的通知》（国土资发〔2009〕101号），提出要进一步完善工业用地的出让制度，在严格执行工业用地招标拍卖挂牌制度的同时，各地要在土地出让计划中安排一定比例的土地用于中小企业开发利用；第一次提出"充分了解工业用地需求，合理安排出让进度和出让规模，各地要大力推进工业用地预申请制度"；在土地出让方式的选择上，依据供地政策、土地用途、规划限制等具体因素，可以选择招标等适宜的出让方式，也可以设定专项条件，采取挂牌、拍卖方式，按照"价高者得"的原则确定受让人。

三 工业用地招拍挂出让主要政策分析

深圳市土地交易市场建立与拓展阶段的主要政策脉络如表4-1所示。土地市场建立期的重要政策已在上一节进行了分析，土地市场拓展期中的重要工业用地政策主要涉及五项，其中对《深圳市工业用地招标拍卖挂牌出让工作近期实施方案（2006—2008年）》和《深圳市工业及其他产业用地使用权出让若干规定》两项政策略作探讨。

表4-1　　　　土地市场建立与拓展阶段重要政策分析

阶段	时间	政策	改革意义
土地市场建立	2000年11月	《关于建立深圳市土地房产交易中心的批复》	成立深圳土地房产交易中心
	2001年3月	《深圳市土地交易市场管理规定》（100号令）	国内首部土地市场交易法规，建立土地交易市场，以及土地一、二级市场和司法执行不动产转让三级市场的联动体系
	2001年7月	《关于加强土地市场化管理 进一步搞活和规范房地产市场的决定》（94号文）	推进土地市场化改革的里程碑

续表

阶段	时间	政策	改革意义
土地市场拓展	2006年6月	《深圳市人民政府关于进一步加强土地管理 推进节约集约用地的意见》等"1+7"文件	全面推进土地资源市场化配置,除重点引进项目、重大投资项目、政府财政投资的公共配套和市政基础设施项目等用地可以以协议方式出让外,其他用地在3年内逐步实现全部按招标、拍卖、挂牌方式出让
	2006年10月	《深圳市工业用地招标拍卖挂牌出让工作近期实施方案(2006—2008)》	确立工业用地资源市场化配置改革的方向、目标、实施路径和工作开展机制
	2007年5月	《深圳市闲置土地处置工作方案》	在土地资源高度紧约束条件下求发展,努力盘活利用存量土地,以增强土地参与宏观调控的能力;有效促进土地的循环、节约、集约利用
	2007年7月、2008年10月	《深圳市工业及其他产业用地使用权出让若干规定》(175号令),2008年10月修订为193号令	确定公开竞价方式出让工业用地范围;制定工业用地出让市场的相关规定
	2008年1月	《深圳市人民政府关于加快总部经济发展的若干意见》	发展总部经济,有利于加快产业结构的优化升级,提出实施积极的土地支持政策,加强总部企业用地保障
	2008年9月	《深圳市工业楼宇转让暂行办法》	对工业楼宇转让相关事项进行规定

(一) 工业用地出让三年行动方案

根据中共中央下发的《建立健全教育、制度、监督并重的惩治和预防腐败体系实施纲要》精神,2006年6月,深圳市印发《关于进一步加强土地管理 推进节约集约用地的意见》,提出"除重点引进、重大投资的项目和由政府财政投资的公共配套及市政基础设施项目等这些用地才能使用协议的方式出让土地外，其他类型的用地在三年内都要逐步实现全部按照'招拍挂'的方式进行出让"的目标，要求"抓紧制定……工业用地招标拍卖挂牌出让……配套规章和政策，使土地管理工作真正做到有法可依，有章可循"。按照106号文件精神，2009年9月，深圳市政府制订《深圳市工业用地招标拍卖挂牌出让工作近期实施方案（2006—2008年）》（以下简称"三年行动方案"）。

三年行动方案确定了分阶段、分行业、分项目，稳妥推进工业用地招标、拍卖和挂牌出让的思路，提出要创新土地出让机制，完善产业用地市场化配置比例和范围，通过减少审批流程实现行政效率的提升。同时，从制订年度计划、规划选址、确定产业准入条件、制订出让方案等方面，初步建立了一套工业用地招拍挂出让机制，明确了各相关部门分工职责。同时，成立深圳市工业用地招标、拍卖、挂牌出让工作领导小组，负责统筹并协调解决在工业用地招拍挂出让工作中遇到的重大问题，解决了工业用地招拍挂的组织保障问题。

（二）工业用地出让若干规定

为建立和完善工业及其他产业用地使用权出让制度，2007年7月16日，《深圳市工业及其他产业用地使用权出让若干规定》（深圳市人民政府令第175号）颁布实施。该文件对工业及其他产业用地使用权出让从以下方面进行了规范。

（1）明确招拍挂出让的工业用地及其他产业用地的范围。

（2）成立招拍挂出让用地工作领导小组和招拍挂委员会，分别明确领导小组和招拍挂委员会的组成人员与工作职责。

（3）明确用地选址、规划调整、征求意见、出让方案及其有关事项的审定等一套工业及其他产业用地招拍挂出让前期工作机制。

（4）进一步明确工业及其他产业用地招拍挂出让的交易规则和程序。

（5）明确工业和其他产业用地招拍挂出让应当建立与产业政策

挂钩的机制。一是强调用地出让应当符合城市的产业政策和环境保护要求。二是工业及其他产业用地出让年度计划的编制应当符合产业规划、工业发展规划、工业布局规划和产业导向目录以及重点、重大建设项目目录。三是产业导向目录中禁止、限制发展的产业不得供地。四是在具体地块选址征求意见环节，发改等产业主管部门应当提供相关产业政策意见，提出拟出让地块的企业、项目准入条件。五是建立竞买资格审查制度，实行"谁设立谁审查"的责任机制，即由设立资格和产业准入条件的部门负责竞买资格审查。六是明确招拍挂供应的工业及其他产业用地的转让条件，要求"次受让人应当符合原土地使用权出让合同中限定的受让人资格条件，次受让人用以经营的产业必须符合相关的产业政策"。

175号令的出台为工业及其他产业用地招拍挂出让工作提供了法制保障，尤其是在国内毫无经验可以借鉴的情况下设计的工业和其他产业用地招拍挂出让应当建立与产业政策挂钩的机制，保障了深圳产业政策的贯彻实施和产业结构的优化升级。

由于实践经验不足，175号令也存在以下需要改进的问题。

（1）工作决策保障机构职责边界不够清晰，领导小组和招拍挂委员会的职责分工存在交叉。出让方案审批后再报招拍挂委员会审议有关事项的流程机制不够合理，决策机制链条过长。

（2）前期工作中的征求意见反馈时限与资格审查时限较长，均为15个工作日，工作效率不高。

（3）175号令考虑产业用地出让涉及的竞买资格条件审查等实际情况，规定"市土地行政主管部门应当在招标、拍卖开始日前45天或者挂牌截止日前45天，公开发布招标、拍卖或者挂牌出让公告……邀请招标的，应当在招标截止日前30日向被邀请投标人发出招标邀请书"，其时限远超国土资源部《招标拍卖挂牌出让国有土地使用权规定》的有关规定，需要提高交易组织环节的效率。

（4）基于防止买受人炒买炒卖工业用地设计的"除土地使用权出让合同另有约定外，工业用地及其他产业用地应当整体转让"的项目与土地挂钩制度，不利于土地资源的流通。

（5）设计了"市政府有关主管部门应当按照各自职责进行后续监督和管理"的条款，但其过于简单，对出让公告中确定的产业准入条件在用地成交后缺乏有效的监管手段，无法达到产业监管的目的。

2007年9月28日，国土资源部修订《招标拍卖挂牌出让国有土地使用权规定》（国土资源部第11号令），重新以39号令的形式颁布，将工业用地纳入招拍挂范围。至此，国家从部门规章层面建立了工业用地招拍挂出让制度。

2008年，国际金融危机发生。根据市政府百人服务小组下基层服务企业、调研企业在金融危机中提出的问题，结合175号文件存在的问题，2008年10月13日，深圳市人民政府发布《关于修改〈深圳市工业及其他产业用地使用权出让若干规定〉的决定》（深圳市人民政府令第193号），对《深圳市工业及其他产业用地使用权出让若干规定》做如下修改。

（1）缩短招标、拍卖或挂牌公告公示时间、邀标时间以及资格审查时间，提升出让效率。

（2）在全国范围内首次提出工业用地招拍挂出让应当在成交后由竞得人与产业主管部门签订用地发展协议书，实行产业发展监管制度。相关条款虽然仍很粗糙，缺乏监管内容、监管手段、监管程序等，但该制度的提出为今后的实践探索指明方向，对深圳的产业结构优化升级与发展、土地节约集约利用具有重要的现实意义。

（3）删除"除土地使用权出让合同另有约定外，工业用地及其他产业用地应当整体转让"的规定。

（三）工业用地政策逻辑与矛盾分析

综观从2005年首宗工业用地招拍挂出让到2008年第193号令的修正，对工业用地出让逻辑导向中介于完全市场化与适度政府调控之间孰轻孰重的程度掌控，是政策制定的矛盾冲突点。一方面，工业用地作为最重要的生产要素与产业发展密切相关，属于深化市场经济体制改革的题中应有之义，招拍挂等市场化的出让方式应是其必然选择。所以，2005年之后，由深圳扩展到全国的工业用地要求全部实现市场化配置，原则上禁止人为设定额外的竞买资格条件，是市场经济的内在要求。而且，实践调查也证明，市场化出让的工业用地绝大部分按规定时间开发投产，基本不存在闲置的情况，土地得到充分的利用。

另一方面，新产业的孵化和发展需要政府支持的环境。不同于经营性用地市场主体（如开发商等）高融资能力、低技术含量门槛的特点，工业用地的市场主体有其产业发展的特点。如果土地出让时完全不设定产业条件，基于深圳产业房地产的高盈利特征，将导致实业企业无法竞争过房地产开发商，进而导致工业用地房地产化，丧失产业发展的基础。从这一必要性考量，政府适度的调控显得至关重要。实践调查也显示，设置产业准入条件的工业用地因其缺乏充分市场竞争，出让价格基本无溢价（2013年之前以基准地价为底价，价格非常便宜；2013年之后也会在市场评估价基础上有所优惠），其竞得者存在不按时开发投产（在调研中按时投产率不高）、闲置土地甚至囤地套利的情况，导致土地资源浪费。

回顾三年行动方案与175号令、193号令等重要政策，上述两个观点一直在相互制衡与斗争，是应该偏自由市场竞争，还是提高产业门槛？市场与政府"两只手"的边界在哪里？这一难题一直延续到2016年的《深圳市工业及其他产业用地供应管理办法（试行）》（深府〔2016〕80号）及配套地价政策、产业准入政策的调整，得到"两条腿走路"相对完善的解决方案。

四 阶段性（2005—2011年）工业用地市场化配置数据分析

深圳工业用地招拍挂出让是在土地资源难以为继背景下推进土地节约、集约利用的重大举措。从2005年起，工业用地招拍挂出让呈现以下特征。

（1）工业用地年度招拍挂供应量随着土地有偿使用政策的转变而起伏（见图4-5）。2005—2006年的工业用地招拍挂试行阶段，年度招拍挂出让面积较小。随着工业用地协议出让大限于2007年6月30日到来，2007年深圳工业用地招拍挂出让总量迅速攀升，维持在年度供应 200 万平方米左右的水平，但受具体项目、经济形势和土地整备进度影响，部分年份供应量波动幅度较大。例如 2010 年，比亚迪公司通过挂牌出让方式竞得坪山和龙岗四宗土地，合计土地面积 146.55 万平方米，其中，三宗地的准入产业为汽车制造，土地面积 96.51 万平方米；一宗地的准入产业为电池制造，土地面积 50.04 万平方米。

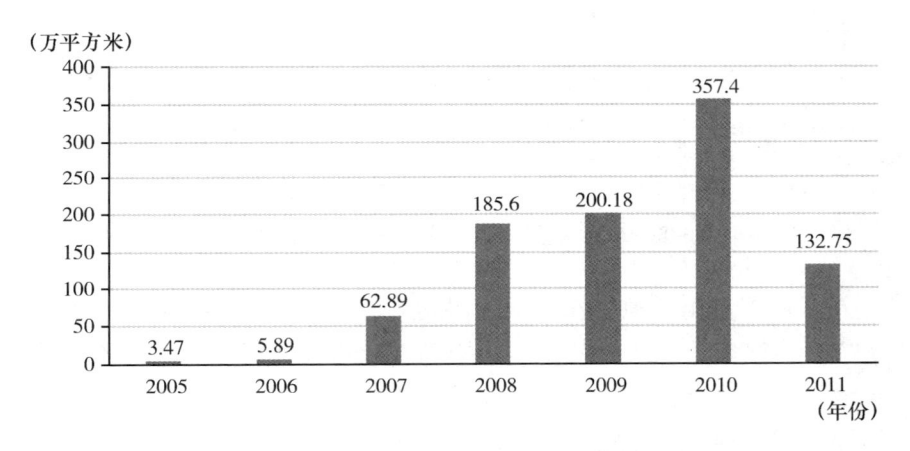

图 4-5　2005—2011 年工业用地招拍挂出让面积

（2）工业用地强度稳步提升，土地集约利用水平远超全国平均水平。受土地资源高度紧约束的限制，深圳的工业用地集约用地水平一直较高，从 2005 年开始一直维持在 2.0 左右波动，2010 年开始走高。其中，2010 年经修正扣除当年比亚迪 4 宗汽车制造及其配套电池项目用地的非典型数据后，工业用地的综合平均容积率达到 3.0，2011 年则高达 3.51（见图 4-6）。根据自然资源部网站发布的《关于 2019 年度国家级开发区土地集约利用监测情况的通报》有关数据，2019 年参评国家级开发区综合平均容积率为 0.91，分区域来看，东部、中部、西部和东北地区的工业用地综合平均容积率分别为 0.97、0.92、0.74 和 0.72。数据显示，2011 年深圳市招拍挂出让工业用地综合平均容积率是 2019 年全国国家级开发区工业用地综合平均容积率的 3.86 倍。

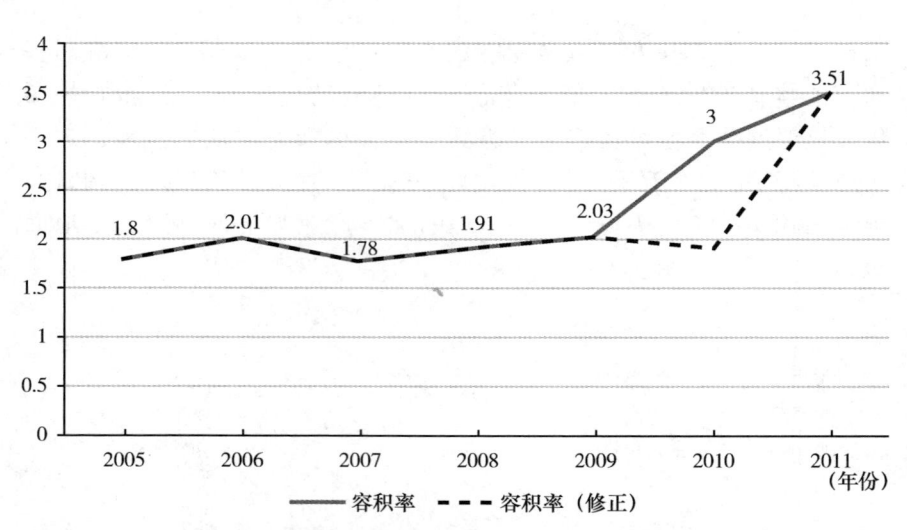

图 4-6　2005—2011 年深圳招拍挂出让工业用地综合平均容积率

（3）工业用地地价在较低水平运行。工业用地招拍挂出让制度实施后，深圳工业用地的地价一直维持在较低水平。其中，年均综合地面地价持续在 605—866 元/平方米区间波动；综合楼面单价在 2005—2010 年，工业用地的综合楼面地价在 313—481 元/平方米波动（见图 4-7）。

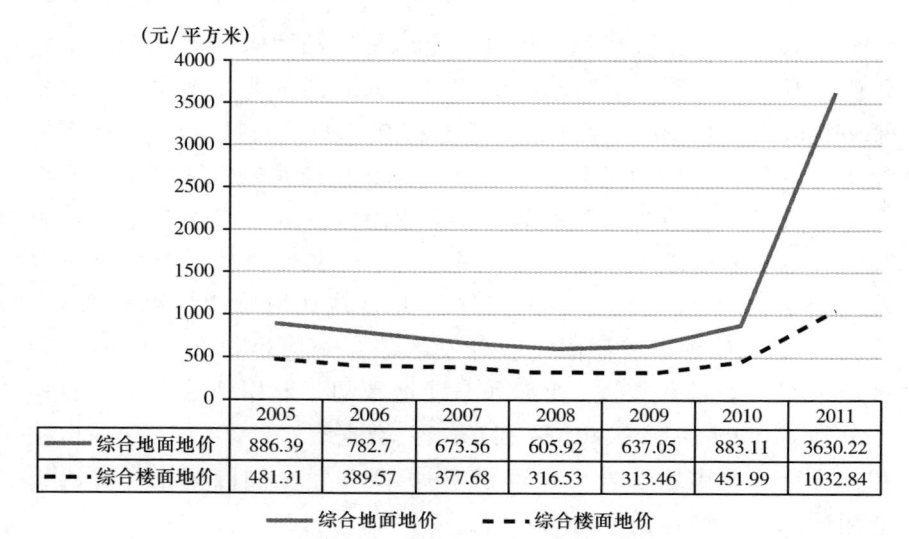

(元/平方米)	2005	2006	2007	2008	2009	2010	2011
综合地面地价	886.39	782.7	673.56	605.92	637.05	883.11	3630.22
综合楼面地价	481.31	389.57	377.68	316.53	313.46	451.99	1032.84

图 4-7　2005—2011 年深圳招拍挂出让工业用地地价

2011年，深圳投资控股集团公司和百度公司分别在南山高新区拿取工业用地。彼时创新型产业用房的规划类型和用地政策尚未出台，此类研发办公用地只能套用工业用地的名义出让。由于南山高新区的地理位置优越，楼价、地价均较高，因此扣掉此类四宗非典型产业用地后，2011年深圳招拍挂出让工业用地的综合地面地价和综合楼面地价分别为973.99元/平方米、332.81元/平方米。总体来看，2005—2011年，深圳工业用地出让底价基本按照基准地价制定，全市招拍挂出让综合楼面地价一直维持在较低水平。

第五章

深圳土地要素市场供应体系改革与完善（2012年至今）

第一节 深圳土地要素市场供应体系改革背景

2012年，《深圳市土地管理制度改革总体方案》出台，推动深圳土地市场供应体系改革向纵深发展并逐步完善。其改革与完善主要从土地供应如何保障经济发展、保障产业空间需求、保障民生建设需要的角度，纵向挖潜推动涉原农村集体经济组织掌握的建设用地入市，横向拓展社会投资养老、医疗等产业用地入市，在坚持用地招拍挂出让政策的同时，不断丰富和完善招拍挂出让政策与制度，推进产业用地供应政策改革，落实中央"房住不炒"的精神，对土地出让竞价方式进行多元化尝试。

一 "政府拿不走、社区用不好、市场难作为"的历史遗留问题

《中华人民共和国土地管理法》规定，"城市市区的土地属于国家所有。农村和城市郊区的土地，除由法律规定属于国家所有的以外，属于农民集体所有"。伴随经济和城市建设的高速发展，必然带来农村集体土地的国有化。经济特区建立以来，深圳经历了两轮大规模的城市化。

1992年6月，深圳市发布《关于深圳经济特区农村城市化的暂行规定》，提出"特区集体所有尚未被征用的土地实行一次性征收"

"特区内原农民全部一次性转为城市居民"。通过这一轮土地统征和农村城市化，原特区内395多平方千米的土地全部实现国有化，68个村委会、沙河华侨农场和所属持特区内常住农业户口的农民、渔鱼和蚝民全部转为城市居民，保障了特区经济高速发展的土地空间需求。政府通过现金补偿、征地返还用地（按一定标准划定工商发展用地、私宅用地和公共基础设施用地）和提供社会保障保证了原农村集体经济组织和原村民的利益。原农村集体经济组织和原村民通过土地与物业的快速升值分享了农村城市化改革的收益。但这一次土地统征和农村城市化最大的历史遗留问题是刺激了城中村等违法违章建筑的大量出现。

  随着高度城市化，深圳越来越面临土地资源难以为继的压力，但原特区外的违法用地、违章建筑却愈演愈烈，大量集体土地被侵占肆意建设违法建筑。为加快城市化步伐，实现特区内外经济社会全面协调快速发展，深圳市委、市政府决定加快宝安、龙岗两区城市化进程。2003年10月，《中共深圳市委深圳市人民政府关于加快宝安龙岗两区城市化进程的意见》印发，提出"村集体经济组织全部成员转为城市居民的，原属于其成员集体所有的土地依法转为国家所有"，并要求于2004年3月底完成试点，2004年4月份开始全面推进城市化，到2004年12月基本完成。这一轮城市化转地源自《中华人民共和国城市土地管理法实施条例》第2条中的"农村集体经济组织全部成员转为城镇居民的，原属于其成员集体所有的土地属于全民所有即国家所有"。新一轮城市化转地的补偿标准在延续上一轮即1992年补偿政策的基础上，从现金补偿、转地留用地补偿、社保就业安置和技能培训等方面进行综合补偿安置。政府投入200亿元，完成宝安、龙岗两区18个镇的城市化转地工作。至此，深圳市成为全国唯一的没有农村建制的城市，特区外土地理论上一次性转为国有土地。由于政府在这一轮城市化转地过程中的补偿政策没有与时俱进，相对于城市经济的狂飙突进，本轮补偿对原农村集体经济组织和村民的吸引力大大下降，他们没有分享到更多的城市化改革收益。尤其是政府对山林地和坡度大于25度的不作为建设用地的园地不予补偿直接转为国有土地的做法，引发原农村集体经济组织和原村民的不满,也激发了他们土地权利意识的觉醒,出现部分土地未完善征(转)地补偿手续,名义上虽已转为国有,但实际上却被原村集体占有。政府补偿标准又往往满足不了其利益诉求,导致土地无法整备至政府手中,而原村集体无合法手续也无法使用土地,催生了更多的违法违章建筑,造成土地资源闲置或低效利用,形成部分土地权益有争议,"政府拿不走、社区用不好、市场难作为"的历史遗留问题。

在这种背景下,包括土地在内的城市治理政策已经与经济社会发展的新要求不相适应。为了整备更多的土地资源空间满足未来城市发展需求,迫切需要进一步深化土地管理制度改革,以转变土地利用方式和破解城市发展土地困局为目标,推动原农村集体组织未完善征(转)地补偿手续、非农建设用地与征地返还用地入市流转。

二 产业用地资源市场化配置的困境

在以工业用地为代表的产业用地市场化配置中,市场与政府的边界在哪里?这在工业用地政策逻辑与矛盾分析内容的分析中已做出阐述。

产业用地招拍挂出让一律采用法定最高年限出让不符合产业发展规律。2013年以前,深圳工业用地招拍挂出让年限均为50年。在实践中发现,深圳绝大多数工业企业成立不到20年,产业链上的绝大多数行业生命周期达不到50年。

产业转型升级和新业态的出现也对规划和用地政策提出挑战。一方面,深圳自2008年以来开始倡导的总部经济政策要求落实总部项目用地,但是总部项目用地出让一直作为"其他产业用地"适用于《深圳市工业及其他产业用地使用权出让若干规定》,缺乏专门的总部宗地政策来规范总部用地管理、利用、地价和供应等一系列行政行为。另一方面,自2009年起,深圳陆续推出七大战略性新型产业、五大未来产业,新产业、新业态不同于传统的制造业,出现总部、财务、研发等前端业务与生产制造相分离,形成所谓的"2.5"产业。传统工业用地的规划和用地管理政策中的建筑形态、容积率、配套建筑面积等，已不适应产业转型升级新业态中的产业空间需求。

房地产宏观调控下的土地供应政策还面临坚持与完善的课题。2008年国际金融危机后，我国自2009年开始推行积极的财政政策予以应对，并推出4万亿元的经济刺激政策。受此影响，自2009年年底开始，我国大中城市全面面临地价、房价大幅上涨的局面。国务院、国土资源部、住房和城乡建设部下发多道金牌督查令，要求坚决遏制地价、房价过快上涨，确保房地产市场平稳健康发展。经营性房地产用地招拍挂出让一直以来遵循的"价高者得"原则面临坚持和完善的问题。

三 主要改革政策分析

土地市场供应体系改革的内容主要归纳为两个方面：一是原农村集体经济组织手中各类建设用地的入市，二是产业用地的配置，其主要政策按时序如表5-1所示。下文将对其中的重点政策进行详细分析。

表5-1　　　　　　土地市场供应体系改革阶段重要政策

阶段	时间	政策	改革意义
原农村集体经济组织手中的各类建设用地入市	2009年5月	《深圳市人民代表大会常务委员会关于农村城市化历史遗留违法建筑的处理决定》	明确历史遗留问题处理方式和原农村集体土地房屋国有化后确认路径
	2011年12月	《深圳市原农村集体经济组织非农建设用地和征地返还用地土地使用权交易若干规定》	规范原农村的非农建设用地及征地返还用地的交易秩序
	2012年2月	《深圳市土地管理制度改革总体方案》	进一步完善土地权利、土地利用、开发和保护等制度安排
	2012年8月	《关于加强和改进城市更新实施工作的暂行措施》	细化历史用地的处置政策

续表

阶段	时间	政策	改革意义
原农村集体经济组织手中的各类建设用地入市	2013年1月	《深圳市人民政府关于优化空间资源配置 促进产业转型升级的意见》等"1+6"文件	提高产业用地供应的市场化程度,拓展产业空间,优化资源配置,促进产业转型升级
	2015年5月	《深圳市养老服务设施用地供应暂行办法》	将原农村集体土地可入市范围扩大至养老用地
	2015年5月	《关于促进安居型商品房用地供应暂行规定》	将原农村集体土地可入市范围扩大至保障性住房用地
产业空间优化配置	2016年10月	《深圳市工业及其他产业用地供应管理办法(试行)》	提出城市产业用地出租(租赁)供应的模式
	2017年	《深圳市鼓励总部企业发展实施办法》	鼓励总部企业落户深圳
	2018年1月	《深圳市人民政府印发〈关于加大营商环境改革力度的若干措施〉的通知》	优化产业空间资源配置,降低用地用房成本
	2018年5月	《深圳市总部项目遴选及用地供应管理办法》	细化规范总部产业项目用地的遴选及供应,对其他产业用地的分类管理和精准供应提出新要求
	2019年4月	《深圳市工业及其他产业用地供应管理办法》	详细规划重点产业项目遴选、用地供应、产业发展监管、责任追究

第二节　深圳原农村集体经济组织手中各类建设用地市场化改革

一　原农村集体经济组织手中各类建设用地入市改革路径

(一)统征统转带来历史遗留问题

深圳市的快速工业化和城市化受到土地资源的紧约束,一方面,土地增量不足；另一方面，存量土地的粗放和低效利用，再加上土地利用方式落后等问题，截至 2011 年年底，深圳市的建设用地面积占比已经接近 50%。《深圳市土地利用总体规划（2006—2020 年）》规定了"禁止建设区（城市基本生态线范围内的严格控制区域）总面积占市域土地总面积的 24%"和"2020 年，建设用地面积控制在市域面积的 50% 以内"等土地利用主要控制指标，由此推算增量土地的总面积约为 50 平方千米。为了解决土地资源紧约束问题，深圳市政府希望通过农村集体经济组织手中各类建设用地入市的方式，合理利用原农村集体（特别是原特区外）的土地。该部分土地量大，但土地权益不明晰，从政府角度来讲无法管理，从社区角度来讲无法使用，从市场角度来讲无法正名，造成实际上的土地浪费。深圳市希望通过确权实现该部分土地合法化以推动社区的转型发展，同时拓展土地供应的来源，缓解深圳发展空间紧约束问题。

对原农村集体组织土地遗留问题的阐述，要聚焦至 1992 年的统征和 2004 年的统转。20 世纪 90 年代初，深圳开始意识到仅仅依靠加强土地管理改善特区的软环境并不能支撑起深圳的发展，必须在土地供应源头发挥较大的主动权。在该阶段，征地的成本高、难度大；农村集体土地被违法违章占用现象较为普遍。因此，政府希望通过农村集体土地国有化的方式，改变在农村集体土地征收方面的被动局面。在此背景下，开启了特区内土地国有化工作。为了统筹推进该项工作，深圳市从多方面着手，首先，考虑到要解决好农民的生产和生活问题，统一建立健全集体经济组织，继承原村集体财产。其次，通过一次性征收、补偿的方式，启动第一次农村城市化，补偿内容包括土地补偿费、青苗及附着物补偿费和安置补助费。最后，签订征地协议之后，土地所有权归国家所有，其中作为保障农民生产生活的集体工业企业用地和私人宅基地的使用权，还是属于原有使用者，集体企业和个人通过签订土地使用合同的方式办理有关房地产手续，原有公用设施在符合城市规划的前提下由原投资者使用，街道和居委会配合集体企业对公用设施进行管理，新的公用设施的建设必须按照新的标准建造。最重要的是，特区内的所有农民一次性全部转为城市居民，在土地国有化的同时完成农民向居民的转变，在解决城市户口的同时辅之以解决其社保、医疗保险等社会福利。此次统征大幅加快了深圳市工业化和城市化的进程，城乡空间规划逐步有序化，城市基础设施进一步完善。

2004年的统转前，特区外宝安、龙岗两区的农业总产值仅占深圳地区生产总值的2%左右，第二产业和第三产业高度发展，农村劳动力基本消失，农业人口已经完成实质上的非农化，农民有了多元化的收入。农民集体经济组织的产业为农民带来丰厚收入，年均收入超万元。同时，农民的生活方式发生很大的变化，配套设施已经接近城市化水平。但宝安、龙岗两区同时存在城市和农村两种管理模式，严重束缚了两区城市规划建设的现代化进程。为统筹解决宝安、龙岗两区城市规划建设二元发展困境，2003年10月，深圳市启动原特区外农村城市化转地工作。转地的概念来源于《〈土地管理法〉实施条例》中的规定：原农村集体所在地，如果集体农民全部转为城市居民之后，其所有的集体土地全部转为国有。将集体所有土地的性质转为国有称为转地。2003—2004年，宝安区和龙岗区共有18个镇218个行政村转为街道及社区，27万村民转为城市居民，并将转为国有的土地按照"国土统一储备、部门依法监管、属地委托管理"的原则管理。在城市化转地的推进过程中，宝安、龙岗两区按照程序将辖区内全部原农村集体所有的土地转为国有，并且进行了适当的补偿。但是由于历史原因，相当一部分的"未征未转"土地，有的空置未加利用，也有的加盖厂房进行出租，还有的建楼自用或者出售。针对这些问题，深圳市政府一直在探索制定相应的政策。

深圳之所以成为一个没有农村建制、没有农民的城市，是由于1992年统征和2004年统转的两轮城市化推动了土地国有化。在这两轮土地国有化过程中，形成了两类土地。

一是统征统转后划定给原农村集体经济组织的非农建设用地和征地返还用地，这类土地属于统征统转中为了保障原农村集体经济组织生产生活需要，促进其可持续发展，根据《深圳市宝安、龙岗区规划、国土管理暂行办法》（1993年）和《深圳市宝安龙岗两区城市化土地管理办法》（2004年）等有关法律法规和政策规定，由规划国土部门核准划定由原农村集体经济组织保留使用的非农建设用地和征地返还用地，属于合法、国有建设用地。

二是尚未完善征（转）地补偿手续的用地。在两轮城市征转地过程中，尤其是2004年统转过程中，由于转地政策不到位、"适当补偿"的标准和原村民的诉求有差距、原农村集体经济组织及村民认为其未充分享受到城市化改革的收益，部分土地在转地工作完成后仍然没有完善转地补偿手续，实际仍由原农村集体经济组织及村民控制和使用。这类土地名义上已征转为国有，但政府很难行使国有土地所有权；原农村集体经济组织及其村民虽然享受了事实上的占有、使用和收益权，但是却无合法用地手续，产权问题复杂，形成"政府拿不走、社区用不好、市场难作为"的历史遗留问题。这类土地由于产权不清晰，无法入市流转，又因涉及利益巨大，政府缺少相应的处理措施，原农村集体经济组织及其村民积极"抢种楼"，出现了更多的违法建筑。

（二）通过二级市场推动非农建设用地和征地返还用地入市

对于前述非农建设用地和征地返还用地，考虑到原农村集体经济组织在资金投入、专业开发经验方面的不足，2011年，深圳市出台了《深圳市原农村集体经济组织非农建设用地和征地返还用地土地使用权交易若干规定》（深府〔2011〕198号），指出允许原农村集体经济组织的非农建设用地和征地返还用地通过转让、自主开发、合作开发和作价入股等方式进入市场交易，并明确非农建设用地和征地返还用地的交易按下列方式进行。(1) 通过土地交易市场招标、拍卖、挂牌。(2) 通过竞争性谈判等方式协商交易，但须符合第10条规定，并取得区集体资产管理部门对受让主体的批准文件。(3) 按照集体资产产权交易有关规定，转让原农村集体经济组织开发非农建设用地和征地返还用地的项目公司的全部或部分股权。为鼓励此类空地入市流转，还出台了地价优惠鼓励措施："空地申请进入市场交易的，按照以下规定缴交地价：（一）工业类用地，按照公告基准地价的10%缴纳地价。（二）居住类和商业、办公类用地，建筑容积率在3.2以下部分（含3.2），按照公告基准地价的10%缴纳地价；建筑容积率在3.2至4.5之间的部分（含

4.5），按照公告基准地价的30%缴纳地价；建筑容积率超过4.5的部分，按照公告基准地价的100%缴纳地价。"

198号文件的出台，有利于加强对原农村集体经济组织非农建设用地和征地返还用地的管理，规范原农村非农建设用地及征地返还用地的交易秩序，促进土地资源的节约、集约利用，推进城市化和特区化的一体化，保障原农村集体经济组织及其成员的合法权益。

（三）推动一级市场尚未完善征转地手续用地入市

2012年2月29日，为了积极化解深圳土地历史遗留问题，国土资源部和广东省人民政府共同批复《深圳市土地管理制度改革总体方案》（以下简称《总体方案》），通过授权的方式，实现"城市规划"和"土地利用指标"的两权合一，以全面开展对城市中原农村集体组织占地问题的清理与解决。

《总体方案》涉及20项改革事项，共包含8个大的改革重点，对产权制度、市场化运行机制、资本运作方式、节约集约利用土地、耕地保护和补偿、土地调控和监管、区域合作及加强立法的方面进行设计。

综观深圳市土地改革总体方案，其改革步骤首先是土地确权，其次是土地整备，最后是土地开发。土地确权是要彻底梳理违规用地，明确用地的权属关系。土地整备是通过收回土地的方式，由政府整理为可开发利用的土地。土地开发指对土地的二次开发。对土地的招拍挂制度和土地收益分配也进行了一系列变革。制度上，采取灵活的出让方式，以吸纳更多的企业参与到土地开发中来，审批周期也有所缩短。在收益分配方面，不同主体之间更加灵活地分享土地增值收益，加之土地使用权年限的变化，使得短期限的土地使用周期对土地使用效率提高产生刺激。最后是将土地的运营和金融结合，推出土地基金和土地信托、土地资产证券化等产品。

2013年1月，深圳市发布"1+6"文件，其中之一的《深圳市完善产业用地供应机制 拓展产业用地空间办法（试行）》对前述征转地形成的两类土地提出入市流转的办法。

对非农建设用地和征地返还用地，办法延续了198号文件的精神,"政府鼓励原农村集体经济组织继受单位尚未进行开发建设的、符合规划的合法工业用地进入市场。原农村集体经济组织继受单位提出申请,通过政府指定的公开交易平台,以挂牌方式公开出(转)让上述土地使用权"。同时,推出进一步的地价鼓励措施,"所得收益归原农村集体经济组织继受单位,免予收取按深府〔2011〕198号文规定工业类用地需缴纳的地价"。

对于尚未完善征(转)地补偿手续且符合规划的工业用地,办法允许原农村集体经济组织继受单位在先行厘清土地经济利益关系,完成青苗、建筑物及附着物的清理、补偿和拆除后,可选择以下方式之一进入市场。一是原农村集体经济组织继受单位提出申请,通过政府指定的公开交易平台,以挂牌方式公开出(转)让上述土地使用权,所得收益50%纳入市国土基金,50%归原农村集体经济组织继受单位。二是原农村集体经济组织继受单位提出申请,通过政府指定的公开交易平台,以挂牌方式公开出(转)让上述土地使用权,所得收益70%纳入市国土基金,30%归原农村集体经济组织继受单位。选择此方式的,原农村集体经济组织继受单位可在成交后继续持有不超过总建筑面积20%的物业专用于产业配套,并在挂牌文件中予以明确。通过以上方式进入市场的,相关征(转)地补偿协议应当在成交之前签订,政府不再支付任何补偿款。这次改革最大的亮点就是改变了过去低征(转)高卖的方式,让原农村集体经济组织参与分享改革的增值收益。

2013年,第一宗位于宝安区福永街道凤凰社区的原农村集体尚未完善征(转)地补偿手续工业用地在创新政策的支撑下上市交易。2015年12月16日,深圳市首块原农村集体尚未完善征(转)地补偿手续教育设施用地在深圳市土地房产交易中心成功出让,以2.21亿元由深圳市万科兴业房地产开发有限公司竞得,其中将1174万元的底价纳入国土基金,溢价部分在扣除交易费用之后返还给集体经济组织继受单位。2013年以来,深圳市未完善征转地手续用地入市招拍挂地块的基本情况如表5-2所示。

表 5-2　2013—2020 年深圳市未完善征转地手续用地入市招拍挂出让统计

序号	交易日期	宗地号	用途	出让年期	位置	土地面积（m²）	总地价（万元）	收益分配方式	竞得人
1	2013/12/20	A217-0315	工业用地（新型产业用地）	30	宝安区福永街道	14568.29	11600	1. 70%纳入市国土基金，30%归凤凰股份公司 2. 项目建成后，20%建筑由竞得人无偿移交凤凰股份合作公司	深圳市方格精密器件有限公司
2	2015/12/16	A813-0460	教育设施用地	50	龙华新区民治办事处	19963.13	22100	总地价款中以基准地价标准测算的地价部分纳入市国土基金；剩余地价款归深圳市民治沙咀股份合作公司	深圳市万科兴业房地产开发有限公司
3	2016/3/3	G14103-8053	工业用地	50	坪山新区聚龙山地区	29004.05	/	/	无人竞买
4	2017/2/15	G06202-0399	社会福利用地	50	龙岗区布吉街道	6068.78	/	/	中止交易
5	2020/6/19	G04311-0099	工业用地（新型产业用地）	50		14681.12			
6	2020/6/19	G04311-0100	工业用地（新型产业用地）	50	龙岗区吉华街道	34833.16	/	/	无人竞买
7	2020/6/19	G04307-0028	工业用地（新型产业用地）	50		11241.03			
8	2020/9/10	A836-0834	普通工业用地	50	龙华区大浪街道	8915.83	13300	50%纳入市国土基金，50%归深圳市大浪下早股份合作公司	深圳市英尚智能技术有限公司

原农村集体尚未完善征（转）地补偿手续符合规划的建设用地入市（以下简称农地入市）的探索，有助于原农村集体经济组织继受单位手中建设用地在一级市场的流转，解决和消化历史遗留问题、违法建筑问题。通过农地入市，有助于深圳市对土地资源的充分挖掘，缓解城市化过程中的基建欠账；通过加快落实土地盘活政策，实现土地的有效供给，完成土地收益由政府和农民共享；农地入市实现了农村集体经济组织的转型升级，提高了内部管理水平。[1] 总的来说，这一系列政策文件提出原农村集体尚未完善征（转）地补偿手续的工业用地上市流转的具体路径，深化了深圳市工业用地转型升级的制度体系建设。[2] 这些规定的颁布具有重要意义，意味着集体经济组织无须遵循既有的征转国有用地的相关规定，只要充分厘清现有的土地利益关系，便可以公开出让土地。其破除了以往政府用土地推动工业化和城镇化的旧有模式，产生多个相关权利主体，使得城镇化发展转向更为健康，也能有力推动农地入市，对全国有示范效应。[3]

二 原农村集体经济组织各类建设用地入市改革成效

（一）丰富入市实践，完善土地市场供应体系

在农地入市中，只有首先解决法律方面的问题才能进入市场的门槛。土地管理法将土地分为农业用地、建设用地和未利用地三种。其中，建设用地分为国有建设用地和集体建设用地两类。我们熟知的土地招拍挂出让的便是国有建设用地的土地使用权。在2019年版的土地管理法修订之前，农村集体建设用地在法律意义上是不能出让的。通过统征统转，深圳实现土地的全部国有化，但是由于在此过程中部分原农村集体土地的产权关系没有理顺，产生了很多合法外的土地。通过对合法外土地特别是涉及的产业用地供应体系

---

[1] 邓钧元、钟澄：《深圳佛山"农地入市"比较研究》，《法治社会研究》2017年第7期。
[2] 刘荷蕾：《工业园更新改造的产业、规划、土地协同路径——以深圳龙华新区某工业园为例：2016中国城市规划年会》，《中国会议》2016年，第33页。
[3] 宋鹭：《"土改"再启动的先驱？——深圳试水"集体土地曲线入市"》，《中华建设》2013年第4期。

进行改革后，允许原农村集体经济组织产业用地进入市场流通，推动了原农村集体产业用地入市，建立历史遗留违法建筑处理和城市更新历史用地处置等多种路径，加快推动原农村集体土地的产权明晰进程，建立了全市统一的产业用地供需服务平台，推动土地增值收益在国家、集体和个人之间合理分配，促进城市、社区和企业发展的共赢等，为农村集体建设用地入市提供了参照依据和政策支撑。

(二) 探讨利益分配机制，提高农民满意度

深圳在土地资源紧缺、原特区内用地严重不足的大背景下，推动农地入市，盘活了存量用地和低效用地，提高了土地利用效率，缓解了用地紧张。深圳市政府在农地入市上采取的是积极鼓励的态度，但农地入市不能只是政府一厢情愿，它还面临两个关键问题：一是原农村集体经济组织继受单位和原村民愿不愿意；二是如何协调地价收益的分成。这一阶段的思路是改变过往"低征（转）高卖"的做法，让原农村集体经济组织继受单位及原村民充分分享土地出（转）让后的增值收益。一方面，对第一类统征统转后划定给原农村集体经济组织的非农建设用地和征地返还用地入市转让的，免收《深圳市原农村集体经济组织非农建设用地和征地返还用地土地使用权交易若干规定》（深府〔2011〕198号）中的工业类用地转让须补缴的地价；另一方面，对第二类尚未完善征转地补偿手续的符合规划的工业用地，允许其进入市场出让，政府与其采用收益分成的方式，推动土地资源优化配置。通过土地收益分配机制的调整，有助于找到政府和原农村集体经济组织及原农民之间利益分配的平衡点，加快征转地历史遗留问题的解决，提高土地资源的利用效率，拓展产业用地空间资源。

(三) 促进土地管理制度的进一步改革，增加入市用地类型

在深圳开展农地入市之后，2013年11月15日，党的十八届三中全会通过了《中共中央关于全面深化改革若干重大问题的决定》，提出建立城乡统一的建设用地市场，在符合规划和用途管制前提下，允许农村集体经营性建设用地出让、租赁、入股，实行与国有土地同等入市、同权同价。

在前期实践的基础上，结合深圳在养老用地、安居型商品房用地供应的实际情况，2015年5月，经深圳市政府同意，深圳市规划和国土资源委员会同日发布《深圳市机构养老设施用地供应暂行办法》（深规土〔2015〕225号）和《关于促进安居型商品房用地供应的暂行规定》（深规土〔2015〕226号），两份文件在农地入市问题上延续了2013年"1+6"文件精神。办法提出，养老用地供应来源多样化，政府储备土地、农地、城市更新移转土地等均可入市举办养老机构，鼓励原农村集体继受单位未完善征（转）地补偿手续且规划为养老服务设施的用地，可以采取招拍挂方式公开出让土地使用权，所得收益的一半纳入市国土基金，一半归原农村集体经济组织继受单位。规定允许尚未完善征（转）地补偿手续且符合城市规划的用地，建设安居型商品房，经公开招拍挂出让后，其所得收益由市国土基金和原农村集体经济组织继受单位按6∶4比例分成；或者按9∶1比例分成，但原农村集体经济组织继受单位还可获得不超过总建筑面积10%的物业。两份文件的出台，进一步拓宽了农地入市的土地用途类型。

三 原农村集体组织各类建设用地入市改革存在的问题

（一）利益格局的打破影响农地入市

特区40多年来，经济高速发展，房地产业发展迅猛，地价、房价快速上涨。原农村集体经济组织继受单位和原村民对农地入市的积极性一直不高，究其原因是利益使然。第一，在过去几十年，集体土地所有权虽然归全体村民所有，但原村委会书记、村长或集体经济组织董事长等村干部权力空间很大，农地入市即意味着原有的利益格局被打破，而政府所有的政策宣传和执行必须借助村干部来实施，所以农地入市的政策很难得以贯彻实施。第二，未完善征转地手续的土地，原农村集体经济组织继受单位虽然用不好，但是村民在土地上建造了可供出租的房屋，取得了不少收入。而且，它相对来说是一种长期收入，对比农地入市的短期高收益，吸引力不大。第三，多年来地价、房价持续上涨，土地一旦入市交易，原农村集体经济组织继受单位及其原村民不久就觉得亏了，放在手中能够保值增值。第四，为扩大农地入市范围，政府在农地入市的土地收益分享机制上一直不断让利，导致对政府让利持续有不断加码的幻想。第五，深圳现行的地价政策总体上看对产业扶持较大，出让年限为20—20年，经年期修正、产业导向系数修正和产业项目类型修正后，工业用地地价维持在相对较低水平，以确保深圳产业用地的相对竞争优势，但是农地入市的用地，其权利人一般以追求高地价为目标，出让年限多数为50年，不愿意引进总部项目、重点产业项目，导致其地价远高于国有建设用地中工业用途用地的地价，出现原农村集体经济组织继受单位的地价诉求与市场价有差距，导致部分用地推出后流拍。

（二）农地入市的土地类型单一

考虑到居住用地的开放可能会导致对房地产市场的冲击，所以，深圳市是从工业用地开始展开农地入市试点的，其后于2015年将入市范围扩大到养老和安居型商品房用地。这个改革过程和方向，本质上是从价值较小的用地类型开始，以试点的方式测试市场和原农村集体经济组织继受单位等对此的反应，在试点成功之后再加大推进力度，以避免试点失败对市场冲击过大。但是这种谨慎的试点方案，其缺点是入市土地类型少，范围很小。实际上，在农地入市中，原农村集体经济组织继受单位等更愿意追求一次性、高收益的居住用地和商服用地。这导致当前试点的工业用地、养老用地、安居型商品房用地等对农村集体经济组织继受单位的吸引力不大。

（三）农地入市和查违工作协调度不高

1. 查违工作介入强势

农地入市是为解决深圳市农村城市化历史遗留问题而出台的政策措施。在此之前，深圳市政府从城市建设和城市管理的角度出发，对历史遗留问题以违章建筑清理的角度清理（以下简称查违），是以政府角度强势推进的工作，农民集体则是查违对象。

查违工作从深圳建市开始进行，和城市发展一同开展。过程中涉及不同的违法违章对象，在不同时期界定了不同的非法占用土地的情形，以及对违法违章建筑的不同处理方式。40多年来查违工作的体制机制和政策也在不断变化，频繁变动的政策和机构说明查违工作的困难程度，但很难取得查违的长效、稳定效果。

经历40多年的发展，查违工作逐渐发展为有计划、有步骤、常抓常提的形式，但推进深圳存量合法外城中村的查违工作极其艰巨，一方面，是遇到了不少的执行中的障碍；另一方面，从根源上说，查违工作没有从另一重要利益主体——农民集体的视角出发。

从农民集体角度看，历史遗留问题的产生，主要包括以下方面。一是土地需求增加。随着经济的持续高速发展、人口的持续增加，再加上"三来一补"企业大量扩展，对厂房和出租房的需求增加，从源头上激发了违规违法抢建私房的问题。二是产业发展上的土地需求无法得到满足，一些低端产业不符合政府工业用地的供应准入条件，难以取得国有土地使用权，拿地成本较高，导致对农村集体建设用地的需求增加。三是在这种供需条件下，农民集体的经济意识提高，会做出更加经济的用地决策，实现经济效益的提升，加之2004年统转过程中一些补偿不到位等问题，更加激发农民集体做出"合法外"方式拿到实际补偿的行为。

查违的两大行为主体都是从合理的角度做出行为决策，进而满足自身诉求。然而，这种相互对立和隔离的决策方式拉大了双方的距离，缺少沟通和理解，很难实现双赢，耗时、耗力、耗人，对城市发展和利益共同体的形成非常不利，进而直接影响社区股份公司在农地入市上的意愿。

2. 农地入市中的内部监督机制缺乏

单一的查违工作遇到的一系列问题，也使得解决历史遗留问题的方式从单纯的"堵"变成"疏堵结合"，产生农地合法入市、平衡双方利益的方式，即构建土地溢价收益的创新分配方式，政府和村集体继受单位按一定比例分成，鼓励集体组织自发清理复杂的经济关系，拆除违建，解决违法交易纠纷，实现土地的直接上市。这种农地入市的探索，实现政府供地和企业需求的充分对接，为企业提供了需求跟踪和对接等服务，提高了公共服务水平，也增加了工业用地的供给。

这一方式得到原农村集体的支持。但是也需要看到，合法内的入市和合法外的经营很难获得原村集体的内部监督。在农地入市过程中，因为入市条件、入市利益分配等的不同，原农村集体在行为决策上会偏向更高的收益，加上农村集体内部的血缘和地缘关系、社区股份合作公司的村集体属性，农地入市和违法违章用地行为无法得到内部自发的监督。此时，政府还没有在原农村集体内部形成足够的监督力量，因此，在农地入市过程中，无法获得内部和外部结合的强有力的监管，也无法实现自发、有效的管理效果。

因此，农地入市工作还需要从外部监管的合理化和内部监管的强化方面继续深入，以更有效实现存量用地的盘活以及政府和原农村集体的双赢。

第三节　土地要素市场改革的深化与完善

一　土地要素市场化改革路径

（一）改革推进情况

随着经济社会的高速发展，我国在发展过程中的一些结构性问题逐渐显现，尤其是片面追求GDP的高能耗和高污染的发展模式亟待转变。包括土地资源在内的各类资源的不足情况，也越来越成为我国经济和社会持续健康发展的主要瓶颈之一。党的十八大以来，以习近平同志为核心的党中央提出"绿水青山就是金山银山"的生态文明思想。践行习近平生态文明思想，就需要转变经济发展方式，提高经济发展质量，改变过去经济粗放发展方式，加大节约、集约用地的力度。深圳市地域狭小，人口密集，用地需求极为旺盛，如果继续维持以往的土地消耗和土地管理模式，全市用地供需矛盾将更为突出。

站在2012年的时点来看，深圳市的土地要素市场化配置制度和经济社会发展新要求不相适应，需要进一步深化改革。其土地要素市场改革的深化与完善，主要从制度完善、供应主体优化和交易方式扩展等方面展开。

深圳市在快速工业化和城市化进程中率先遇到土地资源高度紧约束的问题，特别是进入高度城市化时期，土地问题更加凸显。同时，原农村集体（特别是原特区外）的实际占有土地量较大，但是因为土地权益不明晰，长期陷入"政府拿不走、社区用不好、市场难作为"的尴尬境地，缺乏相关的政策支持，这些土地无法入市交易。针对这一问题，深圳陆续出台了若干重要产业用地政策。

1. "1+6" 文件

产业转型、城市发展受到土地空间高度紧约束的背景下，为推进土地节约、集约利用，优化空间资源配置，拓展产业发展空间，促进产业转型升级，2013 年 1 月 8 日，深圳市出台《深圳市人民政府关于优化空间资源配置 促进产业转型升级的意见》及其 6 个配套文件（以下简称"1+6"文件）。6 个配套文件分别为《深圳市完善产业用地供应机制 拓展产业用地空间办法（试行）》《深圳市工业楼宇转让管理办法（试行）》《深圳市创新型产业用房管理办法（试行）》《深圳市关于贯彻执行〈闲置土地处置办法〉的实施意见（试行）》《深圳市宗地地价测算规则（试行）》《加快发展产业配套住房的意见》。"1+6" 系列文件主要在以下方面推出了改革举措。

第一，创新城市空间规划，优化产业发展布局。加强规划引导、科学布局和优化产业发展空间；加强产业空间分区规划指引，推行产业分区规划管理，引导新增产业项目向产业集聚区集中；加强重点片区规划布局，推动建设功能完善的城市综合体和复合型城区；通过创新产业用地分类、鼓励土地混合使用、提高产业用地容积率上限、预留产业发展空间资源、集约布置配套设施、规范土地的弹性引导与量化控制等措施，满足重点产业发展需求。

其中，在创新产业用地分类方面，2013 年 12 月，深圳在 "1+6" 文件之外重新修订《深圳市城市规划标准与准则》（以下简称《深标》），并于 2014 年实施。2014 年版《深标》最大的创新点就是提出了新型产业用地（M0）的规划用地分类，以适应深圳产业转型升级的需要，推动战略性新兴产业、未来产业等发展需求。2014 年版《深标》及有关用地政策在新型产业用地（M0）上的创新主要体现在以下方面。一是突破工业用地容积率的上限，M0 用地的容积率上限达到 6.0，有助于其建筑形态向办公建筑靠拢，推动产业向总部办公、创意研发、财务管理等产业链上游环节转型升级。二是突破普通工业用地配套设施占地不超过总面积的7%、建筑面积不超过15%的上限，允许M0用地配套建筑面积不超过总建筑面积的30%，有助于推动土地混合开发利用，推动产业转型升级，减少交通出行，实现产城融合。三是M0用地的地价按"50%工业用地+50%办公用地"标准测算，一方面，相对于传统制造业和工业厂房，用经济手段推动产业向高端化转型；另一方面，相对于办公用地，降低营商成本。

第二，创新空间资源供给，支撑产业加快转型升级。一是搭建产业空间供需服务平台，建立差别化产业空间供给模式，对重点产业项目保障其用地需求，在市场上能够独立生存的大中型企业通过产业用地供需服务平台满足其产业空间需求，符合深圳产业发展导向的成长型企业、中小企业空间需求，引导企业优先采取租赁、购买的方式解决生产及配套用房。实行房地并举，优先供房，建立"以房招商、以房养商、以房稳商"新机制。二是强化土地供应的产业导向，实行差别化的土地管理政策。通过《深圳市宗地地价测算规则（试行）》，推动差别化地价政策落实，对符合深圳产业发展导向的总部经济、战略性新兴产业、现代服务业、高新技术产业、先进制造业和优势传统产业的研发及总部，给予地价优惠支持。同时，全面推行产业用地弹性年期制度，工业用地原则上一律按30年出让。实行差别化土地管理政策，通过地价杠杆和缩短出让年期的措施，有助于推动深圳产业转型升级，节约、集约用地。三是按照市场化运作的原则，适度放开工业楼宇分割转让范围，规范工业楼宇流转，盘活工业楼宇存量资源，有助于化解产业空间供需矛盾。

第三，引导社区土地资源服务产业发展，进一步规范社区土地资源管理，按照"集中布局、周边配套"的原则，调动社区股份公司、保有富余产业用地企业的积极性，鼓励社区企业以资金、土地、厂房入股等多种形式参与产业项目建设，提高社区土地资源利用水平和效益。同时，重点推进深圳原农村集体经济组织手中各类建设用地市场化改革，引导非农建设用地和征地返还用地通过二级市场入市流转，推动尚未完善征转地手续符合规划的用地通过收益分成、共享改革红利的模式入市交易。

第四，加大土地整备和闲置土地处置力度，综合运用规划、土地、资金等多种手段，加快整备成片土地资源，保障和拓展产业发展空间。强化建设用地批后监管，加强对建设用地出让后的监督管理，有效遏制建设用地供后闲置行为。对符合规划并经市政府批准允许限期开发的闲置产业用地，可以通过建设创新型产业用房等方式予以利用，提高闲置产业用地处置水平。

2.《深圳市工业及其他产业用地供应管理办法（试行）》（深府〔2016〕80号）及其配套文件

2016年11月以来，深圳持续推进规划国土（自然资源）体制机制改革，先后出台《深圳市全面深化规划国土体制机制改革方案》（深府〔2016〕259号）、《深圳市人民政府关于深化规划国土体制机制改革的决定》（深圳市人民政府令第298号）和《深圳市人民政府关于深化规划国土体制机制改革的决定》（深圳市人民政府令第327号），除居住用地（不含通过城市更新、棚户区改造方式出让的居住用地）和未完善征（转）地补偿手续用地流转方案等七类用地的供应方案由市规划和自然资源部门审核后报市政府审批外，其他用地土地供应方案由区政府负责审批。审批事权下放，有利于进一步简政放权，促进政府职能转变，优化营商环境，提高审批效率，降低制度性成本；有利于发挥各区政府在经济发展尤其是招商引资中的主观能动作用，实现各区产业转型升级，加快土地供应保障产业项目及时落地。强区放权后，产业用地供应方案的审批和供后监管都由辖区政府负责，需要对产业用地的供应政策和体制机制做出调整，与时俱进。

深圳产业用地政策一直在为经济的高速发展保驾护航，推动产业转型升级，并持续优化完善用地政策。2005年以来，已经历了四轮产业用地市场化配置政策的调整，重点解决产业空间资源配置中市场"无形之手"与政府"有形调控之手"的关系问题。2013年11月，党的十八届三中全会提出，要"使市场在资源配置中起决定性作用和更好发挥政府作用"，为深圳在产业用地资源配置方面处理好政府和市场的关系提供了理论依据。深圳在高度城市化和土地资源配置高度市场化的背景下，需要进一步优化完善产业用地供应政策。

在前述两大背景下，结合10年的产业用地招拍挂出让实践，2016年10月，深圳市政府出台《深圳市工业及其他产业用地供应管理办法（试行）》（深府〔2016〕80号）。80号文件主要在以下方面对193号文件进行突破创新。

第一，区分重点产业项目和一般产业项目，建立了"政府遴选+市场机制"的产业用地出让双轨制。对重点产业项目，由区政府组织遴选并审定遴选方案，一揽子解决项目评估、规模核定、用地选址、项目准入等问题，其用地可以采取"带产业项目"挂牌出让（租赁）方式供应。对一般产业项目，通过产业用地供需服务平台，以市场化手段解决其用地需求。结合"1+6"文件确立的"对符合产业发展导向的成长性、中小型企业的空间需求，充分发挥产业用房供需服务平台的作用，优先通过供应创新型产业用房予以解决"机制，深圳基本确立了分类差别化供应产业发展空间资源的三驾马车。

80号文件设计的产业用地供应"两条腿走路"的土地资源配置模式，很好地贯彻了党的十八届三中全会"使市场在资源配置中起决定性作用和更好发挥政府作用"精神，是有限土地集约利用与大量产业用地需求博弈的结果：第一个层面是对产业做出重点与一般的区分；第二个层面是充分市场竞争的空间预留与政策性扶持的导向相结合。但重点产业项目遴选程序的法定化及其精准的产业准入门槛，是对产业主管部门的重大考验，是对有限政府在经济活动和经济判断上的无限能力的重大考验。

第二，改土地出让为土地供应，将租赁方式供应土地引入深圳，为推行先租后让供应土地提供了制度保障。

第三，将工业用地弹性年期供应制度化，一般产业项目用地出让期限按照20年确定，重点产业项目用地出让期限可以按照30年确定。采用租赁方式供应土地的，工业及其他产业用地租赁期限不少于5年且不超过20年。租赁转出让的，出让年期与已租赁年期之和不超过本试行办法规定的出让最高期限。

第四，以服务实体经济、兑现产业引进目标、防止工业用地房地产化为目的，建立出让底价与权利限制挂钩、以评估方式确定的招拍挂工业用地出让底价的权属管理和地价评估体系。

一是在产业用地权属管理上，以出让方式供应的一般产业项目用地，建设用地使用权及建筑物限整体转让或不得转让，初始登记后不得办理分证；允许抵押，但抵押金额不得超出合同地价与建筑物残值之和。以出让方式供应的重点产业项目用地，建设用地使用权及建筑物允许抵押，但抵押金额不得超出合同地价与建筑物残值之和。建设用地使用权及建筑物原则上不得转让，如有特殊情形需要转让的，应当在遴选方案中明确。其中，总部类用地中按规定应予权利限制的部分，可选择建设用地使用权及建筑物自规划验收起10年、15年或20年后方可转让，或者在出让期内不得转让。

二是在地价评估体系上，一般产业项目中战略性新兴产业、未来产业、高端制造业项目用地上除配套商业以外的建筑类型，出让底价适用产业发展导向修正系数（0.5，即出让底价按评估价的50%确定）；重点产业项目用地上除配套商业以外的建筑类型，出让底价按照评估价的70%确定。其中，战略性新兴产业、未来产业、高端制造业项目出让底价同时适用产业发展导向修正系数（0.5，即出让底价按评估价的50%确定）。

按照以上出让底价确定政策，重点产业项目用地的出让底价最低可以达到市场评估价的25%。对2005—2019年深圳工业及其他产业用地楼面地价的原始样本进行分析（见图5-1），可得到印证。

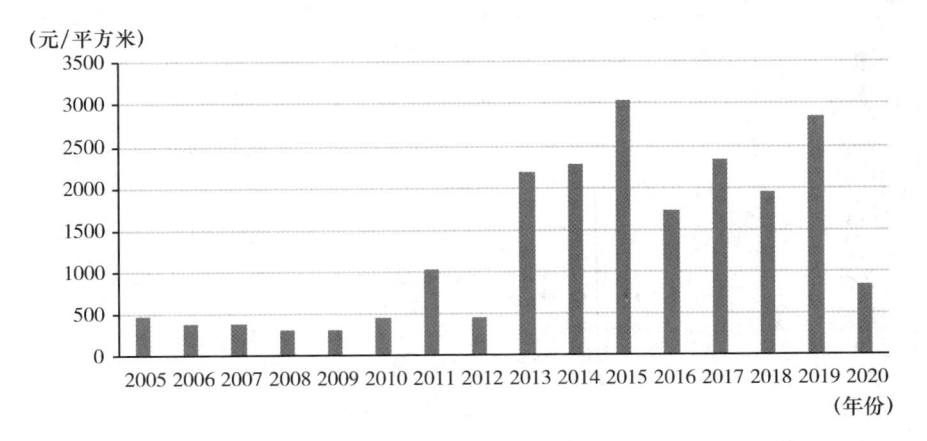

图5-1 2005—2019年深圳工业及其他产业用地楼面地价走势
（原始样本）

考虑部分年份供应房地产性质的新型产业用地的招拍挂出让地价影响样本数据，经剔除 2011 年、2013 年、2014 年、2015 年、2017 年和 2019 年中的部分非典型样本数据，可得出以下地价走势（见图 5-2）。

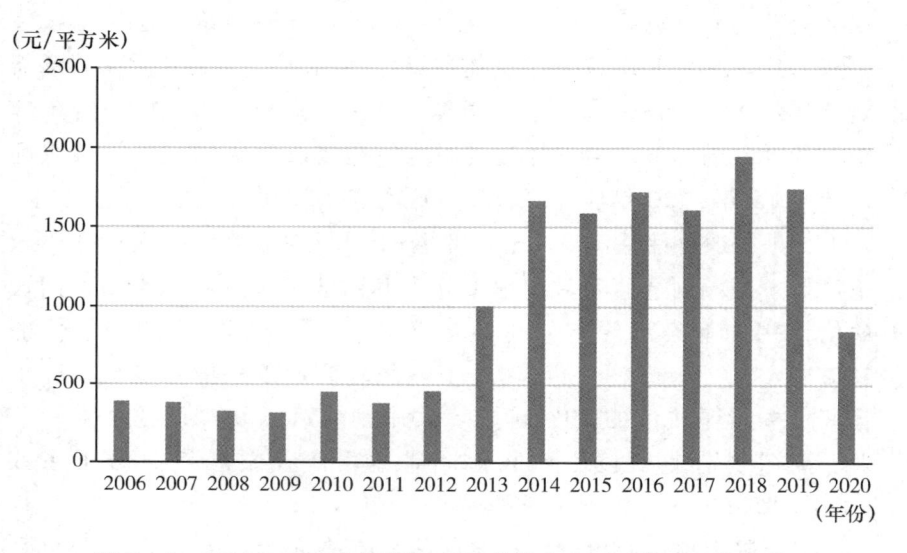

图 5-2　2005—2019 年深圳工业及其他产业用地楼面地价走势（去除非典型样本）

可见，深圳 2013 年采用基准地价确定工业及其他产业用地出让底价前，其工业及其他产业用地楼面地价一直维持在 500 元/平方米以下的较低水平。2013 年，深圳采用市场价标准确定出让底价后，地价水平开始有大幅度攀升。2019 年 11 月，深圳市实行标定地价并公布了新的地价测算规则。截至 2020 年 9 月 30 日，工业及其他产业用地楼面地价大幅度降低至 846 元/平方米，大幅度降低了生产要素价格、营商成本，优化了营商环境，有力支撑了实体经济发展。

第五，重新设计产业发展监管机制。2008 年，193 号令在全国率先提出用地发展协议书，设计了成交后由产业主管部门或园区管理机构应当先于竞得人签订用地发展协议书再签订出让合同的机制。但产业主管部门、各区政府对用地发展协议书的认识存在"重审批、轻监管"的误区，加之对协议内容没有很好地设计和规范，2008—2016年，该制度执行得不尽如人意。80号文件在193号令的基础上对产业监管进行以下重构，设计了全方位、全年限、多部门联动的监管机制。

一是改"用地发展协议"为"产业发展监管协议"，正本清源，符合产业招商、产业引进和产业监管的逻辑，有利于明确产业监管的主体责任，落实项目招商引资阶段的企业承诺事项。其性质和市场经济活动中的对赌协议类似。

二是要求重点产业项目和一般产业项目中的战略性新兴产业、未来产业、高端制造业项目成交后，区政府应当与用地单位签订产业发展监管协议。

三是规定产业发展监管协议应当包括产业准入条件、投产时间、投资强度、产出效率、节能环保、股权变更约束、退出机制、违约责任等相关条款。区政府应当制定产业发展监管协议的格式文本、履约考核标准和考核实施细则。

四是设计了履约考核机制，要求区政府根据产业发展需求，分别在项目建成投产、投产后每隔5年、出让（租赁）年期届满前1年等阶段对产业发展监管协议约定事项的履行情况进行核查。根据履约核查情况，对履约考核未通过的，区政府应当组织规划国土、产业行政主管、市场质量监管、国税、地税、证监、信用监管等部门依法依约处置，并形成履约核查处理报告，按批次报送市政府。

五是为防止炒地圈地、拿地后即抽逃出资或以变更股权形式变相转让土地，要求签订产业发展监管协议的建设用地使用权人（承租人）出资比例结构、项目公司股权结构发生改变时，应当事先经区政府及土地行政主管部门的同意。

为了进一步规范重点产业项目遴选程序，2017年7月，《深圳市市级重点产业项目遴选实施办法》（深府办规〔2017〕4号）出台实施。办法适用于不含总部用地的市级重点产业项目遴选，设立市级重点产业项目，明确遴选小组构成和职责，以及各组成部门的职责分工，分类确定产业项目牵头部门，规定了遴选程序和遴选方案。

3.《深圳市工业及其他产业用地供应管理办法》（深府规〔2019〕4号）及相关产业用地管理文件

2018年10月，深府办规〔2017〕4号和80号文件先后试行到期。在80号文件的基础上，结合深府办规〔2017〕4号文件一年的实践摸索，经修订并公开征求意见，2019年4月，深圳市印发《深圳市工业及其他产业用地供应管理办法》（深府规〔2019〕4号）。对比80号文件，它重点在以下方面进行政策优化和制度创新。

第一，首次明确"工业及其他产业用地"的范围。"本办法所称工业及其他产业用地，是指用于引进产业项目的普通工业用地（M1）、新型产业用地（M0）、物流用地（W0）和仓储用地（W1），以及引进社会投资、用于产业化经营项目的文体设施用地（GIC2）、医疗卫生用地（GIC4）、教育设施用地（GIC5）等"，防止"其他产业用地"的泛化。

第二，首次定义"重点产业项目"的内涵。"产业项目是指经遴选认定的符合深圳产业政策、环境保护等要求，对深圳经济发展具有重大带动作用的产业项目。重点产业项目应至少符合下列条件之一：（一）在本行业中处于领先地位具有重大影响力或者品牌具有重大国际影响力的；（二）对深圳重点发展产业具有填补空白和完善产业链作用或者核心技术专利处于国内外领先地位的；（三）市政府审定的其他项目类型"。这为"重点产业项目"遴选提供了基础标准，助推深圳产业转型升级。

第三，全面建立重点产业项目遴选机制。在深府办规〔2017〕4号文件的基础上，独立成章，进一步明确遴选方案的内容，明晰了市重点产业项目遴选小组的构成与职责分工，规定了遴选的程序、工作时限和各职能部门职责，强调了重点产业项目遴选方案的时效性（有效期为1年）。同时，进一步规范了政府在重点产业项目上的遴选行为，努力将政府的"有形之手"装进制度的笼子中，有效提高了遴选效率，加快推动重点产业项目落地。

第四，探索土地联合竞买新机制，切实落实节约、集约用地理念。在申请产业项目遴选、申请投标或竞买土地、产业发展监管、不动产权登记和联合竞买土地的招拍挂出让底价确定等环节分别做了制度设计。有两项制度创新值得示范推广。一是在出让合同和产权登记环节允许"联合竞得土地的,按照国有建设用地使用权出让合同的约定,对联合体各成员的除公共配套设施外的建筑物产权分配比例、类型等办理分证,分别限定不得转让",解决了深圳自2008年推行总部经济以来提倡联合竞买,但一直存在联合竞买、按份共有、无法分证办理独立产权、无法独立抵押融资的难题。二是在出让底价确定环节,制定了比独立竞买更加优惠的地价修正系数,"遴选方案确定为单一意向用地单位的,按照市场价格的70%确定;遴选方案确定有两个及两个以上意向用地单位联合申请的,按照市场价格的60%确定",降低了企业的营商成本。

第五,丰富了产业用地供应方式。管理办法细化和落实了"先租后让,租让结合"的供应方式。一是明确重点产业项目用地可以采取先租后让方式供应,优先保障对城市经济发展具有重大带动作用的重点产业项目用地。二是明确先租后让的供应年期,出让年限与已租赁年限之和不超过30年。三是建立先租后让的租赁转出让机制。

通过鼓励先租后让方式供应产业用地,其优、缺点都十分明显:一方面,有利于降低企业初始用地成本,弥补政府在重点产业项目遴选过程中的认识不足,通过一个考核期来显化重点项目建设过程中存在的风险,提高产业用地效率;另一方面,先租后让的土地在租赁期间,因其与我国整体的房地产政策还存在衔接问题,银行等金融机构无法为企业提供市场化的融资,项目在租赁考核期的风险导致未来可能无法通过转出让获取土地使用权。因此,实践中,企业对先租后让方式取得产业用地的响应度不高。

第六,降低了产业用地成本。管理办法在原80号文件的基础上,进一步完善和细化地价标准。一是延续70%的出让底价和0.5的产业发展导向修正系数不变。二是进一步明确重点产业项目用地的年租金底价按照20年期市场价格的3%确定。三是地价产业发展导向修正系数的适用范围与国家标准保持一致。"新一代信息技术、高端装备制造、绿色低碳、生物医药、数字经济、新材料、海洋经济等战略性新兴产业、生产性现代服务业及优势传统产业项目用地出让底价同时适用0.5的产业发展导向修正系数。"四是进一步明确租赁、先租后让的评估时点，提高可预见性。

第七，进一步强化产业发展监管。一是明确将区政府作为产业发展监管的责任主体，实行"全方位、全年限"监管机制。二是产业行政主管部门应当结合不同产业类型、具体产业项目制定产业发展监管协议标准文本，使产业发展监管协议更具有针对性。三是以出让方式供应的产业项目用地建成后应按产业发展监管协议的约定使用，不得出租；确有出租需要的，出租比例原则上不超过建筑面积的20%，且应由区政府限定租金价格、租赁对象。四是各区政府应当在每一份产业发展监管协议中明确具有可量化的处置措施，产业发展监管协议中规定需要全部或部分收回土地、建（构）筑物情形及处置措施的相关条款，应当一并在土地供应合同中明确，赋予产业发展监管协议与土地供应合同具有同等约束效力。

为盘活存量用地，促进产业用地节约、集约利用，优化营商环境，降低企业成本，2019年5月，深圳市出台《深圳市扶持实体经济发展 促进产业用地节约集约利用的管理规定》，从适用范围、实施路径、地价标准、审批机制等方面对产业用地容积调整相关事项进行全面、系统的规范。一是适用范围包括已签订土地使用权出让合同或已办理不动产登记的工业用地、物流仓储用地及包含前述功能的混合用地，并将协议出让、招拍挂出让、土地整备、城市更新等各类用地纳入本规定统一规范。二是丰富了实施路径，给予市场主体较为充分的选择空间，提出产业用地容积及容积率调整可通过新建、改建、拆建及三种方式组合的路径实施。三是降低用地成本，充分调动市场主体的积极性，明确规定普通工业用地提高容积且不得转让部分和无偿移交政府的建筑面积，不计收地价；新增的建筑面积符合深圳产业发展导向的，可适用产业发展导向修正系数。四是精简审批程序，提高工作效率，让市场主体分享"放管服"改革的红利。其结合"强区放权"的改革要求，规范了产业用地容积调整申办条件，精简了规划调整程序，优化了审批流程，极大地缩短了审批时间。五是明确产业导向，确保提容增效对实体经济发展产生巨大推动作用，有效防止产业空心化以及房地产化，要求产业主管部门负责对产业发展计划等进行审查并严格产业准入门槛，明确产业用地提高容积增加的建筑面积用于产业发展，并要求产业主管部门与权利人签订产业发展监管协议，体现扶持实体经济发展的政策导向。

该政策的出台有利于拓展产业发展空间，破解深圳产业空间瓶颈；促进存量产业用地节约、集约利用，提高产业用地利用效益；扶持实体经济发展，促进产业转型升级。

2013年版《深圳市宗地地价测算规则（试行）》构建了深圳地价测算的基本框架，即以基准地价、单宗地评估地价并行的地价测算制度体系，为深圳的地价管理发挥着重要作用。但地价双轨制也存在一些问题，主要表现为基准地价严重背离市场价格水平。单宗评估地价虽然能反映市场的价格水平，但不同的机构和个人在单宗评估地价上差异大，易受利害关系人的影响，且新增建设用地地价使用标准和存量用地地价不管理政策不统一，容易在个案中产生廉政风险。为统一地价标准，促进土地资源的保护和合理利用，2019年10月，深圳修订并发布了新版《深圳市宗地地价测算规则（试行）》，与同期发布的标定地价标准配套使用。至此，深圳全面实行标定地价，统一了地价管理体系，建立了以标定地价为核心的市场地价体系，通过产业发展导向修正、产业类型等地价修正系数和产权条件限制等，进一步降低实体经济用地成本，一方面保民生发展，另一方面促进节约、集约用地。

（二）总部用地配置制度改革

1. 总部用地政策演变

总部经济作为国际分工的高端环节，是高知识含量、具有集聚带动作用、产业关联度强的经济发展方式，是城市竞争力和现代化水平的重要体现。在当前发展中，世界的一流城市都在经历着从制造基地转向总部基地的过程。深圳市因为毗邻香港，具有优势独特的区位，在完善的城市基础设施及服务体系支撑下，形成了具有高新技术、物流、文化产业和金融为支柱的现代化产业体系，聚集的总部型企业规模较大，竞争力较强，自主创新能力强大。

为推动深圳经济向产业链高端环节的转型升级，2008年1月，深圳市政府通过1号文件的形式发布《关于加快总部经济发展的若干意见》，提出总部经济在发展方式转型中的战略地位。总部经济发展正处于深圳发展的关键时期，要坚持政府扶持和市场主导相结合的方式，通过总部经济的发展和产业结构的调整，通过培育品牌和引进做强的结合，通过"引进来"和"走出去"的结合，以实现建立和健全总部企业发展环境和政策及服务体系的目标。同时，提出要积极引进国内外的集团总部及区域性的总部，发展一批深圳市的总部企业，形成内聚外联体系，培育支柱产业的总部企业，加快建设全市的总部聚集基地五条战略，以形成总部经济的基本框架。在支撑体系建设方面，提出要建设总部经济的信息平台，完善专业化的服务体系，推进金融体制的创新，实施自主品牌建设战略，完善诚信和法治环境。通过制定总部企业认定标准，设立总部经济发展资金专项，拓展企业融资渠道，"实施积极的土地支持政策。加强总部企业用地保障，将总部企业用地优先纳入年度土地供应计划，在每年新供用地中，提供一定比例的用地通过'招标、拍卖、挂牌'等公开方式，满足经认定的总部企业用地需求"，完善引进和培育企业总部人才的政策措施，加大对总部经济的扶持力度。通过加强政府与总部企业的对话交流，简化行政审批手续及程序，将总部企业人员的培训纳入政府的培训计划，为总部企业提供通关便利和建立异地深圳企业服务机制，提供高层人员工作和生活的便捷服务等，为总部企业提供优质高效的服务，提供便利措施。同时提出，要推进区域间的合作，利用深港合作、企业和区域合作，提升招商引资水平，以建立跨国公司的方式拓展总部企业市场空间。

为了贯彻若干文件精神，2008年9月12日，深圳市同时印发《深圳市总部企业认定办法（试行）》（以下简称《认定办法》）和《关于加快总部经济发展的若干意见实施细则（试行）》（以下简称《实施细则》），这标志着深圳市在全面推进总部经济发展方面又迈出实质性和关键性的一步。《认定办法》提出，要将引进总部企业和培育本地的总部企业放在同等重要的位置上，继续践行"内引外联"的发展理念；要实现对大型、中型和成长型的总部企业发展并重，形成完整的总部经济的梯度。《实施细则》规定了总部用地与规划，指出经规定程序认定的总部企业以挂牌方式取得的政府出让土地，自用办公用房的建筑面积不少于总建筑面积的70%。

2009年7月8日，深圳市印发《深圳市企业总部用地用房配置管理办法（试行）》（深府办〔2009〕86号），对认定的总部企业按照类型做出建筑面积的限制。经认定为综合型总部企业及达到标准的职能型总部企业可申请用地单独建设总部大厦。其中，综合型总部企业上年度在本市纳税达到1亿元的，可申请建筑面积不超过2.5万平方米的用地；在本市纳税超过1亿元的，按1000万元递增2500平方米，最终总建筑面积最高不超过5万平方米。其他只能申请联合建设或购买租赁政府投资建设的总部用房，并按纳税贡献规定了具体的用地面积。86号文件第一次明确了总部用地用房的配置标准，有力推动总部用地用房规划、用地管理工作的规范化和标准化。2017年10月，该办法废止。

2012年8月，深圳市印发《深圳市鼓励总部企业发展暂行办法》（深府〔2012〕104号），重新设置了总部企业认定条件，并规定连续3年本市营收不低于50亿元或连续3年纳税不低于6000万元可申请联合建设总部大厦、连续3年本市营收不低于100亿元或连续3年纳税不低于1亿元可申请独立建设总部大厦。

2017年10月，深圳市印发《深圳市鼓励总部企业发展实施办法》（深府规〔2017〕7号），在2012年版总部办法的基础上，重新设置了总部企业认定条件，明确规定符合下列条件之一的总部企业可享受总部企业支持政策：（1）在本市注册且持续经营1年（含）以上，上年度纳入本市统计核算的产值规模（营业收入）不低于20亿元且形成地方财力不低于4000万元，或上年度纳入本市统计核算的产值规模（营业收入）不低于15亿元且形成地方财力不低于6000万元，或上年度纳入本市统计核算的产值规模（营业收入）不低于10亿元且形成地方财力不低于8000万元。（2）在本市注册但经营不满1年，实缴注册资本不低于5亿元，且其控股母公司总资产不低于100亿元，上年度产值规模（营业收入）不低于100亿元，并与市政府签订合作协议，承诺次年纳入本市统计核算的产值规模（营业收入）不低于50亿元且在本市形成的地方财力不低于6000万元。（3）由原注册地新迁入的企业，上年度产值规模（营业收入）不低于50亿元，并与市政府签订合作协议，承诺在本市实缴注册资本不低于5亿元，迁入次年纳入本市统计核算的产值规模（营业收入）不低于50亿元且在本市形成的地方财力不低于6000万元。（4）符合深圳产业发展战略和产业政策，具有重大产业支撑作用，经市政府批准，并与市政府签订合作协议的总部企业。对达到总部企业认定条件的，允许"符合条件的总部企业可以独立或联合申请总部用地建设总部大厦，其建筑规模应与总部企业形成的地方贡献相适应。总部大厦以自用为主，同时允许一部分进行租售"。

2018年1月，市政府发布《深圳市人民政府印发〈关于加大营商环境改革力度的若干措施〉的通知》（深府〔2018〕1号），提出优化产业空间资源配置，支持多家总部企业组成联合体联合竞投、联合建设总部大楼；鼓励建设高标准厂房，允许按幢、按层等固定界限为基本单元分割登记和转让，全方位降低企业运营成本、用地用房成本。在符合规划及不改变用途的情况下，经批准利用已建成工业园区内剩余用地增加自用生产性工业厂房及相应辅助设施的，不计收地价。

2. 总部办法

为推动深圳市总部经济健康有序发展，促进土地资源的节约、集约利用和优化配置，在总结深圳10年总部经济发展经验得失的基础上，2018年5月，深圳市人民政府印发《深圳市总部项目遴选及用地供应管理办法》（深府规〔2018〕1号），从以下几个方面对总部项目遴选和总部用地供应进行规范。

第一，成立市总部项目遴选小组，确定遴选小组负责审定总部遴选方案等职责，划分了政府各职能部门的工作职责，按行业门类确定各相关行业主管部门为总部项目牵头单位。

第二，按照用地供应与企业贡献相匹配原则，区分金融类和非金融类、独立申请和联合申请，以企业形成的地方财力作为总部用地及其建设规模的核定标准。例如，"总部企业可以按照以下要求独立申请总部用地：（一）上年度在本市形成地方财力达到2亿元的金融类总部企业,可申请不超过 3 万平方米的建筑面积。上年度在本市形成地方财力超过 2 亿元的,每增加 700 万元,可增加 1000 平方米的建筑面积;承诺自申请总部项目遴选之后 5 年内(含申请年度),年均形成地方财力超过上年度部分,每增加 700 万元,可增加 1000 平方米的建筑面积。上述累计总建筑面积不超过 20 万平方米。(二)上年度在本市形成地方财力达到 1 亿元的非金融类总部企业,可申请不超过 3 万平方米的建筑面积。上年度在本市形成地方财力超过 1 亿元的,每增加 350 万元,可增加 1000 平方米的建筑面积;承诺自申请总部项目遴选之后 5 年内(含申请年度),年均形成地方财力超过上年度部分,每增加 350 万元,可增加 1000 平方米的建筑面积。上述累计总建筑面积不超过 20 万平方米。"

将新管理办法与总部办法进行横向对比,可以发现,工业及其他产业用地特别是重点产业项目、一般产业项目与总部项目在适用范围等五个方面存在差异。一是适用范围上,总部办法适用于总部项目及出让总部用地,新管理办法规定了工业及其他产业用地标准。二是供地方式上,总部用地只能采用挂牌的方式出让,重点项目和一般产业项目则可以采用招标、拍卖和挂牌的出让方式。总部用地出让的定向条件更为明显,一般着重解决总部项目商业办公用地的需求。三是出让年限上,总部和重点产业项目用地均为 30 年,一般产业项目为 20 年。四是权利限制上,重点和一般产业项目土地使用权变更和建筑转让受到严格限制,总部项目中低于 40% 的非自用部分可转让。五是地价确定上,重点产业和总部项目均规定出让底价项目类型修正系数为 0.7,但重点产业项目对两个及以上单位联合申请的底价修正系数为 0.6。

第三,规定了总部项目的遴选程序(见图 5-3),明确了总部项目遴选方案的具体内容。

第四,界定总部用地的内涵,明确其出让程序主要包括拟订土地出让方案、审定土地出让方案、发布出让公告、审查竞买资格和签订协议五个环节。规定总部用地由区政府组织挂牌出让,实行弹性年期出让,出让年期为 30 年。

第五,为防止产业空心化和总部项目房地产化,总部办法对总

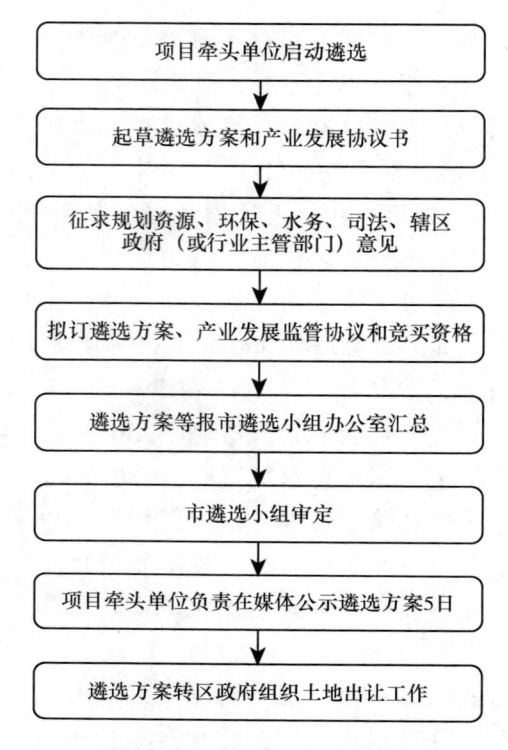

```
┌─────────────────────────┐
│   项目牵头单位启动遴选   │
└─────────────────────────┘
            ↓
┌─────────────────────────────┐
│ 起草遴选方案和产业发展协议书 │
└─────────────────────────────┘
            ↓
┌─────────────────────────────────┐
│ 征求规划资源、环保、水务、司法、辖区 │
│    政府（或行业主管部门）意见      │
└─────────────────────────────────┘
            ↓
┌───────────────────────────────────┐
│ 拟订遴选方案、产业发展监管协议和竞买资格 │
└───────────────────────────────────┘
            ↓
┌─────────────────────────────────┐
│   遴选方案等报市遴选小组办公室汇总   │
└─────────────────────────────────┘
            ↓
┌─────────────────────────┐
│      市遴选小组审定      │
└─────────────────────────┘
            ↓
┌─────────────────────────────────┐
│ 项目牵头单位负责在媒体公示遴选方案5日 │
└─────────────────────────────────┘
            ↓
┌─────────────────────────────────┐
│   遴选方案转区政府组织土地出让工作   │
└─────────────────────────────────┘
```

图 5-3 总部项目遴选流程

部大厦的权属和使用管理进行规范，要求项目建成后不低于60%的总部建筑面积全年期不得转让（自用）；非自用建筑面积允许租售，非自用建筑中办公用房比例不低于50%，由区政府作为政策性优惠商业办公用房用于引进与总部企业相关的上下游企业入驻；除办公用房外的非自用部分建筑，在5年承诺期届满，产业发展监管协议履约考核通过后方可转让；总部用地上配建的商务公寓全年期不得转让。

第六，为解决部分新引进总部企业取得用地之后无法兑现形成地方财力的承诺，杜绝或减少转租转售总部大厦物业谋利的现象，降低土地供应管理风险，总部办法要求总部项目实行"全年期、全过程"的产业发展监管机制。一是明确监督机制和监督责任主体，结合总部企业承诺期限，总部实行全年期监管，重点考核承诺期内监管要求，由区政府负责实施。二是明确监管协议内容。三是明确履约考核节点及程序。四是分梯度地承担违约责任，分为违约金收取、建筑回购及违约金收取、建设用地使用权无偿收回及建筑残值方式补偿三个阶段。五是优化退出机制，分为主动退出和强制退出。六是增强企业依法依约用地意识，结合深圳的信用体系建设，将履约考核未通过的企业及关联人报送信用系统，在规定期限内实行联合惩戒。

第七，延续80号文件的总部用地地价确定精神，总部用地上除配套商业以外的建筑类型，出让底价按照评估价的70%确定。

3. 总部用地出让情况

深圳发展总部经济出让的第一宗总部项目用地，是2007年11月6日挂牌出让的位于福田中心区的B116-0040宗地（见图5-4），土地用途为商业办公用地，土地面积18931.74平方米，计入容积率建筑面积302900平方米。该宗地由中国平安人寿保险股份有限公司以16.568亿元竞得，折合综合楼面单价5469.79元。

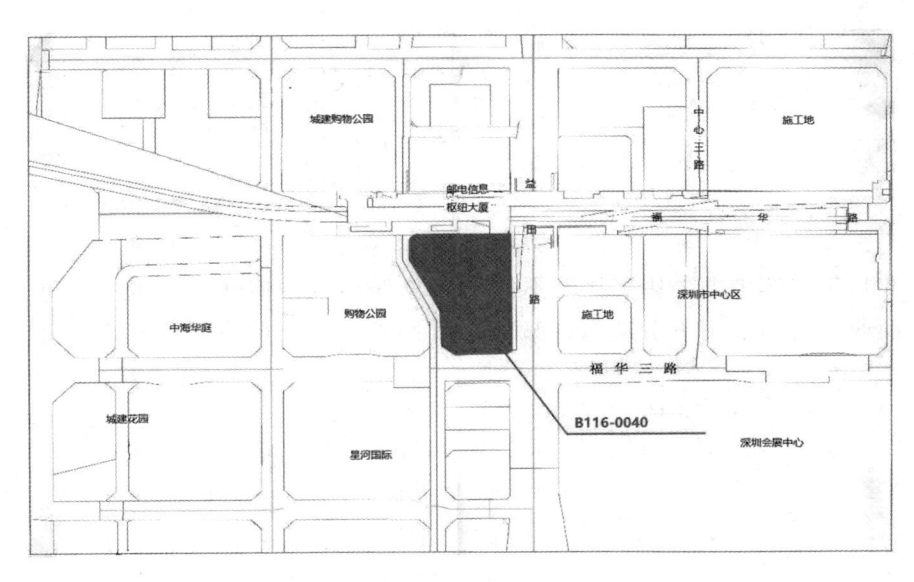

图5-4　B116-0040宗地位置示意图

近14年来，深圳共为89个总部项目招拍挂供应总部项目用地，土地面积96.79万平方米，成交总地价1055.84亿元（见表5-3）。

深圳土地资源有限，寸土寸金，自2008年出台发展和支持总部经济的政策后，申请认定总部、要求支持配置总部项目用地的企业趋之若鹜。但深圳市的总部企业认定有一套完整的、以产值规模和地方财力为核心的极高认定标准和严格的总部项目遴选与认定程序，确保经认定的总部企业和遴选的总部项目不是滥竽充数，因此，14年的总部项目用地供应量不大，但质量极高。例如，福田中心区是深圳最早的总部项目用地集中出让区域，目前已基本建成，有130栋左右高端商务楼宇，一半以上楼宇年度纳税超亿元。

表5-3　　　　2007—2020年总部用地出让招拍挂统计
（截至2020年9月30日）

年度	成交宗数	土地总面积（平方米）	总建筑面积（平方米）	出让总价（万元）	综合平均地面地价（元/平方米）	综合平均楼面地价（元/平方米）
2007	1	18931.74	302900	165680	87514.41	5469.79
2008	12	86348.37	1135090	657700	76168.20	5794.25
2009	6	32209.59	380000	298500	92674.26	7855.26
2010	9	105663.98	555740	358155	33895.66	6444.63
2011	6	26876.56	223350	212138	78930.49	9498.01
2012	7	110433.07	766120	490900	44452.26	6407.61
2013	8	41726.71	358900	338590	81144.67	9434.10
2014	2	111546.56	624450	500800	44896.05	8019.86
2015	4	18306.29	177000	373600	204082.86	21107.34
2016	4	86808.59	708500	1491700	171837.83	21054.34
2017	14	221113.01	1970950	3571600	161528.76	18121.21
2018	8	67304.82	630190	1251700	185974.79	19862.26
2019	3	21249.33	231930	392260	184598.76	16912.86
2020	5	19420.45	233000	455100	234340.60	19532.19
合计	89	967939.07	8298120	10558423		

从地价上看，深圳的总部项目用地综合楼面地价在2007—2014年持续稳步上升，虽然部分年份有回落，但总体上涨趋势未变，这

和深圳的整体经济发展形势基本吻合。2015年，深圳总部项目用地综合楼面地价跳空，一跃达到峰值21107元/平方米，其后缓幅回落。

（三）地价制度改革

1. 地价政策的演变

地价是土地要素市场化配置的外在表现形式。价格杠杆也有力推动着深圳土地有偿使用制度改革的进程，深圳的地价演变历史也是深圳土地制度改革的缩影。

1980年8月26日，《广东省经济特区条例》颁布并实施，确立了特区使用土地可收取使用费的有偿使用原则。第12条规定，"特区的土地为中华人民共和国所有。客商用地，按实际需要提供，其使用年限、使用费数额和缴纳办法，根据不同行业和用途，给予优惠，具体办法另行规定"。

1982年1月1日，《深圳经济特区土地管理暂行规定》颁布并实施，开创我国首次分类分级确定土地使用权标准的先河。其第16条规定，"客商的独资企业或与我方合资企业用地，不论新征土地，或利用原有企业场地，都应计收土地使用费。土地使用费的标准，根据不同地区条件、不同行业和使用年限分类确定。每年每平方米收费标准（人民币）为：工业用地十至三十元；商业用地七十至二百元；商品住宅用地三十至六十元；旅游建筑用地六十至一百元；种植业、畜牧业、养殖业用地收费标准另行商定。自本暂行规定公布之日起，土地使用费每三年调整一次，其变动幅度不超过百分之三十"。

《深圳经济特区土地管理暂行规定》第18条规定："土地使用费缴纳办法：可一次过付款，两年内付清，不计利息；也可分年付款，按年息八厘加收利息，如遇调价，则按调价后的数额缴纳。"但这一收费方式无法满足城市超高速发展的资金需求。实践中，政府和企业摸索出一次性收取土地使用费的办法，一方面有利于政府快速积累土地开发建设资本，另一方面有利于减少土地使用者分期缴费的高额利息，实现供需主体的双赢。

1987年，《深圳经济特区土地管理体制改革方案》出台，决定取消行政划拨方式供应土地，规定所有的建设用地必须以有偿出让的方式供应。此后，深圳尝试探索以协议、招标、拍卖方式出让土地，但在探索招标、拍卖方式之外，协议出让成为土地供应方式的主流。因其地价是以协议出让方式收取的，故称协议地价。

1988年8月25日，深圳市人民政府颁布《深圳经济特区协议出让土地使用权地价标准及减免土地使用价款的暂行规定》。1991年4月16日，深圳市人民政府印发《深圳经济特区协议用地地价标准及减免的规定》，规定"市国土局根据本规定制订年度协议用地地价标准，报市政府批准后执行"。

进入20世纪90年代，因商品住房用地的协议地价和土地市场价格有较大差距，深圳市开始探索市场评估地价的方式。1991年，深圳市规划国土局发布《关于土地市价测算办法的通知》，规定以剩余法为主测算商品房用地地价。协议地价标准适用于：工业项目用地（特区内为高科技工业项目用地）；市、区政府建设的福利商品房用地；市、区政府建设的微利商品房用地；国家机关、部队、文化、教育、卫生、体育、科研和市政设施等非营利性用地；历史用地、行政划拨用地的自用项目用地；经市（区）国土管理领导小组审定的以协议地价标准出让的项目用地。深圳逐渐确立了协议地价和市场评估价并存的地价双轨制。

1994年7月，《深圳经济特区土地使用权出让条例》颁布实施，规定"协议出让土地使用权是指由土地管理部门代表市人民政府与土地使用者以土地的公告市场价格为基准，经过协商确定土地价格，并将土地使用权让与土地使用者的行为。前款所称公告市场价格，是指由土地管理部门根据土地等级、用途及房地产市场变化等因素组织评估，并定期公布的价格"。至此，协议地价标准失去了存在的法律基础，协议出让土地应当采用公告市场价格标准。

1996年，深圳市规划国土局在全国开创性地实施窗口式办文，引入电脑与信息化系统，推行无纸化办公。为落实出让条例精神，1997年，深圳市规划国土局开发深圳经济特区土地定级估价系统和深圳经济特区宗地地价测算系统，在全国率先采用地价网格对外发布特区内公告市场地价标准，开创我国基准地价的时代。此后，基准地价适用范围逐步扩大到全市。

2001年，深圳市政府发布《关于加强土地市场化管理 进一步搞活和规范房地产市场的决定的通知》（深府〔2001〕94号），要求按照《深圳经济特区土地使用权出让条例》的规定，协议出让土地使用权以土地的公告市场价格为基础，取消协议地价，废止深府〔1991〕133号、134号文，地价一律以市场地价计收，土地的公告市场价格由市规划国土部门会同物价部门根据土地等级、用途、年地租及房地产市场变化等因素组织评估后公布。

2006年，深圳市政府《关于协议出让用地调整建筑面积等地价事宜的批复》（深府函〔2006〕17号），要求对调整后增加经营性建筑面积的，增加面积部分应按不同情况分别处理：（1）对增加面积较大、土地可分宗处理的，增加面积部分可分宗收回或由政府挂牌出让；（2）对无法分宗处理的单体建筑，其增加面积部分可采取协议方式出让，地价应按评估的市场地价确定。市场评估地价开始在市场中占据主导地位。

2008年国际金融危机后，因受整体经济形势影响，为防止基准地价调整影响民生和实体经济发展，2013年之前，深圳一直未更新基准地价，基准地价与市场地价的差距逐渐拉大。2013年1月，《深圳市宗地地价测算规则（试行）》（深规土〔2013〕12号）作为"1+6"文件的附属文件予以公布，同步更新了基准地价，明确"我市基准地价主要适用于招拍挂出让产业用地底价确定及经批准办理土地有偿使用手续的行政划拨用地、历史用地、国有企业改制用地的地价测算"。该文发布意味着基准地价体系与市场评估地价并存，其中招拍挂出让的新增产业用地采用基准地价确定出让底价；以招拍挂方式出让的住宅、商业、办公等经营性用地，采用市场评估地价；以招拍挂方式出让的住宅、商业、办公等经营性用地，经批准增加经营性建筑面积的，增加建筑面积部分的地价按照土地使用权剩余期限以市场评估地价标准与综合楼面成交地价中高值计收。同年，按国土资源部有关意见精神，经市政府同意，深圳工业及其他产业用地也采用市场评估地价。

至此，深圳所有新增建设用地招拍挂出让底价均采用市场评估底价，按地价测算规则和有关政策修正后经政府集体决策确定。

2013年版《深圳市城市规划标准与准则》发布后，新型产业用地（M0）出现在深圳的规划和土地利用环节。按照2013年版地价测算规则，新型产业用地（M0）适用工业+办公用地基准地价类，宗地地价标准按照50%工业+50%办公基准地价标准测算（土地使用期限为30年）。

为节约、集约用地，推动产业转型升级，2013年版宗地地价测算规则制定了产业发展导向修正系数。其中，总部企业用地修正系数0.5；产业主管部门在用地选址征求意见环节明确普通工业用地（M1）和新兴产业用地（M0）的产业准入行业门类属于战略性新兴产业、现代服务业的，其修正系数均为0.5；准入产业类别为高端制造业的，修正系数为0.6（见表5-4）。

表5-4　　　　　　　产业发展导向修正系数

	产业导向	产业分类	修正系数
1	鼓励发展类	总部企业	0.5
2		战略性新兴产业	0.5
3		现代服务业	0.5
4		高端制造业	0.6
5	允许发展类		1.0
6	限制发展类		2.0以上

总部经济的培育和发展离不开政府的产业政策支持。10余年来，深圳一直在总部用地出让适用的地价政策上给予扶持。2013年版《深圳宗地地价测算规则（试行）》出台之前，土地管理部门一直对总部经济地价测算从技术评估规范上给予修正。2013年版《深圳市宗地地价测算规则（试行）》明确总部企业自用部分产业发展导向修正系数为0.5。2015年5月，据国务院清理规范税收优惠政策部署，深圳取消总部企业用地优惠系数。2016年10月，《深圳市工业及其他产业用地供应管理办法（试行）》（深府〔2016〕80号）明确总部企业等重点产业项目用地除配套商业以外的建筑类型

的出让底价按评估价的 70% 确定。2018 年的总部办法延续了 80 号文件的地价精神，总部用地除配套商业以外的建筑类型的出让底价按照评估价的 70% 确定。

2. 标定地价与 2019 年版地价测算规则

2019 年 10 月，《深圳市地价测算规则》（深府办规〔2019〕9 号）出台。同时，《深圳市规划和自然资源局关于发布深圳市 2018 年度标定地价成果的通告》（深规划资源〔2019〕562 号）发布了 2018 年度标定地价成果。

了解定义有助于理解标定地价的内涵。2018 年标定地价成果发布后，深圳市规划和自然资源局官方解释："标定地价是政府为管理需要确定的，标准宗地在现状开发利用、正常市场条件、法定最高使用年期或政策规定年期下，某一估价期日的土地权利价格。"其中，深圳市标定地价将标准宗地分为住宅、商业、办公、工业等用地类型，采用的是现状条件，设定年期为住宅 70 年、商业办公 40 年、工业 30 年，估价期日为每年 1 月 1 日。可知，标准宗地的选取是重要一环。

根据 2019 年版深圳地价测算规则，深圳以出让、租赁方式供应或划拨方式转为有偿使用的土地，应根据土地的市场价格及该规则计收地价。深圳市土地的市场价格由市自然资源主管部门组织市非营利性评估机构评估确定。市非营利性评估机构应根据土地区位及房地产市场变化等因素，区分住宅、商业、办公、工业等用途，按照《城镇土地估价规程》，采用标定地价系数修正法和剩余法（整体估价）进行评估。其中，标定地价系数修正法和剩余法（整体估价）的权重分别取 70% 和 30%。

2018 年标定地价成果发布后，全市分用途地价均价情况如图 5-5 所示。

在 2019 年版深圳地价测算规则中，设定了建筑类型适用地价标准及修正系数、土地使用年期修正系数、产权条件修正系数、产业发展导向修正系数、产业项目类型修正系数等 10 类，以体现差别化的地价政策。其中，产业发展导向修正系数、产业项目类型修正系数分别如表 5-5、表 5-6 所示。

(元/平方米)

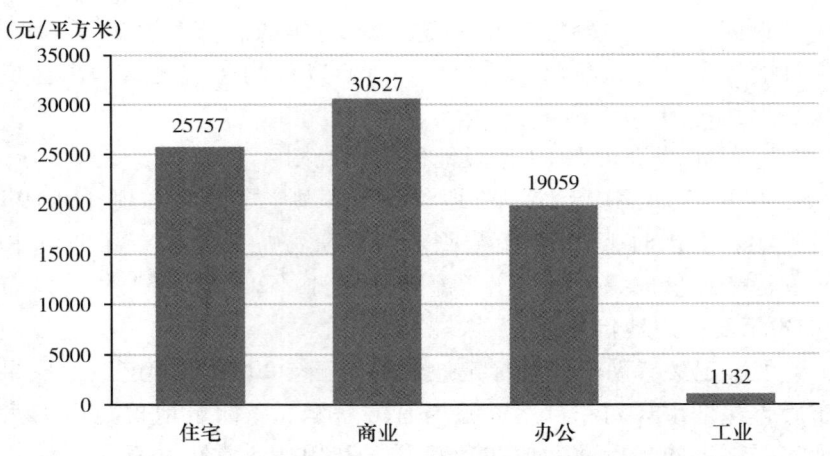

住宅 25757　商业 30527　办公 19059　工业 1132

图 5-5　深圳市 2018 年分用途标定地价均价情况

表 5-5　产业发展导向修正系数

序号	产业分类	修正系数
1	战略性新兴产业（新一代信息技术、高端装备制造、绿色低碳、生物医药、数字经济、新材料、海洋经济等）、优势传统产业、生产性现代服务业	0.5
2	除上述类别以外的其他产业	1

注：（1）修正对象为除配套商业以外的建筑类型。产业分类及认定以相关部门出具的产业分类证明文件为准；

（2）本表不适用于城市更新项目、留用土地项目、棚户区改造项目。

表 5-6　产业项目类型修正系数

序号	产业分类		修正系数
1	重点产业项目	遴选方案确定有两个及以上意向用地单位联合申请的	0.6
		遴选方案确定为单一意向用地单位的	0.7
2	一般产业项目		1

注：（1）修正对象为除配套商业以外的建筑类型。产业项目分类以《深圳市工业及其他产业用地供应管理办法》（深府规〔2019〕4 号）规定为准；

（2）本表不适用于城市更新项目、留用土地项目、棚户区改造项目。

2013年版深圳地价测算规则定义为："本规则所称基准地价，是按照商业、办公、住宅、工业等四种用途，土地使用期限按商业40年、办公40年、住宅70年、工业30年，在设定的土地利用状况及开发条件下的土地使用权区域平均价格。"对比标定地价和基准地价的定义，基准地价强调区域平均价格，标定地价强调标准宗地在正常市场条件下的土地权利价格。

建立标定地价体系，推动深圳成为全国率先全面应用标定地价的城市，具有十分重要的现实意义。

第一，建立标定地价体系是建设中国特色社会主义先行示范区的重要举措。2019年8月18日，中共中央、国务院发布《关于支持深圳建设中国特色社会主义先行示范区的意见》，赋予深圳新的伟大历史使命，其中特别要求深圳深化自然资源管理制度改革。建立标定地价体系是意见发布实施后率先落实自然资源管理制度改革的重要举措，是完善土地管理制度体系、优化土地资源市场配置的具体行动。深圳标定地价的全面应用，将为全国其他城市提供鲜活的"深圳方案"。

第二，建立标定地价体系是持续改善深圳营商环境、提升城市竞争力的重要举措。本次标定地价改革严格贯彻供给侧结构性改革要求，以服务实体经济发展为导向，在地价评估、应用、管理等方面进行一系列创新，推进地价的公开化、透明化，有利于降低企业生产及民生设施建设成本，提高行政服务效能，营造更优越的营商环境，使深圳在粤港澳大湾区中更好发挥核心引擎作用。

第三，建立标定地价体系是实现空间提质增效、推动城市高质量可持续发展的重要举措。地价是土地市场"无形之手"的"指挥棒"和"信号灯"。通过充分发挥标定地价的调节作用，有利于优化土地资源配置，引导土地集约高效利用，推动城市更新、棚户区改造、土地整备等工作开展，积极引导各类存量低效用地挖潜，实现用最少的土地资源消耗撬动最大的经济增长，有力保障城市的高质量、可持续发展。

二 产业用地优化配置改革成效

随着2019年《深圳市工业及其他产业用地供应管理办法》的

出台，深圳多层次的产业空间供应体系基本成型。一是高端产业有保障。必须优先满足总部企业、重点产业项目等产业链高端环节的发展需求，并通过遴选机制和带项目挂牌出让，确保高端产业发展的空间需求得到满足。二是一般产业有竞争。对于中端产业和中型企业等一般产业项目，充分运用市场机制在土地供应环节通过产业用地供需服务平台引入市场竞争，保障其产业发展的空间需求。三是小微创业企业有扶持。对创新创意等创业小微企业，政府或其下属国企通过产业用房供需服务平台给予的创新型产业用房扶持政策，满足其创新、创意、创业的发展空间需求。

2012年深圳市土地管理制度改革启动之后，深圳土地市场围绕深化土地管理制度改革和释放城市发展空间进行了大胆改革创新。深圳形成的这一有梯度、有层次、有侧重点的产业供地体系，实现土地价值深度开发机制创新，充分发挥市场土地资源配置中的决定性作用，更好地发挥了政府作用，推动了有效市场和有为政府更好结合。

（一）创新土地价值深度开发机制

深圳市通过搭建产业空间供需服务平台，提高了土地供应和创新型产业用房市场化配置效率，满足了优质企业发展的产业空间需求，实现高度城市化地区土地等产业空间的节约、集约利用。同时，通过产业准入和地价产业导向系数与产业类型修正，以产业政策和地价杠杆鼓励优质生产要素的进入，引导低附加值和低效能产业的有序退出，实现腾笼换鸟，推动产业转型升级，促进产业发展空间的优质、高效利用。

通过空间规划引导分区管理、区域合作协调，以建立城市综合体和复合型城区的方案，实现产业链和产业项目在产业基地与园区集聚，推动产业集群发展。深圳还通过产业用地分类管理、鼓励土地混合使用、提高产业用地容积率减免地价等措施，实现产业用地的节约、集约利用。

（二）创新土地资源的市场化配置

在土地资源优化配置方面，以高效配置土地资源为目的，从供给侧入手，进行差别化供给，推动了产业升级，促进了城市可持续发展。

第一，实施差别化的产业用地供应政策，推动产业空间资源的优化配置。一是实施土地弹性年期，土地出让年限与产业生命周期相结合，将土地出让年限设定在10—30年，不再统一设定为50年，有助于节约、集约用地。二是建立产业项目遴选机制，区分总部项目、重点产业项目和一般产业项目，实施分类供应土地的政策和房地并举优先供房的策略，破解土地资源高度紧约束条件下的产业空间资源供需矛盾。三是差别化的地价政策，以价格杠杆推动腾笼换鸟，实现产业转型升级。

第二，以工业楼宇分割转让为突破点，盘活存量空间资源。通过修订《深圳市工业楼宇转让管理办法》，为腾笼换鸟和产业升级后闲置但原出让合同禁止转让的工业楼宇松绑，允许其分割转让工业楼宇并对允许分割转让的比例加以规范。一方面，盘活了闲置工业楼宇，扩大了产业空间的供给范围；另一方面，通过规范允许分割的比例，有效防止产业空心化和工业楼宇房地化，保护实体经济发展。

第三，建立产业空间供需服务平台，发挥市场在资源配置中的决定性作用，实现土地和创新型产业用房等产业空间资源供给端和需求端的高效链接。

(三) 更好发挥有为政府的积极作用

一是简政。实施"深圳90"审批制度改革，出台《深圳市政府投资建设项目施工许可管理规定》和《深圳市社会投资建设项目报建登记实施办法》，简化政府在项目投资建设环节的审批。从立项选址到施工许可，政府审批办理时间房建类缩短为85个工作日以内，市政类线性工程为90个工作日以内。[①] 这比原来所需时间压缩至少一半，大幅度提高政府服务工作效率。

二是放权。2016年以来，市政府出台多个文件推动规划国土资源、规划和自然资源部门体制机制改革，推动土地供应审批和供后监管等权限下放，激发区级政府在产业发展、土地整备、土地供应和土地监管上的主观能动性，推动经济高质量快速发展。

三是调控。高度城市化地区的土地资源配置高度市场化后，在

---

① 张卫清：《解读"深圳90"建设项目审批制度改革》，http://www.sznews.com/news/content/2018-07/16/content_19562673_2.htm，2018年。

缺乏"有形之手"调控市场时，可能出现过度市场化的风险，进而伤害实体经济发展。这就需要政府在市场化解决公平与效率的同时，通过"有形之手"解决公益和民生保障问题。其一，通过划定工业区块线，防止工业园区房地产化、实体经济空心化。其二，积极开展招商引资活动，参与遴选产业项目，有效满足高端产业项目的产业空间需求。其三，加大闲置土地的处置力度和土地供后监测监管力度，有效盘活存量用地再开发。

新一轮土地制度改革实施以来，深圳在"产权明晰＋市场配置＋利益共享"的核心思路下，在推动高效利用土地、优化资源配置方式和实现法制化方面进行深入探索，在一些重点领域取得了重大进展。

虽然土地制度改革取得了一系列成就，但它不是一蹴而就的。这是一项长期、系统的事业，需要持续不断地加强统筹、协调，在依法、依规的状态下有序推进。

三 产业用地优化配置改革存在的问题

新一轮的土地管理制度改革采取问题导向、以小步快走的方式，进行试点改革，通过解决问题取得了一些成就。但是，这些改革主要以不突破上位法为原则，从调整利益分配方面解决了一些点状问题，还需要形成面上的系统性制度安排。

（一）改革的全局性有待加强

自改革开放以来，深圳市利用土地这一载体，为城市的高速发展发挥了重要作用。同时，由于体制和机制等的影响，土地的历史遗留问题繁多，违法建筑庞大。土地管理法律体系建设和规范建设尚不完善。这是转型时期社会的必然问题，是制度变迁的过程产物，只有在市场经济不断完善的情况下才能逐步解决。深圳市意识到这一问题，从法律、法规及部门条例方面着手，有力保障城市的建设和发展，但是当前其土地法律体系还不够完善。

第一，土地管理改革存在系统性不足的问题。立法涉及不同部门，既有的法律法规也是在不同时期产生的，不同的立法主体，不同的立法角度，使得法律、法规方面的统一性和协调性不足。即使是一系列的法规或者部门规章,也会由于立法的目标和背景不同,表现出在系统性和完整性上的缺乏。同时,配套和衔接文件的缺失也会使法律体系只能在点上发挥作用,无法解决一些系统性的问题,甚至存在一些相互冲突的法律、法规。

第二,土地管理的政策法规层次不高,效力较低,强制力较弱,解决问题的权威性缺乏,不利于在实际操作中发挥作用。在处理一些问题的时候,只能依靠单纯的行政手段。同时,新政策受到原有利益群体博弈的影响,无法发挥真正的作用,难以制定完成。

第三,一些制定时间较早的法律法规,由于无法预设到目前的一些问题,在解决问题时因无法清楚界定责任,发挥不了实际作用。

第四,法律法规的监督和执法机制不足,执行中很难落实到位,发挥不了作用。再加上不同执法部门在职能上的设置存在交叉,容易造成执法缺位、越位和错位等现象,表现出来的问题较为突出。

(二)关键领域和重点环节突破还须深入

深圳市的闲置土地包含复杂的成因和多样的类型,政府和企业都直接或者间接导致了闲置土地的产生。政府方面的原因主要包括市政设施的大规模建设、征地补偿纠纷的不完美处置、土地周边的市政配套设施滞后、规划编制和调整影响及法院的司法查封等。企业方面则是因为资金紧张和自身的债务纠纷。为了解决这一问题并切实地保护耕地,提高土地节约、集约利用水平,需要从法律的角度处理闲置土地问题。因此,1999年,国土资源部发布并实施《闲置土地处置办法》,明确了闲置土地的认定方式以及相应的处置方案。该办法对近年来全国闲置土地问题的处理提供了政策支撑,对提高土地的集约利用水平发挥了重要作用。

2007年5月颁布并实施的《深圳市闲置土地处置工作方案》(深府〔2007〕107号)对闲置土地的范围进行了详细界定:土地使用者依法取得土地使用权之后,未经有批准权的人民政府的同意,在超过规定期限后尚未动工开发建设的建设用地;如果国有土地有偿使用合同或者建设用地批准书未规定动工开发的建设日期,那么,自国有土地有偿使用合同生效或者土地行政主管部门建设用地批准书颁发之日起满一年未动工开发建设的认定为闲置土地；对已动工开发建设，但是开发建设的土地面积占应动工开发建设总土地面积尚不足1/3或者已投资额占总投资额不足1/4，并且未经批准中止开发建设连续满一年的认定为闲置土地；以及法律、法规、规章规定的其他情形。同时，确定了以用为先、依法进行、分类处置、节约集约利用的处置原则，并规定了八种具体处置方式，确定了处理闲置土地中的部门分工和程序，主要对2006年8月以前的闲置土地进行清理。

2008年1月，《深圳市土地闲置费征收管理办法》（深府〔2008〕2号）对被依法认定为闲置土地的征收土地闲置费。办法中的闲置土地是指经由土地使用权所有者和国土部门签订开发合同，但是超过约定时间一年以上还没有开发的土地。办法同时列出一些特殊情形，例如被依法无偿收回土地使用权的，因不可抗力等经由市政府批准延长动工开发日期的，或者暂停建设的、闲置时间还没有满一年的、土地使用者在付清合同约定的地价款之后因政府造成闲置的、通过法院的裁定或者以招标和拍卖方式出让取得土地使用权没有满一年的等情形。对已经动工建设但是开发建设面积占应建设面积不足1/3或者投资的金额占到总投资额不足2.5%的，并且在未经市政府同意的情况下连续满一年中止开发建设的，对未建成部分要征收土地闲置费。同年，深圳市政府经历两次审核，批准了闲置土地处置方案。从2010年开始，深圳市对闲置土地的处置进入常态化。

通过开展相应的工作，深圳市闲置土地的处置工作成效明显，但是不可避免存在一些闲置土地认定标准不明、闲置费征收困难等问题。第一，因为政府审批手续太过复杂，办理效率较低，不同部门间的合作不够协调，处置环节多、周期长。第二，由于闲置土地涉及巨大的利益，处置过程中会引发较大的抵触情绪，行政复议和行政诉讼较多。第三，处置政策不足，执行难度大。第四，闲置土地处置是批后监管环节之一，还没有实现常态化，受到前期工作的影响。

深圳土地管理的短板是产权制度改革。因历史原因，原农村集体土地的统征和统转使得利益交织,存在大量的违法违章建筑,合法外用地难以处理,出现"政府拿不走、社区用不好、市场难作为"的局面。改革问题的产生,受制于经济发展中社会主义市场经济体制不完善和政策层面法律不健全的影响,在我国城乡土地二元结构的制约下,难以有力保障土地制度改革成果,导致改革中出现了许多难以解决的历史遗留问题。再加上深圳市两次不彻底的城市化,政府现有的土地管理体制和机制难以匹配城市转型发展的需要,导致大规模的土地游离于政府和社区之间,无法被有效开发,土地市场化建设仍须进一步加强。[①]

第四节 土地要素立体利用中的市场配置

随着现代技术的不断精进和城市空间节约集约利用的迫切需要,人们对土地要素的认知从二维平面走向三维立体思维,真正进入紧凑型、立体化、复合型、高密度的城市竖向统筹时代。城市土地要素立体空间不断延伸,其开发包括地铁、地铁上盖建筑、地下道路、地下物流等多种形式。2019年4月,中共中央办公厅、国务院办公厅印发《关于统筹推进自然资源资产产权制度改革的指导意见》,提出"加快推进建设用地地上、地表和地下分别设立使用权,促进空间合理开发利用"。这意味着土地要素已全面从地皮概念,扩充为涵盖地表、地上、地下等各类要素的空间资源。

一 深圳土地要素立体利用历程及特点

土地要素立体利用,一般包括地上、地表和地下三个维度,其中地表为传统意义上的土地利用概念,地上在立体化利用中最典型的是地铁上盖物业这一业态,地下空间亦以地铁及其衍生商业体为主。地铁白地不属于立体利用的范畴,只有涉及地下空间,才涉及轨道、商业、车辆段和地铁盖板的上盖物业的立体分层出让,属于

[①] 程浩:《深圳市新一轮土地管理制度改革探索研究》,硕士学位论文,广西师范大学,2014年,第56页。

立体利用范畴。城市地下空间，一般指以地面至0— -30米的浅层、中层地下空间为主，因此，本书仅指城市建设区的浅层、中层地下空间，不将深层地下空间纳入研究范围。

深圳在地下空间规划和开发利用方面先行一步，在国内率先编制了总体层面的地下空间规划，制定了地下空间开发利用的一系列规章和技术规范，成为国家标准的主导制定者。以深圳前海自贸区为例，规划用地面积约15平方千米，但地下开发规模高达600万平方米，是地上开发规模的23%左右，规划就业和居住人口为110万。[①] 这在全国立体空间利用方面体现了前瞻性和品质化。

（一）深圳土地要素立体利用历程

深圳土地要素立体利用中，地下空间利用最具代表性。深圳在20世纪80年代中期开始出现设备用房的地下室、地下车库。

90年代，随着经济高速发展、对土地紧缺的危机意识增强以及现代城市轨道交通的迫切需求，1992年12月，深圳地铁1号线勘察设计总承包公开招标，开始进行工程项目预可行性研究。1997年，《深圳市人防发展总体规划》发布，将地下空间的用途定位于适用"平战结合"。1998年，地铁1号线一期工程筹备，结合地铁站开始规划建设地下商业设施。

2000年，《经济特区城市地下空间发展规划（2000—2010年）》发布，同年开始规划福华路地下商业街。2004年，地铁1号线一期通车，配套对其多个站点腹地开展地下空间开发。2005年，车公庙站丰盛町项目首次挂牌出让，开创全国地下空间市场化配置先河。2006年，深圳地铁二期开工，到2011年深圳举办大运会前期，地铁二期工程基本完工，里程从一期的22千米扩展到178千米。2007年，《深圳市地下空间资源规划（2006—2020年）》发布，次年8月配套颁发《深圳市地下空间开发利用管理暂行办法》。2019年，《深圳地价测算规则》及《深圳市地下空间资源利用规划2020—2035》发布，正在编制《深圳市地下空间开发利用管理办法》。

[①] 杜茎深、陈箫、于凤瑞：《土地立体利用的产权管理路径分析》，《中国土地科学》2020年第34卷第2期。

(二) 深圳土地要素立体利用的特点

深圳土地要素立体空间的利用具有鲜明的特色。一是立体空间的开发利用，多与地铁轨道交通发展密切结合。地下空间的利用从人防转移到民用，最重要的外部利润就是现代大型城市交通设施技术含量的不断发展。深圳从解决民生出行、交通压力，减少地面拥堵的城市轨道交通建设，逐步扩展到"站城一体"的发展模式，轨道建设与土地利用紧密结合。深圳首个挂牌出让的车公庙丰盛町项目即是地铁站口。目前，深圳已经进入存量土地开发阶段，主要方向也是结合地铁建设完善城市功能，提高土地利用效率，提升城市空间品质。深圳结合轨道站点周边的广场、道路和绿地等进行独立的地下空间权拍卖，不但提高了周边生活配套水平，也丰富了空间功能，将地面地下商业设施、文化设施等进行一体化设计，强化艺术氛围和空间趣味，为居民提供了综合性的城市空间。

二是城市需求大，建设速度快，但各区开发情况差异大，开发诉求多。截至2020年10月，深圳已开通运营10条地铁线，在建的线路或延长线项目有18个，城市对地下轨道及其空间的利用有着大量需求。目前，深圳全市地下空间开发总量约4200万平方米（其中，建筑约3400万平方米）；地下/地上建面比约4.1%。在增长速度上，2010—2017年共计增长1942万平方米，近年增幅每年270万—300万平方米（含市政交通）。在空间分布上，以福田和南山区的规模最大。在利用深度上，福田与罗湖区的稍高，呈现出原特区内持续加密、特区外围绕轨道周边和城市更新项目布局的发展趋势。

二 深圳土地要素立体空间市场配置分析

(一) 立体空间市场配置的制度建设

产权是土地要素市场化配置的前提基石，亦是立体空间市场配置的题中应有之义。《中华人民共和国物权法》（2007年）规定："建设用地使用权可以在土地的地表、地上或者地下分别设立。新设立的建设用地使用权，不得损害已设立的用益物权。"可以说，物权法构建了我国土地要素立体空间使用权的框架，为土地要素的分层使用、分层出让使用权奠定了制度基础。同年，原国土资源部在《土地登记办法》中将宗地定义为"土地权属界线封闭的地块或空间"。2014年国务院颁布的《不动产登记暂行条例》，明确不动产登记簿的登记事项包括空间界址。[①] 但是在具体产权细则上，目前并没有全国性的规定。可以说，在现有国有建设用地使用权出让的制度下，地下浅层、中层空间的使用权仍遵循土地二维出让的产权要求，没有针对性的规定。

深圳土地要素市场化配置一直发挥着先行先试的作用，2005年首个地下空间出让项目赋予其明确的产权。其后，2008年颁布了《深圳市地下空间开发利用暂行办法》，规定了地下空间规划编制、规划实施、土地使用权出让、建设管理等内容。该办法明确指出"本市实行地下空间有偿、有期限使用制度"的配置原则，专门对使用权的出让进行详细规定，如"独立开发的经营性地下空间建设项目，应当采用招标、拍卖或者挂牌的方式出让地下建设用地使用权。地下交通建设项目及附着地下交通建设项目开发的经营性地下空间，其地下建设用地使用权可以协议方式一并出让给已经取得地下交通建设项目的使用权人"。这些内容明确了市场化配置的范围。该办法的实行，对深圳土地要素立体空间的市场化配置有着重要的引导规范作用。目前，深圳正在对其实践中的得失进行总结，编制新的正式文件。

（二）土地立体化利用招拍挂出让数据分析

目前，深圳土地立体化利用招拍挂出让方式主要集中在地铁上盖用地和独立占地的地下停车场两种类型。2008年，深圳地铁1号线二期工程在前海车辆段开挖完毕并形成上盖后，首次启动地铁1号线前海车辆段地铁上盖物业三宗用地的招拍挂出让工作。从2008年到2020年10月，深圳共招拍挂出让11宗涉及轨道交通立体开发利用的土地，面积为970542.98平方米，建筑面积为2598237平方米（见表5-7）。

深圳地下空间招拍挂出让始于2005年。从2005年到2020年10月，共进行了20宗地的市场化出让（其中一宗中止出让），出让的土地面积为71535.8平方米，总地价为73613.5万元（见表5-8）。

---

① 杜茎深、陈箫、于凤瑞：《土地立体利用的产权管理路径分析》，《中国土地科学》2020年第34卷第2期。

表5-7 深圳地铁上盖用地招拍挂出让成交结果
（截至2020年9月30日）

序号	日期	宗地号	出让方式	用途	出让年期	位置	土地面积（万平方米）	建筑面积（平方米）	地价（亿元）	综合楼面地价（元/平方米）	备注
1	2008/6/6	T201-0071	挂牌	居住用地，居住	70	前海合作区	48.97	1410000	17.4	1234	1号线前海车辆段3宗地捆绑出让
2	2008/6/6	T201-0072		商业性办公，政							
3	2008/6/6	T201-0073		策性住房用地							
4	2010/2/2	T204-0013	挂牌	商业性公共设施用地	50	南山区	0.98	97760	7.16	7324	1号线深大站酒店
5	2010/10/12	A810-0028	挂牌	酒店用地	50	龙华区	0.55	18950	0.54	2867	深圳北站综合开发项目，地铁4号线与5号线
6	2010/10/12	A806-0378	挂牌	商业用地	40	龙华区	1.14	19750	3.70	18724	
7	2010/10/19	K104-0030	挂牌	居住用地	70	南山区	12.97	306300	7.69	25101	2号线蛇口车辆段
8	2011/8/18	A832-0853	挂牌	居住用地	50	龙华区	89.40	206167	19.77	9590	4号线上盖一期
9	2011/9/22	T506-0018	挂牌	居住用地	70	南山区	17.12	269800	0	0.00	5号线塘朗车辆段，3宗地块捆绑出让
10	2011/9/22	T506-0002	挂牌	小学用地	50	南山区	2.03	8000	0	0.00	
11	2011/9/22	T506-0016	挂牌	居住+商业服务业设施用地	50	南山区	4.36	261510	21.04	8041	
合计							179.52	2598237	77.3		

表5-8 深圳土地立体化利用（不含地铁上盖）招拍挂出让用地统计
（截至2020年9月30日）

序号	日期	宗地号	出让方式	用途	出让年限	土地面积（平方米）	总地价（百万元）	溢价率	地面地价（元/平方米）	楼面地价（元/平方米）
1	2005-2-1	B302-U001	挂牌	商业	40	13924.77	16.8	0	1206.48	692.78
2	2005-2-1	B107-U001	挂牌							
3	2006-1-10	T205-0082（B）	挂牌	地下停车场	50	13140.38	4.2	40%	319.63	227.09
4	2007-4-24	B306-0042（B）	挂牌	地下停车场	50	15048.00	32	33%	1589.19	1589.19
5		B306-0043（B）				5088.00				
6	2008-4-30	B201-0054（B）	挂牌	地下停车场	50	3917.55	13	8.33%	3318.4	3318.4
7	2008-4-30	B124-0033（B）	挂牌	地下停车场	50	1993.75	0	中止出让		
8	2008-9-19	B302-0020（B）	挂牌	商业	50	4530.47	56	0	12360.75	4620.46
9		B302-0049（B）								
10	2010-2-2	T107-0016（B）	挂牌	地下停车场	约48	2160.27	12.08	0	5589.58	10500
11	2010-12-9	J211-0012（B）	挂牌	地下空间（社会停车场+商业）	40	20464.82	103	0	5033.03	/
12	2010-12-9	J237-0017（B）	挂牌	地下空间（社会停车场）	40	27608.1	23.8	0	862.07	/

第五章 深圳土地要素市场供应体系改革与完善（2012年至今）

续表

序号	日期	宗地号	出让方式	用途	出让年限	土地面积（平方米）	总地价（百万元）	溢价率	地面地价（元/平方米）	楼面地价（元/平方米）
13	2011-5-10	T107-0022（G）	挂牌	地下社会停车场库用地	50	3354	25.96	74%	7740.01	162250
14	2011-8-26	B119-0052（B）	挂牌	社会停车场库用地	约47	2619.46	20.20	0	7711.51	7711.51
15	2012-2-14	T107-0027（B）	挂牌	道路+地下社会停车场库+地下商业用地	40	2822.46	33	0	11691.93	76744.19
16	2013-1-10	B119-0064（B）	挂牌	公共绿地+社会停车场库用地	40	1801.07	34.50	337%	19155.28	10070.05
17	2013-9-24	T107-0074	挂牌	公共绿地+道路+文化设施用地+地下社会停车场库	40	4468.69	5.9	0	1320.3	19666.67
18	2015-4-16	B302-0115	拍卖	地下商业用地	40	6941.25	458	121%	65982.35	77758.91
19	2015-11-11	T204-0139	挂牌	工业用地（新型产业用地）	约45	849.12	19.7（三宗捆绑出让）	0	23200.49	18445.69
20	2015-11-11	T204-0139（B1）	挂牌	交通设施用地	约45	424.33				
21	2015-11-11	T204-0139（B2）	挂牌		约45	15.98				

1. 空间分布与土地用途

所有以立体利用方式招拍挂出让土地使用权的大多是人流、物流集中的商业需求旺盛地段。只有这类商业需求旺盛地段，才可能催生土地集约利用和分层设立物权招拍挂出让用地的需求。其中，在地铁上盖用地的11宗地里，8宗分布在南山区，2宗分布在龙华，1宗在宝安；其余立体化利用的21宗地里，10宗分布在福田区，8宗分布在南山区，2宗分布在盐田区。这些招拍挂用地全部位于围绕地铁车辆段上盖物业综合开发和人流量较大的商业需求旺盛区域。

以立体利用方式招拍挂出让的用地，由于地下空间开挖等的成本较高，因此在土地用途的选择上必须是经济价值较高，能够产生较高回报的居住、商业和商业配套（地下停车场）用地。其中，地铁上盖物业用地以外的立体化利用中，地下停车场库占出让宗数的三分之二，且多数为利用市政道路、公共绿地、公共广场等公共用地开发的单建地下空间。例如位于莲花山东侧的B302 - U001、B107 - U001宗地；少部分为结合地面建筑或地下其他用途地块一并开发建设的地下空间。又如位于福田区农科中心南侧的B302 - 0049（B）和B302 - 0049两宗地为地下和地上分层设立物权的商业空间。

2. 出让方式与出让价格

土地要素市场化配置一般以招拍挂出让方式为主。在32宗地中，只有1宗地选择了拍卖方式出让，其余全部采用挂牌方式出让；对应溢价情况，地铁上盖物业用地全部无溢价成交，其余土地中有7宗地出现溢价，占总招拍挂宗数的21.88%。可见，虽然存在竞价，但总体来说竞价并不十分激烈，只有宗地出让存在高溢价。地铁上盖物业用地或商业旺区的地下空间用地大多数未溢价或低溢价成交，不符合深圳土地市场的实际情况，本章下节将分析土地立体空间出让方式的选择问题。

三 深圳立体空间市场化配置案例研究

深圳立体空间的市场化配置实践至今已经15年。车公庙B302 -

U001 和 B107 – U001 两宗地下商业空间招拍挂出让后，开发商开发经营的丰盛町地下商业街区项目的店铺出租率近 100%，是我国地下空间，特别是地铁商业运营的典范。同时，在深圳立体空间招拍挂出让中，亦出现过失败的案例，在此从成功与失败两个维度进行对比研究。

（一）车公庙丰盛町项目

2004 年 12 月，车公庙地铁站随着深圳地铁 1 号线开通而启用。该站是深圳地铁 1 号、7 号、9 号和 11 号线换乘枢纽站，是国内第二个四线换乘地铁站。该站点 2019 年日均客流量达 23 万人次，最高值达 25 万人次，周围的车公庙商圈遍布各类甲级或准甲级写字楼，日均白领出入流量达 50 万人次左右。

在深圳地铁 1 号线开通前，深圳市规划国土部门即开始探讨地铁上盖与地铁站点综合商业开发的可行性，尤其是地铁开挖已形成的地下空间如不综合利用可能回填，也会带来资源浪费。基于车公庙地铁站未来的换乘枢纽地位和巨大人流带来的商机，2004 年 12 月 21 日，深圳市土地房产交易中心在地铁 1 号线开通前 1 周发布出让公告，公开挂牌出让福田区车公庙 B302 – U001 和 B107 – U001 两宗地下商业空间。

B302 – U001 和 B107 – U001 宗地的地下空间开发项目位于车公庙深南大道南、北两侧：北侧地下空间宗地编号 B302 – U001，平面投影面积为 1443.01 平方米；南侧地下空间宗地编号 B107 – U001，平面投影面积为 12481.76 平方米，地面为城市公共绿化及广场用地（见图 5 – 6）。该地下空间开发项目南、北两侧均可开发建设地下 2 层商业，局部可根据需要兴建地下 3 层设备层，可建地下空间总建筑面积 24250 平方米，其中商业面积 13720 平方米，公共通道面积 6250 平方米，设备用房及停车面积 4280 平方米；土地使用出让年限 40 年。中华人民共和国境内外的公司、组织或个人均可参与竞买，挂牌起始价 1680 万元。竞得人应当确保地下空间开发不影响地铁 1 号线正常运营及周边楼宇的正常使用和地下管网的安全，并承担本地下空间开发同车公庙地铁站连接通道及出入口建设、地下管线的迁移改造建设费用。

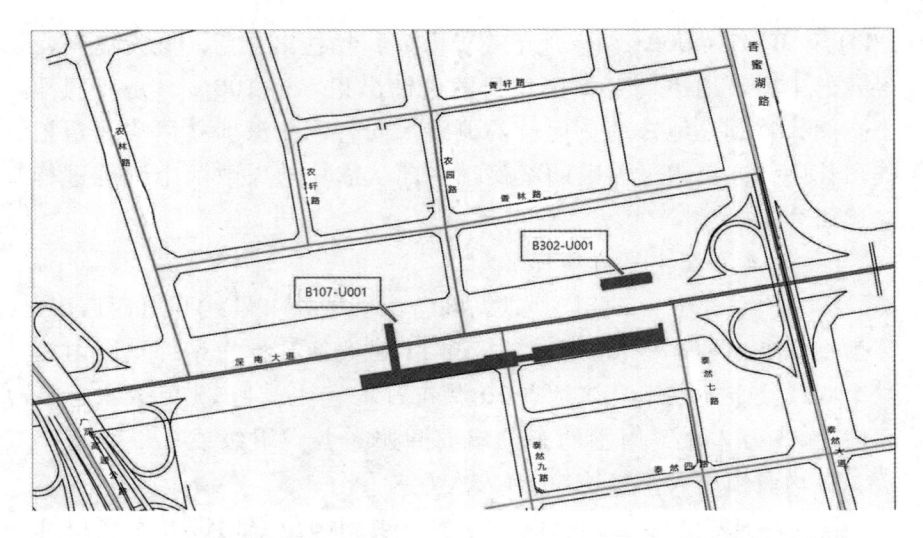

图 5-6　福田区车公庙 B302-U001、B107-U001 两宗地位置示意图

　　站在 2005 年的时间节点来看地下商业空间招拍挂出让是有一定风险的。一是地下商业空间开发成本相对较高。二是地下商业空间的经营模式还需要探索。三是车公庙商圈尚未完全形成，深圳地铁二期、三期的规划和建设还存在大量的不确定性。因此，车公庙 B302-U001、B107-U001 两宗地在当时的土地市场是遇冷的，只有一家开发商参与竞买——深圳市仁贵投资发展有限公司以挂牌起始价 1680 万元竞得上述两宗地，综合楼面地价 692.78 元/平方米。

　　作为我国首宗与地铁站点复合利用的地下商业空间成功招拍挂出让案例，在 B302-U001、B107-U001 两宗地下空间用地上开发出来的丰盛町商业步行街在商业上取得了巨大的成功。除深南路北侧靠近东海国际商务中心的商铺人气不旺外，南侧的 500 多个商铺吸引了地铁、商务、购物的大量人流。2015 年，丰盛町商业步行街旁边的第二块地下商业空间用地（B302-0115）推出时，得到市场的热烈追捧。第二块地在出让过程中，有 6 家企业参与竞买，经过激烈的 29 轮竞价，最终成交价为 45800 万元，溢价率高达 121%，折合楼面地价 7.77 万/平方米，比 10 年前车公庙丰盛町地下商业街地价翻了110多倍。①

车公庙丰盛町商圈现已发展成深圳极具活力的商业空间，其作用一是使得轨道站点的连通价值最大化，更好地方便了市民出行，打造轨道1号线地下空间为片区地下空间体系的主骨架，建立了与深南大道两侧居民区、商务区的对接口，增强了地铁与周边地块的直接联系与无缝衔接，实现地上地下、站城一体化开发建设。二是减轻地面交通压力，减少地面拥堵，构建了互通互联的地下步行网络系统，畅通了地下"动脉"，实现多种交通设施无缝对接。三是布局了适宜规模的商业、文化、休闲、娱乐等，为科创办公人群、周边居民、游客提供公共服务配套、立体慢行交通和休闲社交的城市公共空间，是城市公共空间体系的重要组成部分。

（二）出让未果的案例

深圳土地要素市场化配置改革以来，通过公开招拍挂方式出让立体空间的案例大部分顺利成交并开发建设，但亦有3个项目5宗地在招拍挂成交后因故由政府收回。

一是2007年出让的福田区莲花山B306-0042（B）和B306-0043（B）两宗地下停车场项目，该项目位于现已建成的关山月美术馆东侧和北侧。当时该两宗地成交后，因国家政策调整，人防工程标准提高，导致工程造价大幅增加，且在地面景观投资主体上也存在城管部门意见和原用地合同约定的分歧，经竞得人申请并报市政府同意协商解除该地下停车场土地出让合同。其最终未开发建设的原因，一是政策上，用地出让后国家提高了人防建设标准；二是前期协调上，政府相关部门在地面绿化投资主体有不同意见；三是经济可行性上，2008年的莲花山周边车位紧张情况远没有今天那么突出，停车场的收益没有目前那么可观。

二是2015年4月公开拍卖出让的车公庙B302-0115地下商业项目，成交后，因该地下空间与地下排水渠等地下管线空间冲突，经竞得人申请并按程序报批后协商收回该宗地的使用权。分析其收回的原因，一是经济可行性上，竞买人在拍卖现场理性不够，成交

---

① 赵蕊、姚祎：《地下商业地块使用权招拍挂出让条件比较研究》，《地下空间与工程学报》2018年第14卷第4期。

价过高，楼面地价高达 77758.91 元/平方米；二是政府主管部门在前期工作中缺乏精细化管理，各部门的地下管线核查标准不统一，加之高度城市化建成区的地下管线情况复杂，地下管线资料由于历史原因遗失且未进行精细化、系统化管理，导致在规划设计方案审批和用地审查阶段未能精确核查各类管线详细情况，已出让的地下空间与现状地下管线冲突。

  三是 2015 年的南山高新南区三宗立体空间利用项目。2011 年 2 月，某著名互联网公司在南山高新区通过挂牌方式竞得两宗 M0 用途研发用地。其后，竞得人在北京通过国际招标确定了项目的设计方案，但中标设计方案直接在项目联系两宗地的国有未出让绿地之间增加了地下停车空间、空中连廊和地面支撑连廊的立柱，考虑中标设计方案有其合理性且符合土地节约集约利用的方向，经合规的申请和审批流程后，规划部门同意了中标设计方案，但按国家和深圳土地管理政策，增加部分空间必须通过招拍挂方式出让。第一次挂牌后，该互联网公司认为经济上不划算，没有参与竞买，导致流标；第二次挂牌后，居然"半路杀出一个程咬金"成功竞得。事后竞得人表示自己没到现场踏勘过交易标的，没了解挂牌出让文件，直接就竞买了，成交后才发现现实和理想差距比较大，标的物根本无法单独使用。经竞得人申请并按程序报批后，政府与竞得人协商解除了土地出让合同。

  综观以上原因，可归为三类，一是因不慎导致的主观错误，如没有认真了解标的物等。二是商业原因，因核算成本收益后觉得不划算，以政府或其他方面的瑕疵为由，退回土地。三是技术性原因，目前对控规的控制指引仍在二维层面，不能满足地下空间三维控制要求，政府在出让时对立体空间的规划条件不够精确。从招拍挂建设流程看，依据控制性详细规划设定的条件是招拍挂用地的首要条件，也是未来开发主体进行设计的限定和指导文件，也包括地下空间的建设控制要求。[①] 地下空间出让建设中，地下空间与周边

---

① 兰杰、陈建凯：《土地供应模式下城市地下空间控制要素的思考》，载中国城市规划学会编《规划 60 年：成就与挑战——2016 中国城市规划年会论文集（02 城市工程规划）》，中国建筑工业出版社 2016 年版，第 12 页。

联系和衔接的控制要素，包括通过性通道、与周边地下空间衔接、与地面衔接、对现有地下空间影响等必须通过技术手段厘清，探索三维产权体为核心的土地空间使用权管理模式，并研究土地空间使用权出让三维附图，同时后续行政上的分歧须政府部门协调以避免矛盾纠纷，这样才能保证出让后的顺利建设。总体来说，土地要素立体空间的市场化配置，必须对交易双方的风险管控都比较有益，才能真正实现地下商业地块的开发与经营。

土地要素的立体利用和市场化配置符合国家土地节约集约用地的政策方向，符合深圳当前土地高度紧约束条件下土地管理的实际需求，其出现和发展受到多方因素的共同影响。一是民众的需求，空间功能的扩展为民众提供了实在的便利。二是企业的需求，土地要素的丰富赋予它们更多的商业空间和市场利润。三是政府的需求，土地立体化复合利用能为经济发展、社会管治提供更多的工具。对应地，各方对土地要素立体利用、市场化配置的思维都应该从统切块式转向立体分层式，从理念到实践进行系统性变革。

第五节 土地要素市场化配置方式的探索

一 土地要素市场化配置方式的演变

改革开放后，我国首先面临的就是计划经济体制下的用地和用人问题。一方面，我国全民所有制土地是以计划配置、行政划拨方式实现流转的，其用地特征是无偿、无期限和无流动；另一方面，严格的户籍制度使人员流动受到管控，用人没有自主权。但对特区发展来说最实际的问题是政府没有钱启动经济建设。当年邓小平同志对到中央要钱启动建设的广东省委领导讲："中央没有钱，但是可以给政策，你们去杀出一条血路来。"

正是凭着"杀出一条血路"的勇气和担当，深圳开始接受港商的建议，启动土地有偿使用的第一步——实施合作建房利润分成和租地建房按年收取土地使用费的模式。但按年收取土地使用费的方式根本无法满足城市大规模开发建设的资金需求，因此将其改为一次性收取30年或50年的模式。这种地租的收取方式类似于今天的一次性收取地价模式。土地有偿使用制度的开启，为特区建设提供了有力的资金支持。

由于收取土地使用费的标准较低，它无法满足特区建设海量资金的需求。1987年，深圳再次将目光投向香港，经过考察，出炉《深圳经济特区土地管理体制改革方案》，提出"所有用地实行有偿使用，协议、招标、公开竞投，各搞一个试点，先易后难"的土地全面有偿使用思路，并于当年落实，按照协议、招标和拍卖的顺序各开展了一次试点，开了我国土地招标拍卖的先河。今天来看，土地招拍挂出让早已在全国"普遍开花"，但当年的改革者却是冒着违宪的政治风险"杀出一条血路"。深圳土地拍卖的成功，为1988年宪法修改提供了实践样本。

1994年，《深圳经济特区土地使用权出让条例》规定，"本条例所称土地使用权出让，是指市人民政府以拍卖、招标、协议的方式，将国有土地使用权在一定年限内让与土地使用者使用，土地使用者向市人民政府支付土地使用权出让金的行为"。这是国内首部以特区法规形式确认土地使用权可以以招标或拍卖方式出让的法律文件，对土地使用权招标、拍卖的定义和程序等进行了规范。

2001年1月，《国土资源部关于建立土地有形市场 促进土地使用权规范交易的通知》（国土资发〔2000〕11号）指出，"广泛采取招标、拍卖手段，实行挂牌公告方式交易"。这是目前可查的国内最早提出土地使用权可以挂牌交易的政策性文件。但该文件仅限于以上表述，对土地使用权挂牌交易的内涵、程序、交易规则没有给出进一步的规范。

2001年3月，《深圳市土地交易市场管理规定》（市政府令第100号）在国内首次对土地使用权挂牌交易进行定义，并规范其交易时间，明确了挂牌交易的规则。

2002年7月，《招标拍卖挂牌出让国有土地使用权规定》（国土资源部令第11号）颁布并实施，在国家层面首次明确土地使用权出让，除协议出让外，还包括招标、拍卖和挂牌三种方式，并规定了招标、拍卖和挂牌出让的期限、规则、程序。

2007年3月,《中华人民共和国物权法》颁布,首次以法律规定"工业、商业、旅游、娱乐和商品住宅等经营性用地以及同一土地有两个以上意向用地者的,应当采取招标、拍卖等公开竞价的方式出让"。但物权法没有正式确认土地使用权挂牌出让,仅将其归类到公开竞价方式。

二 土地要素出让方式的选择

土地要素的配置是政府治理的重要手段。观察历代改革,自秦以降,莫不如是。深圳土地管理制度改革是深圳经济特区40多年经济体制改革的重要组成部分,是配合经济体制改革的现实需要展开的。在土地资源以招拍挂出让方式配置的机制形成后,个案地块招拍挂出让方式的选择也体现着政府在土地出让价值取向上的选择。一是地价过快上涨阶段,因招标方式的商务标报价具有开发商需要经过理性测算且只有一次报价机会的优点,对居住等经营性房地产用地政府往往采用公开招标价高者得的商务招标方式,传达希望开发商理性测算并投标的理念。二是产业用地出让,因出让公告中要明确地块的产业导向和产业准入条件,因此,只有一家竞买人即可成交的挂牌出让方式成为政府的首选。三是在2010年房地产宏观调控要求遏制地价房价过快上涨之前,拍卖出让方式是居住用地出让的第一选择。四是选择综合招标方式往往是因为项目用地出让带有政府强烈的综合性社会经济目的,以至于采用拍卖或挂牌出让方式无法实现既定目标。例如,深圳国际会展中心(一期)配套商业用地土地使用权与深圳国际会展中心(一期)建设运营权综合招标,其主要招标目的为:深圳国际会展中心项目的建设投资运营所需资金巨大,作为一个市场化经营项目,只有把会展项目的建设交给市场经营,才能不让政府背上巨大的资金和经营包袱。因此,需要通过配套商业用地出让引进一家国际一流会展中心建设、管理和综合运营机构,打造全球最大的国际会展中心,实现深圳国际会展中心长期运营的资金平衡。在这一目标中,土地出让的价高者得已经不再是政府的唯一价值取向,需要综合运用招标手段实现产业发展意图。

多年来，深圳市土地招拍挂出让中采用招标出让的方式非常少。自2001年土地交易市场建立起，20年来，通过土地交易市场公开招拍挂出让928宗土地，其中，招标方式成功出让47宗地（包括公开招标价高者得的商务招标28宗；公开招标综合评标方式出让5个项目涉及8宗地，邀请招标综合评标项目1个涉及11宗地，其中选择综合招标方式出让并成交的只有6个项目19宗地），另有一个城市更新改造权项目以综合招标方式组织交易，综合招标比例仅为5.17%。全国范围内选择招标出让的比例更低。登录中国土地市场网，查询全国2019年国有建设用地使用权出让结果（见表5-9），可知招标出让方式占出让总宗数的比例仅有0.18%。出现这种结果的原因主要与招标出让方式政策法规不健全导致招标评分标准设置自由裁量权过大等因素有关。

表5-9　　　　　　　全国2019年招拍挂出让土地统计

出让方式	宗数	比例
招标	151	0.18%
拍卖	15173	17.73%
挂牌	70247	82.09%
合计	85571	100%

三　招拍挂出让方式的完善

（一）价高者得

在城市的不同地段，其配套的市政、公益等各类基础设施不一样，必然形成级差地租。级差地租决定了不同地段的土地价值高低。土地资源的市场化配置过程中，土地价值决定了土地价格，供求关系也直接影响着土地价格在土地平均价值上下波动。政府作为国有土地所有权的行使者和土地一级市场的垄断供应者，为了实现土地价值的最大化，需要投入大量的资金来建设学校、医院、地铁、公路和公园等各类基础设施。同时，通过制订土地供应计划来影响土地供应量，进而影响土地价格。供应量的大小又影响了土地竞买人的土地需求，需求的旺盛与否反过来推动土地价格的走势。

因此，价高者得的办法成为土地资源市场化配置的天然选择。

1994年，《深圳经济特区土地使用权出让条例》规定，在拍卖出让土地使用权中，由"竞投者按照规定的方式应价，由出价最高者获得土地使用权"。

2002年，《招标拍卖挂牌出让国有建设用地使用权规定》（国土资源部令第11号）对招标、拍卖、挂牌三种土地使用权出让方式的内涵进行界定，并分类设计了清晰的招拍挂出让程序，以实现公开、公平、公正配置土地资源。根据该规定，招标方式包含以价高者得和综合评价确定中标人的办法，其中都包含价格最高的条件。对于拍卖，更是直接确定"主持人宣布最高应价或者报价者为竞得人"。在挂牌方面，也是首先由挂牌主持人现场宣布最高报价和报价者，然后继续竞价，无论是否有人竞价，最终确定方式依旧是"价高者得"。

（二）宏观调控背景下出让方式及其竞价办法的多元化探索

1998年7月，《国务院关于进一步深化城镇住房制度改革 加快住房建设的通知》（国发〔1998〕23号）提出，稳步推进住房商品化、社会化，逐步建立适应社会主义市场经济体制和我国国情的城镇住房新制度；停止住房实物分配，逐步实行住房分配货币化。在实施步骤上，要求从1998年下半年开始停止住房实物分配，逐步实行住房分配货币化，具体时间、步骤由各省、自治区、直辖市人民政府根据本地实际确定。同年起，我国连续实施了7年积极财政政策。

按照国发23号文件精神，全国各地在2002年左右陆续停止了住房实物分配，这为我国房地产业的起步与飞速发展提供了一次绝佳的机会。此后，在住房政策和财政政策的共同影响下，全国各地房地产业蓬勃兴旺，各地地价、房价快速上涨。

进入2005年，在经济出现过热苗头的情况下，宏观调控政策陆续出台。稳健的财政政策取代了积极的财政政策，土地增值税恢复开征，国务院办公厅发布了关于切实稳定住房价格的通知。2006年5月，《国务院办公厅转发建设部等部门关于调整住房供应结构 稳定住房价格意见的通知》（国办发〔2006〕37号），要求"土地的供应应在限套型、限房价的基础上，采取竞地价、竞房价的办法，以招标方式确定开发建设单位"，首次提出限房价、竞地价的概念。同年7月，建设部等六部委发出《关于规范房地产市场外资准入和管理的意见》（建住房〔2006〕171号），要求规范房地产市场外资准入。

2007年，为落实国办73号文件精神，深圳市土地房产交易中心成功出让两宗住宅产业化试点地块，首度推出两宗"限价商品房"用地，试行"四限单竞"（限开发单位、限套型、限房价、限销售对象，竞地价）招标出让方式。

2008年国际金融危机后，我国在2008年11月推出进一步扩大内需促进经济平稳较快增长的十项措施（即俗称的"4万亿元计划"），为应对国际金融危机起到重要作用，有力促进了我国经济平稳较快发展。但4万亿元计划也大幅度加速了资产泡沫化。2009年下半年开始，我国部分城市房价地价快速上涨。2010年1月，《国务院办公厅关于促进房地产市场平稳健康发展的通知》（国办发〔2010〕4号）要求各地综合考虑土地价格、价款缴纳、合同约定开发时限及企业闲置地情况等因素，合理确定土地供应方式和内容，探索土地出让综合评标方法。

2010年4月，《国务院关于坚决遏制部分城市房价过快上涨的通知》（国发〔2010〕10号）要求实行更严格的差别化住房信贷政策，发挥税收政策对住房消费和房地产收益的调节作用，增加居住用地有效供应，调整住房供应结构。

2010年3月，《国土资源部关于加强房地产用地供应和监管有关问题的通知》（国土资发〔2010〕34号）指出，"各地要按照公开、公平、公正的原则和统一、规范的市场建设要求，坚持和完善招拍挂出让制度。房价过高、上涨过快的城市，市、县国土资源管理部门可选择部分地块，按照政府确定的限价房项目采用竞地价办法招拍挂出让土地，发挥抑制房价上涨过快的调节作用。要按照提高土地开发利用效率的原则，探索综合评标的具体方法。在确定土地出让最低价的基础上，将土地价款交付、开发建设周期、中小套型建设要求、土地节约集约程度等影响土地开发利用的因素作为评标条件，科学量化标准，合理确定各因素权重，完善评标专家库，细化评标规则，规范运作，依法依纪严格监督"。一方面，要求坚持和完善招拍挂出让制度；另一方面，第一次也是唯一一次在国家各层级的政策性文件中提出综合评标的标准和条件，有助于规范综合评标中的标准设置。2010年9月，《国土资源部 住房和城乡建设部关于进一步加强房地产用地和建设管理调控的通知》（国土资发〔2010〕151号）要求严格住房建设用地出让管理等。2011年1月，《国务院办公厅关于进一步做好房地产市场调控工作有关问题的通知》（国办发〔2011〕1号）要求进一步完善土地出让方式，大力推广"限房价、竞地价"方式供应中低价位普通商品住房用地。

2011年5月，为落实国办发〔2011〕1号文件精神，回应社会在房价地价过快上涨背景下对土地招拍挂制度的质疑，国土资源部发布《关于坚持和完善土地招标拍卖挂牌出让制度的意见》（国土资发〔2011〕63号），指出国有土地使用权招拍挂出让制度是市场配置国有经营性建设用地的基本制度，完全符合社会主义市场经济体制发展方向，坚持国有经营性建设用地招拍挂出让制度和在房地产市场运行正常条件下按"价高者得"原则取得土地，符合市场优化配置土地资源的基本原则，同时要求发挥招拍挂在稳定市场、优化结构、稳定房价和保障居住方面的作用，将重点引到"保民生、促稳定"上来，要求各地创新土地出让政策，解决土地出让中的新情况和新问题，促进城市健康发展。该文件提出了"限房价、竞地价"和"限地价、竞房价"及限定配建保障性住房建设面积、综合评定招标等出让方式，由此开启全国性的土地出让限竞模式。此后，34号文件、151号文件和63号文件成为我国土地招拍挂领域土地管理政策的三个主要来源依据。

2016年中央经济工作会议提出，促进房地产市场平稳健康发展，要坚持"房子是用来住的、不是用来炒的"定位，综合运用金融、土地、财税、投资、立法等手段，加快研究建立符合国情、适应市场规律的基础性制度和长效机制。2019年中央经济工作会议提出，要坚持"房子是用来住的、不是用来炒的"定位，促进房地产市场平稳健康发展。两次中央经济工作会议提出的要坚持"房子是用来住的、不是用来炒的"的定位，为今后一段时期土地市场综合运用宏观调控手段配置居住用地资源指明了方向。

在落实中央政策、坚持和完善土地招拍挂出让制度的背景下，在2007年"四限单竞"模式基础上，从2010年起，深圳一直探索完善土地招拍挂出让制度。

1. 定地价、竞房价的一次竞价挂牌出让方式

2010年7月，《中共深圳市委深圳市人民政府关于实施人才安居工程的决定》（深发〔2010〕5号）要求采取市场化运作机制，选择部分住宅用地采取"竞地价、限房价"或"定地价、竞房价"的方式公开出让。

2010年10月27日，深圳首次采用挂牌出让方式以定地价、竞房价、一次竞价的办法出让了位于宝安区西乡街道的A116-0335宗地。

所谓"定地价、竞房价"方式，即按照公告确定的地价不变和房价报价最低者得的原则确定竞得人。竞买人的报价不得高于房价挂牌起始价。

所谓"一次竞价"，其实是招标和挂牌方式结合后的产物。由于安居型商品房定地价竞房价或定房价竞地价，所竞房价的起始价本身就较低，开发利润不高，向下竞房价后会进一步压缩开发商的利润空间。为防止拍卖或挂牌出让方式中现场多次举牌不理性报价，需要采用招标出让中填写商务标报价单一次报价的竞价模式。但这一招标方式有其必须有不少于三个投标人投标的缺陷。考虑安居型商品房利润低，且建设质量要求高、时间任务短的特性，参与的房地产开发企业可能不多，在机制上应当允许只有一家竞买人也可成交，因此融合招标和挂牌的优点后，创造性地采用挂牌出让一次竞价的模式。从性质上看，无论是定地价竞房价或一次竞价还是挂牌出让方式，都是结合实际需要，在坚持公开、公平、公正的前提下，完善了竞价方式。

2010—2011年，深圳共有8宗安居型商品房用地采用定地价、竞房价的一次竞价挂牌方式出让。

2013年6月25日,深圳前海采用一次竞价(但未采用限竞模式)的方式公开挂牌出让了3宗商业性办公用地,合计168464.92平方米。

2. 双限双竞

2016年12月14日,深圳首次采用挂牌出让方式以"双限双竞"的办法出让了位于大鹏中心区G16506-0144和坪山沙湖社区G11314-0092两宗居住用地。两宗地采用挂牌方式出让,有效竞买人有且仅有一家的,按出价最高且不低于底价者得的原则确定竞得人;有效竞买人为两家或两家以上的,采用"双限双竞"的办法确定竞得人。所谓双限双竞,即"限销售房价和成交地价,竞成交地价和保障性住房面积"的方式。同时,对销售均价和最高销售单价进行严格限定,要求均价比周边同类均价低10%及以上,最高销售单价不得高于周边均价最低值的95%,出让底价按照溢价率30%为最高底价,竞买价达到最高限价之后,从竞地价转到竞无偿移交的保障性住房面积,总住宅建筑面积不变,按报出保障性住房面积最多者得的原则确定竞得人。

在双限双竞中,保障性住房的类型(上述案例两宗地的保障性住房类型为人才住房)和产权管理属性(建成后是无偿移交还是只租不售)由住房和城乡建设部门确定。所限房价由住房和城乡建设部门根据区域市场房价水平下浮一定比例后确定;所限地价。由土地管理部门经评估机构评估后确定出让底价,竞地价的最高底价上限按溢价30%—45%确定。

自2016年以来,深圳以挂牌出让方式采用"双限双竞"的办法合计出让居住用地20宗,土地面积63.73万平方米,收取费用460.76亿元,溢价移交政府的保障性住房面积39400平方米。

3. 单限双竞

2017年11月10日,深圳市土地房产交易中心以挂牌方式采取"单限双竞"的办法成功出让龙华新区民治街道A811-0323宗地。该宗地为二类居住用地,土地面积2004192平方米,建筑面积90180平方米,挂牌起始价7.77亿元,最高限制地价10.1亿元,出让年限70年。项目建成后,宗地内住房和商业用房全年期内自持，限整体登记、不得分户登记，不得转让，允许租赁，允许抵押但抵押金额不得超过合同地价与建筑物残值之和。

该项目是深圳市首个70年全年期自持和采用"单限双竞"办法挂牌出让的居住用地。A811-0323宗地采用挂牌方式出让，有效竞买人有且仅有一家的，按出价最高且不低于底价者得的原则确定竞得人；有效竞买人为两家或两家以上的，采用"单限双竞"的办法确定竞得人。所谓单限双竞，是指限成交地价、竞成交地价和保障性住房，在竞买人报价达到最高限制的地价时，如果继续参与竞买，则从竞地价转移到竞无偿移交的保障性住房面积中来。

自2017年以来，深圳以挂牌出让方式采用单限双竞的办法合计出让居住用地18宗，土地面积40.76万平方米，收取费用335.44亿元，溢价移交政府的保障性住房面积109000平方米。

2018年，深圳市人民政府下发《关于深化住房制度改革 加快建立多主体供给多渠道保障租购并举的住房供应与保障体系的意见》，提出了要建立多主体供给、多渠道保障和租购并举的保障体系。对住房供应结构，要求今后市场商品住房占住房供应总量的40%左右，人才住房占20%左右，安居型商品房占20%左右，公共租赁住房占20%左右。同时，要求完善住房用地供应机制，适当提高居住用地在城市建设用地总量中的比例和开发强度，明确人才住房、安居型商品房和公共租赁住房的用地指标与空间布局，公共租赁住房用地应保尽保，优先安排人才住房、安居型商品房用地，合理增加普通商品住房用地，严格控制大户型高档商品住房用地；从2018年起，在新增居住用地中，确保人才住房、安居型商品房和公共租赁住房用地比例不低于60%，在新出让居住用地中提高"只租不售"用地比例。

2016年以来，深圳采用挂牌方式以"双限双竞"或"单限双竞"的竞价办法出让土地，一方面，有力落实了中央"房住不炒"的精神，遏制了地价、房价过快上涨；另一方面，有利于增加保障性住房面积（4年来合计通过竞价额外新增保障性住房面积148400平方米），为扩大人才和中低收入人群的住房保障提供了有力支撑，构建深圳多层次的住房供应与保障体系，做到"高端有市场、低端有保障、中端有支持"。

4. 用地预申请

1998年，亚洲金融危机蔓延至中国香港，使得中国香港房地产市场受到严重冲击，楼价大跌，官邸拍卖大幅流拍。为应对危机，1999年，香港特别行政区政府推出勾地制度。2001年，深圳土地交易市场成立后，市规划国土局邀请香港地政总署副署长吴恒广先生赴深授课，介绍香港的土地管理制度和勾地的基本运作制度。

亚洲金融危机之前，中国香港一直推行定期卖地制度，它能够带给市场稳定预期，卖地结果也是香港房地产市场的"晴雨表"。金融危机后，为防止土地流拍、被贱卖，香港推出勾地制度。勾地制度是基于房地产市场行情建立的一条供需沟通管道。地政总署会将整理成熟、具备开发条件的熟地纳入"可供申请售卖土地一览表"（俗称"勾地表"）并在官方网站公布，对表内土地有意向的开发商可以向地政总署申请勾地，报出底价并提交按金。开发商的出价若低于政府底价，地政总署不会正式接纳勾地申请；若获接纳，被勾出的地块将在《香港特别行政区宪报》上发出公告，正式启动卖地程序。卖地时，以获接纳的申请人的出价作为底价，若无第三人申请，获接纳的申请人必须报价竞买，否则按金将被没收；有第三人申请竞买的，按价高者得的原则确定竞得人。

1999—2001年，香港实行定期卖地和勾地制度并行的土地供应双轨制。2002年，特别行政区政府宣布取消定期卖地制度，转为全部通过勾地后拍卖。2013年，香港特别行政区政府宣布取消勾地制度，恢复定期卖地制度，由政府全面掌握主动权，根据市场需要提速卖地。

2006年5月，国土资源部发布《招标拍卖挂牌出让国有土地使用权规范》（国土资发〔2006〕114号），提出"为充分了解市场需求情况，科学合理安排供地规模和进度，有条件的地方，可以建立用地预申请制度"，并设计类似香港勾地的用地预申请的基本流程。

2008年，受国际金融危机影响，深圳经济受到较大影响，土地市场的流拍率大幅度提升。为积极应对，深圳市政府107次常务会议要求创新产业用地出让方式，借鉴香港供地模式，为深圳鼓励发展的中小企业创造公平、公正的营商环境，采取土地供应引导需求的土地出让模式开展产业用地招拍挂出让，探索实行土地出让弹性年期制度，促进土地循环利用，试行项目准入通行证制度和竞买资格通行证制度。为落实市政府决策，2009年，市规划国土委曾制订试行勾地制度的相关工作规则和方案报市政府，后因市场环境和条件不成熟，勾地工作暂停。

2013年，"1+6"文件出台，要求按照产业转型升级需要，完善产业供地预申请制度，对不同产业用地供给方式和供地年限实行差别化管理，进一步增强土地供应的针对性、导向性和有效性。

按照"1+6"文件精神，结合2009年的工作基础，在"1+6"文件发布10天内，市土地房产交易中心即启动坪山新区坑梓街道G14316-0101宗地的用地预申请程序。3月22日，深圳市新悟同生物科技有限公司以1587万元竞得G14316-0101宗地，土地面积26904.92平方米，建筑面积53800平方米，综合楼面地价294.98元/平方米。

总体来看，香港勾地制度的最大局限性在于，将土地市场供应的主导权交给了开发商，开发商为了抬高楼价有意放慢勾地速度造成市场供需失衡的局面。深圳市在用地预申请工作上仅仅探索性尝试了1宗工业用地的出让，在完善出让方式上进行探索。但用地预申请的机制根源是解决用地无人竞买的状态下防止土地流拍，除了2008—2009年国际金融危机时有这种诉求外，在深圳土地资源高度紧约束的情况下，该制度不太可能成为深圳常态化的土地供应方式。

5. 公告出让

自2005年推行工业及其他产业用地招拍挂工作以来，对产业用地的供应思路一直有两个：一是土地供应引导产业空间需求，主张通过产业用地招拍挂出让以市场化竞争方式引进产业项目；二是通过引进项目落实招拍挂用地，主张用地招拍挂出让应当为政府招商引资、引进项目提供产业空间保障。两种模式都需要落实国家的土地管理政策，服务深圳经济发展的大局。2008年国际金融危机期间，深圳市提出产业用地"两条腿走路"的原则，50%的产业用地要通过土地供应引导产业空间需求的模式供应，但其余用地走第二种模式对土地管理部门来说意味着承担执行土地管理政策的压力，需要为招商引资项目落地在土地招拍挂政策执行层面解决合规性问题。

2012年，深圳启动新一轮土地管理制度改革，土地管理部门开始在创新解决产业用地招拍挂出让模式上进行探索。根据党的十八届三中全会发挥市场在资源配置中的决定性作用和更好发挥政府作用的精神，2014年，深圳创造性提出公告出让制度的思路，并进行了较为深入的研究。操作上，由土地管理部门按规定的程序和条件发布公告，明确用地准入条件和意向受让单位等；在规定期限内，无符合条件的提出申请或异议的，按公告内容成交，否则转按拍卖或挂牌方式出让；在项目的确定上，设计项目遴选机制和产业发展监管机制，一方面确保在招商引资阶段项目属于能推动深圳产业转型升级、弥补产业链缺失环节的优质项目，另一方面确保项目引进和土地供应后能够落实引进阶段的各种承诺。

2014年5月，前海深港现代服务业合作区管理局在市规划国土委前期研究工作的基础上，以公告出让方式探索供应了前海合作区内T201-0081、T201-0082、T201-0083和T102-0253共四宗地。

前述开拓性的研究和实践，创新了深圳的土地出让方式，为2016年深圳制定并出台《深圳市工业及其他产业用地供应管理办法（试行）》提供了研究和实践样本，尤其是项目遴选机制被全盘吸收并予以优化。

四 土地立体空间配置方式的探索

（一）地铁沿线物业综合开发用地立体利用政策的演变

我国现行的土地管理政策建立在二维平面基础上，没有考虑三维立体空间下土地管理政策是否合理。在地铁上盖物业用地和各类立体空间出让探索中，深圳逐步完善了立体空间的供应方式。

深圳地铁二期建设启动后，开始探讨借鉴香港"轨道交通+土地综合利用"开发模式的可行性。

香港地铁"轨道交通+土地综合利用"开发模式，是指港铁承担地铁投资、建设、运营和地铁沿线土地综合开发等职能。一是政府在规划地铁线路时会进行可研分析，确定地铁投资与运营收益的资金缺口，然后由港铁公司参与地铁沿线物业用地的开发选址。二是特别行政区政府在地铁建设上不投资或少量投资，但将地铁沿线一定数量的用地授予港铁公司用于物业开发，并按未规划建设地铁前的同类同等级土地的市场地价标准收取费用。三是港铁公司享有所取得的地铁沿线物业开发用地的增值收益，并承担地铁的建设和运营成本，自负盈亏。四是港铁通过招标方式选择地铁沿线物业的开发商，并由开发商负责沿线物业开发，港铁负责地铁与物业开发建设和运营安全衔接，对物业开发项目进行监督，并分享物业开发收益。香港地铁"轨道交通+土地综合利用"开发模式确保香港地铁成为世界上为数不多的盈利地铁。

在地铁开发模式的探讨中，深圳各界对借鉴香港"轨道交通+土地综合利用"的开发模式没有争议，认为该模式有利于降低政府财政投资地铁建设和运营的压力，但在土地出让方式的探讨中逐渐形成两种观点。一种观点认为，无论是地铁车辆段上盖物业开发还是地铁建设开挖形成空间的商业利用，都存在地铁和物业的重大安全防护与监督问题，将地铁的开发、建设、运营与地铁沿线物业的建设、运营分割开来分别由地铁公司与开发商建设和运营，不利于在地铁和物业安全防护监督上形成权利义务与安全风险的相对统一，因此，要将地铁建设、运营与物业开发捆绑在一起，统一出让给地铁公司，有利于降低政府财政投资建设与运营地铁的压力。另一种观点认为，国内经营性房地产用地招拍挂出让是刚性政策，在此政策下，可以制定严格的地铁建设运营与物业开发建设运营的衔接技术标准，化解风险，清晰界定地铁与物业的安全风险责任边界，开发商拿地后的地价可反哺地铁建设。

深圳在地铁二期建设过程中，采用招拍挂方式出让地铁沿线及上盖配套用地使用权，其中1号线前海车辆段用地、1号线深大站酒店用地、2号线蛇口西车辆段用地、4号线龙华车辆段用地、5号线塘朗车辆段用地和深圳北站综合开发酒店及商业项目用地共计6

个项目11宗地通过挂牌方式出让。考虑地铁与物业建设、运营安全风险,降低政府财政投资地铁建设和运营的压力等,6个项目用地全部由地铁建设与运营单位或其关联公司竞得。

采用招拍挂方式出让地铁沿线及上盖配套用地使用权,符合国家土地招拍挂出让政策,但为确保地铁运营单位拿地设置了一定条件,这又与国家相关政策相悖。同时,该出让方式存在以下问题。一是地铁公司的地铁建设资金,不能用于购买土地,因此,其土地购置资金一部分属于财政借款,从国库左口袋借款后再进入国土基金右口袋,周期长且复杂;一部分自有土地购置资金,在缴纳地价后又由政府以注资方式返还地铁公司,同样周期长且复杂。二是不能保证轨道建设与地铁沿线及上盖配套物业的同步开发建设。由于土地有净地出让要求,需要先整备土地,涉及地铁上盖的还需要先建设上盖盖板,具备出让条件后才能启动招拍挂出让程序,导致先确定轨道建设单位并动工建设轨道,后确定物业开发建设单位,轨道建设与物业建设不能同步,给地铁和物业开发带来风险管控问题。

在总结地铁二期建设经验的基础上,2012年5月,《关于贯彻落实深圳市土地管理制度改革总体方案》(深发〔2012〕3号)提出以深圳地铁三期开发用地作为探索国有土地作价出资有偿使用方式的专项试点。

2013年,深圳市出台《深圳市国有土地使用权作价出资暂行办法》,深圳市规划国土委印发《深圳市土地使用权作价出资实施流程》和《深圳市土地使用权作价出资合同(范本)》,理顺了轨道交通设施用地及上盖开发用地分层出让供应的机制,允许地铁车辆段和地铁车站上盖及相邻白地以作价出资方式增资注入地铁集团。这基本建立了一套市场化的地铁建设投融资模式,政府地铁沿线及上盖配套土地资源注入深圳地铁集团,地铁集团通过市场化融资解决地铁建设资金,再通过物业开发收益偿还融资借款。

2016年,国土资源部、财政部等八部委出台《关于扩大国有土地有偿使用范围的意见》(国土资规〔2016〕20号),对可以使用划拨土地的能源、环境保护、保障性安居工程、养老、教育、文化、体育及供水、燃气供应、供热设施等项目，支持市、县政府以国有建设用地使用权作价出资或者入股的方式提供土地，与社会资本共同投资建设。国有建设用地使用权作价出资或者入股的使用年限，应与政府和社会资本合作期限一致，但不得超过对应用途土地使用权出让法定最高年限。作价出资或者入股土地使用权实行与出让土地使用权同权同价管理制度，依据不动产登记确认权属，可以转让、出租、抵押。支持各地以土地使用权作价出资或者入股方式供应标准厂房、科技孵化器用地，为小型微型企业提供经营场所，促进大众创业、万众创新。

2017年3月7日，国务院办公厅发布《关于进一步激发社会领域投资活力的意见》（国办发〔2017〕21号），提出医疗、养老、教育、文化、体育等领域新供土地符合划拨用地目录的，依法可按划拨方式供应，支持市、县政府以国有建设用地使用权作价出资或者入股的方式提供土地，与社会资本共同投资建设。

为贯彻国家政策精神，2018年7月，深圳市政府出台《关于完善国有土地供应管理的若干意见》（深府规〔2018〕11号），规定"建设用地使用权作价出资按照土地资源优化配置原则，明确作价出资对象，规范作价出资范围，完善作价出资结构，优化作价出资价格形成机制，加强后续监管。具体办法按照我市国有建设用地使用权作价出资管理的有关规定执行"。

上述文件规范了国有建设用地使用权作价出资的范围，作价出资方式适用于能源、环境保护、保障性安居工程、医疗、养老、教育、文化、体育及供水、燃气供应、供热设施等公益类用地和标准厂房、科技孵化器用地，深圳轨道综合开发中的保障性住房用地、标准厂房、科技孵化器用地（M0）可继续沿用政府以地价作价出资政策，但普通商品住房用地、商业服务业用地等经营性房地产用地未纳入作价出资范围。

政策调整带来深圳地铁沿线及上盖配套用地出让方式的变化。2020年10月，深圳市以挂牌方式供应龙华区A832-0861宗地。该宗地土地用途为二类居住用地、教育设施用地，允许中华人民共和国境内注册的，具有国内（不含港澳台地区）地铁线路建设、运营、管理和上盖物业独立开发经验的法人企业独立竞买（不接受联合竞买）。2020年11月，深圳地铁集团以挂牌起始价方式获得该宗地的使用权。

（二）立体空间资源配置方式的变化

2015年，南山高新南区三宗立体空间利用项目挂牌出让，第三人参与竞买并竞得，导致其无法开发利用。在该案例中，当然有各种主客观原因，但政府也应该反思政策是不是出了问题。该案例中，两宗地的竞得人有立体利用地上地下空间、打通地下室并建设空中连廊的需求，符合土地节约、集约利用精神，不违背控规等法定规划，政府在设计方案报建层面予以了支持。但是，新增的立体空间供应碰到土地出让政策的障碍，按国家有关政策规定必须以招拍挂方式出让，最后出现出让未果的结局。应当说，该案例是有益的，它推动对政策的反思。其实，在"公告出让"方式的研究中，深圳已考虑这类问题，并拟通过公告出让方式直接将此类立体空间供应给唯一的使用单位。

2018年7月，深圳市政府出台《关于完善国有土地供应管理的若干意见》（深府规〔2018〕11号），允许连接两宗已设定产权地块的地上、地下空间以协议方式出让。该空间主要为连通功能且保证24小时向公众开放，按照公共通道用途出让，允许配建不超过通道总建筑面积20%的经营性建筑，若配建超过20%的经营性建筑，超出部分产权归政府所有；该空间无法24小时向公众开放的，按照建筑主体功能出让。连通双方为不同主体的，须经双方协商一致。

第六章

深圳土地要素市场化配置改革案例研究

第一节 深圳土地要素市场化机制建立时期典型案例

一 经营性房地产用地营销方式创新：深圳湾填海区三宗居住用地拍卖

（一）背景

2001年3月6日，深圳市颁布《深圳市土地市场管理规定》（市政府令第100号）；2001年7月6日，深圳市政府发布《关于加强土地市场化管理 进一步搞活和规范房地产市场的决定》（深府〔2001〕94号），规定"凡经营性、营利性项目用地一律以招标或拍卖的方式出让"。100号令和94号文件直接催生了深圳市土地交易市场，以政府规章和规范性文件构建了"想用地，找市场"的经营性用地资源配置模式，推动深圳市经营性房地产用地在公开、公平、公正的原则下阳光交易。

深圳自1987年第一拍到1998年颁布《深圳经济特区土地使用权招标、拍卖规定》，虽然陆陆续续以拍卖方式供应了一些土地，但多数仍然是协议或划拨方式。100号令和94号文件出台后，惯性思维导致社会对全面推行土地资源市场化配置需要一个适应过程。这也提醒市政府和土地管理部门需要通过具体的土地供应活动推动土地资源市场化配置的进程，棋子顺势落到深圳湾填海区三宗居住用地上面。

1999年9月28日，滨海大道的建成通车让深圳向滨海城市迈进成为可能，滨海城市建设也成为深圳市城市主官案头的课题。2000年11月，深圳市市长于幼军应邀率队赴欧洲考察城市建设，在总结思考的基础上，于2001年在《中外房地产导报》上公开发表《携手优势互补　共谋比翼齐飞》一文，就深圳的城市规划、城市管理提出自己的思考，认为"未来的5至10年，将是把深圳建设成为国际一流城市的关键时期，然后继续改善城市综合环境，提高城市运行效率，培育融合历史传统、地方特色和时代特征的城市文化，是摆在决策者、规划建设者和广大市民面前的重要课题……今后5年，要把滨海湾城市建设提到重要的日程……要精心规划设计、高标准建设好滨海大道填海新区，把中部岸线逐步建设成优美舒适的海滨风景长廊，成为深圳滨海城市特色的精华"[①]。这应该是深圳政府主官关于深圳湾区建设的最早思考。

（二）项目用地出让

深圳湾是位于深圳南山与香港元朗之间的生态湿地海湾，与前海相对应。老深圳人和香港地区都将深圳湾称为"后海湾"。滨海大道建成通车后，由滨海大道以北、沙河东路以东、侨城东路以西、白石洲路以南合围形成深圳湾填海区，区域面积约2.90平方千米（含水面约0.45平方千米）。

为适应深圳市经济发展需要，进一步提高城市开发建设品质，1998年，深圳市人民政府开始在华侨城南填海建设新区，启动有关规划前期工作，并计划于2001年第四季度启动土地出让。

1. 规划先行

2001年1月，市规划国土局委托中国城市规划设计研究院针对深圳湾地区专门编制《深圳湾地区概念规划》，重点研究华侨城南填海区建设在城市整体发展中的定位和对城市的影响。在此前提下，于同年4月就深圳湾填海区2.9平方千米用地出让实施工作邀请中国城市规划设计研究院、深圳市城市规划设计研究院联合进行

[①] 于幼军：《携手优势互补　共谋比翼齐飞》，《中外房地产导报》2001年第14期。

多方案的城市设计工作，编制了《深圳市华侨城南部填海区城市设计》。作为深圳市的后备发展地区，2.9平方千米的深圳湾填海区不仅是进一步完善城市功能、景观和提高城市空间环境质量的建设地区，也是塑造未来深圳城市新形象和维护"国际花园城市"称号的主要地区。无论是对土地空间规模还是城市资源聚合的分析，深圳湾填海区的区位、用地条件、建设方向和时机都将成为21世纪深圳城市建设的新舞台。实际上，深圳湾填海区建成后，不仅以优美的居住环境提升了深圳城市生活水准，而且成为深圳社会繁荣发展的象征。因此，对该地区进行的规划设计和有效控制，对深圳在21世纪的城市建设和形成的城市形象产生重大影响。

2. 项目宣传与市场调研

（1）制作宣传片。深圳市土地房产交易中心为配合此次土地出让，委托深圳电视台制作了深圳湾滨海城市形象宣传片和宣传画册。

（2）市场调研与压力测试。委托世联地产开展专题调研，用2个月时间对境内外67家开发商、规划设计单位和中介研究机构进行上门访谈或问卷调查，针对深圳湾填海区的开发建设定位、土地供应时序、土地供应规模、土地开发建设融资方案等一系列问题在行业内做了一次全面调研，出具了《关于华侨城南部填海区土地出让市场调研报告》，为后续土地出让工作奠定了基础。

（3）举办港交会宣传推介。2001年6月，以市规划国土局名义在香港举办"深圳房地产产销会"（以下简称港交会），重点就深圳湾滨海地区城市形象进行宣传，推介了拟出让的深圳湾填海区土地，并就《深圳市华侨城南部填海区城市设计》进行方案展示。在委托戴德梁行开展前期工作的基础上，此次港交会商贾云集，在香港地产界引起强烈反响，重头戏是深圳市人民政府市长于幼军在港交会午餐会上对香港商界（香港地产界稍有影响的公司几乎全部参加）发表《在国际坐标系上看深圳新世纪建设与发展》的演讲，热烈欢迎香港商界参与深圳的开发建设，投资深圳湾填海区。

（4）社会公众参与。彼时，滨海大道通车不久，私家车还没有进入大多数家庭，互联网也没有全面普及，社会公众对深圳湾填海区知之甚少。为提升社会公众对城市规划建设的参与度，在市规划国土局地名办的主导下，市土地房产交易中心于 2001 年 11 月 2 日至 11 月 18 日策划组织了深圳湾填海区有奖征名活动，共收到全国各地 1157 份投稿（其中信函 298 份、传真 176 份、电子邮件 683 份），征集名称 7000 余条；参与人员最小的 7 岁，最大的 70 岁。经来自深圳大学、市文联、深圳特区报社等 13 位专家学者评审，"红树湾"以全票当选，夺得本次征名评选大奖，"深圳湾城"等 5 个名称入选入围创意奖。

（5）举办深圳湾发展论坛。为充分展示深圳市政府对深圳湾填海区规划建设的基本构想和推进土地市场化供应的决心，了解市场对深圳湾填海区规划发展建设和土地出让的反应，2001 年 11 月 22 日，深圳市规划国土局在五洲宾馆举办"深圳湾发展论坛"，戴德梁行环球主席梁振英、万科地产王石、招商地产林少斌、华侨城地产陈剑、金地集团凌克、中海地产刘爱明、泰华地产罗瑞希、碧桂园杨国强和嘉里建设、和记黄埔、信和置业、新鸿基地产、恒基地产、嘉华集团、港铁、华润置地、百仕达地产等公司高层共计 36 名深港穗三地房地产界精英、金融机构代表参加了此次会议，为深圳湾填海区发展、深圳未来的发展建设建言献策。

3. 土地拍卖

考虑深圳湾填海区对深圳城市发展的战略意义，也因对这一片区的规划定位没有最终考虑成熟，政府最后决定仅公开拍卖深圳湾填海区最西边三宗地的土地使用权。

2001 年 11 月 6 日，深圳市土地房产交易中心在《深圳特区报》上发布《深圳市土地使用权拍卖公告》，定于 2001 年 12 月 6 日 15 时，在深圳市振华路东 8 号设计大厦 2 楼公开拍卖 T207 - 0026、T207 - 0034 和 T207 - 0035 三宗地的土地使用权，允许中华人民共和国境内外的公司或其他组织（个人除外）单独或联合竞买，成交后必须 5 日内一次性付清全部成交价款（见表 6 - 1、图 6 - 1）。

表6-1 三宗地拍卖地块宗地信息

宗地号	土地用途	土地面积（平方米）	建筑面积（平方米）	履约保证金（万元）	出让期限
T207-0026	住宅用地	75101.8	255300	5000	70年
T207-0034	住宅用地	81920.3	266500	5000	70年
T207-0035	住宅用地	80732.8	250600	5000	70年

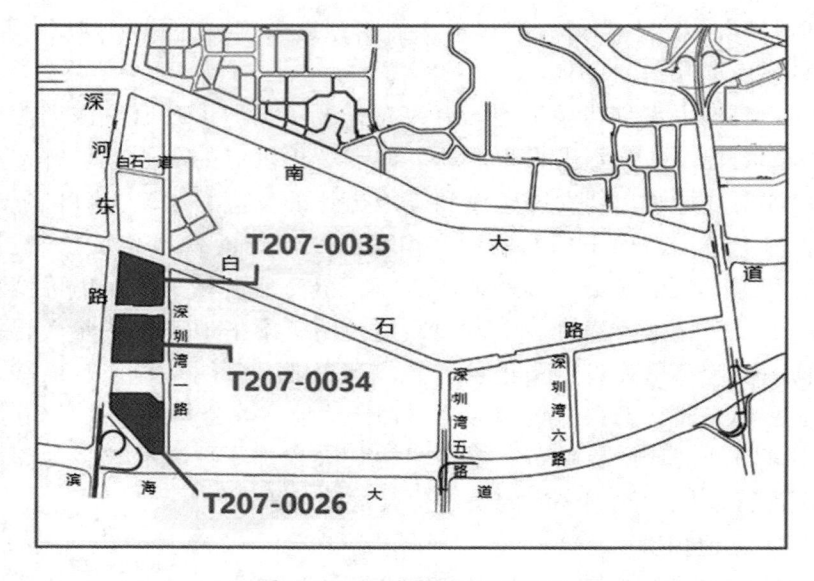

图6-1 三宗拍卖地块位置

11月15日，交易中心在振华路东8号设计大厦二楼组织政府相关部门就T207-0026等三宗地的土地使用权拍卖召开答疑会，对规划、市政配套建设、填海区其余土地的供应规模时序、填海区的地质情况、付款方式等问题进行集中解答。

11月18日，深圳湾填海区征名活动结果出炉，"红树湾"全票当选征名大奖。

11月22日，深圳湾发展论坛在五洲宾馆顺利举行。

11月28日，交易中心发布补充公告。由于市场高度关注，受交易中心自有拍卖场地限制，拍卖场地改为深圳市福田区上步中路

1006号深圳会堂（见图6-2）。深圳会堂亦是见证了1987年深圳"动地一槌"的拍卖场所。

图6-2 深圳湾填海区拍卖会深圳会堂大门口

12月6日15时，深圳会堂1150个座位全部坐满。深圳市土地房产交易中心首席拍卖师王小敏主持了此次拍卖，和记黄埔、深圳万科和茂盛物业联合体、招商地产、华侨城地产、中海地产、金地股份和广州浩和创业联合体、深业集团、天健地产、深圳城建集团、卓越集团和京基地产联合体、泰华地产、深圳建设控股、华源实业、深振业、百仕达实业及其关联公司联合体共计15家竞买人参与竞买。拍卖场内凭票免费入场，会场外1000多座次却一票难求。首先，三宗地按自北向南的顺序拍卖，T205-0035和T205-0034两宗地分别经过25轮加价，均被持39号牌的泰华房地产（中国）有限公司收入囊中。T205-0026宗地位置最好，竞争也最为激烈，拍卖主持人一宣布6亿元的拍卖起叫价，"唰"的一下会堂拍卖号牌林立，经过38轮鏖战，最终由百仕达实业及其关系公司联合体拍得，综合楼面地价3055元/平方米，创造了深圳地价新高（见表6-2）。

表6-2 拍卖宗地拍卖信息

宗地编号	起拍价（亿元）	成交价（亿元）	溢价率	综合楼面地价（元/平方米）	竞价回合	竞得人
T205-0035	5.8	7	20.69%	2793.3	25	泰华房地产（中国）有限公司

续表

宗地编号	起拍价（亿元）	成交价（亿元）	溢价率	综合楼面地价（元/平方米）	竞价回合	竞得人
T205-0034	6.2	7.55	21.77%	2833	28	泰华房地产（中国）有限公司
T205-0026	6	7.8	30.0%	3055.2	38	深圳百仕达实业有限公司 百仕达石化投资有限公司 百仕达LPG发展有限公司 Firstline Investment lmited

（三）深圳湾填海区三宗地拍卖的意义

1. 树立深圳市政府全面推行土地市场化的标杆

站在深圳改革开放40多年的视角观察20年前出让的三宗地，会发现这三宗地有着无与伦比的区位、环境和配套优势。三宗地东临深圳湾超级总部，深圳市属世界五百强企业云集于此建设总部；南朝深圳湾海域，西邻沙河高尔夫球场，北接华侨城，背靠塘朗山；三宗地之间有深圳外国语学校国际部，西南方向是春茧体育场，片区最东边是香港大学深圳医院，附近有地铁9号线红树湾站和红树湾南站。难怪自深圳湾填海区规划启动开始，各方"诸侯"都对这片2.9平方千米的区域土地摩拳擦掌。市场时有传言"深圳湾填海区2.9平方千米的地将要全部一次性协议出让给某某公司"，但政府一直不为所动，最终严格按照100号令和94号文件的规定公开招拍挂出让，树立了深圳全面推行土地市场化供应的标杆。

2. 是充分引入社会公众参与的结果

深圳湾填海区土地出让是在充分市场调研并吸取社会公众意见的基础上做出的决定。在规划定位没有成熟的前提下，政府没有轻易将用地一次性或陆续供应市场。感谢决策者当年的谨慎。事实证明，片区规划经过多年的打磨成熟，近年启动建设的深圳湾超级总部是市内不可多得的滨海中央商务区，与前海合作区、后海中心区共同构成南山—前海三角中央商务区，为深圳打造粤港澳大湾区城市建设发展示范区提供了空间保障。

二 转让与出让交织的土地配置创新：十六冶破产清算项目

（一）背景

100号令出台后，土地使用权出让一级市场和土地使用权转让二级市场均已纳入土地交易市场公开交易的范畴。其中，土地使用权转让的基本条件是必须已领取《房地产权证》，即深圳市自2001年起，对房地产用地转让已事实突破《房地产管理法》第39条关于土地使用权转让必须满足完成开发投资总额的25%以上的相关规定。

（二）深圳土地交易市场内土地使用权转让的基本做法

1. 交易中心对土地使用权转让进行初审

深圳市土地交易市场土地使用权转让流程如图6-3所示，初审要点如下。

（1）核查拟转让宗地是否已核发产权证及其权利状态。

（2）用地涉及转让份额共有权益的，应提供其他共有权人书面同意意见。

（3）用地已设定抵押权的，申请时应提交抵押权人同意在交易中心公开交易的书面意见并明确成交后成交价款的处理方式。

（4）用地已查封的，申请时应当提交查封法院同意在交易中心公开交易的书面意见并明确成交后成交价款的处理方式。

（5）核查用地的权属来源及其历史权属演变历史。

（6）核查土地出让合同（含补充协议）内容，重点关注土地利用要求、土地产权要求和土地转让条件。

（7）核查建设用地规划许可证申领情况、许可证有效期和许可内容，比对建设用地规划许可证与出让合同利用要求的一致性。出让合同中未明确土地利用要求（即仅注明诸如"按规划设计要求执行"），且权利人无法提供合法有效的规划许可证明的，转让申请人应先向规划行政主管部门申领《建设用地规划许可证》。

（8）核查转让申请人的性质，属国有企业或原农村集体经济组织继受单位的，应当提交估价机构出具的评估报告（注：转让人是否按规定就其土地资产处置行为报国有资产管理部门或集体资产管

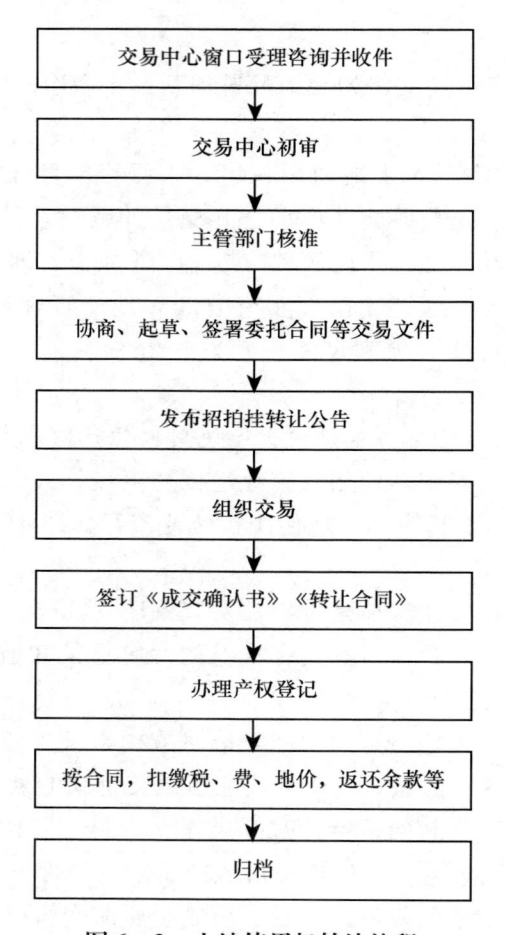

```
┌─────────────────────────┐
│ 交易中心窗口受理咨询并收件 │
└─────────────────────────┘
            ↓
┌─────────────────────────┐
│      交易中心初审         │
└─────────────────────────┘
            ↓
┌─────────────────────────┐
│      主管部门核准         │
└─────────────────────────┘
            ↓
┌─────────────────────────┐
│ 协商、起草、签署委托合同等交易文件 │
└─────────────────────────┘
            ↓
┌─────────────────────────┐
│    发布招拍挂转让公告      │
└─────────────────────────┘
            ↓
┌─────────────────────────┐
│        组织交易           │
└─────────────────────────┘
            ↓
┌─────────────────────────┐
│  签订《成交确认书》《转让合同》│
└─────────────────────────┘
            ↓
┌─────────────────────────┐
│      办理产权登记          │
└─────────────────────────┘
            ↓
┌─────────────────────────┐
│ 按合同，扣缴税、费、地价，返还余款等 │
└─────────────────────────┘
            ↓
┌─────────────────────────┐
│         归档              │
└─────────────────────────┘
```

图 6-3　土地使用权转让流程

理部门审批是其内部管理行为，交易中心不审核是否有国资或集资部门同意转让的批复）。

（9）核查用地上是否已出租。

（10）核查用地的现状瑕疵。

2. 报土地管理部门审查

（1）审查用地是否涉嫌闲置土地、是否需要补交地价、转让方案是否需要报市政府审批。

（2）审查用地转让是否符合土地出让合同约定的有关条件。

（3）审查用地产权、规划等要求。

3. 交易期间的风控问题

土地交易市场开展土地使用权二级转让行为,重点要解决好风险控制问题。上述交易中心初审和土地管理部门审查,通过行政手段实际解决了土地转让过程中的尽职调查问题。但这两个审查只能解决能不能公开交易的问题,交易期间的风控才是土地使用权转让的重点。

20世纪90年代,深圳已经实行房地合一的产权登记制度。交易中心和深圳市不动产权房地产权登记中心属于土地管理系统的不同事业单位,交易中心从事土地交易时会要求土地出让合同原件和产权证原件交由其保管,考虑转让人声明产权证遗失补发的公示期为30天,因此该要求事实上可防止转让人在交易期间的抵押和产权转移行为。同时,交易期间可以函请登记中心临时冻结产权(不对抗司法查封),一旦有司法查封,交易中心可以及时得到通知并中止交易行为,防止转让人因司法纠纷导致交易地块查封带来的交易风险。

(三)项目基本情况

1987年,根据《关于中国有色金属工业公司十建三公司征用土地的批复》(深府〔1987〕115号)等有关文件,中国有色金属工业第十六冶金建设公司(原中国有色金属工业总公司十建三公司,以下简称十六冶公司)以行政划拨方式取得86-063地块,用地面积15625平方米;后该地块内部分土地已建成并完善用地出让手续。

2002年,原市规划国土局南山分局划定T501-0004宗地红线图,用地面积6882.05平方米,土地用途为居住用地,其中1220平方米(约占总用地面积的17.73%)超出86-063地块范围,属国有未出让土地,其余位于86-063地块内未建部分,但十六冶公司未办理T501-0004宗地的用地出让手续。

2005年年底,广州市中级人民法院裁定十六冶公司破产,并于2006年1月成立十六冶公司破产清算组,T501-0004宗地内属行政划拨用地的部分列入破产清算财产。

按照有关法律程序,十六冶公司破产清算组与原市国土房产局南山管理局、原市规划国土委南山管理局就T501-0004宗地的有关资产处置问题进行多轮沟通。双方初步达成协议，将T501-0004宗地作为整体通过市土地房产交易中心公开交易。

按照该方案，规划国土部门出具了该宗地的规划设计条件，主要内容有：T501-0004宗地土地用途为居住用地，容积率不超过2.8，计入容积率总建筑面积不超过19269.88平方米，其中住宅17669.88平方米、物业管理用房100平方米、社区服务中心1500平方米。

按以上方案和规划设计条件，土地管理部门拟订了T501-0004宗地入市交易的方案报深圳市政府审批；深圳市政府批准该方案后，清算组又将该方案报经广州市中级人民法院批准同意实施。方案主要内容如下。

（1）划拨用地部分经公开转让后补办商品性质居住用地出让手续，宗地土地使用年限为70年，与出让部分用地共同起算使用年期。

（2）按现行公告基准地价标准测算，T501-0004宗地转让时行政划拨用地部分应补交的协议出让地价款约为人民币20040979元。

（3）T501-0004宗地成交价中的17.73%（即国有储备地的比例）归入国土基金；成交价的82.27%按如下两种方案之一处置：方案1，扣除应补交的公告基准地价人民币20040979元后，余额65%用于破产企业职工安置，剩余35%进入国土基金；方案2：扣除市场评估地价后的余额部分用于破产企业职工安置。取以上两种方案中扣除归入国土基金部分后数额较高者用于破产企业职工安置，以体现市政府对破产企业职工安置工作的支持。

（四）交易情况

按深圳市政府和广州市中级人民法院批准的T501-0004宗地入市交易方案，受十六冶公司破产清算组和原市规划国土委南山管理局共同委托，2013年4月18日，交易中心发布T501-0004宗地土地使用权挂牌交易公告，公开挂牌交易T501-0004宗地使用权。公告除披露以上规划要求、交易方案外，同时提出以下交易条件。

（1）中华人民共和国境内外的公司、企业、其他组织或个人，除法律、法规另有规定外，可以独立竞买，也可联合竞买。

（2）T501-0004宗地上有原十六冶公司为86-063地块已建基地宿舍兴建的水泵房，该水泵房已按规定移交水务部门管理，用于保障十六冶深圳基地员工的生活用水。86-063地块上建设的基地宿舍使用人也经T501-0004宗地维持对外通行。现清算组声明：T501-0004宗地按现状交易，成交后，按现状移交，竞得人应当按现状保留水泵房及供电基础设施，不得随意拆除；竞得人确须拆除水泵房的，应先在T501-0004宗地内兴建水泵房完善供水配套设施，并征得水务部门和供水对象的同意，只有确保供水不中断的前提下才能拆除上述现状水泵房；竞得人还应当按规划要求，"在用地北侧预留10米宽公共通道"，且在开发建设期间和项目建成后，不得封堵该通道，确保公共通道无偿对外通行。

（3）成交后，竞得人应即时签订《成交确认书》和《增补协议书》。

（4）《成交确认书》签订后，竞得人已缴纳的履约保证金自动转为成交价款的一部分并由交易中心托管，成交余款由竞得人自签订《成交确认书》之日起5个工作日内一次付清，并交至交易中心托管。

（5）竞得人付清成交价款后，委托人将按市政府批准的方案完善T501-0004宗地地价缴纳等用地手续。完善缴纳地价等用地手续后，清算组将配合竞得人申请办理T501-0004宗地的产权登记手续。

（6）T501-0004宗地交易应缴纳的税费，按国家规定的课税（费）对象和标准，由清算组和竞得人各自承担，并自行缴纳。

（7）产权登记核准且属清算组应缴纳的产权登记相关税费结清后，交易中心按规定将其余成交价款支付给清算组。

公告发布后，住在86-063地块已建成宿舍上的100多名职工，因砖混结构的宿舍年久失修，出现漏水、露筋等问题，有的还成了危房，听说地块要拍卖，担心地块拍卖后其权益更加无人关心，直接表达不满，职工们强烈要求把宿舍一并纳入改造范围并拍卖，阻止按现行方案公开挂牌交易。

2013年5月24日，根据广州市中级人民法院、十六冶公司破产清算组和原市规划国土委南山管理局意见，交易中心发布补充公告，中止T501-0004宗地的交易。

（五）意义

1. 率先在全国建立土地二级市场，并以市政府令的形式以政府规章对土地使用权转让的条件、程序等进行规范

2006年，国土资源部试图规范全国的土地二级市场转让行为，并邀请深圳、江苏的部分专家起草土地使用权转让相关规定，后因各地二级市场发育成熟差异较大而搁置。

2017年1月，国土资源部选取北京市房山区等全国34个市（县、区）开展为期两年的土地二级市场试点，重点探索解决土地二级市场存在的"交易规则不健全、交易信息不对称、交易平台不规范、政府的服务和监管不完善"四个问题，着力破解"要素流通不畅、存量土地资源配置效率低、制约和影响经济高质量发展"的改革难题。

结合试点成果，2019年7月，根据中央深改委第八次会议精神，国务院办公厅发布《关于完善建设用地使用权转让、出租、抵押二级市场的指导意见》（国办发〔2019〕34号），要求在全国推进土地二级市场建设。

审视20年前深圳在土地二级交易市场的探索行为，深圳土地交易市场的建立对规范土地二级市场转让行为、促进深圳存量用地和低效用地高效利用具有巨大的促进作用。20年来，通过土地交易市场成功公开转让195宗地的土地使用权，成交土地面积382.13万平方米，成交金额87.68亿元，涌现了一批典型交易案例。例如：2001年6月土地交易市场公开转让的第一宗土地——福田区竹子林现凤临左岸项目用地；2003年在深圳地产市场引起巨大反响的香蜜湖地区"九万三"地块（即今香蜜湖一号项目用地）；2004年公开分割转让龙岗中心城新亚洲花园剩余地块（即今鸿荣源公园大地项目）。

2. 确立固定场内交易制度

100号令通过确立固定场内交易制度，事实突破房地产管理法

第 39 条关于土地使用权转让必须满足完成开发投资总额的 25% 以上的相关规定。在 100 号令出台前,《中华人民共和国城市房地产法》《深圳经济特区房地产转让条例》等法律法规对单纯的土地使用权转让是不允许的。按照《中华人民共和国城市房地产管理法》第 39 条的规定,以出让方式取得土地使用权,是不能单纯转让土地使用权的,只能以房地产形态转让,且要完成开发投资总额的 25% 以上,即只能在建成房地产后或建设中进行房地产转让、预售和现售。《深圳经济特区房地产转让条例》也有类似规定。100 号令在土地交易条件方面做了改革性的突破,在国内首次允许单纯的土地使用权交易:土地使用者取得土地使用权后只要交清使用费,就可以通过土地交易市场交易,而对于转让时是否达到开发投资额的特定比例不再要求。

100 号令对土地交易条件的突破,作为一种改革性试验,并不是一项孤立的措施,而是与场内交易、公开竞价等措施配套出台的。一方面,降低土地交易的门槛,鼓励土地交易,盘活土地资产;另一方面,通过土地交易市场的场内交易,规范和调控日益活跃的土地交易行为,特别是规范和调控放宽交易条件后的种种土地交易行为,有效地防止国有资产流失和土地资源浪费。简言之,100 号令的出台,就是通过立法形式,有限度地允许"炒地",并通过场内交易形式加以规范和调控。如果没有要求场内交易的限定,也不可能放宽土地交易的条件。虽然该突破于上位法无据,但深圳以改革创新的精神进行实践,为今天的土地二级市场大量空地转让行为无法解决房地产管理法规定的困境,提供了深圳示范方案。

2017 年全国土地二级市场建设试点以来,很多城市在土地使用权转让后,采取由买卖双方到登记部门办理交易地块的预告登记方式来规避房地产管理法的规定,待受让人对转让地块开发建设投资达到房地产管理法规定的条件后再到产权登记部门办理转移登记。

从法律性质上看,预告登记是一种债的性质,一经登记具有对抗第三人转移登记申请和抵押登记申请的效力,但不具有物权的效力,不产生不动产物权转移的效果,不能对抗司法查封。因此,预告登记不能解决土地使用权转让人因债务纠纷导致的司法查封和处置行为，即从土地使用权转让成交、支付转让价款、预告登记，到受让人开发建设达到25%的投资开发条件后再申请办理转移登记，这一期间的风险没有得到控制。

深圳100号令直接突破房地产管理法的规定和做法，事实上是顺应市场需求做出的选择，对保护受让人的合法权益具有重要意义。

3. 对全国土地二级市场交易规则的制度有示范意义

本案例项目用地很小，只有6882平方米，项目用地最后也没有通过深圳土地交易市场公开成交。但之所以能入选本书典型案例研究，主要是该项目用地的处置方案很好地解决了以下问题：一是涉及破产清算财产的处置；二是涉及行政划拨用地转让问题；三是涉及土地使用权划拨用地分割转让和补办用地出让手续；四是涉及国有储备边角地的出让问题；五是涉及原破产企业职工利益保护的平衡处理问题；六是用地在交易过程中被中止程序处理问题。这些问题的解决办法，对当前全国正在起草的土地二级市场交易规则具有重要借鉴意义。

第二节　深圳工业用地首宗招拍挂出让创新实践

一　工业用地招拍挂出让的背景

2004年10月，国务院印发《关于深化改革严格土地管理的决定》（国发〔2004〕28号），要求"推进土地资源的市场化配置……运用价格机制抑制多占、滥占和浪费土地。除按现行规定必须实行招标、拍卖、挂牌出让的用地外，工业用地也要创造条件逐步实行招标、拍卖、挂牌出让"。

2005年1月，中共中央印发《建立健全教育、制度、监督并重的惩治和预防腐败体系实施纲要》，要求"必须坚持深化改革，创新体制机制制度，注重从源头上预防和解决腐败问题……加强土地出让制度建设，严格控制划拨用地和协议出让土地范围，逐步把工业用地纳入招标拍卖挂牌出让的范围"。

2004年11月30日，深圳市政府发布《关于贯彻落实国务院关于深化改革严格土地管理决定的通知》，提出要建立公开、公平、公正的资源性资产配置机制，充分发挥市场优化配置土地资源的作用，逐步试行工业用地招标拍卖挂牌出让。

2005年，时任市委书记李鸿忠公开表示，深圳的发展正面临"四个难以为继"的难题：一是土地、空间难以为继；二是能源、水资源难以为继；三是实现万亿元GDP需要更多劳动力投入，而城市已经不堪人口重负，难以为继；四是环境承载力难以为继。"四个难以为继"对深圳形成倒逼之势，亟须转变经济发展方式突破增长极限，实现产业升级换代。

改革开放以来，随着我国土地有偿使用制度改革的发展，深圳工业用地供应逐渐从划拨用地向协议出让模式转变。工业用地协议出让，为深圳产业发展提供了空间保障与土地资产和土地金融支持。面对深圳土地、空间难以为继的难题，协议出让模式逐渐显示出弊端。一是出让门槛低，特别是在早期，因"招商引资"压力，各地全盘接受引进的项目，导致用地单位多占、滥占土地现象严重，土地利用效率较低。二是在各地竞相招商的情况下，协议用地价格严重背离市场价值，产生了寻租空间，在制度上不利于预防腐败、保护干部。

2001年深圳市政府100号令和94号文件出台后，经营性房地产用地的供应已全部实现招拍挂出让。实践证明，土地资源的市场化配置能够有效避免协议出让的弊端。因此，工业用地招拍挂出让模式成为深圳市破解土地、空间难以为继难题的优先选项。

二 试点的启动

为落实中共中央关于《建立健全教育、制度、监督并重的惩治和预防腐败体系实施纲要》和国务院《关于深化改革严格土地管理的决定》精神，深圳市纪检监察部门会同规划部门、国土部门确定了2005年启动工业用地招拍挂出让的试点方向。

（一）前期工作

在对各区试行工业用地招拍挂出让进行摸底调研的基础上，市纪检监察部门、市规划局、市国土房产局、市贸工局和龙岗区政府共同确定选址龙岗区宝龙工业城内一宗普通工业用地和一宗工业配套宿舍用地，试点开展工业用地招拍挂出让。

两宗地都位于宝龙碧岭片区，片区是深圳市高新技术产业带上的重要节点，宝龙工业城则是以电子信息、光电子、机电一体化、汽车电子、汽车制造等高新技术产业为龙头的工业园区。园区建设已具规模，入驻高新企业众多，其中比亚迪、五洲龙、思达精密仪器、深爱半导体有限公司等大中型企业正带动整个片区产业发展。

两宗地已基本完成"七通一平"建设，现状为空地，地势基本平坦，地质良好。

试点工作一铺开，才发现工业用地招拍挂和经营性房地产用地招拍挂并不一样。土地招拍挂是通过市场化方式来配置土地资源，即先有地后有项目；传统的工业用地供应方式，是通过招商引资，引进项目后，再协议出让，属于先有项目后有地。工业项目更注重产业导向、产业集聚和节能环保。市国土房产局龙岗分局在征求区规划、环保和经贸部门意见后拟定了工业用地的准入条件。汇总各部门意见后，市土地招标拍卖委员会审定出让方案。

（二）组织交易

1. 发布公告

2005年11月18日，交易中心发布《深圳市土地使用权出让公告》（深土交告〔2005〕7号），公开出让 G02313－0002 和 G02309－0005 两宗地的土地使用权。两宗地的基本情况如表6-3所示。

表6-3　　　　　　　　两宗地出让信息

宗地号	出让方式	土地位置	土地用途	土地面积（平方米）	建筑面积（平方米）	最低交易价（万元）	出让年限
G02313－0002	挂牌	龙岗区宝龙工业城	工业用地	25578.83	46042	550	50年
G02309－0005	挂牌	龙岗区宝龙工业城	三类居住用地（工业配套宿舍）	9163.97	16495	280	50年

出让公告等挂牌文件明确了以下要点。

（1）G02313-0002宗地应当满足以下产业准入要求。

①投产项目属国家鼓励发展的项目，必须满足低能耗、低污染的要求，并接受区有关行政主管部门的监督管理。

②投产项目必须符合宝龙工业城整体产业定位，属于IT及电子行业的项目。

③投产项目必须符合国土资源部关于投资强度的相关要求。

④投产项目必须符合环保要求。

⑤地价按摘牌地价全额收取，不享受政策性的地价优惠。

（2）G02309-0005宗地项目建成后，应当优先为宝龙工业城进驻企业提供服务。

（3）中华人民共和国境内外的公司、企业、其他组织和个人均可参加竞买，可以独立竞买，也可联合竞买。

（4）两宗地按价高者得原则确定竞得人。成交后，竞得人应当自签订出让合同之日起5个工作日内一次性付清成交价款。

2. 宣传推介

（1）对第一次公开挂牌出让工业用地，虽然前期已做过充分的论证调研，但政府部门和交易中心都不敢说有把握顺利成交。因此，交易中心从宣传推广市场化配置工业用地资源的角度，通过报纸、电视、电台和互联网对两宗地的出让进行解读。

（2）组织政企座谈会。2005年11月25日，在龙岗区海关大厦，市纪委派驻三组、市国土房产局、市规划局、龙岗区政府、龙岗区经贸局、龙岗区高新办、宝龙园区办等单位负责人和五洲龙汽车、欧帝光学等18家企业参与座谈会。在介绍政策背景、地块情况的同时，政府各主管部门就企业关心的项目内和周边配套设施建设、项目环保要求、配套宿舍的产权要求以及相关问题进行答疑。

3. 现场竞价

2005年12月20日，两宗地在市场的反应极其强烈，远超预期。

G02313-0002宗地有19家企业参与竞买，每次加价幅度不少于20万元或其整倍数，在挂牌期限截止前，12家竞买人通过电脑报价13轮。按此次挂牌交易规则，只有通过电脑报价的有效报价人才能进入下一轮现场竞价。进入现场竞价环节，现场竞价的起始价为挂牌截止时有效最高报价1330万元，12家竞买人中的1号、5号、8号和28号分别参与了18次举牌，但竞争主要在5号和8号之间展开，其中5号出价9次，8号出价5次，最后由持5号牌的新基德科技（深圳）有限公司以1950万元竞得该宗地的使用权，溢价率253%，综合楼面地价758.44元/平方米。

G02309-0005宗地有20家企业参与竞买，每次加价幅度不少于20万元或其整倍数，9个竞买人通过11轮电脑报价进入下一轮现场竞价环节。进入现场竞价环节，现场竞价的起始价为挂牌截止时有效最高报价1010万元，9个竞买人中的66号和96号参与了竞价，经3轮举牌，持96号牌的深圳市鹏森实业发展有限公司以人民币1070万元竞得G02309-0005宗地的使用权，溢价率282%，综合楼面地价1167.62元/平方米。

三 项目招拍挂的意义

深圳市在工业用地资源市场化配置上的探索和实践继续深化其土地使用制度的改革，产生了深远的影响。

G02313-0002和G02309-0005两宗地工业用地在深圳市土地交易市场成功挂牌出让，是深圳市乃至广东省第一次以市场机制配置工业用地资源，是落实《建立健全教育、制度、监督并重的惩治和预防腐败体系实施纲要》和国务院《关于深化改革严格土地管理的决定》精神以及扩大土地资源市场化配置范围的重大举措。

市场化配置土地资源，以竞争方式引进产业项目，通过价格杠杆调节，有利于促进土地节约、集约利用，破解土地、空间资源难以为继的难题。深圳市土地房产交易中心多年对产业用地后续开发利用跟踪调查显示，招拍挂出让后期开发建设过程中，溢价成交工业用地的按期竣工率远高于底价成交地块。剔除因政府原因导致项目建设滞缓外，溢价成交地块通过价格杠杆更能反映企业的产业空间需求和投资开发意愿。

市场化配置土地资源，有助于打造公开、公平、公正以及"要用地找市场"的产业用地供需平台，缩短企业获得土地的周期，提高工业用地的使用效率。

市场化配置土地资源，有利于阳光行政的制度创新，从制度上切断土地资源配置的寻租空间，保护干部。

市场化配置产业用地资源，引发政府对招商引资和土地资源配置之间"鸡与蛋"关系的思考。深圳在第一次招拍挂出让工业用地时就引入了产业准入要求，这是对土地资源配置与产业政策对接进行的有益探索，有助于引导和推动产业转型升级。

第三节 深圳优化空间资源配置典型案例：凤凰社区农地入市

一 农地入市的背景

1992年，深圳市启动原特区内城市化统征工作。2004年，深圳市启动原特区外（宝安区和龙岗区）城市化转地工作（原特区外农民全部转为城镇居民，原农村集体经济组织集体所有的土地相应转为国有土地）。经过两轮城市化土地统征统转工作，全市域土地全部转为国有，纳入政府统一管理。深圳已不存在严格意义上的农村集体土地。

但两轮城市化征转地工作存在大量历史遗留问题。征地历史遗留问题主要表现在：部分土地已经实施征地补偿，但政府尚未全部纳入储备和管理；部分政府已征土地尚没有完善征地补偿手续；存在一定数量的政府应予返还和安置，但尚未安排的用地；仍有一定数量的土地没有按照国有建设用地规范化管理，停留在用地批文状态。转地历史遗留问题主要表现在：仍有部分土地没有完善转地补偿手续，补偿工作不彻底；按规定应交由城管、水务、农业和储备中心等政府相关职能部门管理的土地，部分没有清晰移交等。

2012年5月，深圳市发布经国土资源部和广东省政府联合批复的《深圳市土地管理制度改革总体方案》，启动新一轮土地管理制度改革，聚焦原农村土地产权制度改革，探索基于存量土地利用的土地管理制度创新。

2013年1月,深圳市发布《深圳市人民政府关于优化空间资源配置 促进产业转型升级的意见》(深府〔2013〕1号)等"1+6"文件,指出"经过32年的快速发展,深圳经济特区创造了世界工业化、城市化和现代化史上的奇迹,但同时也率先遇到了空间资源紧约束问题,土地供需矛盾突出,给产业可持续发展带来新的挑战。当前,深圳正处于加快转变经济发展方式的关键时期,进一步创新土地利用方式,挖掘土地资源潜力,优化空间资源配置,保障重点产业发展的空间需求,是推进土地管理制度改革、提升土地节约集约利用水平的内在要求;是加快产业转型升级、构建以'高新软优'为特征的现代产业体系的迫切需要;是增强城市发展后劲、加快建设现代化国际化先进城市的必然选择,对于打造科学发展的'深圳质量',努力实现有质量的稳定增长、可持续的全面发展,具有重大意义"。

"1+6"文件中的附件一《深圳市完善产业用地供应机制 拓展产业用地空间办法(试行)》(深府办〔2013〕1号)从分享改革增值收益、增强原农村集体经济组织改革获得感入手,出台鼓励原农村集体经济组织继受单位尚未完善征(转)地补偿手续且符合规划的工业用地(即俗称的"农地")进入市场的政策。

2013年11月,党的十八届三中全会通过了《关于全面深化改革若干重大问题的决定》,明确提出要允许农村集体经营性建设用地出让、租赁、入股,实行与国有土地同等入市、同权同价;完善对被征地农民合理、规范、多元保障机制;建立兼顾国家、集体、个人的土地增值收益分配机制,合理提高个人收益;完善土地租赁、转让、抵押二级市场。

持续的空间资源紧约束,带来巨大的产业空间保障压力,促使城市管理者在空间资源保障的开源节流上穷尽办法。其中之一的指向目标就是原农村集体经济组织继受单位尚未进行开发建设的、符合规划的合法工业用地进入市场。

二 宝安凤凰社区 A217-0315 挂牌出让

(一)政策宣讲

"1+6"文件出台后,原深圳市规划和国土资源委员会组织政策宣讲团分赴各区进行大规模政策宣讲,推动该批政策文件在各区落地。

(二) 调研摸底

在政策宣讲的基础上,市规划国土委结合深圳市推行的"社区规划师"制度,组织系统内社区规划师深入各自联系的社区(原农村集体经济组织继受单位)进行调研:一是进行政策宣讲;二是了解社区对此类土地入市的意愿,摸底各社区的存量农地数量;三是答疑解惑,帮社区解决农地入市的困难,打消社区的疑虑。

(三) 个案辅导

在调研摸底的基础上,市规划国土委了解到宝安区福永街道凤凰社区内的个别企业在社区孵化、成长并将上市,社区欲用土地入股,企业也因为上市需要解决合法固定资产的问题。为解决社区发展和企业上市困难,市规划国土委和宝安区政府成立工作组,提供贴身定制服务,按照"1+6"文件的精神,拟订了社区农地入市的方案,并按程序报市政府审批。

(四) 入市交易

2013年11月21日,市土地房产交易中心发布出让公告,公开挂牌出让宝安福永街道A217-0315宗地的土地使用权(见表6-4)。出让公告等挂牌文件明确了该宗地入市的以下要点。

(1) 具备下列条件的公司、企业,可独立(不接受联合竞买)申请竞买本宗地。

①竞买申请人应为深圳注册、已启动上市筹备工作的企业法人。

②竞买申请人从事新一代信息技术通信终端设备制造产业的研发、制造和销售,并拥有相应研发专利许可证的相关授权。

表6-4　　　　　　　　宗地出让信息

宗地编号	土地位置	土地用途	准入产业类别	土地面积(平方米)	建筑面积(平方米)	挂牌起始价(万元)	履约保证金(万元)	土地使用年限
A217-0315	宝安区福永街道	工业用地(新型产业用地)	新一代信息技术通信终端设备制造业	14568.29	69900	11600	2350	30年

（2）由宝安区政府负责以上竞买主体资格条件的审查。

（3）由凤凰社区先行厘清地块所在原农村集体经济组织内部土地经济利益关系，完成青苗、建筑物及附着物的清理、补偿和拆除。

（4）挂牌成交后，70%的成交价款作为政府收益，由竞得人支付至市国土基金账户，30%的成交价款作为社区收益，由竞得人先支付至交易中心账户监管，待本次宗地签订出让合同手续完善后划转至凤凰股份公司账户。成交后，本宗地由竞得人负责出资建设。项目建成后，按《出让合同》约定，该项目总建筑面积的20%（即13980平方米的产业配套物业，其中食堂2000平方米、宿舍11980平方米）由竞得人建成后无偿移交凤凰股份公司。该部分物业限共同整体转让，不得分割转让。其余属竞得人所有的物业，限共同整体转让，不得分割转让。

（5）A217-0315宗地在挂牌前应当签订征（转）地补偿协议，但协议签订后政府不支付除上述公开挂牌成交价款分成收益以外的任何补偿款。

（6）竞得人须在成交后即时签订《成交确认书》，与凤凰股份公司和深圳市宝安区人民政府有关部门签订A217-0315宗地用地发展协议书，然后与凤凰股份公司共同作为受让方与规划国土部门签订《出让合同》，并自签订《出让合同》之日起5个工作日内付清全部成交价款。

（7）A217-0315宗地用地发展协议书中要求：甲、乙双方（注：凤凰社区股份公司和竞得人）同意进行深度合作，乙方允许甲方以增资扩股方式（以A217-0315宗地出让后属凤凰社区所有的土地收益增资）成为乙方股东，持有乙方股权（以竞得人2012会计年度净资产为基础）的比例为9.5%。

该宗地交易过程本身波澜不惊。2016年12月20日，深圳市方格精密器件有限公司以挂牌起始价1.16亿元竞得A217-0315宗地，折合楼面地价1659.51元/平方米。但交易结果却引起政府、学界、行业人士、媒体和市内各原农村集体经济组织的高度关注（见图6-4）。

图 6-4　北京大学周其仁教授在成交现场接受采访

三　A217-0315 挂牌出让的意义

凤凰农地入市，首先，盘活了原农村集体经济组织手中的存量农地，为深圳产业发展空间保障工作开辟了新的源头，解决了城市化征转地存在的"政府收不回、村里用不了"的局面。

其次，保障了产业发展空间需求，推动了在宝安区福永街道凤凰社区本土孵化的方格精密公司上市（2017 年 6 月 22 日，深圳市美格智能技术股份有限公司在深交所上市，美格智能股票代码：002881）。

再次，政府在与原农村集体经济组织签订转地协议但不直接支付征转地补偿，采取"土地出（转）让+地价分成收益+返还物业收益+上市公司原始股收益"的模式，为农村城市化后原农村集体经济组织和文氏（天祥）后人集聚的原村民转型发展提供了解决方案。同时，为国内其他城市在城市化进程中对集体土地入市和盘活存量集体土地资产处理，以及村集体长期发展保障提供了可借鉴的经验。

最后，实现政府、企业、原农村集体经济组织和原村民的四赢，土地收益分享、土地收益入股等方面的探索，高度契合党的十八届三中全会提出的"允许农村集体经营性建设用地出让、租赁、入股，实行与国有土地同等入市、同权同价"的精神。

总的来说，首宗农村集体用地拍卖无疑具有标志性改革意义。

中国人民大学法学院博士后程雪阳说，2013年年底凤凰社区的集体土地直接挂牌出让，通过允许集体建设用地在不经过征收的情况下就可以直接进入土地市场自由交易，打破了土地一级市场的政府垄断。深圳市探索的通过市国土基金而不是"低征高卖"的方式，实现了政府对集体土地增值收益的分享，具有重大历史意义和现实意义，是一个极为重要的制度探索，或将影响到我国土地制度改革的进程。

中国土地学会副理事长黄小虎认为，即使不是真正的集体土地入市，但深圳市的探索与我国放开集体土地入市的精神相一致，符合中央改革精神的要求，也将对全国其他城市进行土地改革起到示范的作用。

深圳综合开发研究院旅游与地产研究中心的主任宋丁认为，此次入市的农地面积虽然很小，但是此举对深圳市土地改革政策的启发意义非常大，是对政策的落实。

原深圳市规划和国土资源委员会土地利用处负责人陈军军认为，共享土地出让利益，采用产业和社区合作的新模式，能够改变过去社区以地建厂、效益低下、以房收租和粗放经营的模式，使得农地既可以进入养老和安居建设，还可以探索进入学校、幼儿园及医院等的民生工程。如此不仅可以推动社区的经济转型，还有利于社区融入城市，从而实现原村民的"人的城市化"。

第四节　土地要素供应方式的综合创新实践案例

一　邀请招标综合评标的创新实践：深圳国际会展中心（一期）

（一）背景

会展业是城市经济活力和城市形象的窗口，大型会展中心是会展业发展的重要载体。随着深圳经济的高速发展，位于深圳福田CBD的深圳会展中心因其只有10.5万平方米的展览面积，制约了深圳会展业的进一步发展、壮大。

因应市场发展需要，2015 年，深圳市政府正式启动深圳国际会展中心项目筹建工作。经过前期市场调研和多方案比选，项目选址宝安区大空港范围内，项目一期用地面积 125.53 万平方米，规划总建筑面积 146 万平方米，包括计入容积率建筑面积 91 万平方米（其中室内展厅面积 40 万平方米，辅助配套建筑面积 51 万平方米）、地下车库建筑面积 55 万平方米。国际会展中心项目用地的土地使用权由市经贸信息委通过协议受让方式持有，出让年限 50 年。

深圳国际会展中心（一期）配套商业用地位于深圳市宝安区大空港范围内，包括 A222 - 0268、A222 - 0270、A222 - 0271、A222 - 0272、A222 - 0273、A222 - 0274、A222 - 0275、A222 - 0276、A222 - 0277、A222 - 0278 和 A222 - 0279 共 11 宗地，土地用途为商业用地，出让宗地总面积共计 52.82 万平方米，规定总建筑面积 154.33 万平方米，其中酒店 25 万平方米、办公 26.2 万平方米、商业 32 万平方米、公寓 69.7 万平方米、公共服务配套 1.4 万平方米，土地出让年限 40 年（见图 6 - 5）。

深圳国际会展中心项目一期总投资 196 亿元，周边配套商业及市政基础设施总投资额近 600 亿元。

深圳国际会展中心是深圳建市以来规模最大的单体建筑。考虑项目投资巨大、投资回收周期长、建成后经营风险高等因素，按照市委市政府提出的"一流的设计、一流的建设、一流的运营"的目标，市政府就项目的投融资模式和建成后的项目经营模式进行多轮方案比选，最终决定以"建设 - 运营 + 综合开发"（build - operate + development，BOD）的模式实施深圳国际会展中心项目（一期），即市政府通过配套商业用地土地使用权招标的方式选择社会投资人，由社会投资人建设会展中心项目，并负责会展中心项目 20 年内的运营，以及配套商业用地的综合开发，通过配套商业用地的综合开发弥补会展中心项目投资、建设和运营亏损。其中，政府负担国际会展中心（一期）项目建筑物的基础工程（包括桩基础）、基坑支护及土石方工程，地上地下建筑、钢筋砼结构、钢结构工程、金属屋面系统及其他屋面工程、外围护及外立面工程、室外工程（除室外机电工程以外的道路、铺装、室外展场、景观绿化工程、绿植

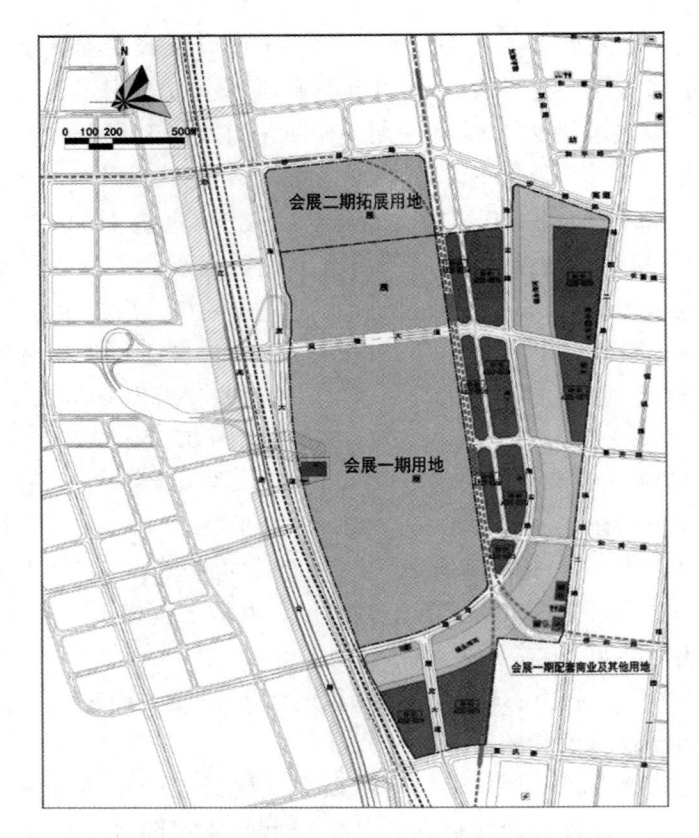

图 6-5 深圳国际会展中心（一期）及其配套商业用地平面总图

围墙等全部工程内容）和软基处理工程的投资费用，除此以外的室内外装修工程和室内外机电工程等其他工程投资由社会投资人承担（社会投资人的投资总额应不少于55.3亿元）。

深圳国际会展中心（一期）项目投资、配套商业用地的地价与项目建设投资涉及巨额资金，要求项目开发商在短短的2—3年内完成投资、建设、开发并启动运营工作，对开发商的融资能力、项目开发建设管理和运营能力都是极大的考验。为保障项目顺利快速推进，考虑项目的重要性，深圳市政府对项目的出让方式和社会投资人的选择进行综合考量。2015年11月9日，市经贸信息委会同市规划国土委等部门举办媒体发布会，邀请社会投资主体参与深圳国际会展中心项目投资建设运营，并于11月10日在《深圳商报》发布项目投资建设运营意向征询公告,先后收到多家各类社会投资机构意向信息。深圳国际会展中心建设指挥部办公室与投资机构进行多轮沟通,经报市政府审定,深圳国际会展中心(一期)配套商业用地的土地使用权和深圳国际会展中心(一期)建设运营权采用邀请招标方式出让。经深圳国际会展中心指挥部办公室书面征求意见,部分企业确认拟参与本次招投标活动。

斗得如火如荼的"宝万之争"一直贯穿深圳国际会展中心(一期)配套商业用地土地使用权和深圳国际会展中心(一期)建设运营权综合招标从前期酝酿到正式启动招标程序的全过程。

(二)出让方案要点

1. 关于评标方法

本次邀请招标采用综合评标法,满分100分。其中,商务标67分,商务标报价即为土地出让金报价,报价满足招标底价得40分,报价最高者得67分,其他有效报价按照其在总体报价区间的位置根据公式计算得分。公式如下:投标人报价得分 = 40 + (投标价 − 底价)/(最高价 − 底价)×27。

其次,技术标33分。本项目技术标部分占33分,评分项涵盖本项目达成"一流的展馆运营"这一目标中的核心要素,其分值根据平方项相对于总体方案的重要程度分配。在技术标中,投标人须明确合作的运营机构及其实力经验(6分),说明合作的方式及会展中心运营团队的组建(8分),论述对会展中心的运营管理计划(10分),并承诺运营期前5年业绩目标以及展馆服务、维护标准(9分)。针对每项内容,采用逐轮票决的方式进行排名打分(具体的综合招标出让综合评分表请参照附录1)。

经综合评审,总得分最高者为中标人。如果出现得分相同的情况,以商务标得分高者作为中标人。

2. 关于投标资格

本次采用邀请招标方式出让,只有收到投标邀请书的企业才能参与本次投标。投标人可以独立投标,也可以联合其他获得邀请的企业联合投标。联合体投标的,每个联合体中收到投标邀请书的企业不得超过两家,且联合体成员不得再单独投标或再与其他企业组成联合体投标。

3. 会展运营机构参与方式

投标人必须明确合作的会展运营机构，并提供与运营机构的合作关系证明文件。运营机构可以以股权合作或接受委托等形式参与深圳国际会展中心运营，但不得作为投标人且只能与一家投标人建立合作关系。

4. 关于项目监管

（1）为确保深圳国际会展中心项目的建设和运营质量，中标人中标后应即时签署《深圳国际会展中心项目建设运营监管协议书》（以下简称《监管协议》），并按《监管协议》要求代为建设深圳国际会展中心（一期）项目；建成后，按协议规定负责会展中心（一期）20年运营。

（2）为保证监管协议的履行，中标人应按《监管协议》要求提交履约保函且经市经贸信息委书面确认其具备签订出让合同条件后，凭有关证明材料向土地管理部门申请签订《出让合同》。

（3）配套商业用地上建设的全部商业用房自签订出让合同之日起22年内不得转让；相关宗地内各酒店物业均限整体转让；10万平方米的商务公寓建成后，由政府按经审计的建安成本价收购，作为人才公寓。

5. 关于项目规划设计

本次招标之前，政府已完成深圳国际会展中心项目的设计方案国际招标并已确定中标设计方案。本次招标带设计方案招标。

（三）招标出让

1. 发布公告，发出投标邀请书

2016年6月29日，深圳市土地房产交易中心发布公告，以邀请招标方式出让深圳国际会展中心（一期）配套商业用地的土地使用权和国际会展中心（一期）的建设运营权。同日，交易中心向保利地产、招商蛇口、华侨城地产、华润置地和万科地产发出投标邀请书，邀请5家企业参与本次招投标活动。

2. 投标到定标的过程

由于项目涉及社会投资人要与国际一流会展运营机构签订合作

协议并编制投标文件，因此，投标时间定在发出投标邀请书近两个月之后的特区生日当天。

2016年8月26日，市土地房产交易中心收到4份投标书，其中招商蛇口和华侨城地产组成投标联合体。

经第一次开标后，转入评标阶段。评标工作由7名评标专家组成的评标委员会在麒麟山庄开展。8月27日上午，技术标评审结束；同日下午，交易中心组织进行了第二轮开标，宣布了各投标人的商务标报价。经计算各投标人的得分，招商—华侨城联合体以综合评分最高成为唯一中标候选人。8月27日晚，市委常委会在麒麟山庄专题讨论中标结果的确认问题，同意按评标结果确定第一名——招商—华侨城联合体中标。

8月29日，市土地房产交易中心组织签约，公开宣布投标结果。招商局蛇口工业控股股份有限公司和深圳华侨城股份有限公司联合体以最高分89.41分中标，其中商务标报价为人民币310亿元。按招标文件要求，全球最大的场馆运营机构之一——美国SMG公司与招华联合体合作签订了合作协议（见图6-6），未来将参与深圳国际会展中心的运营管理。

图6-6　签约仪式

（四）思考与分析

首先，国内采用综合招标方式出让土地使用权的频率不高。究其原因，有以下几点。第一，法律法规和政策对土地使用权综合招标出让的规范存在空白。土地使用权招标出让定位于"卖"资源，建设工程招投标和政府采购招投标定位于"买"资源或服务，综观招投标法及其实施条例、国家发改委关于招投标的规章和政策，从立法技术上看，更多的是从规范建设工程和政府采购招投标行为角度去设计有关法条，着墨土地使用权招投标的很少。原国土资源部出台的行政规章和规范性文件中，只有39号令和114号文件对土地使用权综合招标出让有原则性规定，可操作性不高。

第二，与拍卖和挂牌出让方式相比较，综合招标的自由裁量权较大。拍卖和挂牌出让方式都采用可量化的"价高者得"的办法确定竞得人。39号令第14条规定："对能够最大限度地满足招标文件中规定的各项综合评价标准，或者能够满足招标文件的实质性要求且价格最高的投标人，应当确定为中标人。"可见，土地使用权综合招标出让采用"综合评价最优者得"的办法确定中标人。如前所述，39号令及114号文件没有规定各项综合评价标准和实质性要求可以如何设定，导致地方政府在综合招标的综合评价标准设定上自由裁量权较大。《违反土地管理规定行为处分办法》（监察部、人社部、国土资源部15号令）第9条规定："行政机关及其公务员在国有建设用地使用权出让中，有下列行为之一的，对有关责任人员，给予警告或者记过处分；情节较重的，给予记大过或者降级处分；情节严重的，给予撤职处分……（二）在国有建设用地使用权招标拍卖挂牌出让中，采取与投标人、竞买人恶意串通，故意设置不合理的条件限制或者排斥潜在的投标人、竞买人等方式，操纵中标人、竞得人的确定或者出让结果的……"各地土地管理部门是国家土地政策的执行者和地方经济发展空间资源的保障者，需要在国家土地管理政策与地方经济发展的刀尖上履行职责，他们会趋利避害选择拍卖或挂牌出让方式。

第三,与拍卖或挂牌出让方式相比,综合招标出让的程序复杂、工作量大,事后还可能需要对审计部门进行关于非商务标最高者得的专门解释,所以土地管理部门和土地交易机构更愿意采用拍卖或挂牌方式配置土地资源。

其次,从深圳的实践看,综合招投标出让土地使用权,主要适合经营性房地产用地使用权与大型公共设施建设运营权捆绑出让,如本案例、尖岗山两馆项目、宝安滨海文化公园项目等。这种操作模式有利于社会资金参与城市基础设施和公共设施建设,以市场化方式运营公共设施,缓解政府在公共设施建设和运营上的财政压力。

再次,从招标程序上看,两轮开标、后开商务标的做法,主要是因为技术标、资信标等评标标准的主观自由裁量权较大,商务标是根据投标人的报价按事先规定公式计算。先开技术标和资信标,有利于贯彻公共、公平、公正的原则。

最后,综合评标标准的设定,要综合考虑政府开展综合招标的目的和价值取向。例如本案例中,政府在技术标中的核心关切是"如何建设、运营一流的展馆",评分标准的设计均是围绕这一核心关切来具体组织内容。

此外,开发商配建或代建的公共设施项目,需要在土地招拍挂之前拟定监管协议,设定清晰的建设和运营目标,明确政府的监管责任、开发商的权利义务,确保公共设施项目按期保质保量建设好,收到预期的运营成效。

为确保深圳国际会展中心建设运营工作顺利开展,市政府成立了深圳国际会展中心建设指挥部,由市政府负责城建口的副秘书长许重光领衔统筹指挥部办公室工作,办公室设在市经贸信息委,市规划国土委规划口和用地口的专业人士全程直接参与项目招标的相关工作。项目运营的国际咨询是由业内享有盛誉的德国 JWC 会展咨询公司承担;项目招标的国际咨询是由普华永道会计师事务所承担。因此,类似深圳国际会展中心项目的招标工作,专业的人才能做专业的事。

二 供应方式创新实践：龙岗区先租后让供应土地案例

（一）背景

1999年7月，国土资源部发布《规范国有土地租赁若干意见》（国土资发〔1999〕222号），指出"国有土地租赁是指国家将国有土地出租给使用者使用，由使用者与县级以上人民政府土地行政主管部门签订一定年期的土地租赁合同，并支付租金的行为。国有土地租赁是国有土地有偿使用的一种形式，是出让方式的补充"。

2014年5月，国土资源部发布《节约集约利用土地规定》（国土资源部令第61号），明确"市、县自然资源主管部门可以采取先出租后出让、在法定最高年期内实行缩短出让年期等方式出让土地"。

2016年10月，深圳市发布80号文件，明确"工业及其他产业用地应当采用招标、拍卖、挂牌等公开竞价方式，通过深圳市工业及其他产业用地供需服务平台以出让或者租赁方式供应"。同时，对租金的确定、租赁土地转出让的程序、转出让的地价标准、土地租赁期间的产权要求等内容进行规范。

2018年5月16日，《深圳市规划和国土资源委员会与龙岗区人民政府共同推进规划国土管理改革与实践合作框架协议》（以下简称《协议》）成功签订。《协议》以土地和空间为出发点，将保障产业强区的土地要素流通，破解企业的用地难、用地贵和用地慢的问题，以服务重点项目作为目标，探索了一条"重点项目遴选、先租后让、租让结合、联合竞买"的新型土地供应方式。

（二）土地供应情况

为落实《协议》，市规划国土委龙岗管理局和龙岗区经促局就先租后让项目的选取、土地的选址等工作开展了大量前期工作。经区政府审定供应方案，2018年11月23日，市土地房产交易中心发布公告，公开供应G02203-0013宗地的使用权（见表6-5），在深圳注册的、从事该地块准入行业不少于5年的企业法人可独立申请（不接受联合申请）租赁本次供应宗地。

表 6-5 宗地出让信息

宗地号	土地位置	土地用途	准入产业类别	土地面积（平方米）	建筑面积（平方米）	20年期土地出让挂牌起始价（万元）	竞买保证金（万元）	租赁年期
G02203-0013	龙岗区宝龙街道	工业用地	新能源产业或新一代信息技术	7394.36	29577	3116	155.8	5年

公告将先租后让定义为："本公告所称先租后让，是指本宗地成交并签订《租赁合同》后，承租人取得该宗地5年期的承租权，租金按年缴纳，年租金按该宗地20年期国有建设用地使用权出让地价的5%确定；5年租期届满后，该宗地可按规定申请续租或转出让，申请条件按产业发展监管协议执行；通过履约考核并经政府审定同意的，重新签订土地供应合同，其中，续租的，续租年租金按本宗地出让20年期评估价的5%确定，评估日以政府批准续租租赁方案的时点为准；转出让的，出让年限与已租赁年限之和最高不超过20年，地价按本宗地出让20年期评估确定，并扣除租赁期已缴纳租金，评估日以政府首次批准本宗地租赁方案的时点为准。租赁期满未通过履约考核的，不予续租、转出让，用地无偿收回，地上建（构）筑物采取残值方式补偿。"以上定义明确了先租后让的租赁期限、租金确定标准、出让金的确定标准和评估试点、租赁转出让的条件等内容。

12月4日，两家竞买人参与了G02203-0013宗地的竞买，最终由深圳市永联科技股份有限公司以3270万元竞得该宗地的租赁权（租赁期限5年），溢价154万元，溢价率4.94%。

（三）先租后让实践探索的意义

先租后让的土地供应模式，有助于降低企业成本、改善营商环境，推动企业加大对科技和实体经济的投入力度，提高企业的生产积极性，降低企业的投资风险。而且，先租后让模式的租金成本低，一般一年一收，企业负担显著降低。

先租后让的土地供应模式，以履约考核助力政府引进优质企业，杜绝传统招商引资存在的忽悠式投资行为，推动政府在招商引资中转变职能。一是要做好产业引导。本案中，新能源产业或新一代信息技术产业既是深圳市产业结构调整优化和产业导向目录确定的战略性新兴产业，又符合宝龙工业区的产业发展定位。二是要做好产业监管。本案中，用产业发展协议书的形式固化政府的监管责任，改变了传统招商引资过程中政府重招商、轻监管的情况。

先租后让的土地供应模式灵活性高。由于土地承租权不是土地使用权，且租赁期短，有助于企业集约、节约用地，政府在企业投资失败时顺利收回土地。但因在实践中存在长期租赁的土地逾期无法收回的情况，政府应提前在协议中明确收回土地的条件。

先租后让的土地供应模式中，竞得人未来能否就宗地成功续租或转出让的关键是能否通过履约考核，即竞得人是否履行了产业发展协议书约定的合同义务，各项经济指标是否达到项目引进时承诺的指标。因此，需要设置清晰合理的经济发展指标，明确政府与竞得人的各项权利义务（请参见附录2《深圳市龙岗区产业发展监管协议书》）。当相关指标设定得太高时，会让企业望而生畏，特别在大经济形势不乐观的背景下，相关的考核指标对于企业来说存在太大难度，亦会打击其积极性；但设定得太低又失去准入和激励的作用。故合理科学的指标体系显得尤为重要，亦是目前该模式推广的难点。

先租后让的土地供应模式在全国乃至深圳都"叫好不叫座"，究其原因，有以下两点。一是没有完整产权无法融资，无论是80号文件还是新修订的深府规〔2019〕4号文件，都规定"以租赁方式供应的重点产业项目其土地使用权及地上建筑物不得转租、抵押"。长三角地区的先租后让模式虽然有部分城市可以抵押的制度设计，但银行等机构对先租后让的用地抵押认可度还有一个摸索接受的过程。企业拿到土地不能融资，土地资源无法转化为土地资本助力企业发展，致使先租后让土地供应模式的市场认可度不高。二是配套政策不足，后续开发建设需要陆续解决产权登记、政府各相关职能部门的开发报建和监管等难题，没有成熟的制度和程序，单靠企业的力量去解决这些难题，只会让企业对先租后让望而却步。

三 节约集约用地联合竞买实践：南山区科技联合大厦项目出让

（一）总部用地和重点产业用地政策演变

面对产业发展空间长期高度紧约束的问题，深圳一直在探索创新节约集约用地和土地利用提质增效的路径，措施之一就是大力发展总部经济，推动产业转型升级。

2008年1月，《深圳市人民政府关于加快总部经济发展的若干意见》（深府〔2008〕1号）提出要"大力发展总部经济"，"制定总部企业认定标准"，"实施积极的土地支持政策。加强总部企业用地保障，将总部企业用地优先纳入年度土地供应计划，在每年新供用地中，提供一定比例的用地通过'招标、拍卖、挂牌'等公开方式，满足经认定的总部企业用地需求"。

2008年9月，深圳市人民政府印发《深圳市总部企业认定办法（试行）》（深府办〔2008〕95号）。同日，《深圳市人民政府办公厅关于印发加快总部经济发展若干意见实施细则》（深府办〔2008〕96号）第四章专章规定了总部用地与规划，规定经规定程序认定的总部企业以挂牌方式取得的政府出让土地，自用办公用房的建筑面积不少于总建筑面积的70%。

2009年7月，深圳市人民政府印发《深圳市企业总部用地用房配置管理办法（试行）》（深府办〔2009〕86号），对认定的总部企业按照类型做出建筑面积的限制，对单独或联合建设总部大厦提出明确的标准。

2012年8月，深圳市人民政府印发《深圳市鼓励总部企业发展暂行办法》（深府〔2012〕104号），重新设置了总部企业认定条件，并规定连续3年本市营收不低于50亿元或连续3年纳税不低于6000万元可申请联合建设总部大厦，连续3年本市营收不低于100亿元或连续3年纳税不低于1亿元可申请独立建设总部大厦。总部企业联合建设总部大厦的，允许联合投标并按规定分割办理房地产证。

2013年1月,"1+6"文件出台,《深圳市宗地地价测算规则(试行)》(深规土〔2013〕12号)明确总部企业自用部分产业发展导向修正系数为0.5。

2015年5月,深圳市规划国土委根据国务院清理规范税收优惠政策部署以《关于清理规范税收等优惠政策的复函》(深规土函〔2015〕490号)取消总部企业优惠系数。

2016年10月,深圳市人民政府印发《深圳市工业及其他产业用地供应管理办法(试行)》(深府〔2016〕80号),明确总部企业等重点产业项目用地除配套商业以外的建筑类型,出让底价按评估价的70%确定。

2017年10月,《深圳市人民政府关于宣布失效一批市政府规范性文件的决定》(深府规〔2017〕5号)宣布《深圳市企业总部用地用房配置管理办法(试行)》(深府办〔2009〕86号)失效。

2017年10月,深圳市人民政府印发《深圳市鼓励总部企业发展实施办法》(深府规〔2017〕7号),重新设置总部企业认定条件,并规定"符合条件的总部企业可以独立或联合申请总部用地建设总部大厦,其建筑规模应与总部企业形成的地方贡献相适应。总部大厦以自用为主,同时允许一部分进行租售"。

2018年5月,深圳市人民政府印发《深圳市总部项目遴选及用地供应管理办法》(深府规〔2018〕1号),规定市政府成立市总部项目遴选小组审定总部项目遴选方案等,也规定了联合申请总部用地的建设规模标准,明确"联合建设总部的,各总部企业的自用部分建筑面积按照联合体各成员的建设用地使用权及建筑物产权比例进行分配","总部用地上除配套商业以外的建筑类型,出让底价按照评估价的70%确定"。

2019年,深圳市分别于3月和10月陆续印发《深圳市工业及其他产业用地供应管理办法》和《深圳市地价测算规则》(深府办规〔2019〕9号),对重点产业项目用地上除配套商业以外的建筑类型,出让底价按照市场价格的一定比例确定。其中,遴选方案确定为单一意向用地单位的,按照市场价格的70%确定;遴选方案确定有两个及以上意向用地单位联合申请的,按照市场价格的60%确定。其中，新一代信息技术、高端装备制造、绿色低碳、生物医药、数字经济、新材料、海洋经济等战略性新兴产业、生产性现代服务业及优势传统产业项目用地出让底价同时适用产业发展导向修正系数，产业发展导向修正系数为0.5。按此测算，联合申请重点产业项目用地，且属于各相关战略性新兴产业或优势传统产业的，出让底价经修正后可以达到市场价格的0.3，可见政府对此类产业项目的政策扶持力度之大。

（二）南山区面临的产业发展空间紧约束形势极为严峻

经过特区40多年的发展，南山区已成为我国高度城市化地区的典型，是我国创新经济发展的标杆，面临产业发展空间高度紧约束的难题。全区有各类上市企业160多家，其中50多家企业没有自有物业。如何留住这类企业，让其扎根深圳、扎根南山是南山区面临的重要课题。其一，无恒产者无恒心，这些优质企业都是南山区自己培育出来的行业领军企业，也是各地招商引资的重点对象，面临各种给地迁总部的诱惑。其二，这些企业还不够壮大，在南山区独立拿地的实力有限。其三，南山区调研数据显示，年营收5亿至10亿元的企业，其总部研发、办公的空间需求约为1万平方米，但南山高新园区、后海总部基地、深圳湾超级总部基地和留仙洞总部基地园区用地的容积率起点都是6以上，普遍在8—10，一宗1万平方米的土地可建成10万平方米左右的产业空间，远超中小型企业实际需求，大多数独立拿地企业的规定自用率在60%—70%，实际自用率更低，不利于节约、集约利用土地和满足中小企业产业发展空间需求。

（三）南山区在组织联合竞买建设总部大厦上的创新探索

1. 深入摸底，了解企业产业发展空间需求，综合测评、重点筛选确定联建企业

能够买地建总部办公楼，几乎是所有无自有物业或自有物业空间不足企业的夙愿，但真的让不同的企业联合买地建办公楼，其可行性值得质疑。南山区工业和信息化局牵头，通过对辖区内120多家上市企业、90多家南山区总部企业及工业百强企业、服务百强企业进行调查摸底，基本掌握了企业的经济贡献情况、产业办公用房

需求情况，并初步筛选出40多家重点企业。考虑南山区上市企业数量众多、成长性好且大多没有自主物业的特点，首个联建项目选择以上市企业为主，首先解决一批优质重点企业总部及研发空间问题。确定联建企业达到筛选方向后，再开展测评、逐一约谈企业等工作。综合考虑企业的产值营收、纳税、企业自主意愿等情况，以评分排名的方式从中筛选出13家重点企业作为联建企业。

2. 联建模式涉及企业众多，众口难调，需要建立灵活的退出机制

南山区政府根据13家企业联建的方案按程序报批项目遴选方案和出让方案后，市土地房产交易中心于2018年11月2日发布公告，采用带项目挂牌出让方式出让T501-0096宗地，但因联合体中份额权益最大企业的退出，该宗地第一次挂牌未成交。在汲取第一次经验教训的基础上，南山区各职能部门按照16家企业的方案，完成报批手续。2019年1月10日，交易中心再次发布出让公告，公开挂牌T501-0096宗地，公告期间再次出现联合体企业退出的问题，交易被迫中止。经调整方案，交易中心发布补充公告，再次启动该宗地的交易。2月21日，该宗地由深圳市创梦天地科技有限公司等15家企业联合竞得。考虑联建模式中联合体成员退出概率极大，南山区初步建立了如下联建模式退出机制：在遴选阶段如有企业退出，则重新遴选递补；土地使用权公告和挂牌阶段，若有联合体成员单位不超过2家（含2家）退出，其相应建筑面积由区政府承接；联建大楼竣工验收前，如有企业因自身原因终止该项目投资建设，政府保留处置权利。

3. 充分利用分证登记政策，打消联合体各方在房屋建成后不动产权分割办证登记的合理关切

2012年，深圳出台的《深圳市鼓励总部企业发展暂行办法》（深府〔2012〕104号）明确指出，"总部企业联合建设总部大厦的，允许联合投标并按规定分割办理房地产证"。南山区科技联合大厦建成后，研发用房可以按比例分证持有，配套商业、食堂不得分割由各方按份共有。对分证持有的研发用房按以下原则分配。

一是研发用房按楼层进行分配。二是楼层分配通过抽签决定各

方的楼层,并将大厦分为高层区、低层区两个部分,采取高低搭配的方式,照顾各方利益,确保公正公平。三是抽签方法采取二次抽签法,第一次抽签决定各方抽签的顺序,第二次抽签决定楼层分配的先后顺序。抽签完成后,各方在楼层分配抽签结果表上签字盖章。区政府名下的研发用房楼层分配,由区物业办代表区政府参与抽签,并代表区政府签字盖章。

4. 创新联建项目设计建设机制,最大限度满足企业不同空间需求,确保公平解决所有企业诉求

联合体各方 15 家企业,从事行业、各自诉求等均不相同,出资经费、楼层分配、方案设计、建设等均涉及各方切身利益,协调难度非常大,只能采用政府协调主导推进、企业共建共享红利的设计建设机制。

一是在建筑设计上,征求大多数企业同意即确定方案;在公共空间的可塑性上,设置多层架空层及立体连廊,最大限度方便企业入驻后灵活设计调整。

二是在楼宇建设上,采取统一招标代建方(万科公司)承建。为减少各方沟通协调成本,提高沟通效率,南山区政府指定下属国企——深圳市深汇通投资控股有限公司作为 15 家公司与代建公司万科公司沟通的桥梁,15 家公司通过深汇通公司向万科公司行使业主的权利和义务。

南山区探索联合申请总部或重点产业用地是破解资源紧约束难题、践行节约集约用地理念的有益尝试,为深圳进一步推行联合竞买土地建设总部大厦提供了解决方案。

第七章

多层次土地要素市场的建设与探索

随着社会经济的发展和信息技术的快速进步，局限于某一区域的土地有形市场不利于土地资源的高效合理配置。因此，从土地市场到不动产衍生市场的拓展，从深圳到全国各地跨区域交易市场的横向扩充，从土地单维度到产业空间立体全维度的纵向深化，是多层次土地市场建设的题中应有之义。

深圳市早在 2000 年左右便开始了多层次土地市场的建设与探索，其成果主要体现在不动产担保市场、司法委托土地拍卖、全国土地市场信息交流平台以及产业空间资源配置平台的建设等方面，以此强化政府与企业民众、政府与深圳及全国、土地与立体空间的联动纽带，为土地市场的持续发展与安全稳定护航，为全国土地信息的传播疏通了脉络，为产业落地、空间供给增加了新的渠道，促进土地市场向稳健化、高效化、公平化和透明化发展。

第一节 不动产担保市场初探索

一 不动产担保市场建立的背景

不动产担保公司对个人或者企业在向银行借贷以购置房产或者受让土地使用权时提供相应的信用担保的行为构成不动产担保市场。其在一定程度上降低了银行资产风险，为房地产开发及商业运营企业提供了更专业的金融服务，保障其资金链，使之保持快速发展态势，由此激发土地乃至不动产的市场活力，有助于土地市场纵深发展。

不动产担保的业务范围一般包括：对土地使用权受让进行银行贷款担保，提供住房公积金贷款担保，提供不动产拍卖担保，提供二级市场（转让、抵押、司法拍卖地）及三级房产市场的住房按揭贷款担保，提供不动产的投标担保，对不动产履约进行担保等。

2000年5月，住房和城乡建设部下发《住房置业担保管理试行办法》（建住房〔2000〕108号），规定置业担保的目的是支持个人住房消费，发展个人住房贷款业务，保障债权房地产中介的利益，从而产生住房置业担保行业。为了促进住房消费，带动住宅建设发展和拉动经济增长，中央出台了一系列政策措施，但是这些政策措施并不能完全解决消费者贷款需求和银行贷款安全之间的矛盾。为解决这一问题，产生了新的担保方式，担保企业也在自身专业能力提高、新开拓上，继续加强服务的专业性和精良性，从而提升自身价值。

二　深圳首家不动产担保公司的创建与发展

（一）深圳市不动产担保公司的成立

2000年，根据住房和城乡建设部和中国人民银行108号文件精神，深圳市政府决定高起点筹建不动产担保公司。为与国际金融市场接轨，充分利用深圳经济特区的立法资格和窗口效应，深圳市政府拟"按市场规律和商业模式设立深圳市不动产担保公司"，并将设立工作交由深圳市土地房产交易中心完成。在此思路下，深圳市土地房产交易中心负责牵头成立深圳市不动产担保公司。

经充分调研，当时全国先行成立的担保公司均是为购房者提供的置业担保服务，以成都市房地产置业担保公司最为典型，经营范围非常狭窄。针对此情况，深圳市土地房产交易中心提出设立公司旨在"为建立健全深圳市商业信用体系，促进深圳市房地产市场和经济的发展，按照市场规律和商业模式运作，组织与部分深圳市房地产骨干企业联合出资成立深圳市不动产担保股份有限公司"的重要建议。深圳市政府有关领导于2001年1月批示："设想很好，公司的组织应按市场规律和商业模式，不要搞成政府为主体的公司。

可先设计一个方案再行研究。"根据市领导的批示精神，交易中心和深圳市华之辉投资有限公司、深圳市规划与国土资源信息中心、卓越置业集团有限公司、深圳市中洲投资股份有限公司五家单位联合出资，注册资本为1亿元人民币，经营范围主要为不动产抵押贷款担保、不动产拍卖担保、不动产招投标担保、不动产投资履约担保、房地产评估、经营管理顾问咨询、投资组合顾问、个人理财咨询服务及相关项目融资担保。

2002年3月29日，深圳市人民政府批复（深府〔2002〕12号）同意成立深圳市不动产担保股份有限公司，具体批复如下："一、根据建设部、中国人民银行《关于印发〈住房置业担保管理试行办法〉的通知》（建住房〔2000〕108号）精神，注册资金不低于一亿元人民币。二、深圳市不动产担保股份有限公司经营范围：为个人、企业通过借贷购置房产、受让土地使用权提供信用担保（提供信用担保范围不含工业厂房及内部设施；单宗担保额度不得超过注册资金）。"根据此批文，深圳市土地房产交易中心、深圳市中洲投资股份有限公司、卓越置业集团有限公司、深圳市华之辉投资有限公司和深圳市规划与国土资源信息中心五家机构联合发起成立深圳市不动产担保股份有限公司，并由分管副市长出席开业典礼，可见政府对其寄予厚望。

深圳不动产担保公司有别于全国其他城市置业担保公司的主要特点有三。一是深圳市不动产担保公司的成立，是作为深圳市商业信用的重要体系来建设，国内其他置业担保公司只是定位为置业者的服务机构。二是深圳不动产担保公司成立公司架构，是选择有实力、规范、负责的深圳市土地房产交易中心等五家股东，发起设立深圳市不动产担保股份有限公司，注册资本为1亿元人民币，建立现代公司治理结构以防范风险。国内其他住房置业担保公司均为国有独资公司，业务范围单一。三是深圳市不动产担保公司在担保额上限（30倍）与担保业务的拓展上有所探索，得以在市场上长期发展，并为深圳市房地产市场和经济发展做出贡献，国内其他担保公司没有这方面的优势。

（二）深圳市不动产担保公司的发展

在经营过程中，深圳市不动产担保公司业绩一直在不动产担保行业处于第一位。本书特选取 2006 年上半年公司营业情况进行研究。2006 年上半年对于深圳房地产金融行业而言是"多事之秋"：年初的房价暴涨受到全国关注；相应地，市场充斥各种可能出台房地产调控政策的传言，颇有"山雨欲来风满楼"之势；第二季度后期，当房地产调控政策的"第二只鞋"终于落下，市场交易量在短时间内经历暴涨暴跌、交易量极度萎缩的萧条观望期。在变化如此难测的市场环境下，该公司积极应对市场挑战，各方面经营指标均有所增长，交出一份良好的成绩单。

1. 常规业务的发展

公司积极进行业务创新。一是积极与主要合作银行之一的建设银行深圳分行开展整体营销，成功获得该行无上限公司担保额度。二是为应对宏观政策的不断出台，公司积极开拓担保业务新品种，并在厂房/物流园区的阶段性担保业务中陆续取得突破。三是为规范公司担保业务的内部操作，统一项目经理调查报告格式及必填内容模板，草拟了《公司担保业务作业标准》，对公司担保业务的开展进行标准化指导。

2. 转轨持续发展

2006 年下半年，根据深圳市政府要求，深圳市土地房产交易中心持有不动产担保股份有限公司的股份划转深圳市国资委，公司改名为深圳市不动产融资担保股份有限公司。该公司根据住房和城乡建设部和中国人民银行《关于住房置业担保管理试行办法的通知》关于"有利于促进全市住房消费市场，降低银行信贷风险，改善个人住房条件，稳定和繁荣深圳特区房地产市场"的精神，继续充分发挥自身优势，健全深圳市商业信用体系，促进深圳市土地房产市场和经济的发展。

三 不动产担保市场建立的影响分析

（一）成为推动深圳房地产金融市场发展的有力杠杆

进入 21 世纪初期，随着国家住房制度的改革和商业银行房地产金融业务的发展，深圳市商品房按揭和抵押贷款比例得到极大的提高。据统计，2000 年左右，全市商品房销售的 70% 以上是通过楼宇按揭实现的。但与此同时，由于房地产市场价格波动等，违约个案逐渐增加，住房贷款的风险日益显现，市场迫切需要一种能化解此类风险的保障机制。正是为适应这种形势变化，不动产担保市场的创立及时响应了国家培育土地房产消费市场、促进企业及个人用地用房发展、拉动经济增长的号召。不动产担保公司作为新型房地产信用中介机构，是深圳市政府为个人、企业通过银行借贷购置房产、受让土地使用权提供信用担保的唯一专业性担保公司。其成立成为推动深圳房地产金融市场发展的有力杠杆。

（二）为企业与居民投资不动产提供良好的服务与助力

城市不动产担保服务机构的成立，为企业和居民提供了价格低廉、优质便捷、安全高效的不动产担保服务。通过推动各类贷款业务的健康发展，防范和化解贷款风险，为企业、居民等各市场主体提供优质便捷、保障多样的融资担保和房地产金融配套服务，增强企业和普通居民的不动产购买能力，从资金支持上推动市场主体对于土地商品的有效需求，促进不动产担保市场和房地产市场的健康平稳发展。同时，切实响应了住房制度改革，拓宽了住房融资渠道，完善了住房保障体系，在满足客户融资需求下降低了银行的资产风险，为房地产开发及商业运营企业提供了更为专业的金融服务，保障其资金链，使之保持快速发展态势。

（三）是政府早期进行市场孵化的一次良好探索

2000年住房和城乡建设部下发的108号文件，明确了原则上一个城市设一个担保公司，它是专职负责住房置业担保的唯一机构。这成为不动产担保行业中的市场准入机制。因此，一个城市在原则上只能设置一个担保公司，形成区域内的行业壁垒。[①] 作为深圳市唯一的不动产担保机构，深圳市不动产担保股份有限公司在政府背书下，与银行、房地产发展商、房地产中介机构以及担保界同业精诚合作，形成深圳不动产担保市场具有浓厚政府色彩的这一特色。

2006年，它由政府背景走向纯市场模式，开始完全打开市场，接受市场的挑战。今天回顾成立于2002年的深圳市不动产融资担

---

① 张军：《我国住房置业担保行业发展及路径建设》，《中国房地产》2012年第7期。

保股份有限公司，历经近20年的稳健经营，累计担保总额600多亿元，风险代偿率保持在万分之几的低水平，市场份额占比突出，信用卓越。截至2017年7月，共获得包括中行、农行、工行、建行等在内的深圳20多家银行超过50亿元的授信额度。在这一过程中，政府决策与交易中心起到市场孵化的重要作用。

在西方，政府会通过公营机构（又称法定机构）进行产业的早期市场孵化。对于非竞争性领域，市场一般具有规模效应，需要投入大量的初始资金。由于它具有不确定性或必须长期投资的特性，以及很强的正外部性，所以市场自由配置时民间资本通常望而却步，需要通过政府来解决市场失灵的问题。这时政府会设立公营机构，给予其种子资金，利用公营机构先行投资与开拓；等到该产业已较为成熟，成长为竞争性领域有利可图时，再逐步让位于自由市场的民间私人资本，使其担负起主导作用。这是由于在不同的时期，政府背景的公营机构和市场主体有着不同的比较优势，当公营机构的比较优势消失时，就是其退出该领域的时候。从这个角度考量，深圳不动产担保公司正是发挥了市场孵化的功能。

第二节　司法委托土地拍卖探索

一　深圳土地司法拍卖的发展路径

（一）缘起与发展

2001年3月，深圳市人民政府发布100号令，规定人民法院、执法机关裁定、决定处分的土地使用权及地上建筑物、构造物、附着物的转让等10类土地房产交易须在交易中心通过招标、拍卖和挂牌方式公开进行。以100号令为基础，同年5月，深圳市土地房产交易中心土地交易管理部正式受理法院委托拍卖业务，由此司法委托房地产进入第三方专业交易平台进行集中公开拍卖。这是深圳房地产改革的一次尝试，亦是全国首创。在此，也厘清了土地司法拍卖与一般性拍卖的关系。《中华人民共和国拍卖法》第2条规定，该法适用于我国境内拍卖企业进行的拍卖活动。1996年7月4日，全国人大法律委员会主任委员薛驹在全国人大常委会审议通过的拍卖法所做的《关于拍卖法（草案修改稿）修改意见的汇报》中提出，土地使用权出让与转让应当由其他有关法律调整，并非都由拍卖企业拍卖，拍卖法是调整拍卖企业进行的拍卖活动。1999年8月16日，国土资源部办公厅给国家国内贸易局《关于土地使用权拍卖有关问题的函》（国土资厅〔1999〕255号）中也表达了同样观点。该函认为，拍卖法的适用范围仅限于拍卖企业进行的拍卖活动，不得另行扩展；将土地使用权拍卖纳入拍卖法调整范围，由拍卖企业进行土地使用权拍卖，是与拍卖法和城市房地产管理法、土地管理法等法律法规的规定不一致的。深圳市土地房产交易中心经由深圳市编制委员会批准成立，其职能包括承办土地交易市场，组织土地使用权的招标、拍卖、挂牌的交易活动。100号令赋予深圳市土地房产交易中心的土地使用权拍卖资格不与拍卖法冲突。

2002年1月28日，深圳拍卖成交的泰明广场及附属宗地，成交金额为1.267亿元，为深圳市首个成交金额超亿元的土地司法拍卖实例。

2004年3月，深圳市中级人民法院、深圳市规划与国土资源局联合颁布实施《关于规范市土地房产交易中心受人民法院委托拍卖不动产的若干意见》（深中法〔2004〕31号）及《关于执行〈最高人民法院、国土资源部、建设部关于依法规范人民法院执行和国土资源房地产管理部门协助执行若干问题的通知〉的意见》（深中法〔2004〕32号）（以下简称"两文"），具体明确了法院、房地产管理部门等各方在房地产拍卖过程中的义务和要求，将人民法院委托拍卖房地产工作纳入规范化的轨道。其中，《关于深圳市土地房产交易中心受人民法院委托拍卖不动产的若干意见》是深圳第一部关于土地房产拍卖的实施细则。

2006年3月，针对深圳土地旺盛的需求，交易中心适时推出法院委托土地及大额标的拍卖专场，为大宗买家提供了更便利的服务通道。2006年共推出28场土地及大额标的专场拍卖会，成交土地共11宗，面积171586.94平方米，成交金额33798.6万元。

2010年4月26日，A823-0044宗地土地使用权拍卖，起拍价

1365万元,成交价1.26亿元,竞买人竞价轮次达1123次,增值幅度达823%,创中国房地产拍卖市场竞价轮次之最。

2017年1月,《最高人民法院关于人民法院网络司法拍卖若干规定》正式实行。交易中心延续17年的传统司法委托拍卖模式转由人民法院通过五大网络平台进行网上拍卖,在信息时代实现跨区域、全天候的土地司法拍卖市场。

回顾2001年7月28日第一场拍卖会,到2017年11月21日第1218场拍卖会,交易中心累计拍卖成交房地产13000套,成交金额近298亿元,平均超出拍卖起叫价25%,充分实现法院委托拍卖房地产价值最大化的目标。进场拍卖人次屡创新高,参与竞买累计达到108000人次,拍卖会观摩累计超过50万人次,网上浏览拍卖直播300万余人次。房地产拍卖会一场比一场火爆,与寻常百姓"亲密接触"。交易中心每周举办一次的司法委托专场拍卖会成为市民置业新渠道,一度入选深圳房地产市场十大新闻。可以说,交易中心承办的司法委托房地产拍卖工作取得了社会的广泛认同。

(二)深圳中华自行车土地拍卖社会互动案例

2013年完成的深圳中华自行车土地拍卖,是交易中心线下拍卖时代成交金额最大、溢价(拍卖底价与成交价金额差距)最高的实例。

伴随经济活动的繁荣,企业破产案件逐步增多。以往破产案件处理中,由于适用程序不规范等,清算组在破产企业财产的处理问题上人为因素较多,拍卖过程不够透明和公开,也引发一些问题。为进一步规范破产案件不动产拍卖,在纪检部门的协调和监督下,市中院经与深圳市土地房产交易中心多次沟通,双方在破产企业涉案土地拍卖的问题上达成共识,即破产清算案件由破产清算组书面委托交易中心公开拍卖,市中院对拍卖工作进行指导和监督。

2013年10月16日,受中华破产清算组委托拍卖深圳中华自行车(集团)股份有限公司所有的位于龙华新区油松村中华工业园土地使用权[国有土地使用证号宝府国用(1992)字第0800429号]及地上投资性房产、房屋建筑物、构筑物及工业园电力设施,面积近12万平方米。33家企业和个人参加了拍卖,经过近百轮的叫价,拍卖物以底价近4倍的价格拍出，最终以16.0756亿元的高溢价被成功拍卖。

拍卖前，交易中心特意发布了两次公告，并组织土地拍卖专场答疑会，邀请委托人和交易中心工作人员一起，对拍卖流程、拍卖物瑕疵等问题进行相关说明及答疑。拍卖后，针对媒体质疑的问题，深圳中华自行车（集团）股份有限公司在网上发布澄清公告，就拍卖事项基本情况、资产拍卖公告过程、处置财产程序和评估程序进行详细解释，明确指出"资产拍卖公告过程公开、合规""处置财产程序合法、合规""评估程序独立、公正"，充分证明拍卖的合法性。通过这一与社会媒体、公众有所互动的司法拍卖案例，既普及和充分披露了相关交易流程与信息，也体现了土地司法拍卖服务经得住公众的监督，取得良好的社会反响。

二 深圳土地司法拍卖的创新与成效

（一）阳光交易效果显著，成为全国公开、公平、公正交易服务典范

深圳土地司法拍卖被誉为"阳光下的交易"。土地要素市场是社会主义市场经济体系的重要组成部分，建立公开、公平、公正的土地交易环境，是深化土地使用制度改革、规范土地交易行为、从源头上防止和治理腐败的重要工作与关键环节。公开交易和阳光作业，司法委托拍卖逐步形成公开、公平、公正的市场竞争机制，使土地司法拍卖从分散、隐蔽、无序逐步走向集中、公开、有序，克服"人情""关系"带来的种种弊端，最大限度地减少土地司法拍卖交易中可能发生的"暗箱操作""黑社会控制"的徇私舞弊、贪污腐败问题，切断法院与拍卖机构可能存在的利益链条，杜绝执行环节中的司法腐败，有利于国有资产、银行不良资产价值的最大化。

和以前拍卖行的做法不同，拍卖公告的展示期由最少7天增加到15—30天，给竞买人提供了充足的比较和选择时间；改变以往拍卖行拍卖公告不定期、不定时、不定版、版面小的现象，交易中心在每周三《深圳商报》上刊登半版到整版的拍卖公告，保证意向竞

买人有便捷稳定的信息获取渠道。同时，中心组织大量的人力、物力，开发建立了交易网、手机微信 App，给司法委托房地产拍卖公告提供了便捷的信息传播平台。深圳法院涉讼房地产拍卖信息在传统媒体、网络媒体公开；拍卖房地产判决书、评估报告等上网供公众公开查阅；有关拍卖的相关文件样本在网站及拍卖业务受理大厅中公开展示；法院提供钥匙的房地产在规定时间公开展示；成交结果在网络媒体上公开；拍卖大厅公开参观，拍卖现场网上实时直播，拍卖程序流水线作业，环环紧扣、层层监督。在关键岗位上采用两人合作制或三人协调制，既保证工作的连续性，又能相互监督制约。

除了拍卖环节，该机制还推动了人民法院执行工作的有序开展。2001—2017 年，交易中心先后接受深圳市中级人民法院等 7 家法院和 35 家外地法院的拍卖委托。为确保法院执行工作的顺利进行，交易中心严格贯彻公开、公平、公正的交易原则，定期在固定的报纸、固定的版面向社会发布拍卖公告，为竞买人提供咨询、现场看楼等全程服务。同时，交易中心不断规范房地产拍卖规程，修订拍卖的有关法律文件，优化拍卖流程，加大信息发布量，最大限度地保护债权人和债务人的合法权益，促进人民法院执行工作的顺利开展。

此外，设立内外部监察机制。人民法院、深圳市规划国土资源委员会和上级纪委均在交易中心设立了投诉信箱，由专人负责。消费者也可通过电子信访系统投诉。

实行这一市场改革后，深圳市各级法院及交易中心在历年的拍卖房地产工作中均没有发生任何违法违纪行为和腐败现象。2005 年 3 月，《人民日报》发表原中央纪委副书记侯宗宾对深圳土地及司法拍卖的调研报告《阳光是最好的防腐剂》。2005 年，中共中央政治局常委、中央纪委书记吴官正，广东省委书记张德江；2008 年，中共中央政治局常委、中央纪委书记贺国强；2013 年，中共中央政治局委员、广东省委书记胡春华等，陆续考察与调研了深圳土地房产拍卖的阳光交易做法。国际机构亦对此进行参考借鉴。联合国透明国际腐败指数总负责人约翰·兰斯多夫一行，曾在国家监察部外事局和市监察局领导的陪同下专程来到交易中心了解深圳司法拍卖运作成功做法。可见，深圳的阳光交易效果显著。

（二）依法交易立法同步，成为全国土地司法拍卖先行规范市场

阳光交易必须有法治配套的护航，依法交易必须是阳光交易的题中应有之义。深圳市政府在研究和筹备司法委托拍卖房地产纳入土地交易市场的过程中，已经意识到这项改革举措牵涉面较大，面临的阻力不小，实施有一定的难度，必须有章可循、规范操作。因此，100号令以地方政府规章的形式，为启动深圳市司法委托土地房产进入交易市场、规范土地房产拍卖的交易行为提供了有力的法律保障，基本实现深圳市各级法院委托拍卖的土地房产必须进场交易，使深圳市房地产司法委托拍卖成为全国土地房产拍卖交易最早规范的市场。

2004年"两文"出台深化了改革，各方还约定采用联席会议制度处理在人民法院委托拍卖工作中出现的重大问题。"两文"的实施标志着人民法院委托拍卖房地产工作的全面规范化。"两文"具体明确了法院、房地产管理部门等各方在房地产拍卖过程中的义务和要求，并对房地产拍卖过程中的诸多细节做出具体规定。据中级人民法院介绍，深圳市"两文"的实施对最高人民法院《关于法院民事执行中拍卖、变卖财产的规定》的出台也起到了一定的参考和促进作用。

与此同时，人民法院和交易中心不断规范房地产的拍卖规程，修订和完善拍卖有关规范性文件，优化了拍卖流程，并采取一切有效可行的措施对竞买人的相关资料予以保密，有效防止恶意串通行为的发生。拍卖会现场往往是恶意串通活动最方便和高发的地方。交易中心与一般的拍卖行不同，其具有硬件设施较高的拍卖场所，所在办公楼也是市规划与国土资源委员会的政府机关所在地，物业管理单位是全国知名的万科物业，从硬件和软件两方面保障了拍卖会现场的秩序，控制闲杂人员的进入。拍卖场地摄像头全程监控，各关键地点均有工作人员和保安把守，保障了拍卖会有序进行，同时保证拥有公开、公平、公正的拍卖环境。

(三）高效交易创新理念，探索法拍法定第三方平台专业化运作模式

深圳土地司法拍卖不但实现阳光交易、依法交易，还在理念上有所创新，实现高效专业交易，探索建立了法院拍卖委托法定第三方平台市场化运作模式。

深圳司法委托土地拍卖充分发挥市场机制的作用，设立了以"政府与市场运作联合管理"为特征的新的资源优化配置机制。交易平台实行市场化管理，完全按照市场化模式运作，通过媒体宣传、举办论坛、组织现场踏勘、举行答疑会等方式对土地拍卖进行全方位宣传和推广。这也意味着，涉讼房地产纳入专业第三方平台进行集中公开拍卖，通过拍卖方式公开交易土地房产，由专业的房地产拍卖市场提供推广和咨询顾问服务，其涉讼房地产成交价平均超出起拍价25％，真实地反映了市场化的土地房产价值，保证了债权人债权价值的最大化。

在服务理念和服务方式上，深圳土地司法拍卖具有服务专业、信息集中、场地规范固定、渠道畅通等优势。为了进一步提升拍卖各环节的服务水平，各级人民法院与交易中心坚持定期和不定期举行座谈会，沟通拍卖工作中出现的各种问题，并及时解决。各级人民法院在执行工作中坚持高标准、严要求，加强沟通协调，优化运行机制，减少工作层次，简化中间环节，通过为债权人、债务人、竞买人提供优质服务树立了良好形象，缓和了社会各方矛盾，构建了和谐社会，体现了"执法为民"的崇高理念。随着深圳市社会经济的持续快速发展，各级人民法院执行案件大幅增加，执行任务非常繁重，但是对委托拍卖拟处分的房地产，都对其产权、现状等因素进行细致的核查，充分保证委托事项清晰。对于委托交易中心拍卖成交的房地产，各级人民法院也非常重视，采取各种积极有效的措施配合竞得人交接房地产，得到各方的好评。

交易中心为了保障法院委托拍卖房地产的顺利进行，也增加了服务举措。（1）举办拍卖答疑会，为竞买人解答待拍标的物的相关疑问，同时对标的物产权情况进行分类，由开始笼统地归类为可办证和不可办证，到后期用英文字母A—I代表标的物处于各种状态的

产权情况，对竞买人购买起到很好的指引作用。（2）进行网上直播。每场拍卖会都可以在互联网上观看现场状况，同时加强土地房产拍卖交易的信息化建设，配备现代化的信息发布设备和自动查询系统，提高交易效率，做到信息及时全面、操作公开透明。（3）常年现场踏勘。工作人员集中带领竞买人现场查看拍卖房地产，解答相关疑问。（4）引进按揭服务。以前的拍卖房地产成交价比市场价低的主要原因之一是，拍卖房地产都是一次性付款，价格门槛太高，如何让更多普通的老百姓买得起拍卖物成为一个需要重点解决的问题。经过与银行的多次协商，多家银行进驻交易中心拍卖会现场开展按揭业务，大大促进了成交，降低了市民置业的门槛。（5）建立严格有效的管理制度和监督体系。一是由市政府设立由各方面专业人士组成的交易中心理事会，负责对交易市场的重大问题进行决策。二是建立由相关专家组成的土地房产拍卖专家库，加强对土地房产拍卖交易业务的指导。三是完善违规违纪监督查处办法。市纪检监察部门提前介入，做到事先预防、事中监察和事后查处有机结合。这些服务取得了很好的成效，得到中央、省、市有关领导和中纪委、最高人民法院、国土资源部、广东省的充分肯定以及社会各界的广泛赞扬。

第三节　全国土地市场信息会展平台的搭建

　　从区域性的土地市场走向全国性的市场，是社会主义市场经济不断发展的必然结果。深圳从1992年开始便通过建设展会平台，摸索搭建全国房地产市场信息交流平台，打造房地产市场信息交流的"深圳样板"。

　　深圳倡导建立全国土地交易信息交流平台具有迫切的现实需求。进入21世纪，全国各地建立了大批的地方性土地交易市场，并且在土地公开交易等方面取得了不错的成效，但是面临土地交易市场区域性强、封闭性强的问题，跨区域的信息流通不畅，跨区域土地营销存在障碍。尽管通过开发商推介会、商家跟踪等方式开展土地招商，可以部分实现土地的合理升值，但只能取得阶段性、局部性的效果，不能形成长效机制。因此，深圳积极探索搭建全国土地市场信息会展平台，推进政府与政府、政府与企业、政府与民众、企业与民众之间的信息交流，进而担当起市场主体之间的桥梁，成为促进创新要素资源高效聚合、优化产业协同发展和营商环境、构建宜居宜业宜游优质生活圈的重要窗口和重大战略平台。2019年以来，它更是服务于深圳现代化国际化创新型城市和中国特色社会主义先行示范区建设，助力深圳更好地发挥粤港澳大湾区城市群核心引擎作用。

一 中国·深圳房地产业博览会的土地要素展

中国·深圳房地产业博览会［前身为中国·深圳（春/秋）房地产交易会，简称房博会］始于1992年，至今历经28年46届成长，平均每年吸引3万多人次的政府管理机构、房地产企业、投融资机构、相关服务机构、普通市民等参展参观。其中与土地核心要素密切相关的，打造了土地、城市更新、产业园区等系列品牌子展，充分服务土地市场交易需求，被誉为"中国地产第一展"。

（一）中国·深圳城市土地展

1. 缘起

21世纪初期，全国各区域的土地有形市场运营蓬勃发展，但区域性差异相对较大，各地区土地有形市场无论是从组织制度、机构职能，还是从交易流程、市场状况来看，都各有特色，存在互通有无、相互交流的需求。经过改革开放多年的发展，深圳乃至珠三角地区的房地产市场已近饱和，品牌房地产企业纷纷进行全国拓展，数百家品牌房地产企业迫切需要获取跨区域的土地资源信息。因此，从管理部门到市场企业，供需信息的不完全匹配，导致土地资源无法及时配置、资本无法优化对接等诸多现实问题，市场迫切需要一个全国性的土地市场信息平台。

从2004年开始，交易中心对北京、上海、深圳、香港四地主流报纸进行近1年的普查调研，得到关于国内城市土地市场信息交流平台需求的第一手资料。2005年，成立专项专线考察组，走访了成都、武汉、重庆、昆明、南昌、济南、郑州、北京、上海等国内具有代表性的城市，经过充分交流和探讨，最终获得市场的肯定，并与各城市兄弟单位达成初步合作意向，一致认为构建一个能够实现土地信息资源共享的平台是必要的，并决定在2006春交会增设国内城市土地展区。

2006年是国家"十一五"规划的开局之年，适逢国土资源部第11号令颁布实施五周年，"中国·深圳城市土地展"应运而生（见图7-1）。它立足深圳这一全国地产前沿城市，依托房博会，旨在搭建一个全国性土地有形市场资源、资讯共享和交易的交流平台。

图7-1 首届中国·深圳城市土地展

土地展诞生之初，以其"共同担负建设中国土地有形市场的时代重任，为城市振兴和国家富强做出应有贡献"的宏伟愿景和务实做法，获得土地有形市场运营机构与开发商、投资商、各相关专业人士高度关注，武汉、重庆、郑州、南宁、厦门等11家土地有形市场运营机构参展，展位近百个，展示地块166宗，展示土地面积5154万平方米，其中住宅用地591万平方米、商业用地749万平方米、商住混合用地3807万平方米、工业用地76万平方米。

2. 发展

土地展从2006年开始每年一届,2013年进行了创新,彻底改变以往只是单纯服务房地产终端市场的消费型展会性质,开始转型为促进业界发展和行业交流的专业性展会。土地展围绕城市土地资源这个核心,整合各界资源,打造全产业链信息交流一体化平台,凸显出城市土地展的扛鼎地位。

经过数年的磨合和历练,深圳土地展作为唯一由中国最早土地交易市场承办单位运营的土地类展会,以官方视角,秉持稳健、安全、务实的服务风格,打造了土地运营推广、招商引资、业内交流和思想创新的土地与资本高水平交流平台,目前已经发展成为国内乃至全球范围内参展机构数量最多、规模最大、最具影响力的土地展会。庞大的参展规模继承了海量的信息,凝聚供需双方优势资源。

截至2019年年底,土地展已举办14届,成为房博会的核心展。土地展一直以"全面深化土地使用制度改革,建立统一公平、规范有序的土地市场"为目标,为激活市场活力,促进土地、资本等市场要素合理流动,促进跨区域土地资源的交易与合作贡献力量;累计服务全国20个省、3个自治区和3个直辖市的238个城市与地区309家城市土地主管部门、招商部门和机构,累计展出土地6485宗,展示土地面积1355.9平方千米,成功举办近百场土地推介会、拍卖会及土地专业论坛;80余位市领导,160余位国土、规划和招商部门领导出席城市土地展现场活动,31.8万人次房地产、投融资机构等专业观众到场参观交流,实现参展城市与全国5000余家房地产企业成功对接。14年筚路蓝缕、励精图治,土地展已成为当之无愧的"中国土地第一展",为土地卖方与买方提供展览、展示、交流、互动服务,极大地促进了我国土地、资本等要素跨区域流动。

(二) 中国·深圳城市更新展

土地展主要针对土地增量市场,庞大的土地存量市场的开拓也是优化土地资源配置的重要考验。深圳一直致力于充分发挥市场配置资源的决定性作用,治理城市痼疾,改造城市中失去功能、板结化、无活力的单元，赋予其新的功能和定位，使之重回自我增长、自我发展的健康轨道，填补融入城市发展区块，展现出新的生机，满足不断提升的人居生活需求。城市更新是深圳市又一国家试点项目，关乎"用好每一寸土地"，关乎人们生活环境的改善。"深圳模式"的城市更新，一直备受中央及全国各城市政府部门、业界、媒体和市民关注，希望能够通过公开、公平、公正的阳光平台，了解、借鉴城市更新"深圳模式"，推动城市更新工作发展。鉴于此，从2016年开始，深圳以城市更新展为重要抓手，依托房博会平台创办该展，展览范围以土地为核心跨界拓展，展览内容向产业链上下游行业延伸。此后，每届均获得政府机构、媒体、市场和社会各界高度评价，成为深圳土地政策推广和市场互动的窗口、行业发展和城际交流以及资源整合的阳光平台，展现出促进多方信息交流和携手合作的平台价值。

1. 第一届更新展首创国内城市更新主题展会平台先河

第一届中国·深圳城市更新展在2016年依托房博会平台举办，广州、深圳、东莞等粤港澳大湾区重点城市与各区城市更新（"三旧"改造）政府主管部门及代表企业参展。该届城市更新博览会突出展示和强调了"政府引导、市场运作"的原则，通过政府部门参展的形式，从政策、计划、规划、成果等多方面进行系统的、全面的展示，加强对相关行业和市民的政策引导，传达政府的更新政策和目标，并通过综合整治、功能改变、拆除重建等各类成果案例展示，给予参观者直观的感受，为各界了解城市更新的方式方法提供了系统化展示平台，约2万名专业观众到场交流。城市更新展开创穗、深、莞三地共赢的新局面，成为城市更新领域政府、企业、其他服务机构及相关从业者增强交流、促进融合、整合资源、推进发展的实效平台。

2. 历届的发展壮大

第二届更新展由穗、深、莞三地政府主管部门于2017年联办，政府、企业分别组团参展，在内容、形式和社会效益三方面均更上一层台阶。（1）拓宽展览范围，丰富展览内容。第二届更新展不仅将展览区域拓宽至穗、深、莞三地，参展主体也由纯政府公益展示拓宽为政府公益展与企业商业展并举。广州、深圳、东莞、深圳十区组成政府展区，更新协会承办的品牌企业展区由碧桂园、佳兆业、中粮参展。(2)三地联办活动，升华展会价值。第二届更新展举办了6场活动，包括穗、深、莞三市共同举办的"聚·创未来"穗深莞城市更新论坛，市更新局举办的3场业务讲座，市更新协会、估价协会举办的2场相关主题论坛。丰富的内容提升了展会价值，促进了行业专业发展。(3)开创多地共赢局面，社会效益更为显著。

此后第三届、第四届，继续围绕广东省大力推进城市更新（"三旧"改造）工作突破契机，在穗、深、莞成功联合办展办会的基础上，拓宽展览范围至全省，采取政府公益展、企业品牌展并举，展、会结合方式推进，打造全省城市更新（"三旧"改造）成果展示、行业交流、资源整合的平台，促进省内各城市在优化营商环境和国土空间布局、推进粤港澳大湾区对标世界级湾区的规划建设中迈出重要步伐。

（三）中国·深圳产业园区展

2019年，为积极引导、完善深圳市产业空间供给模式，加强产业空间保障力度，优化营商环境，实现供给侧结构性改革目标，深圳举办了全国首个产业园区展。策展目的一方面是积极引导政府园区资源"三公"配置，另一方面是大力促进产业用房市场供需对接。

首届产业园区展参展项目102个，其中国有产业园区61个、市场化产业园区41个，展示园区建筑面积约4421万平方米。深投控、深业、特建发、万科等为代表的运营机构，构成国有产业园区展区主体。市场化园区由华丰、正中、林展、瑞丰、嘉誉业等组成。

2019年，《粤港澳大湾区发展规划纲要》《2019政府工作报告》相继发布。深圳市承担了发挥经济特区、全国性经济中心城市和国家创新型城市优势，努力成为具有世界影响力的创新创意之都、推动构建开放型融合发展的粤港澳大湾区区域协同创新共同体等职责任务。中国·深圳产业园区展是深圳市加大产业发展空间保障力度、促进产业空间资源优化配置、实现城市创新发展的先行先试之举。

二 全国土地市场信息会展平台的创新与展望

深圳打造的全国土地市场信息会展平台从发轫至成熟，成就丰硕，在多方面实现创新跨越，有着强大的发展后劲。

（一）14年跨越23省，持续时间与覆盖面为全国领先，未来继续联盟升级扩容

深圳土地展作为唯一且由中国最早土地交易市场承办单位运营的土地类展会，发展至今已有14年，累计服务全国23省3直辖市238个城市和地区309家城市土地主管部门和机构，持续时间之长，覆盖范围之广，为全国领先。相对于其他地方连续多年的政策紧缩，如厦门地交会、江苏土地展等同类展会几乎完全依靠本省土地项目维持，深圳城市土地展则一直逆市前行，寻求和把握市场机会，使得土地展规模保持稳定，影响力逐步扩大。土地展以其平台的实效性，一步步扩大在全国土地圈层的影响力。从供方市场来看，土地展影响范围广泛，包括珠三角、长江经济带、环渤海、东北及中西部等热点区域。从需方市场来看，以珠三角地产商为主，长三角、中三角、海西地区的地产商亦积极参与土地展交流。可以说，深圳城市土地展已经打造出中国土地信息最具公信力、供需双方首选和最具影响力的供需平台，有效地提升了城市土地市场的信息透明度和资源配置效率，实现激活市场活力、促进土地与资本等市场要素合理流动、跨区域土地资源的交易与合作等重要作用。

土地展成型之时，深圳还建立了全国首个城市土地有形市场发展建设联谊会。2006年，借助土地展平台，成都、武汉、沈阳、重庆、深圳等九城市率先发起成立城市土地有形市场发展建设联谊会，并在首届土地展上举办了联谊会成立大会及相关活动。城市土地有形市场发展建设联谊会是中国首个土地领域的由政府主管部门组建的联谊会组织，它的成立为促进土地展成为全国土地有形市场资源、资讯共享和交易交流平台起到积极作用。

立足现在，展望未来，该会展平台应不断扩大合作联盟，实现覆盖面与质量的再次跨越，引领中国房地产行业朝着更高层次、更宽领域砥砺前行。

（二）市场不断细分，综合性与专业度同步深化，未来平台更精准触达用户

纵观深圳城市土地展十几年的发展，其实现了横向内容的跨越和纵向深度的飞跃，并镌刻着中国土地市场细分发展的印记。

1. 内容跨越

土地展的重点内容由开始的热点城市推介会展、土地专家论坛、专场城市土地推介等，逐渐扩展到以土地、城市更新、产业园区、特色小镇、美丽乡村、装配式建筑、绿色建筑、景观、智慧家居、设计等内容的丰富的资讯展示、互动交流、智慧碰撞，并继续巩固中国土地供需双方首选平台地位，让前来观展、交流的专业观众进一步开阔视野，拥有更多收获。

2. 深度跨越

从终端消费展到地产B2B商务对接和资源整合平台，城市土地展在房博会整体办展理念指导下，不断提升专业参与度，重点通过举办城市和土地推介会等方式，吸引城市领导和部门负责人到场参会交流，为全产业链交流平台夯实权威资讯基础，成为中国各大城市建设和投资的重要交易平台。2008年，为满足土地有形市场供需双方信息交流难点，服务地产企业和投融资机构快速了解各城市土地有形市场现行招拍挂出让交易规则，提高投资决策效率的需求，以此推动全国土地有形市场制度建设与房地产市场良性发展，土地展相关部门编写了公益刊物《部分城市国有土地使用权招拍挂出让交易规则比较汇编》（以下简称《汇编》）。这是国内第一本以全国土地有形市场招拍挂出让交易规则为研究标的的刊物，内容包括全国土地有形市场制度比较、40个城市土地有形市场承办机构基本信息，以及全国24家跨区域开发企业城市开发布点示意图。这本《汇编》在相当长一段时间被地产企业和投融资机构不断求取，成为其跨区域拓展的操作指南，也成为各土地有形市场运营机构了解全国供需双方的参考资料。

总体来说，会展平台的思路是以土地为源头，串联地产产业链上下游各行各业，打造全产业链资源整合、政企对接最具实效的平台。在未来的发展中，平台应进一步深化市场细分程度，紧抓国家

自然资源统一规划改革机遇，发挥中心城市引领作用。

（三）展与会紧密结合，线下与线上并行，平台运作模式不断创新

首先，在全国土地市场信息会展平台中，"展"是偏静态的展览，"会"则是偏动态的互动，两者一直保持着紧密的结合。如在城市更新展期间，举办了关于城市更新计划、规划、用地业务三场精彩讲座，引发业界参会学习大潮，即便会场规模临时调整扩大，仍是场场爆满，以至于不少观众无法入场，只能在场外旁听。同时，政府各区职能部门也注重与专业观众的互动交流，不仅展前积极组织专业观众参观，光明、坪山等区更邀请房企、重点项目进行现场展示，为企业对话搭建了平台。展与会紧密结合，为社会各界充分认识城市更新系列政策措施提供了具有公开性、透明性和实效性的平台。

其次，从实体展会到虚拟平台，创建全国首个土地与资本对接的虚拟平台，构建基于"互联网+土地"的新型运营模式。随着移动互联网时代的到来，深圳再次发扬"先行先试"精神，于2018年正式上线全国首个土地资本移动端平台——"土地shuo"，为土地供需双方解决"进对门、找对人"的"痛点"问题，提供更符合市场需求场景的移动互联网信息、政策对接工具，进一步提升土地供需双方对接效率，如免费为全国土地相关政府部门提供招商引资、土地推介、土地供应等活动信息发布服务，政府部门可在线与全国地产、资本以及实体企业进行无缝对接，发出邀请。① 截至2019年，"土地shuo"小程序注册用户数量为5.9万人次。通过深圳城市土地展、"土地shuo"小程序，实现线上线下积极互动，促进全国土地供需信息共享、要素流通、资源整合，提升了土地管理灵活性、要素配给市场化。

2020年4月9日，《中共中央 国务院关于构建更加完善的要素市场化配置体制机制的意见》公布，着力增强土地管理灵活性。深圳土地市场信息会展平台一直致力于公开、公平、公正地提供土地、资本跨区域流通的共享服务，后转型为一个线上、线下互动的

---

① 深圳市土地房产交易中心：《2019中国（深圳）自然资源博览会城市土地展（第14届）邀请函》，http：//www.fairl.cn/main/fairl/2019/2019invite.pdf，2019年。

全国性土地信息交流和土地、资本、技术、人员等要素流动的公开平台。未来，以土地展、"土地 shuo"小程序等为主形成的全国性土地资本对接、要素流通、信息共享的线下线上平台，将继续以线下时点爆发+线上 365 天不间断服务形式，提供市场化服务，成为优化自然资源体制机制的实践平台。

第四节 产业空间资源配置平台的建设

国际大都市工业用地总规模大多随着产业结构升级而不断萎缩，土地呈现集约化趋势。国际大都市在 1990 年前后发生的产业结构升级也影响着国内大城市转型升级的决策。在"中国制造 2025"和供给侧改革的时代背景下，综合考虑资源能源、环境容量、市场空间等因素，调整优化重大生产力布局，促进大企业与中小企业协调发展，是一个非常关键的问题。

一 产业空间概念的形成及平台建设背景

在传统的土地利用分类中，主要用于城市产业发展的土地一般称为"产业用地"，"地"在这一语境中往往指的是平面维度的净地概念。基于这一理解，早期的城市产业发展政策一般在招商引资时，通常以"地块"作为产业发展要素进行配置。但是随着深圳土地资源的紧缺，以一宗一宗地块去落地一项一项产业，显得捉襟见肘，这时"产业空间"这一立体化概念应运而生。产业空间强调的是"空间"作为产业发展要素，一宗地上可以以整体的空间去落地多个产业项目，从而解决优化空间资源配置、保障产业落地和企业发展空间、扶持服务企业的迫切问题。

随着从地到空间的思维转变，产业空间资源配置平台的建设便在深圳展开探索。21 世纪以来，深圳市一直处于产业转型升级的关键时期，优化土地和房屋空间资源配置，保障战略新兴产业、未来产业等重点产业发展的空间需求，是实现其"世界创新创意之都"发展目标的重要举措。但是全市产业空间信息不公开、不对称，缺少市级层面的统筹规划、引导与服务，制约了深圳市产业经济持续及快速发展，也对营造良好的营商环境带来负面影响。深圳市政府把促进城市经济发展和提高城市营商环境的长远目光放到产业空间资源统筹配置上，出台了一系列文件，要求建设全市统一公开、常设性的产业空间资源供需服务平台。

深圳市产业用地用房供需服务平台（以下简称"用房平台"）以产业政策、空间资源管理、物业管理和房地产经纪服务等相关管理理论为依托，利用现代信息管理技术，由深圳市规划与自然资源局牵头搭建，交易中心承办，深圳市发改、科技创新、工业信息化等产业主管部门以及各区政府（管委会）共同参与建设和管理，是深圳市统筹产业空间资源的创新实践，促进了产业用地用房空间资源的优化配置，推动政府从管理型向服务型转变。

二　产业空间资源配置平台化运作的探索

为推进国家创新型城市建设，深圳市宣布建设创新型产业用房。为贯彻落实深圳市《关于实施自主创新战略建设国家创新型城市的决定》，深圳市政府于2008年颁布《深圳市创新型产业用房建设方案》，对创新型产业用房进行界定并确定了创新型产业用房的建设方式、计划与供应管理。

为优化空间资源配置，有效利用创新型产业用房，深圳市政府要求搭建产业空间供需服务平台。2013年，深圳市发布《关于优化空间资源配置促进产业转型升级的意见》，要求建立全市统一公开、常设性的产业空间供需服务平台，以改进创新型产业空间资源配置。其中，《深圳市人民政府关于优化空间资源配置促进产业转型升级的意见》（深府〔2013〕1号）及《深圳市创新型产业用房管理办法（试行）》（深府办〔2013〕2号）明确提出："建立全市统一公开、常设性的企业空间供需服务平台，实现企业需求与空间资源供应信息的高效链接"，"建立全市创新型产业用房信息管理平台，收集、发布、更新创新型产业用房的规划、建设、供应、退出等相关信息"。

2014年12月，用房平台顺利上线试运行，并在2015年进行系统功能改进和完善,初步形成全市统一公开和常设性的产业空间供需服务平台。其主要录入房源包括创新型产业用房和其他不具有政府扶持政策的市场普通产业用房。其中提到的创新型产业用房,是由政府主导,为了满足创新型企业发展空间需求,同时在政策支持下出租或者出售(以出租为主,出售须报政府审批)的政策性产业用房。它有几个特征:政府主导,用于扶持产业发展;政策性产业用房,租金或售价仅为同片区同档次房源的30%—70%;需满足一定的入驻门槛条件;主要面向创新型企业、高新企业技术、传统优势企业和创客等。

2016年1月,《深圳市创新型产业用房管理办法》(深府办〔2016〕3号)发布实施。2017年11月,《深圳市产业用房供需服务平台管理工作规则(试行)》(深府办规〔2017〕7号)发布实施。两个文件进一步明确用房平台的工作职责、组织分工、运营管理、操作流程和监督管理,也对用房平台功能提出新的要求。深圳市土地房产交易中心再次对用房平台进行升级改造,确保房源信息汇录、企业需求申报、在线申请和审核、结果公示公布、数据统计分析等功能顺利实现。2018年,平台项目通过住建部科技项目成果验收,住建部相关领导及资深专家均给予高度评价,一致认为平台在产业空间供需服务应用方面已达到国内领先水平。2019年颁布的《深圳市工业及其他产业用地供应管理办法》(深府规〔2019〕4号)规定:"工业及其他产业用地应当通过深圳市产业用地用房供需服务平台以招标、拍卖、挂牌等方式公开供应",并要求"产业用地用房供需服务平台通过用地供应信息公开、需求信息收集和供需信息共享,推动用地供应与企业需求对接,优化产业用地供应管理"。

三 产业空间资源配置平台化运作的创新点

平台的突出创新点在于打造了"一平台一体系"模式,即通过搭建统一、公开、常设性的产业空间资源供需服务平台,建立产业空间资源统筹配置及管理服务体系,是优化城市发展空间、促进产业发展的科技创新实践。

（一）全国首创产业用地用房供需平台，实现产业空间资源的阳光化配置

用房平台是政府支持建设的国内首个产业空间资源配置公共服务平台，目标是汇集深圳市产业空间资源总量和分布信息，掌握众多企业的空间需求信息，从而实现空间资源供需的整体统筹与高效链接。目前，产业用房管理基本上集中在常规的数据分析上，下一步将实现供需双方在统一的信息平台上直接交易。

在过去，产业发展需要空间时，究竟是找市长还是找市场，不透明的产业空间配置方法会带给市场主体巨大的困惑。创新型产业用房是政府从公益服务的角度与定位出发，为满足创新型企业发展空间需求提供的政策性产业用房，其将全市创新型产业用房资源统一纳入管理和配置，通过各级监管和社会监督，有效防范产业空间资源分配过程中的人为因素干扰，实现资源公开、阳光化配置。

（二）引导产业空间体系健康发展，构建政府与市场空间资源联动机制

建立全市产业用房评价制度，研究并制定全市产业用房租金指导价格、价格指数，规范产业用房市场，提升产业用房开发运营服务质量与水平。同时，动态收集全市产业园区运营管理数据，为政务服务、产业空间规划、产业发展策略制定等提供基础数据和权威信息。此外，汇集三维产业空间地图、房源720度实景视频、房产测绘数据和房产交易数据，形成可视化大数据平台，建立市级层面产业空间政务服务体系，实现对深圳市产业空间资源的全局掌握与统筹引导，深化"放管服"改革。

将政府创新型产业用房与市场产业用房进行统筹管理，形成共享联动。一方面，促使市场产业用房协助落实深圳市产业扶持政策；另一方面，促使创新型产业用房不断提升运营管理水平以满足市场需求。推动政府与市场产业空间资源的功能互补和互利共赢，完善产业空间资源供给模式，充分发挥平台在建立"房地并举""以房招商、以房养商"机制中的引导作用。

（三）精细化管理，专属金融服务助力企业空间、资金、项目同步落地

通过建立共享机制、调用产业空间基础测绘等数据，对产业项目信息进行精准把控，实现对产业用房楼、栋、户精细化管理，提升产业空间管理工作的高效性、精确性，为园区提供便捷化管理服务，为产业空间精细化管理提供基础支撑。

联合金融机构推出平台专属金融扶持产品——"产业空间平台创新发展专享贷"，专门为拟入驻或已入驻平台的创新型企业提供最优惠的金融扶持：根据企业信用及资质，可获得为期三年的500万—5000万元不等的贷款，并享受银行最低普惠金融利率，有效解决企业落户深圳的空间与资金双重难题。产业用房管理部门与金融机构通过平台建立企业资质评定、企业发展监管等互通机制，实现共建共享，提升运营服务水平。

四 产业空间资源配置平台化运作的改革意义

深圳900多平方千米的建成区面积中，有300多平方千米是工业用地，工业用地占比高达36%，远高于全国平均的22%，也远高于一些沿海城市。经济的高速发展，使得深圳土地市场面临着"僧多粥少"的窘境，土地资源紧缺的问题日益突出，导致产业及居住人口逐渐向周边的城市溢出。[1] 深圳土地交易市场的主体是产业用地，如何进行产业空间改革具有较为重要的意义。深圳创建产业空间平台的理念在全国是首创，是产业空间资源配置领域的又一改革和创新，也取得了较好的社会效益与经济效益。

（一）产业空间资源配置平台化运作在全国具有先行示范价值

从内地产业空间资源配置实践来看，许多城市仍处于粗犷的以地招商模式，虽然打造了一批优质产业园区，但属于分散式管理，产业空间资源未能整体统筹及高效利用。目前，国内缺乏产业空间资源统筹管理先进经验及可复制、可推广模式，深圳搭建的产业空间平台在产业空间资源合理、科学配置方面具有重要的调控和引导

---

[1] 王帆：《深圳产业空间"突围"之路》，《决策》2018年第7期。

作用，实现全市产业用地用房空间资源的信息公开。至2019年年底，平台已录入的创新型产业用房项目共134个，用房面积总计700多万平方米。其中，平台设立重点区域相关功能模块，重点推介深圳市17个关键区域中的产业房源项目，充分发挥平台在全市产业经济发展中的引导作用。平台引入市场化产业用房项目，建成了全市产业空间资源统一管理与信息公开平台。万科云城、星河WORLD、招商蛇口网谷等十几个优质市场化产业用房项目已入驻平台，其产业用房总面积近300万平方米。平台累计发布产业用地近百宗，累计用地面积100多万平方米。可以说，在目前国内缺乏产业空间资源统筹管理先进经验及模式情况下，深圳市的用房平台建设可有效引导产业空间资源供求，提高空间资源优化配置水平和配置效率，减少产业空间资源的空置损失，及时传递政府支持创新型企业的优惠政策，促进创新型企业的发展。它是产业用地用房空间资源管理和配置领域重要的创新实践，在全国范围内具有示范和推广意义。

（二）产业空间资源配置平台化运作为营造一流营商环境提供了新思路

目前，我国大部分城市尚存在产业规划布局不合理、产业空间资源集约节约利用不充分、产业租赁市场不完善、企业发展空间不足和成本过高等问题。针对产业空间信息不公开、不对称及租赁市场不规范等问题，平台是营造国际一流营商环境、建设创新型城市的重点举措。平台统一受理企业的产业空间需求申报，通过720度实景看房、楼栋户管理、产业地图、重点区域房源展示等功能为企业提供真实、详尽的产业用房空间信息，并通过智能匹配、线下撮合、房源推送等多种手段，为企业落实产业空间提供专业服务。截至2020年1月，已有500多家企业通过平台申报了产业空间需求，其中约一半企业通过平台成功申请到产业用房，包括多家境内外上市企业与国家级高新技术企业，也包括符合深圳产业发展导向的成长型企业。同时，联合中国建设银行推出专属金融扶持产品"产业空间平台创新发展专享贷"，进一步探索为需求企业提供多方位多功能服务，包括财务、税务、法律、物业管理、装修等，打造以提供产业空间为基础的综合性政府服务平台,为园区发展提供优质资源,为企业发展全生命周期保驾护航,助推产业经济发展与优化营商环境。可以看出,平台在保障优质企业落户,促进优质产业项目发展方面,起到了推动全市产业空间资源的统一公开配置,为企业落户深圳、扎根深圳提供空间、资金和配套等综合性扶持服务的重要作用。

(三)产业空间资源配置平台化运作是深化供给侧改革的有益探索

深圳土地资源十分稀缺,整体产业空间资源有限及利用模式粗犷,亟须转变原有的以地招商模式,建立健全房地并举、优先供房和以房招商新机制。平台的搭建和应用有利于改革及完善产业空间供给模式,提升产业空间集约节约利用水平。因此,针对产业发展面临空间资源稀缺和利用模式粗犷问题,深圳是全国唯一通过创新型产业用房为企业提供低价科技研发空间的城市。这种模式有别于传统"一刀切"的创业补贴,是政府监管与市场化运作结合的产物,充分发挥了两者的比较优势。产业空间资源平台从土地、制度、创新三个供给端提升产业空间利用效率,优化深圳市产业结构。有利于创新型国家的建设,有助于实施区域协调发展战略,有助于完善社会主义市场经济体制,是时代发展的必然产物。平台虽然没有直接的经济效益,但间接的经济效益和社会效益巨大。政府能够借由用地用房平台引导满足深圳产业发展的企业入驻创新型产业用房,企业可以根据这些信息与创新型产业用房管理方联系入驻条件与租金,微观上平台促进了更多的企业入驻创新型产业用房,宏观上推动了产业结构调整。在深圳层面,坚守深圳国家创新型城市发展定位,利用平台监测的数据使创新型产业用房规划更严谨科学、利用更高效合理、配置更均衡精准,以更具创新的姿态融入粤港澳大湾区的建设中。在全国层面,深圳的创新型产业用地用房平台,提高了产业空间利用效率,保障了城市创新活力,从土地这一生产要素入手创新发展模式,有效提升城市科技创新水平,是深化供给侧结构性改革,完善产业空间供给模式的创新之举。

第八章

深圳土地要素市场化配置
改革总结与展望

诺斯在 1994 年指出，创立和变更及打破是制度变迁的完整过程，时间在其中发挥了重要作用，是一种替代、转换和交易制度的过程，实质是对制度框架准则和组合的编辑调整，一般是指对制度安排的改变，而不是对整个结构中所有制度安排的调整。[①] 根据制度变迁相关理论得知，深圳土地要素市场配置机制在不改变土地公有制根本制度安排下，始于土地有偿使用制度的创立，实践于土地有形市场的建立，扩展于对工业用地实施招拍挂，完善于多层次土地市场的建设与探索。这些探索完成的历史嬗变都是源自制度的指引，是土地产权制度与整体制度环境的不断耦合，从顶层设计到微观操作对土地市场稳健发展的规范。

深圳土地要素市场化配置机制乃至整个土地使用制度的改革，遵循着将潜在外部利润内部化的理念，在中央政府授权下，通过积极地学习国内外优秀经验，培养强大的内生资源配置能力，善用强大的综合效应和自我增强效应，强制性与诱致性变迁良好结合，实现土地使用制度探索的有效性和先进性。

但是在深圳土地要素市场化配置改革过程中，势必会受到路径依赖的影响，具有滞后性，也无法避免一些制度实施过程中必然会产生的负面效果。无论是决策者还是市场主体，都应该更加注重将自身的目标与社会综合诉求相结合，寻求制度变迁的均衡点。

本章拟在深入分析改革动因、创新成效、成果因素、改革意义

---

① 赖婉英：《诺思制度变迁理论述评》，《经济研究导刊》2011 年第 34 期。

和问题的基础上，对未来土地要素市场化配置的决策和发展方面提供更多参考思路。

第一节 深圳土地要素市场化配置改革的动因分析

在制度改革中，如果将制度作为变量，社会的变化和人类的行为就是自变量。任何制度的变迁，都是人的认知和行为引起的相应效应。结合土地要素市场配置理论及制度变迁理论，深圳土地要素市场化配置改革这一重要的制度变迁，其初心动因可归纳为以下三点。

一 外部利润是土地要素配置制度变迁最初诱因

外部利润是深圳土地要素市场化配置改革制度变迁的最初诱因。在新中国成立后的计划经济时代，人们的一切吃穿用度都是按计划生产和分配获取的，人们主要的思想习惯是"听命令""听指示"，不会产生对经济活动中自我利润的大量需求。但这一经济生产方式无法带来生产力的解放和经济的发展。改革开放的起因，也在于对贫穷匮乏现状的认知及对富足生活的向往。国家决定大刀阔斧进行经济改革，才做出改革开放这一关键的命运抉择。

在改革开放前，深圳民众穷得叮当响，生活艰难，市政简陋，财政紧缺，与一河之隔的香港繁荣局面产生强烈的对比。《周易·系辞下》曰"穷则变，变则通，通则久"，变通成为深圳改革开放最重要的旋律。香港的土地制度，特别是土地要素市场化配置带来的巨额财富，对深圳的经济与财政建设带来思想的冲击。因此，通过更合理的制度安排取代现行制度使外部利润内在化，提高资源配置效率，实现社会财富的增长，成为深圳对土地要素市场化配置相关制度进行改革的最初诱因。可以说，深圳改革开放初期，国家建设财政资金匮乏，土地作为招商引资的生产要素，通过市场化配置实现了应有的经济价值，并成为国家经济发展重要的战略资源。深圳开启了我国土地使用权的市场化配置改革，打破了过去单一行政手段划拨土地和无偿无期使用的制度，创立了以市场化手段配置土地的新制度。1988年，全国人大修改宪法并规定"土地使用权可以依照法律的规定转让"，就体现了国家对深圳做法的肯定和土地改革的需求。

二　稀缺要素高效配置的需求是改革的持久动能

当土地要素市场的基础形成之后，因巨大的市场需求，土地要素的资源紧缺问题便开始凸显。特别是进入2000年左右，随着城市化进程对土地的需求，深圳土地资源日趋紧张，提高资源配置效率提上重要议程，而资源禀赋决定资源配置方式。短缺型资源如果用行政手段配置，不能实现价值最大化，因此对土地要素进行市场化配置，持续地、全面地、规范化地建设市场化配置流程、要件等，成为其改革的持久动能。20世纪80—90年代，深圳摸索土地有偿使用制度，2001年建立市场化配置机制，并且从工业用地招拍挂、原农村集体建设用地入市、产业用地配置、立体空间利用等领域不断进行市场化配置探索。时至今日，历时40多年的改革，依旧因为资源的配置效率要求，在不断地推进与完善。2020年3月30日，中共中央、国务院印发《关于构建更加完善的要素市场化配置体制机制的意见》，亦对土地要素领域的改革方向和具体举措提出要求，并指出应部署完善要素价格形成机制和市场运行机制，进一步激发全社会创造力和市场活力，推动经济发展质量变革、效率变革、动力变革，构建更加完善的要素市场化配置体制机制。所以，深圳乃至中国的土地要素市场化配置机制，会始终围绕更高效的配置效率而持续改革。

三　要素配置的公平廉政要求是改革深化的动力

土地要素带来的财富及其稀缺性，赋予把控其配置权的政府部门巨大的权力。如果按照计划配置的思路，土地资源管理部门垄断了资源，必然存在巨大的寻租空间，给土地要素配置的公平性和政府的廉政建设带来巨大的压力。政府治理必须深入解决廉政与公平问题，市场化的配置方式为公平、透明分配资源提供了新思路。深圳土地要素有形市场的建立、深圳土地要素交易的专门场所平台等，都是在这一诉求下产生的。2001年深圳100号令出台及深圳市土地房产交易中心的成立，就是深圳市纪检监察部门大力促成的，表明深圳市在土地要素市场化配置领域推进廉政建设的决心。所以说，深圳土地要素市场化配置的逐步出现并持续改革，除了外部利润和资源高效配置的要求外，还存在公共资源分配公平、廉洁的需求。深圳自2001年全面实现土地要素市场配置改革以来，一直是全国土地要素配置廉政的典范。从制度变迁角度看，深圳政府主动推进土地要素市场化配置改革，也体现了制度安排中对自我约束的认识，是建设服务型政府的重要实践。

在社会主义市场经济条件下，政府配置的资源主要是政府代表国家和全民拥有的自然资源、经济资源和社会事业资源等公共资源，其中土地要素深刻体现了其中的资本性、稀缺性和公平性，对应其自然秉性和社会要求，市场化配置改革自然水到渠成。深圳改革开放以来，随着市场化改革的不断深化，市场在土地要素配置中的作用日益增强，政府配置资源的范围和方式也在不断调整，未来方向依然是"不忘初心"，继续从广度和深度上推进市场化改革，大幅度减少政府对资源的直接配置，创新配置方式，更多引入市场机制和市场化手段，提高资源配置的效率和效益。

第二节　深圳土地要素市场化配置改革的路径创新

深圳从土地要素市场建立发轫到目前以高效的土地供应，从供给侧推动市场改革，保障城市跨越式发展，体现了市场对土地配置的决定性作用。回顾其发展路径，经历了从理念到制度，从制度到模式，从模式到技术，最后技术又改变理念的良性循环路径。在这个过程中，不断规避原发性路径依赖，及时调整市场配置的优化策略和工具①，最终实现多维度的创新。

一 理念创新：开放与求是

深圳市土地要素市场化配置改革过程是深圳政府社会治理理念、执政理念创新过程的一个缩影，从全面把控到回归监管，从管理土地到配置土地，从配置土地到布局产业，从经济优先到民生为重，实现深圳市的全面飞跃发展。深圳走在全国的前沿去探讨土地要素市场化配置，探讨市场化从何建立、有何作用，主要是理念创新起到关键的引领作用。

在理念来源上，解放思想，开放学习，积极吸纳国内外先进理论和经验。首先，树立市场意识，充分运用供需机制、价格机制和竞争机制，把握住市场化的根本。其次，突出对市场经济和政府职能转变理念的思考。政府管理与市场配置、公平与效率的关系是城市发展中最基本的理念认知，决定了市场化配置程度与综合效益实现的可能性。深圳从改革开放之初，就充分意识到市场的重要作用，顺利实现服务型政府的角色转换：通过从全面把控回归到监管角色，能够实现"运动员"和"裁判员"双重角色的分离，有助于廉政建设，实现阳光下的土地交易；在从管理土地到配置土地理念的转变过程中，发挥了土地的资产作用，实现经济社会的发展，取得经济效益的提升；通过配置土地到布局产业，实现对发展主线的清晰认知；通过改变产业发展方向，实现对深圳速度到深圳质量的转变，提升经济发展的内涵；综合考量城市发展，划定生态红线，实现生态效益和居民幸福感的提升，以理念创新促进综合效益的提升，实现公平和效率完美融合。

在理念的试错与纠正方面，实事求是，从实际情况出发。市场化也有其失灵的边界，导致社会过度追求经济效益而忽视了社会效益。深圳土地要素市场化是对市场理念不断深化的过程。从土地要素出让时竞价方式的迭代发展可以看出，竞价从"价高者得"的单纯经济价值，演化到设定货币价值的最高值并竞争人才安居房的修

---

① 马克星、刘红梅、王克强等：《上海市土地市场供给侧改革研究》，《中国土地科学》2017年第31卷第1期。

建等社会贡献率，等于是将土地要素的财政收入定向供给社会福利建设。此过程体现了深圳在市场化道路上试错与纠正的勇气，也体现了政府从经济建设者的角色延伸到社会服务者的定位提升。

深圳土地要素市场化是在城镇化、城乡土地一体化大框架下的改革命题，城市化的目的是经济发展水平的提高带来人们生活质量的提高。深圳在改革中取得良好成效，是因为它认识到本质问题是如何以人为本，优化土地要素配置，实现城市的持续发展。

二 制度创新：突破与兼顾

制度创新，在宏观层面体现为法规政策的完善与创新；在微观层面，体现为具体管理制度的不断优化。深圳从 1979 年至今，在土地市场改革领域发布的法规政策近百项，从最初的土地无偿使用制度到有偿使用制度，从划拨、协议出让到招拍挂出让，从逐步减少划拨用地到全面出让制度的实施再到恢复并严格限定划拨，通过制度创新，不断完善国有土地有偿使用制度，保障了土地市场的产生、发展、成熟。

深圳土地要素市场化配置开始破题，第一步是解决产权的问题，因此制度创新，特别是产权制度的创新，是改革的必然之举。产权制度变化是制度变迁的重要诱因，其影响了内部利润的分配。深圳 1987 年"第一槌"，将土地的所有权和使用权进行分离，其后中央宪法修正案肯定了这一产权，此后土地产权制度在深圳的改革中不断完善。2012 年，原国土资源部、广东省人民政府联合批复《深圳市土地管理制度改革总体方案》，要求健全土地权利体系、明晰土地权益、完善国有土地空间权利体系等，被称为"二次土改"。2013 年，深圳凤凰社区首宗原农村集体土地成功入市交易，是原农村集体土地产权交易上的重要突破。2014 年，《〈深圳市人民代表大会常务委员会关于农村城市化历史遗留违法建筑的处理决定〉试点实施办法》正式施行，标志着深圳在处理历史遗留违法建筑方面迈出关键性的一步。

制度建设要有所突破，也要兼顾根本。土地要素配置的根本在于提高土地利用效率，为供需、价格和竞争提供良好的制度环境。

深圳土地要素配置制度包括《深圳经济特区土地管理暂行规定》《深圳经济特区土地管理条例》《深圳经济特区土地使用权出让办法》《深圳经济特区土地使用权出让条例》《深圳经济特区土地使用权招标、拍卖规定》等，从价格、竞争等环节对土地配置进行规范，可以说已经形成较为完整的体系。目前，深圳土地资源配置已由增量用地时代走向存量用地时代。深圳市的土地面积为1997平方千米，《深圳市土地利用总体规划（2006—2020）》中确定的2020年深圳市建设用地规模为976平方千米，在这一指标下，土地的开发强度逼近50%，远远高出其他大城市。在这种情况下，只有走存量挖掘的路子，才能够保障城市的发展需要。近十年来，以农村集体工业用地入市等为代表的措施，实现已建低效用地效率的提高，增加了城市发展空间。至2012年，存量用地供应量已经提升到年度总供地量的56%的水平，首次超过新增供地的比例，2015年占比达到77.9%的高水平。在这个过程中，面对存量土地再开发的错综复杂的经济利益关系，关于土地要素供应体系等制度创新持续发挥着重要的规范与引导作用。与此同时，只有探索多层次土地要素市场相关法规政策配套及管理制度的增效提升，通过供给侧结构性改革，构建高质量发展的土地要素市场化配置机制，才能实现对城市长远发展的强力支撑。

三　模式创新：多元与法定

深圳土地要素市场化配置改革中，采取了多元化及法定化的发展模式，将市场供需、价格和竞争机制渗透在居住、产业、农地等各个细分市场中，同时讲求模式的法定效应，减少改革的随意性。

1. 配置不以价格为唯一指标，注重产业发展，坚持多元化的产业立市模式

中国改革开放以来，因为土地市场的高速发展，土地出让金为城市发展筹集大量财政资金，但该发展模式的利弊一直充满争议。其中最大的弊端在于土地资源是有限的，靠卖地和大兴土木只是短视的一时利益，无法支撑长远的发展，其带来一时高歌的经济亢奋，甚至可能会因排挤实业经济等透支一座城市未来的发展，也会

带来生态保护、公共利益受损的问题。

在这方面，深圳的土地市场紧密结合产业发展需求，绕开靠单一土地收入支撑财政的弯路，成为城市发展中的一股清流。深圳的土地市场改革思路并非停留在满足于一锤子买卖的收益中，而是积极探索可持续发展的共赢战略。因此，根植在土地上的产业的规划、遴选、落地、扶持、孵化等功能，从一开始就作为土地资源配置的重要参考因素，并在实践中实现减轻政府对土地金融的依赖，发挥市场在土地资源配置中的决定性作用。深圳从产业用地着手，通过对高新技术产业的用地支持，实现高技术产业的密集和由代加工到现代化城市的华丽转身。到 2015 年，深圳市土地出让收入占公共财政收入的比例不足 15%，远远低于北、上、广等地，土地金融依赖程度不高。

深圳的产业眼光从改革开放之初便开始积淀，经由历届领导打造了"荔枝节"、中国国际高新技术成果交易会（高交会），乃至具有深圳特色的总部经济，一步步促进产业升级换代。在这个过程中，也体现了深圳对土地资源配置与城市产业招商引资关系的思考。土地价值与产业实际上是鸡与蛋的关系，充分利用土地资源能为产业发展提供保障，产业发展又能彰显土地价值。因此，土地如何更好地匹配产业，土地要素配置如何充分实现综合价值，显得尤为重要。

简而言之，深圳市的发展依靠的是高新技术产业，其土地供应的产业导向化是一个很重要的特色，以城市发展空间提升为目标的土地要素配置，没有将提高土地收益作为单纯目标，实现政府在土地要素市场化配置中的服务角色定位，即成为具有远见的土地资源配置的政治家，而不是追求土地收入的企业家，这样才有利于土地要素市场的健康发展。

2. 打造多元社会主体参与的土地配置发展模式

在传统土地要素配置场景内，只有政府、企业两个买卖角色，而且传统思路中农地必须先按征地制度完成国有化才能进入市场化配置环节。深圳的土地要素市场配置改革采取了多元化主体的发展模式，除了市场、政府两元角色外，还有社会主体，实现多元发展。如在农地入市问题上，引入村民利益共享机制。深圳凤凰社区农地入市交易，成为深圳启动新一轮土改以来首例农地成功入市的典型，也是在党的十八届三中全会提出"建立城乡统一的建设用地市场"后，深圳在农地入市方面率先取得突破，被外界普遍称作"中国农地入市第一拍"，对建立全国城乡统一的建设用地市场具有很强的借鉴意义。目前，深圳已逐步构建起社会力量参与的"产权明晰＋市场配置＋利益共享"协同推进的改革模式。可以说，多元角色意味着利益的多维化，意味着社会主体作用更为均衡化。

深圳坚持土地要素市场化配置中的法定化模式，如在全国首创法定交易机构模式。公开透明的市场、成熟的流程、专业的服务、固定的场所、规范的平台，从100号令开始的土地有形市场初建，到产业用地供应探索、不动产担保市场、土地司法拍卖、全国土地市场信息会展平台，再到创新型产业用地用房平台的建设，均不能缺少深圳市土地房产交易中心这一平台。交易中心作为具备公信力的法定交易机构，该机构模式的创新亦被全国各地学习、参照，体现了其在历史进程中的先进性和重要价值。

四 技术创新：探索与落地

技术是第一生产力，无论在经济还是社会维度，技术的改变都会引发社会的变迁。深圳在土地市场改革中，一是充分运用了信息时代技术发展的成果和思维，如应用3D GIS实现三维地籍土地立体化管理，建设了国土资源部城市土地资源监测与仿真重点实验室等。

二是在信息技术基础上，实现业务技术与综合解决方案的提升。在业务技术创新中，标定地价是重要的代表性成果。其产生的部分原因是原有的基准地价调控方式无法实现地价对土地资源的调配。为了充分发挥地价对土地资源的市场调配功能，2019年10月，深圳正式发布标定地价体系并投入使用。标定地价体系和调控系数体系完善了土地政策的宏观调控能力，将土地价格和政府确定的重点领域进行统一调配，进而提高政府产业政策制定的科学性（见图8－1），完善土地要素市场化配置的价格机制。

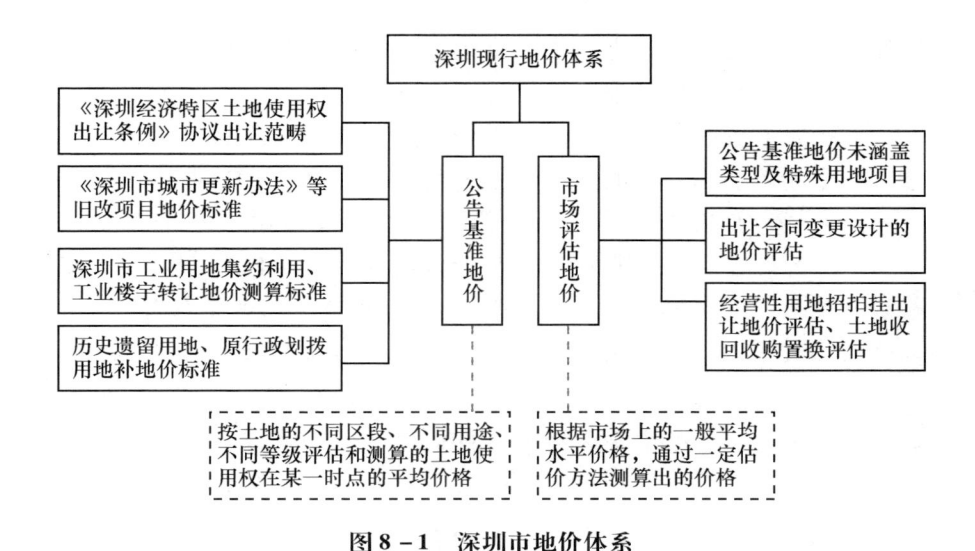

第八章 深圳土地要素市场化配置改革总结与展望 291

图8-1 深圳市地价体系

第三节 深圳土地要素市场化配置改革成功的因素

深圳由一个南方边陲小镇跃升为国内一线城市，克服自身资源环境制约，利用区位优势、政策优势和主体优势，在改革开放政策的指引下开展了持续创新。

一 区位优势：具备良好的地理地缘禀赋基础

区位是指一个事物与其他事物的空间联系，包括自然要素和社会经济要素两方面。深圳的区位主要指其区域的自然要素、社会经济要素、交通要素等在空间地域上的组合。城市的区位因素影响城市土地利用布局等发展及与周边区域的关系。深圳由最初的边陲小镇一步步发展壮大，是由于其充分利用独特的地理位置，加上土地政策的改革创新受到国家层面的大力支持，能够在改革开放政策的指引下持续创新。这成为深圳改革创新业绩中的重要组成部分。① 中央政府的授权，使得深圳能够更快速觉察到土地有偿使用这一潜在利润，再利用与香港的区位优势，实现对制度的快速学习和自我强化，并快速转化为生产力。

　　对深圳土地制度改革历程的研究，常常与对香港的影响分析相结合。李勃等认为，对深圳土地制度的研究，离不开对香港和深圳关系的分析，并从定义"政策区位"和"地理区位"两个概念入手，认为深圳在生产要素和制度设计方面深受香港影响，诱发了其经济制度的变迁，而且学习效应体现在制度变迁的各个阶段。② 深圳因为集聚了内地资源和先行先试等政策，形成了政策区位优势。在学习香港土地制度改革经验过程中，深圳进行了多方实践。可以说，与香港毗邻，的确是深圳的区位优势之一。该区位优势能够促成深圳与香港进行生产要素和制度政策方面的紧密交流。在区位优势的支撑下，深圳和香港之间产生人员的流动、要素的流动和资本的流动，引发香港向深圳的"北上试水"，也在生产方式上实现深圳的香港化。由于香港相较深圳更加发达，所以，深圳对香港的各方面进行模仿，尤其是在香港土地管理制度方面，表现得尤为深刻。

　　由无偿使用向有偿转变，它是一种制度结构的全面颠覆，内地并无可参考的实例，而发达国家由于政治思路和距离的遥远性，无法为深圳提供直接可靠的参考，形成深圳对香港进行考察的惯例性反应。深圳政府快速捕捉到香港制度变迁中的外部利润，并且实现内部化，激发市政府的内在变迁动力，实现深圳土地市场的快速改革和创新。这既保证了在公开交易平台交易的公开透明化，形成良性竞争的市场，提高社会效益，又能够通过借鉴实际的操作方案，减少交易中不良操作发生的可能性和行政成本，实现交易制度的高效实施。毗邻香港这一区位优势，引发深圳的土地市场改革，也引导土地市场具体落地政策的制定，实现深圳土地市场改革全面、深

---

　　① 谢涤湘、牛通：《深圳土地城市化进程及土地问题探析》，《城市观察》2017年第8期。
　　② 李勃、李莉、郭源园：《"深港"空间紧邻如何影响深圳经济制度变迁——以深圳土地管理制度变迁为案例》，《城市发展研究》2015年第22卷第8期。

入地开展。

不仅如此,深圳毗邻香港的特殊地理位置使其可以与香港乃至全球进行信息共享,很容易融入国际市场。香港的法治和多元文化等核心都对深圳产生深远的影响。深圳经济体制的改革,土地市场的发展,使其经济实力和物质文化水平得以提高,实现市民的觉悟提升,对社会、政治及文化等多个方面具有强烈的变革需求。深圳早于内地其他城市开始了社会转型,实现社会组织的发育,建立了基层民主自治体系,形成市民参政议政的意识,增强了法治观念。再加上深圳移民城市的特征,进入深圳的人,多数是对传统经济社会等制约感受深刻,因而对改革和创新、民主和法治具有强烈的向往。在深圳良好政治氛围的影响下,这些人具有推动深圳民主法治建设、提升政治文明的动力。例如,20世纪80年代产生的蛇口基层民主选举和社会监督及内部竞争,发生了"蛇口风波"。再加上深圳广邀国内专家,不断优化建设顶层设计,完善政治和行政体制,大胆创新和改革一些先行体制。虽然这些系统设计还未实践,在社会转型和现代文明的建立过程中经历曲折,但深圳的实践是一种比资本主义国家民主更加宏伟、更加切合实际的社会主义的民主。为了实现邓小平对改革要求的三个标准,即经济、政治、人才高于资本主义国家,深圳市一直在探索,也在进步。

深圳与香港的关系也在慢慢发生变化,从一个边陲小镇拜师学艺,到两地经济社会的融合,深圳逐步成为保障香港回归后稳定繁荣的强大支撑。2016年,深圳和香港在经济总量上保持相当水平,深圳的发展逐渐摆脱长期以来"前店后厂"的格局,在承接香港产业转移过程中进行了体制、科技、产业方面的创新升级,成为高科技产业基地和香港向服务业转型的重要支撑,促进香港成为全球的金融和贸易中心。香港和深圳开始并驾齐驱与共同发展,成为"深港经济共同体",其密切关系必将在深度融合中进一步加强。2019年2月,《粤港澳大湾区发展规划纲要》印发,更是确定了深圳"核心引擎"的地位。

二 政策优势:赋予先行先试的重要历史使命

深圳土地要素市场化配置改革的高速进展,得益于其特区的身份，能够在政策上先行先试，具有独立的立法权，相对自由地进行"摸着石头过河"的改革和创新。作为我国经济制度变迁最重要的试验场，深圳市能够通过聚集内地资源和诸多制度特权，形成独特的政策优势。

中央对深圳授予特权，用人力和财力促进深圳发展，怀着"只允许成功，不允许失败"的决心和魄力。一是在劳动力方面，深圳经济特区在20世纪80年代初就打破"大锅饭"的用工制度，实行企业用工市场化招聘；通过引进外资发展经济，吸引"打工仔"；率先改革劳动人事体制和干部管理体制，建立有利于劳动力和人才流动的市场化制度，吸引大量的国内外人才和劳动力。仅1979—1989年，就从内地输入66000人，包括近30000个大专以上人才和33000个专业技术人才。这种短时间涌入的人才队伍，以及450000个内地劳动力的输入，加之抽调的大批干部，满足了深圳发展对人才的需求。二是在资本市场发展上，深圳建立了有利于经济发展的外汇交易市场、股票交易市场和风险投资市场，从大企业到中小企业、高科技企业，不仅建立了多层次的资本市场，也建立了多层次的产权交易市场。在财力方面，特区一开始80%的生产和生活资料基本来源于全国的支援。尽管国家尽力在资金上通过政策进行支援，但是国家支援的资金，如基础建设投资的1.8%来源于此，其余投资则来自企业自筹资金、外资投入、国内贷款和市县财政。这一政策特征激发深圳市利用自身制度改革的方式探索新的经济制度。① 三是技术发展方面的市场化改革。1987年，深圳颁布《关于鼓励科技人员兴办民间科技企业的暂行规定》，吸引了一批科技人才在深圳创办民间科技企业，其中包括华为创始人任正非。1993年，深圳产权交易所成立，面向国内外和各种经济成分进行产权交易。1999年，举办第一届中国国际高新技术成果交易会，建立了我国重要的技术要素交易市场平台。② 这些政策为深圳的改革持续提

---

① 李勃、李莉、郭源园：《"深港"空间紧邻如何影响深圳经济制度变迁——以深圳土地管理制度变迁为案例》，《城市发展研究》2015年第22卷第8期。
② 蔡继明、郭万达：《深圳40年要素配置市场化改革回顾与展望》，《人民论坛》2020年第26期。

供能量。

中央赋予的是对政策的探索权。深圳市政府抓住这一政策资源,对经济体制进行颠覆创新,实现土地有偿使用制度的建立和发展、土地要素市场化配置机制的深化、土地供应体系的建立、土地要素立体空间配置和多层次土地市场的建立。在这一过程中,通过不断的实践和探索,制定了土地市场发展方面的政策规定,以保障用政策指引用地,实现资源的优化配置。深圳改革的成功促进其他城市乃至全国对其改革经验的吸收和采纳,制定支持和保障其行为的上位法。在改革过程中,也有不少质疑的声音,但是深圳市通过积极探索,完成对质疑的回答,实现社会和经济的双发展,为我国全面改革土地市场提供了有益的经验借鉴。这种互动实现政策自下而上和自上而下的良性循环,保持深圳走在内地发展的前列,不断在政策创新方面取得丰硕成果。

三 主体优势:拥有自我"造血"的内生市场机能

区位优势是由天然的地理位置决定的,政策优势是全国战略赋予之。深圳善于将这些天生的及外部的资源转化为内生的优势,是从"输血"到自我"造血"再到普惠他城的关键过程。反映在制度变迁理论中,可理解为主体作用的发挥对变迁方式和进程及速率都有重要影响。深圳市土地市场发展中,既有自上而下的强制性制度变迁,又有自下而上的诱致性变迁。强制性变迁贯穿深圳市的土地市场改革全过程,变迁主体是深圳市政府;诱致性变迁主体是市场,两者共同形成深圳土地市场改革的主体优势。

1. 深圳政府治理的大局观与市场观

深圳在先行先试的过程中,形成大局观、市场观、创新观等新思路。在拥有更多改革权和追逐改革成绩内外动力的双重作用下,深圳通过自主创新,充分纳入相关利益主体的诱致性变迁因素,实现土地要素市场化配置改革自上而下及自下而上的双向机制。

首先,深圳市从一个边陲小镇快速发展成现代化国际大都市,能够与北京、上海相并列,关键在于深圳市委和市政府能够在城市转型的关键节点顺应时代发展，把握发展大势，以主动变革的精神，谋划具有大的格局和事业的改革，充分利用国家政策红利，借助全国的力量，主动对接国家战略，以获得强劲的发展动能。譬如，在土地有偿使用制度探索的初期，政府早于农民意识到土地资产化的深刻意义和价值。因此，在统征统转过程中，政府按规划实施了快速实现有利于城市发展和控地的措施。其后，随着农民经济意识的提升和对外部利润的认知，也加入对制度变迁的参与中来，深刻影响了土地制度的发展变革。面对市场与民众的诉求，政府积极调整政策方向与利益主体协调机制，进而达成土地市场乃至城市建设持续发展的目标。

其次，深圳市政府治理展现了良好的市场观。深圳市政府在土地市场中就像空气一样，管得住"有形之手"，摆正了与"无形之手"的关系，让市场在土地资源配置中起决定性作用，提供了优越的土地市场环境，吸收了大量企业入驻，在土地使用权出让与转让过程中，能充分满足土地竞拍方的需求，多次开展土地招拍挂咨询会；而且根据市场发展情况，提出创新性的土地市场交易政策，合理地调控土地市场资源配置状况。在制度政策的支撑下，政府部门按照市场化运作方式，根据具体需求，调整简化流程，形成简捷、高效的行为模式，使得制度的运行能够更加高效、制度创新更加及时。回顾经营性用地和工业用地全面推行招拍挂市场化出让方式的历程，可以发现，市纪委都起到了至关重要的推动作用，这再次表明深圳政府对于市场功能的良好认知和自我权力约束的自觉。

2. **市场发育进入良性循环，内生性需求以创新驱动带动产能**

创新是深圳最鲜明的城市气质，是推动深圳土地市场制度改革的第一驱动力，这得益于深圳市场的发育进入了良性循环，不断创新成为市场的内生性需求，就像人类源于生理需求会不断寻求更好的营养去成长、发展一样，来自市场主体对打破市场藩篱、促进资源流动、追求创新产能的高声呼唤和孜孜以求，带动了深圳城市及土地市场的改革。1980年，深圳市被设立为特区，和创新捆绑在一起，体现了深圳市的先锋位置，尤其是在土地资本化和市场化改革等方面。1987年的土地拍卖和两次统征统转，也发挥了重要作用。[①]除此之外，深圳市在土地市场改革过程中创造了多个中国内地的首次：全国率先进行土地使用权有偿、有期出让、转让的试点；在中国内地首次确定所有特区内的居住用地、商业用地和加油站用地等经营性用地的土地使用权出让一律按招标、拍卖的市场化方式进行；在中国内地首次提出土地使用权挂牌出让方式；率先在中国内地建立工业用地招拍挂制度；首次在全国推出养老用地挂牌出让等。行至今日，深圳土地市场依然在全国发挥着先行先试的试验田作用，创新改革层出不穷。近年来，深圳市在用改革激发活力、用市场推动城市发展、用聚集创新要素的方式提高创新能力方面，积累了宝贵的经验。可以看出，创新已经融入深圳的基因，并将改革创新内化到骨髓中，不断刷新过去的辉煌。

可以说，来自市场和民众对创新的渴求，使得深圳土地市场改革由单纯的强制性制度变迁转变为强制性变迁和诱致性变迁相结合。其中，强制性变迁能够快速实现制度的落地，诱致性变迁能够更加体现市场的需求（更具自发性与渐进性），两种变迁方式都对深圳土地市场的建设具有重要影响。

第四节　深圳土地要素市场化配置的改革意义

一　经济效益的大幅提高支撑了城市全面建设

深圳土地要素市场化配置最直接的贡献，就是促进土地要素的有序流动，提高资源利用效率，激发市场的活力，构建市场起决定性作用的土地要素配置机制，进而产生巨大的经济效益。改革开放40多年来，深圳以年均超20%的GDP增长速度创造了举世瞩目的"深圳速度"，创造了新型现代城市发展的奇迹。这些都是以土地要素市场化配置的经济成效为基础的。

[①] 王媛：《土地资本化、城市化与城市经济增长——深圳土地制度改革的意义》，《中国房地产》2012年第19期。

1980年8月，全国人大常委会批准实施的《广东省经济特区条例》在第12条明确规定，对客商使用深圳特区土地的要收取土地使用费。但对国内单位、企业使用土地还没有照此办理。在深圳特区开发建设初期，采取的土地使用模式是政府进行"七通一平"的基础工程建设，然后由房地产开发公司以成片土地划拨的形式进行小区综合开发。所以，房地产公司以土地资本化的方式，即包括预售房产和担保贷款等进行房地产的开发建设、销售和回收。随着特区建设步伐的加快，资金缺口越来越大，到了1986年，政府向银行贷款了6.5亿元，每年需还利息5000万元人民币，但只够罗湖、上步两个管理区的初期开发，后续建设和新区开发迫在眉睫，亟须筹措大量资金。深圳借鉴相关经验，通过土地有偿使用达到这一效果。从1987年深圳开启土地有偿使用后的十年中，深圳市政府通过土地有偿使用收入数百亿元，以支撑城市基础设施建设，实现深圳市的滚动发展和良性循环。

此后，该项收入继续增长。根据《中国国土资源统计年鉴》披露的数据，1999年，深圳市建设用地出让金收入44.7亿元，在15年后的2013年，一年的土地出让金收入达到548.5亿元，年均增长率19.6%。2019年，深圳土地出让合同金额达到2027.7亿元（一般来说，出让金收入大于合同金额，因出让金收入还包含补交地价款等各类地价收入）。

税费收入也是土地有偿使用收入的组成部分，主要有土地增值费、土地增值税、城镇土地使用税等。土地增值税只对转让国有土地使用权及地上建筑物与其他附着物产权的行为征税，属于地方税。城镇土地使用税是对城市、县城及建制镇和工矿区范围内使用的国家所有和集体所有的土地的单位和个人征收的资源税，也属于地方税。

2001年以前，深圳征收的是土地增值费。为了鼓励商品房销售，2001年开始免征土地增值费。2005年，为了规范市场，抑制高档住宅过度开发，带动房价上涨，政府开始探讨征收土地增值税，于当年11月1日开始对房地产开发企业采取"先预征、后清算、多退少补"的办法予以征收。2007年，深圳市地税局征收入库第一笔城镇土地使用税，背景是 2006 年 12 月 30 日国务院发布了《关于修改〈中华人民共和国城镇土地使用税暂行条例〉的决定》（中华人民共和国国务院令第 483 号），并于 2007 年 1 月 1 日施行新的《中华人民共和国城镇土地使用税暂行条例》。在此之前，深圳市并没有征收城镇土地使用税，征收的是土地使用费。

在深圳，上述两项税收总额迅速提升，尤其是土地增值税，2007—2014 年的年均增长率超过 50%，两项税收占全市地方级税收的比例也得到较大提升，由 2007 年的 1.1% 提高到近年的 8% 左右，成为地方税收的主要来源之一（见表 8-1）。

表 8-1　　　　2007—2014 年深圳市土地税收入变化　　（单位：亿元）

年份	土地增值税	城镇土地使用税	全市地方级税收	两项税收占比
2007	7.0	0.0	622.6	1.1%
2008	7.5	6.0	763.0	1.8%
2009	18.7	12.7	823.2	3.8%
2010	49.9	9.5	992.0	6.0%
2011	82.1	10.2	1195.1	7.7%
2012	100.4	8.2	1330.0	8.2%
2013	107.1	9.0	1498.0	7.7%
2014	123.6	9.2	1754.8	7.6%

数据来源：根据 2007—2014 年《中国财政年鉴》和《深圳统计年鉴》有关数据整理。

总体来说，土地市场在经济层面最为大家直观感知的重要贡献是，它是支撑政府财政性收入的关键源头。如 2019 年，国家土地财政收入占地方财政收入的 52.9%[1]，占比已过半数。可以说，深圳市土地市场改革实施后，有力保障了土地资源的优化配置及土地的集约高效利用，完成国有土地资产的保值和增值，为保障经济社

---

[1] 易居研究院：《2019 年地方政府对土地财政的依赖度报告》，http://www.fangchan.com/data/134/2020-02-25/6637964452304327335.html，2020 年。

会的发展做出重要的贡献。自改革开放以来，土地市场在经济发展、"三农"建设和城市建设中作用巨大。有学者客观评论土地财政，认为其将土地作为信用基础，完成城市化发展的原始资本积累，实现了城市高速发展；但同时是高房价、贫富差距提高、金融风险增多等弊端产生的原因，是一把双刃剑。① 为消解这一弊端需要用更系统的视角，构建充分发育的多层次市场（如土地产权权利束理论部分探讨的五级市场）。

二 促进了社会效益与居民幸福感的综合提升

40多年的土地要素市场化改革，以社会公平为原则底线和以经济效率为追求目标的综合要素配置图景日趋清晰。其不仅为深圳带来了蔚为可观的经济效益，更是促进社会效益的整体提高，保障了公平和效率的平衡，让民众都能获得发展红利，逐步增强其获得感。

深圳的土地市场改革既以市场化配置为主，亦兼顾民生与产业发展。每年发布的《深圳市年度城市建设与土地利用实施计划》即可充分反映这一价值导向。如深圳在2019年度城市建设和土地利用实施计划中指出，三大任务为重点保障重大产业及总部经济项目用地供应、集中力量补民生短板、加大居住用地供应力度。在总量上，民生设施项目的指标用量占到全市的一半以上；在布局上，全市的民生设施用地更多地向原特区外基础设施比较薄弱的地区倾斜，进一步推进全市公共服务的均等化。其中，产业用地供应195万平方米，民生设施用地供应595万平方米，居住用地供应150万平方米，商业服务业用地供应160万平方米。②

在产业保障方面，以深圳质量为指引，淘汰低端落后的企业，已实现转型升级，用优势产业替代落后产业。同时，注重产业结构的优化和均衡，形成现代产业阶梯形体系的建立。第一，在产业规划上确定了战略性新兴产业，对未来产业进行布局，实现优质产业

---

① 赵燕菁：《土地财政：历史、逻辑与抉择》，《城市发展研究》2014年第1期。
② 《深圳公布2019年度城建和土地利用实施计划》，央广网（http://news.cnr.cn/native/city/20190715/t20190715_524692138.shtml），2020年。

的增加。第二，提高服务业占比，让传统优势产业加速向"微笑曲线"的两端移动。第三，以总部经济为抓手，增强产业集聚辐射能力。第四，注重新兴产业的建设和发展，实现产业结构日趋合理，完成经济的产业带动效益。为了真正实现这一产业梯队，深圳探索建立产业用地供需服务平台，盘活工业和教育用地存量，推进土地使用权作价出资，调整工业楼宇分割转让和自行交易等方式，促进向高新技术产业的逐步发展。

深圳的经济发展和现代化水平的提高，也表现在深圳市民生活水平、收入水平、社会保障水平、享受的公共服务水平的提升上。与全国其他城市相比，深圳市民率先实现小康，拥有现代化的生活品质。加上完善的社会保险体系、最低生活保障体系和社会救助体系，民生事业建设完善，城市建设跻身国际水平，深圳市民享受到改革开放的成果，成为最先富起来的群体。总体来说，建基于土地供应价值导向的制度创新，促进了公共文化服务和现代文化产业体系的构建，成为文明城市的典范；通过建立优质的公共服务体系、覆盖全面的社会保障体系，民生幸福度大大提高；通过研发创新和产业创新，文化软实力得到大幅提升，成为现代化的创新型城市和全国领先的宜居城市。

三 树立了市场经济建设中法治保障的样板

深圳市"敢为天下先"，敲响中华人民共和国成立以来土地使用权拍卖"第一槌"，促进宪法和土地管理法的修改，改写我国用地方式，为中国改革开放插上腾飞的翅膀。这些成就，都因有着制度配套乃至法治环境完善的护航方才落地成为现实。

深圳市从土地市场建立之初，便已注重制度建设，形成了一批维度全面、层次完整的制度性成果。如在土地有偿使用之初，颁布了《深圳经济特区土地管理暂行规定》；在市场化出让方式应用开始，出台了《深圳经济特区土地使用权出让办法》《深圳经济特区土地使用权出让条例》《深圳经济特区土地使用权招标、拍卖规定》等；在土地市场建立时期，出台了《深圳市土地交易市场管理规定》（市政府令第 100 号）和《关于加强土地市场化管理进一步搞活和规范房地产市场的决定》(深府〔2001〕94号);在土地市场拓展阶段,针对工业用地市场配置,重点推行《深圳市工业用地招标拍卖挂牌出让工作近期实施方案(2006—2008年)》和《深圳市工业及其他产业用地使用权出让若干规定》;在农地入市方面,出台《深圳土地管理制度改革总体方案》《深圳市完善产业用地供应机制拓展产业用地空间办法(试行)》等;在产业空间整体优化配置方面,实施"1+6"系列文件、《深圳市工业及其他产业用地供应管理办法(试行)》、《深圳市工业及其他产业用地供应管理办法》等。

这些规章制度的构建,促进了深圳市土地管理法律体系更为完善,其创新性和先进性也在实践中得到验证。最重要的是,随着法律体系的建设,深圳市形成了依法行政与廉政文化,其城市化跨越式发展是以高效廉洁的供地模式为保障的。高效廉洁的实现,必须用法规与规章的形式对改革实践智慧进行沉淀固定和推广。法治意识从宏观层面指引着深圳的土地市场改革,为其创新提供了良好的土壤。总体来看,深圳土地领域的制度建设走在全国前列,率先树立起我国市场经济建设中法治保障与廉政建设的样板。

四 提供了社会主义市场经济理论持续深化的实践基础

改革开放前,深圳只是宝安县城的所在地,贫穷且落后,农民处于温饱的边缘。为了更好地生活,不少农民选择偷渡香港。如今,在改革开放和创办特区的大政方针指引下,以市场为导向的改革开放,实现深圳从边陲小镇到国际化大都市的华丽转身。生产总值与香港等量齐观,人均国民收入跨进世界高收入行列,进出口总额名列全国大中城市第一名,加上新生的一批世界级企业,深圳成为高科技和创新的基地,是全国第三大的金融中心城市和全球第三大的集装箱港口。这些都是深圳发展速度和质量的表现。

深圳的发展不仅仅具有区域性的意义,更是实现中国内地封闭经济和世界经济的对接,为我国经济进入世界经济体系发挥了重要作用。1984年,邓小平视察深圳,明确表示深圳经济特区的政策是正确的。可以说,深圳作为我国改革开放的窗口,其市场化突破是我国融入世界经济发展浪潮的重要一环。

深圳土地市场改革的成功得益于其一直坚持发挥市场配置资源的决定性作用，一直进行以市场为导向的各种制度的改革和创新。深圳的改革，在坚持市场为主体的原则下，重点放在处理政府和市场、民营和国有的关系方面。改革来源于对传统理论和思想的冲击，是对利益和权力的再分配，所以需要通过解放思想，以实事求是的原则，勇于冲破传统观念的束缚；通过建立新的经济体制，实现经济转型；通过突破法律法规及相关政策，实现从无到有的创新；通过以新换旧，既要破，更要立，实现城市发展血液的更新；通过创新思路和方法，实现对国家工作部署的落实，保障土地对城市、城市对国家的支撑作用。

总而言之，深圳土地要素市场化改革属于我国社会主义市场经济理论落地的重要成果，其促成市场化、法治化、国际化营商环境的构建，吸引了各类生产要素向深圳流动。同时，为理论的不断优化提升提供了宝贵的实践经验，也为中国城市发展模式的探索深化提供有益的参考。

第五节 深圳土地要素市场化配置改革面临的问题与展望

一 深圳土地要素市场化配置改革面临的问题

在国际形势巨变的背景下，深圳也面临着转型升级发展的压力。深圳市在2018年政府工作报告中明确指出，当前深圳正处于高位过坎、稳中求进的关键时期，总体发展水平与高质量发展仍有不小的差距，城市环境品质与国际先进城市相比还有不小差距，基本公共服务水平与群众的期待还有不小差距，政府治理能力与超大型城市快速发展的需求还有不小差距。同样，深圳土地市场改革取得了辉煌的成就，但由于改革是把双刃剑，在改革的过程中不免会产生一些难以解决的问题。从政府角度来讲，经济发展是一大要务，在经济发展中平衡公共利益关系非常重要；从民众角度考虑，民众的收入和支出需要保持在健康的比例上才能获得幸福感，为社会建设贡献更多力量；从企业发展来讲，用地政策、产业准入政策、土地配套金融政策及保障措施，对企业的发展具有重大作用，需要良好的经济发展环境给予支持。因此，从这三个维度出发，现阶段深圳市土地市场建设面临的主要问题如下。

（一）政府治理：经济发展与复杂社会利益平衡的挑战

政府从社会治理的角度，一直面临着经济发展与复杂的社会利益平衡的挑战，主要包括经济效益与文化保护、社会公平的博弈，历史遗留问题带来的土地低效利用与土地资源发展紧约束，经济高速发展与环保等社会综合效益之间的平衡，以及如何掌控市场化程度与政府调控力度"两只手"的边界等问题。

1. 经济效益与文化保护、社会公平的博弈

改革开放40多年来，深圳市实现经济的高速发展，跻身现代化国际城市之列，但其经济效益与文化保护、社会公平的矛盾体现在各个方面。以土地市场改革中原农村集体经济组织尚未完善征转地手续的土地改革面临的困境为例，深圳这座城富了，加上对农村土地的征收，实现原农村集体和农民的补偿，他们也实现了富裕。但是还有一些城市移民白手起家来到深圳，改革红利无法落在他们身上。随着经济发展而来的房价和物价高企，他们无法体会到公共利益的倾斜，不利于保留和吸纳人才。即使是已经领取补偿的农村集体和农民，在改革过程中也因为没有得到预期利益，认为应补未补，导致违法建筑暴增，出现大量历史遗留问题，影响了城市规划的实施，也降低了城市发展所能利用的合法用地量。在现行土地管理体制下，这些社会主体间无法形成有效、公平的分配利益，各相关主体的利益共享没有形成稳定机制，各方积极性得不到发挥，对土地价值的深挖工作产生制约作用。

土地制度需要为城市经济体系提供支撑，也要实现公平公正的利益分配，让大多数人口融入城市。在这个过程中，经济增长是基础，并非行政的城乡一体化。城市化的实质是经济增长的问题，不是单靠将土地作为资产从农村转为市场流通就能够解决的，也无法

让农民真正产生红利。[①] 深圳在 1992—2004 年对土地统征统转实现全域土地国有化，是全国首个通过征地及转地的方式，实现整个市域范围内全部土地国有化的城市，但也遗留下合法外用地（违法建筑）与合法的土地房屋并存的二元结构局面。深圳的违法建筑从定义上来说，就是缺少"两证一书"（规划许可证、施工许可证和选址意见书）的房屋，主要为原村民的私宅和原村集体的工商厂房。深圳的违法建筑大致分两类，一类是有违农村私宅不得交易的法律禁令，另一类是有违规划。前者是城乡土地二元制度的产物，导致农村和城市同屋不同权，也造成合法外土地房屋只能固化掌握在少数人手里，无法被盘活。对于后者，城市规划的核心功能是，要将有限的土地和空间在不同的生产和消费活动中优化配置，使人们的活动更方便、生活更美好。这些违法建筑也是这座城市多年跳跃式发展的重要见证——深圳当年有很多拓荒者都是从城中村的违法建筑中走出来的，这些合法外土地房屋的人文历史价值并不能完全湮没在经济利益中。一个城市有近一半的房屋是违法的，是深圳在土地市场改革过程中需更深入解决的问题。由此延伸的，无论是历史遗留产权问题导致对未来空间潜力的占用，还是经济效益导致对文化保护的忽视，这种前人挤占后人资源的发展模式，均会造成社会发展的代际不公平。

2. 土地的低效利用与土地资源紧约束

深圳由于市域面积不大，且难以外延扩张，城市再开发面临重重困难，建设用地资源一直存在耗尽的危机感。如果不能集约高效地利用土地和空间资源，深圳就难以积聚能量、再创辉煌。在这种客观的资源约束条件下，深圳一直在寻求强化城市立体开发、提高土地节约集约利用效率的途径。

深圳逐步从重视增量用地发展到减量化发展方向，以盘活存量和拓展新增土地。思路之一是存量挖潜，完善土地二级市场，盘活存量建设用地，提高其利用效率，尤其是解决好合法外用地的再开发问题，关系到深圳的下一步发展。回顾深圳土地二级市场发展状

---

① 夏柱智：《城市转型的实质挑战及土地制度的应对——兼论集体土地入市问题》，《思想战线》2019 年第 45 卷第 2 期。

况，可划分为四个阶段。第一阶段是 2001 年之前，一级市场供应充足，二级市场自发交易。土地二级市场以合作建房形式为主，交投较为活跃，但存在制度不够健全、市场秩序相对混乱等问题。第二阶段是 2001—2005 年，全面推进土地市场化，二级市场进场交易活跃。2000 年之前，深圳土地供应较为充足，房地产二、三级市场发展较为缓慢，大量土地无力开发，导致闲置。为推进土地全面市场化，2001 年市政府发布 100 号令和 94 号文件，有力推动了土地二级市场的发展。第三阶段是 2006—2016 年，一级市场供应逐渐由增量为主转为存量供应为主，土地二级市场转为以股权转让等隐形方式开展。2005 年 11 月，深圳开征土地增值税，客观上遏制土地二级市场的转让交易，企业通过股权收购等形式自主交易激增。同时，由于该阶段房地产市场持续向好，深圳土地市场局部出现过热趋势，出现以发展产业为名取得土地用于房地产开发的现象。第四阶段是 2017 年至今，一方面，贯彻国家建设完善土地二级市场的文件精神，进一步研究市场建设细则；另一方面，开始从产权上限制产业用地转让，确保有限的土地真正用于发展产业，支持实体经济发展。深圳土地二级市场在曲折中前进，面临交易规则不清晰、土地一级市场尤其是工业用地出让政策对土地转让限制要求过多导致土地一、二级市场无法协同发展影响土地资源在二级市场的再流通、交易税费门槛待降低、交易平台待构建等现实问题。

思路之二是在粤港澳大湾区框架下谋求区域协同发展，打破行政区域藩篱，在国土空间规划和区域产业布局上统筹推进大湾区建设。但粤港澳大湾区三大龙头在跨区域统筹的利益上是有重叠和冲突的，这些年香港、广州、深圳在珠江口跨江通道、高铁、机场等交通基础设施建设上的博弈就是明证。因此，对于如何建设规划中的共同体，需要非常强大的改革魄力。

思路之三是对外谋求空间合作，进行跨区域土地资源配置。2011 年 2 月，广东省委省政府批复同意设立深汕特别合作区。同年 5 月，合作区挂牌正式运作，深圳市主导经济管理和建设，汕尾市负责征地拆迁和社会事务。合作区范围包括鹅埠、小漠、鲘门、赤石四镇,总面积468.3平方千米。其中,可建设用地145平方千米,海岸线长50.9千米。为避免两市分别负责经济建设和社会事务的管理脱节问题,2018年年底,经广东省委省政府批准,深圳市全面负责深汕合作区的社会经济建设管理,深汕特别合作区党工委、管委会调整,为深圳市委、市政府派出机构。深汕合作区体制机制的调整为探索国内"飞地经济"发展探索出一条示范之路,有利于带动珠江东岸区域协调发展,缓解深圳用地难的问题。跨区域配置土地资源的破冰,也为深圳土地市场发展提供了新思路。自2014年到2020年9月,深汕合作区共招拍挂出让工业用地94宗,出让土地面积354.93万平方米,成交金额29.64亿元,综合地面地价835.22元/平方米,综合楼面地价358.09元/平方米;招拍挂出让经营性房地产用地18宗,出让土地面积61.32万平方米,成交金额20.1亿元,综合地面地价3279.49元/平方米,综合楼面地价1290.51元/平方米。此外,土地市场的发展,一直面临与环境资源保护等的平衡问题,因为相关研究论述较多,本书不再赘述。

3. 土地资源配置市场化与更好发挥政府作用"两只手"的边界

综观政府在土地市场治理中面对的问题,市场与政府的关系始终是其核心。比如,在二级市场发展中,在交易方式上,2001年深圳土地交易市场化建立后,土地二级市场转让由之前的隐形无序交易过渡为强调公开交易。相较市场化要求而言,这一交易方式管控太强,交易规则单纯以价格作为成交依据,权利人缺乏交易方式与交易价格的选择权。因此,为落实《关于完善建设用地使用权转让、出租、抵押二级市场的指导意见》(国办发〔2019〕34号),需要对深圳土地二级市场转让的体制机制和政策进行重构,合理确定"两只手"的边界。这一问题在产业用地配置上亦表现明显,产业用地配置具备双轨制的明显特征,是政府遴选后的市场化配置。此消彼长的"两只手"作用,在不同的时间段因经济环境变化会有所波动。如2001年之后大力倡导市场化配置,土地要素配置偏向市场化发展;2016年左右,在地价房价上涨带来产业用地成本快速增加的背景下,深圳市政府开始在产业用地政策调控上发力,"看得见的手"的力度明显加强，土地要素配置方式向更好发挥政府作用偏转。不过总体来说，市场化配置占决定性地位，"两只手"的界限虽然尚有模糊地带，但在实践中的及时调整与深入改革，已经持续加深对各自功能有效边界的认识。

（二）民生宜居：供应机制与房价高企的结构性问题

源于深圳的土地招拍挂制度推动了全国房地产市场发展，促进了地方经济发展。总体来看，深圳房价上涨的主要因素，一是货币宽松催生资产价格上涨，二是供需失衡引发房价持续上涨。

自1998年全国住房制度改革停止实物分配、逐步实行分配货币化以来，我国的房价持续走高。2008年国际金融危机以前，房价上涨属于经济发展带来的自发性上涨；2009年以后的"四万亿"和国内外各种货币的宽松政策，推动各路资本在加杠杆后流入土地市场、房产市场以图资产保值增值，导致地价、房价一路走高。2016年年底的中央经济工作会议首次提出"房子是用来住的、不是用来炒的"定位，此后，各地市出台政策，加大土地供应量，推出一系列调整和完善土地招拍挂制度的举措，如"双限双竞"限地价、限房价、竞地价、竞保障性住房面积等。同时，在房产供应环节要求推出一系列限购和限贷政策，加大租赁房、人才房等供应力度，以稳定地价、房价。但是，在土地招拍挂阶段就开始采用行政手段限房价，也会引发未来商品房销售环节的公平性问题。限价房远低于市场价，买到房后转手就可以赚大额差价，进一步加剧炒房之风。深圳、上海、成都、南京等地市出现的"摇号购房""借指标购房"，都在拷问现行采用行政手段实施的房地产调控政策。因此，采用市场化手段，提高持有环节税，才是房地产调控的未来之路。

深圳市土地资源严重短缺，可供开发的建设用地有限。具体分析深圳市2010—2020年的土地利用计划，建设用地供应总量呈逐年下降趋势，只是在2014年、2019年供地总量略有增加，2020年规划供应总量为1200万平方米，仅占2010年计划供应总量的44.94%（见表8-2）。

表 8-2　　2010—2020 年深圳市建设用地供应计划

年份	计划供应建设用地总量（万平方米）	新增建设用地（万平方米）	存量建设用地（万平方米）
2010	2670	2070	600
2011	2292	1952	340
2012	1718	800	918
2013	1710	700	1010
2014	1750	550	1200
2015	1600	430	1170
2016	1350	200	1150
2017	1350	400	950
2018	1150	400	750
2019	1200	794（另有全市预留指标 100 万平方米）	306
2020	1200	888	312

注：根据深圳市 2010—2020 "年度城市建设与土地利用实施计划"整理。预留指标指为完善计划实施手段、增强计划实施弹性设置的，专门用于重点区域项目、国家和省市重大项目、急需建设的公共基础设施等民生项目、重大产业项目和前海合作区开发建设的灵活性指标。它为市级层面保留，不分解到各区（新区）。

可见，近几年，深圳新增建设用地在总供应中的占比呈下降趋势。2012 年新增建设用地供地 800 万平方米，占总供应的 47%，随后 4 年逐步下滑，到 2016 年仅为 200 万平方米，占比 15%，2017 年为 400 万平方米，占比虽然提升至 30%，但供应水平仍处于低位。2019 年和 2020 年，为落实国家"房住不炒"精神，深圳开始小幅增加土地供应总量。其中，住房用地供应面积在土地供应总量增加不多的背景下，深圳开始调整土地供应结构，大幅提高住房用地供应比例，使住房用地供应总量开始连续两年翻番。

根据深圳市规划和国土资源委员会的统计，在 2011—2017 年实际利用的建设用地中，存量建设用地利用量占建设用地供应总量的比值分别为 31.1%、56.3%、60.3%、75.3%、77.9%、68.4%、75.8%（见图 8-2）。值得注意的是，2012 年存量建设用地总量已经超过新增建设用地总量。以此为标志,深圳进入以存量土地供应为主的新阶段,面临城市转型发展的巨大压力。巧合的是,同样是在2012年,《深圳市土地管理制度改革总体方案(2012—2020)》得到部、省联合批复,赋予深圳率先探索高度城市化地区土地节约集约利用的新使命。

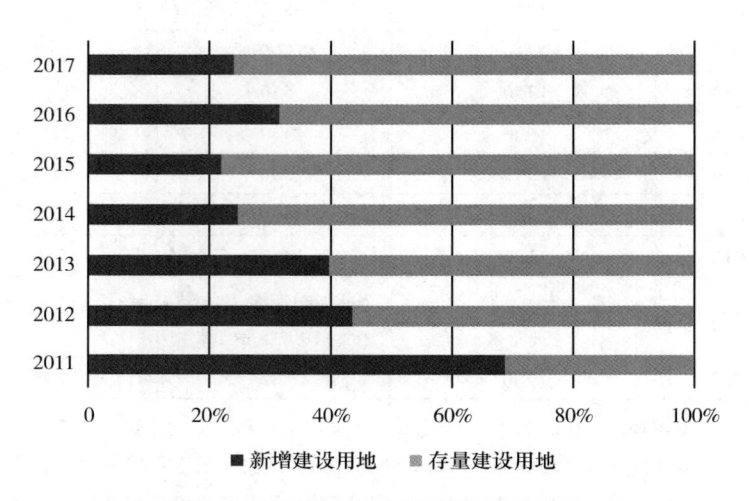

图8-2 深圳历年存量建设用地占比

注:2018年全国土地日深圳市官方材料。新增建设用地是指当年农用地转为建设用地的面积。

这种局面的产生,有下面一些原因。第一,受限于土地资源的整体紧缺态势,建设用地后备资源紧约束。第二,土地权属复杂,历史遗留问题较多,土地整备难度大,城市更新缓慢,建设用地难以有效供给。第三,受外围经济或市场需求的影响,一些项目实施情况未达到年度计划目标等。

近年来,深圳市通过营商环境优化、产业转型、高新技术、资本市场和创意文化等政策吸引了大量人才就业、创业,在土地供应量没有明显提升、人口持续流入带来房屋购买需求持续攀升的背景下,供需失衡必然推高房价。因此,深圳在吸引人才、留住产业上面临巨大挑战。如果成本无法降下来,深圳市的优质产业流失将无法避免,因为科技密集型的优质产业对城市原有产业基础没有太多依赖，只要有足够低的成本，就会产生人才集聚，开展相应的生产活动。①

"价高者得"的土地出让方式亦对高房价有所影响。自30多年前深圳开创中国内地土地有偿使用制度先河以来，我国逐渐形成经营性用地招拍挂和其他用地划拨的土地出让体系。对于经营性用地，"价高者得"成为土地出让时选择用地主体的主要评判标准。"价高者得"使得土地即时的经济效益成为土地出让的首要追求，而忽视了社会效益、环境效益，以致土地资源精准配置落空、土地利用对城市规划实施的引导作用失效，唯价格一直居高不下。追本溯源，招拍挂等市场化配置方式的初衷并非推高地价与房价，但客观上面粉成本增加的确刺激了面包价格攀升。

房价高企在产业发展方面，提高了经营成本，可能导致制造业和物流业大量流失，产生产业空心化的风险；在民生方面，高房价带动高物价，中低收入群体生活压力极大；在人才吸引方面，高房价降低了深圳对人才的吸引力；在社会公平方面，高房价成为收入差距的重要影响因素，拉大贫富差距，不利于社会和谐稳定。高房价已经使得深圳的工薪阶层和年轻人无法在此安心奋斗，城市归属感降低。

化解房价高企的结构性矛盾，需要深化改革市场经济体制。一方面，需要拧紧货币水龙头，深化金融证券体制改革，增加证券市场对老百姓的吸引力；另一方面，必须坚决贯彻中央"房住不炒"的方针，建立房价调控长效机制，增加房屋持有环节税，同时改革和完善土地供应机制，推行综合评标、单限双竞、双限双竞等市场与行政工具的结合，通过更科学合理的制度设计解决房价深层次矛盾。

（三）产业发展：营商准入落地的保障扶持与公平竞争

在产业发展过程中，不同阶段需要重点发展的产业不同。回顾现代化进程，其从第一产业发展到第二产业，乃至如今蓬勃发展的第三产业。深圳市在不同的阶段设计了不同的工业用地供应政策，

---

① 李宇嘉：《从"深圳新政"看大城市国有土地改革方向》，《中国房地产》2017年第28期。

扶持产业发展和转型升级。但是，在以产业促发展的过程中，在产业准入和项目落地上，仍存在不能精准把控或者无力保障后期落地的情况，而且对哪些产业扶持，对哪些产业限制，同一块土地上多种产业如何区别对待、公平竞争等问题，都有待继续深化解决。

一方面，从市场配置的角度出发，在深圳已有的土地出让政策下，同样的产业用地被赋予不同的功能，贴上或者不贴上重点项目或总部项目的标签，会产生不同的出让价格和出让年期。然而，不论出于何种考量，人为划分土地类别进而收取不同价格，并限制土地资源流转，都会延迟对市场变动的反应。而且，土地分类本身隐含的前提就是产业可以清楚地分类。但现代经济的发展已经且不断催生了多种新的混合型业态，使得产业可清楚分类这一基本前提很难成立。例如，软件产业的生产就在写字楼里，而许多高新产业为了更好地吸引与留住人才，也会创造更好的工作环境。因此，产业的发展要回归到市场竞争之中，市场化配置是其题中应有之义。

另一方面，政府调控是必不可少的。政府应该更好地服务市场与监管市场，不断完善产业引进模式。一是重视产业准入的分类、认定、更新。产业遴选重点目录、遴选指标的设定等必须有充分的社会调研和产业规划作为基础，亦要求对宏观的产业行业有全局眼光。譬如2012年以前，深圳工业用地的出让年期全部为50年，但特区成立40多年来，根据历史统计，一个行业项目生命周期普遍不超过20年。于是，2012年，深圳市推行工业用地弹性年期出让，工业用地出让年限原则上为30年。2016年，推行产业项目遴选后，重点项目和总部项目的出让年限为30年，一般产业项目的用地出让年限为20年。这个出让期限是综合考虑了产业的生命周期后确定的，显然比"一刀切"的50年更加科学。二是保障产业落地。土地产业门槛的设定必然带来行业或者技术指向性的问题，如何避免长官意志、规范遴选程序和规则，做好与科技创新管理部门、经济贸易和信息化管理部门、经济和科技促进管理部门等产业部门联动，统筹各交叉部门避免各区重复批地（强区放权的背景下，各区都有自己的产业项目库以寻找成长性好的企业，为避免一个企业到多个区域申报，应有统筹机制），提高科学性，是产业引进落地的重要问题。三是明确企业的竞得机制,应着重考察企业的成长性,深入了解其产业阶段、技术含量、发展潜力等情况,同行业内的相近企业应交给市场去筛选。产业导向也应与地价相平衡,对市场地价实施打折操作,最终体现其社会价值,因此必须深化产业监管协议(如细化产值、税收、就业等评价指标),增加惩处约束,提高违规违约成本。总体来说,深圳在产业发展、营商准入落地方面一直面临以上问题的挑战。如2018年胡润研究院发布的"独角兽指数"显示,深圳的独角兽企业数量少于北京、上海、杭州,也启发我们反思产业遴选的标准和风向是否阻碍了小微创业企业的发展。

此外,早期深圳的土地出让制度存在"重审批、轻监管"的行政割裂惯性。一方面,国土部门出让土地后无法对企业的产能、纳税额等情况进行监管,相关指标无法由土地出让合同来承载;另一方面,产业部门约定的产业门槛内容不够明确,未细化税收、投资额、能耗等内容,导致没有跟进监管的抓手,产业用地出让后有可能背离产业引进的初衷。2016年深圳实施强区放权后,市级层面不再统揽统筹,区级政府能更好地监管产业用地的开发、投产、建设,判断企业是否如约履行土地出让时的监管协议要求。譬如,2019年4号文件对2016年80号文件进行完善,要求竞得企业必须和产业部门签订监管协议。这时候还需要规避各区为了自己的经济利益降低遴选门槛,凡项目都往重点报。无论是市级统筹,还是区级主事,都应该意识到:产业用地出让不应该是一锤子买卖,而应该贯穿产业全生命周期。

总体而言,任何改革都不是一帆风顺的,土地市场改革在探索中需要不断调整和修正,在曲折中前行。

二 深圳土地要素市场化配置改革的未来展望

党的十九大报告指出,要加快完善社会主义市场经济体制,将完善产权制度和市场化配置要素作为重点,激励产权、公平竞争,实现企业的优胜劣汰。其后进行机构改革,组建自然资源部,由其统一行使全民所有自然资源资产所有者职责、统一行使所有国土空间用途管制和生态保护修复职责,在着力解决原有问题的基础上,实现对山水林田湖草的整体保护、系统修复和综合治理。进入新时代，更加丰富的土地乃至自然资源要素的市场化配置类型对土地管理提出更高的要求，将对未来的土地市场改革产生深刻的影响。深圳在粤港澳大湾区核心引擎和建设中国特色社会主义先行示范区"双区驱动"的时代定位下，更应积极拥抱未来，继续引领时代发展。

（一）持续优化顶层设计，健全法律体系

深圳土地要素市场化配置改革促进了深圳经济的快速发展和城市化进程，但是发展初期的制度体系不完善，如对合法外土地及房屋的产权保障没有进行必要、及时和有效的管理，在后续发展中必然出现一些隐患，推高后续制度设计和实施的成本。[①] 虽然说政策的出台是一个不断"打补丁"的过程，但是深圳应汲取经验，只有在土地市场改革过程中必须从宏观制度设计上进行顶层优化设计，才能减少可能出现的社会风险。

土地市场改革机制研究不仅是自然资源管理部门的责任，还涉及人大、财政、税务、发改、金融、区政府、街道、经贸、法制和社区等多个部门，需要进行同步的配套改革。然而，现在政府各相关部门在研究改革政策及设计配套制度等方面的合作还不够紧密，财政、立法、税收和产业等相关配套改革的进度不统一，缺乏相应的协调机制，需要对其加强统筹。以上问题都迫切需要更新原有顶层设计方案，不断创新以厘清改革思路，优化顶层设计，通过系统提出土地问题的解决办法及实现途径，来强化各部门的协调机制及加强对改革事项的统筹，从而通过加强各项基础性配套制度的建设，提高改革的系统性、整体性及协同性，为土地市场改革提供全面的理论、政策及法律支持。

深圳市虽然已经建立较为全面的土地市场，但是在土地要素市场化配置中仍旧存在诸如土地要素使用权空间权利体系有待建立、土地一级市场和二级市场的政策体系联动机制不清晰甚至相互矛盾等问题，所以土地市场的体系化建设工作有待加强，在顶层设计方

---

① 钟凯文、张宇：《走向深度城市化的多元路径》，《中国国土资源报》2015年5月22日。

面，应该兼顾二维及三维角度。譬如，在现有土地市场的基础上，加强对一级市场和二级市场的联动管理；又如，通过实行具有指标分类特征的有偿机制，采用"市场化供应＋绩效返还"的方式，提高公益性用地的利用效率，完善减量化指标的权能及交易方式，进一步显化其价值。可考虑引入土地要素配置及出让土地利用绩效评价机制，在国土空间规划体系的引领下，通过建立出让土地空间利用绩效评价体系，对资源投入、引致需求和外部效应溢出等的出让土地利用绩效进行评估，再在强化运用绩效评价结果的基础上，适时动态调整土地出让政策。

综上所述，完善的土地管理法律、法规应该以宪法为依据，由土地的民事法律制度、行政法律制度和经济法律制度等有机构成。现行的法律法规、规章制度及规范性文件中有不少规定由于其滞后性，已经不符合土地市场管理工作实际，还有一部分现行制度需要调整及完善。因此，深圳应根据先行示范建设推动土地要素市场化配置的总体要求，结合多年来土地市场改革积累的创新经验，从顶层设计角度重构适应改革开放再出发要求的土地管理制度和政策，做好创新理论研究和实践探索、自然资源资产市场化配置和监管制度改革的先行示范。

（二）平衡权利主体利益，实现用地全链条服务监管

伴随我国土地出让市场机制的不断完善，政府功能不再是让渡土地，而是转变成监管者身份，监管由市场无法自我修正而产生的市场失灵。[1] 城市土地市场供给侧结构性改革的目的是发挥市场配置资源的能力，要将市场经济作为核心，并确立其主体地位，也要发挥政府的监督和服务职能。在用地全链条的前端，政府通过制定国土空间规划、控制性详细规划（法定图则）、土地供应年度计划，开展土地整备，了解市场需求，进行用地选址和预审，提出规划设计条件，制订土地供应方案等一系列工作来影响土地供应；在链条中段，政府通过划拨或市场化配置方式供应土地，以市场化方式配置土地资源的，用地者通过市场竞争形成土地价格并予以支付后获取

---

[1] 冯吉光：《资源配置、市场传导与划拨土地供给的政府作为》，《改革》2018年第2期。

土地使用权，政府通过地价政策调控，影响市场供需；在链条后段，权利人通过土地市场开发、建设、利用或土地二级市场流转实现市场目标，政府则应通过行使市场服务与监测监管职能，对供应后的土地进行跟踪调查，对不按要求开发、建设的单位企业依法处罚，从而维护市场秩序，保障市场主体依法依规履约并高效利用土地资源。

  以土地二级市场为例。深圳市土地市场自改革开放开始建设、开发，一直不断创新，成为全国土地市场先行先试的试验田。在制度创新、经济活动繁荣等良好基础的综合推动下，深圳土地市场活跃，市场化水平发育度高，凸显出巨大的市场需求，率先迈入存量用地时代，在全国存量用地再开发领域具有典型代表性。严格控制新增建设用地规模，积极推进存量用地开发，保障土地有效供应，是深圳城市建设与土地利用的主要思路。其中，盘活存量用地特别是低效用地、优化用地结构，是深圳推动战略性新兴产业发展、为产业发展释放空间的重要途径。在这方面，深圳可探讨降低交易门槛、打破交易壁垒，在防止产业空心化和符合规划的大原则下，允许土地使用权人获得存量土地或低效用地再开发或处置权，可以根据市场价格信号，或者自用，或者进入市场交易，成为真正、合格的土地供应主体。在该过程中，政府应当建立二级市场信息发布及交易平台，使得市场主体能够获得有效的信息，还要推进差别化土地税费制度改革，改变"重流通，轻保有"的税费机制，加大持有环节的成本，减少土地流转成本，以提高市场主体进行存量土地交易的积极性。在发挥市场决定性作用的同时，还应更好发挥政府在市场服务和监管等方面的作用。一是推动土地使用权转让、出租和抵押等土地二级市场民事主体之间的自主交易，在法治和遵守出让合同约定的框架下贯彻意思自治原则。二是政府需要在土地二级市场建设、服务和监管方面更好发挥作用，建立土地二级市场交易服务机构，制定交易条件、交易规则和交易合同，依托专业化信息平台，侧重承担土地二级市场技术服务与市场监管职能，在市场准入条件审查、交易鉴证、合同备案、交易价格申报、土地市场信用体系建设、市场违规行为投诉受理与查处等方面开展工作。

  在土地要素权利重构中，也可最大限度发挥土地经营的理念。

可试点通过租赁方式市场化配置土地要素,打通租赁土地融资瓶颈,建立产业引导基金,允许地租转化为入股企业的等价资金,在降低企业获取土地要素成本的同时,由国有产业引导基金和企业共享出让后的土地要素升值红利,并建立国有产业引导基金的适时退出机制,构建双向激励的土地收益模式,形成良好的营商环境。

(三)完善市场运行机制,创新土地出让方式

1. 完善土地供应结构,提高居住用地供应比例

受土地资源高度紧约束影响,深圳新增建设用地用于工业、商服和居住等经营性用地的比例一直不高。2019年之前,新增居住用地的供应比例一直远低于工业用地,虽然年度居住用地供应量中存量用地占了相当一部分比例,居住用地年度计划供应量持续低于20%,相对于每年新增50万左右的人口增量,深圳的居住用地供需比例一直失衡,不利于房地产调控政策的落实,难以遏制地价房价过快上涨。2018年8月,深圳出台《关于深化住房制度改革加快建立多主体供给多渠道保障租购并举的住房供应与保障体系的意见》(深府规〔2018〕13号),要求加快建立促进房地产市场平稳健康发展长效机制,提出"多主体供给,多渠道保障、租购并举"的二次房改思路,完善住房用地供应机制,适当提高居住用地在城市建设用地总量中的比例和开发强度。为落实二次房改精神,2019年,深圳土地供应年度计划在2012年以后大幅度提高了新增建设用地的供应比例,当年计划供应居住用地150万平方米,实际供应约198万平方米。2020年,计划供应建设用地1200万平方米,在2019年基础上居住用地计划供应量再度翻番达到293.2万平方米,占年度计划供应总量的24.4%(见图8-3)。深圳正在并需要持续补齐土地供应结构中的居住用地短板,在供地环节对房价形成良好的影响机制,充分发挥住房保障功能,提升对产业和人才的吸引力,为深圳长足发展提供深层能量。此外,要鼓励市场公平竞争,以合理的供需、科学的价格,建造和谐稳定的市场环境,以充分发挥竞争机制,促进需求者更理性地对待土地,以实际需求公平竞争土地。[1]

---

[1] 康俊:《湖南省城市土地市场供给侧结构性改革研究》,硕士学位论文,湖南大学,2018年,第3—5页。

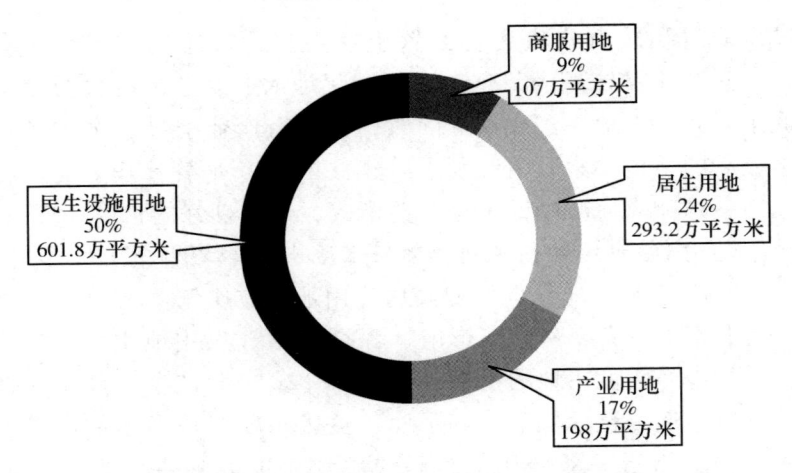

图 8-3 深圳市 2020 年度计划土地供应结构

2. 完善产业用地供应机制，提高产业用地资源市场化配置

经过 40 多年的土地市场建设，有资源才能谈市场化已成为共识。如果资源严重不足，政府调控显得更为重要，因为在要素市场化配置过程中，市场更讲求效率，政府调控更讲求公平。在深圳这种土地资源高度紧约束的城市，要兼顾公平与效率，尤其需要更好发挥政府作用。自 2016 年开始，深圳建立了总部项目和重点产业项目经遴选后带项目挂牌出让机制和一般产业项目用地经产业用地供需服务平台公开招拍挂出让机制。在土地二元供应机制中，带项目挂牌出让模式以更好发挥政府作用为主精准配置土地资源。2017—2019 年，该模式招拍挂供应的产业用地（含总部项目用地）面积占工业用地和商服用地总面积的比例分别达 70.7%、81.94% 和 70.67%。同期供应工业用地中的一般产业项目用地，分别有 2 宗、3 宗和 2 宗工业用地经溢价出让。其中，2018 年挂牌出让的坪山区 G14316-0113 和 G14316-0114 两宗地的溢价率分别达到 335% 和 117%。总体来看，在二元供地模式中，改革重点项目和总部项目的土地供应模式，落实市场在土地资源配置中的决定性作用需要进一步加强。重点产业项目和总部项目经遴选后分别进入重点产业项目库与总部项目库，可以探索在土地供应阶段引入市场竞争机制，运行准入行业的重点项目单位或总部项目单位通过竞争竞得土地。

以上改革方向，一方面在项目引进阶段更好地发挥了政府作用，另一方面落实了《中共中央 国务院关于构建更加完善的要素市场化配置体制机制的意见》的精神，在土地要素配置阶段发挥了市场的决定性作用。

3. 完善"价高者得"的价格机制

土地市场运行的基本要素包含价格机制，价格机制是土地市场的"晴雨表"。因为城市土地的价格建立在竞争基础上，所以能够反映资源的稀缺度和供求情况。深圳市的土地出让方式主要包括协议出让、招拍挂出让、土地租赁及土地作价入股等方式，招拍挂方式目前且将持续成为深圳土地出让最重要的组成部分。因此，要继续完善地价评估技术，参照市场价格确定科学合理的土地价格；建立灵活的土地出让和地价收取模式，满足现在城市发展和产业升级转型的多样化需求；推动以综合效益最大化替代"价高者得"的土地出让综合评标办法，探讨满足不同类型用地特点的评价指标体系与评标实施办法，以实现招标出让综合评标的简便、标准化和易实施；积极创新完善先租后让、"一次竞价"与"价中者得"组合（即报价达到上限后，转为最终一次性报价方式，以终次报价中最接近所有终次报价平均价的原则确定竞得人）等新型出让或竞价方式，促进土地市场的公平及公正，保证土地价格机制的科学性和梯度，减少土地开展的投机行为。

4. 提高土地供应效率，持续推进土地二次开发利用机制

第一，要完善现有的土地有偿使用制度，严格限定划拨用地范围。在协调城市规划、人口水平、经济发展和房地产市场需求的前提下，需要制订合理的土地供应计划，以科学构建土地供应结构。第二，要改变零散、以需定供和无序供地的习惯性供给策略。用科学的调控政策，加上经济、行政和法律手段，在有效干预的基础上，完成以规划定供应，有效调节土地供应数量、布局和结构，实现集约高效的土地利用。深圳未来的城市发展，要通过深入建立土地及产业的高度融合机制，不断提高产出率，加大对原有产业园区中土地存量用地制度的改革，释放现有工业用地中的土地活力。第三，采用城市更新等办法，推进老旧工业园区的升级和标准化，通

过对现有产业园区进行整合,鼓励城市低效工业用地、仓储用地按照《深圳市扶持实体经济发展促进产业用地节约集约利用的管理规定》(深府办规〔2019〕6号)精神升级改造,调整和提高容积率,拓展产业发展空间,扶持实体经济发展,促进产业用地节约、集约利用。第四,鼓励发展楼宇经济,进一步释放工业楼宇在产业转型升级中对创意、创业和创客经济的支撑。第五,进一步加强土地要素流通的政策体系和配套政策支持,统筹联动土地一、二级市场政策,建立以政府引导、市场主导的多元化土地再开发制度,建立有效兼顾政府、原产权人和开发商等相关主体利益的共享机制,提升企业、集体和个人参与土地市场交易的积极性。

5. 扩展土地权能入市交易范围

中共中央、国务院印发的《生态文明体制改革总体方案》提出,可以推动除具有重要生态功能以外的其他土地所有权和使用权的分离,以明确权利归属和责任,扩大土地权能范围。在产权激励机制下,土地权利体系也将进一步细化,可交易的权利品种会越来越多样化。[1] 深圳可以在国家相关政策指导下,探索土地权能交易品种的多样化。

(四)建立系统、完整的多层次自然资源交易市场

2018年以来,在习近平生态文明思想指导下,党中央、国务院深入实施自然资源管理制度改革,在全国各级政府设立自然资源管理部门,赋予"统一行使全民所有自然资源资产所有者职责,统一行使所有国土空间用途管制和生态保护修复职责"和"自然资源市场监管职责",要求牢固树立山水林田湖草生命共同体理念,着力推进自然资源全要素全链条的保护管理,并出台一系列文件要求建设自然资源资产交易平台。2018年11月,《中共中央 国务院关于建立更加有效的区域协调发展新机制的意见》提出:"进一步完善自然资源资产有偿使用制度,构建统一的自然资源资产交易平台。"2019年4月,中办、国办印发《关于统筹推进自然资源资产产权制度改革的指导意见》提出:"统筹推进自然资源资产交易平台和服

---

[1] 卢为民、唐扬辉:《我国土地市场的发展变迁和展望》,《中国土地》2019年第1期。

务体系建设。"2020年5月，中共中央、国务院印发《关于新时代推进西部大开发形成新格局的指导意见》提出："构建统一的自然资源资产交易平台，健全自然资源资产收益分配制度。"因此，建设完整、统一的自然资源资产交易平台，是自然资源主管部门的法定职责，也是落实中央文件的政治责任，势在必行。

改革开放以来，深圳在全国率先举起土地有偿使用制度改革的大旗，是全国土地一级市场改革的先锋和标杆。自2001年起，它就开展土地使用权转让二级市场建设，积累了充足的土地二级市场制度和规则体系建设经验，有着非常扎实的土地要素市场化配置制度基础和市场底蕴。

目前，自然资源资产交易及监管机制建设工作在全国范围内尚未启动。基于深圳在构建土地一、二级市场中奠定的良好基础，中央需要深圳在全国自然资源资产市场建设领域发挥先行示范作用。

在2019年自然资源资产管理机制和机构改革前，我国的自然资源资产管理分散于不同的管理部门和行业领域。自然资源资产管理机构整合并行使"两统一职能"后，自然资源资产交易市场逐步呈现打破藩篱、走向整合、构建交易平台的发展需求，但也面临着市场体系建设、平台整合、市场联动等现实困难。在探索路径中，深圳应把握历史机遇，丰富市场结构，增设交易品种，在一、二级联动土地交易市场的基础上搭建土地乃至自然资源多级联动市场。

建设自然资源资产市场，需要一如既往地坚持市场经济改革方向，突出市场配置资源的决定性作用。一是挖掘市场深度，在强化土地一、二级市场联动的基础上，通过三级市场（如产业空间供需平台）以及后续可能推出的房地产资产证券化市场、房地产衍生品市场等（房地产期货产品市场），以立体角度对土地市场进行整体分析，从数量、价格、时间等维度为土地空间资源的有效供给提供参考。二是拓展市场广度，加强政府的引导作用和宏观调控作用，落实"放管服"总体要求，结合政府职能调整相关要求，除传统的土地交易外，大力建设围绕自然资源广义范畴（海域使用权等）的交易平台。同时，立足建设中国特色社会主义先行示范区、助推粤港澳大湾区建设战略定位，实现区域性资源交易平台与全国性资源交易平台的有机结合，探索建立跨区域自然资源资产产权多级市场服务平台，拓宽市场机制发挥作用的物理空间。①

综观全书研究内容，深圳的发展来源于改革，在改革中完善，最终也需要回归到改革中。2020年10月，在庆祝深圳经济特区建立40周年之际，中共中央办公厅、国务院办公厅印发了《深圳建设中国特色社会主义先行示范区综合改革试点实施方案（2020—2025年）》，首项改革内容即完善要素市场化配置体制机制，其中土地要素为第一项内容，可见深圳土地要素市场化配置改革之路从未停止，继续延展。正因为此，深刻研究深圳土地要素市场化配置制度改革历程，对改革历程从理论角度进行抽象总结，分析每个探索过程的历史背景、发展现状、核心问题和解决方案，形成一套完整的"问题分析—探索改革—创新总结"闭环机制，再结合城市发展目标要求找到既能宏观确定战略又可中观确定方向，还能微观落地的政策建议，是本书撰写的初衷。深圳土地要素市场化配置的探索与完善、改革与创新是渐进的过程，正如我国的经济体制改革在全面深化的进程中，需要更坚定的步伐、更大的勇气和智慧。

---

① 林梦笑、张喆、于洋：《深圳土地综合评标出让：现状、问题及对策》，《住宅与房地产》2020年第20期。

附　　录

附一

深圳国际会展中心（一期）配套商业用地土地使用权和国际会展中心（一期）建设运营权的综合招标出让综合评分表

类型	序号	评审内容	分值	评分指标
技术标（满分33分）	1	合作运营机构的综合实力	6	1. 评价内容：与投资人合作的运营机构的业绩经验和综合实力 （1）运营展馆情况，如规模、数量及运营方的职责 （2）财务能力：过去5年的财务状况、产权结构 （3）国际营销网络：国际分支机构数量、分布及营销人员，营销合作伙伴情况 （4）在中国的业务经验，如主办展会情况 2. 评分原则：评估运营机构的业绩经验和综合实力是否达到国际一流。具体评分办法见《技术标评分规则》
	2	运营团队的组建方案及治理结构	8	1. 评价内容 （1）投资人与一家或多家运营机构的合作方式，包括但不限于股权合作、委托运营等；运营公司利润分配机制、长期激励机制 （2）运营团队的组建方式和治理架构，包括运营团队组织架构，运营机构派驻人员的数量、资历及工作年限 （3）团队高级管理人员和核心岗位的人员名单及展馆运营经验 2. 评分原则：评估合作方式、运营团队组建方案和治理架构的合理可行性及运营团队的综合实力。具体评分办法见《技术标评分规则》

续表

类型	序号	评审内容	分值	评分指标
技术标（满分33分）	3	运营管理计划	10	1. 评价内容 （1）会展中心的定位、销售策略和市场理念，包括主题保护思路、定价策略、国际推广方案以及与知名主办方和场馆运营方的合作方式，提供相应材料证明投资人国际推广资源 （2）运营团队工作范围、服务理念、服务水准 （3）自有服务、外包服务及质量控制理念 （4）开业前期准备。配套设施开发计划，首期与展馆同期建设的酒店、商业等配套设施，包括其布局、建设及投入使用时间、规模和标准等；宣传推介，包括推广计划、经费安排、销售安排、人员安排等。 （5）对中国当地聘用员工的培训计划和理念 （6）运营机构在中国内地、香港、澳门地区运营展馆或主办展会的，须提交展馆、展会协同安排计划，说明如何确保项目运营不受利益冲突影响 2. 评分原则：综合评估方案的合理可行性以及是否能满足国际一流展馆的运营和配套水平。具体评分办法见《技术标评分规则》
	4	运营业绩目标及维护服务标准	9	1. 评价内容：投标人投报的国际会展中心运营前5年每年展馆利用率（%）（展馆利用率＝∑（展会面积×展会天数）/（展厅面积×330天））、每年举办规模以上（5万平方米）展会数量等业绩目标，以及展馆服务、维护标准 2. 评分原则：具体评分办法见《技术标评分规则》
	技术标得分		33	

续表

类型	序号	评审内容	分值	评分指标
商务标（满分67分）	5	土地使用权报价	67	1. 投标价款总额低于招标底价的视为无效标书 2. 投标价款总额达到招标底价的得40分，投标价款总额最高的得67分 3. 其余投标价格按最高价与底价进行插值计算分值，公式如下：投标人报价得分 = 40 +（投标价 – 底价）/（最高价 – 底价）×27
		商务标得分	67	
		总分	100	

技术标评分规则

评委对技术标的四项评分内容采用逐轮票决淘汰排名后，按照投标人数的不同，根据下表打分。

技术标评分（4—5名投标人）

评审内容	合作机构	运营团队	运营计划	业绩指标
总分	6	8	10	9

排名1	6	8	10	9
排名2	4	6	8	7
排名3	2	4	6	5
排名4	1	2	3	3
排名5	1	2	3	3

技术标评分（3名投标人）

评审内容	合作机构	运营团队	运营计划	业绩指标
总分	6	8	10	9

排名1	6	8	10	9
排名2	3	5	7	6
排名3	1	2	3	3

注：逐轮票决淘汰法的具体程序为，针对每一项评审内容，评标委员会7名成员对应在本轮淘汰的方案进行投票，得票最多的方案列为本轮最末，不进入下一轮，其他方案进入下一轮的表决投票，如果出现两个方案的得票数相同，则在两个方案中重新投票。

在下一轮表决中，重复采用上述投票方式直至确定排名。例如，如果有4个投标方案，分别是方案A、B、C、D，在第一轮投票中方案B得票最多，则位列第四；其他方案进入第二轮，由评委进行第二次投票，如果方案A获得1票，方案C和D分别获得4票，则在这两个方案中重新投票，如果方案C得票多则此轮淘汰，位列第三；方案A和D进入第三轮投票，得票多者位列第二，得到从第一到第四的排名顺序，并对应打分。

附二

2. 深圳市龙岗区产业发展监管协议书

宗地编号：　_____

准入产业：　<u>新能源产业、新一代信息技术《深圳市产业结构调</u>
　　　　　　　<u>整优化和产业导向目录（2016年修订）》</u>

项目名称：　_____

项目单位：　_____

土地出让合同编号： 深地合字（2018）　　号

深圳市龙岗区经济促进局 制

深圳市龙岗区产业发展监管协议书

深龙产发协〔2018〕　号

甲方（区政府授权单位）：　深圳市龙岗区经济促进局
法定代表人：王晋　　　　　　　　职务：局长
电话：_____
地址：深圳市龙岗区清林中路海关大厦10楼

乙方（土地竞得者）：_____
法定代表人：_____　　　　　职务：_____
电话：_____
地址：_____

鉴于乙方已于2018年__月__日通过挂牌（租赁）方式取得深圳市龙岗区宗地号为_____号的土地使用权。为切实履行《深圳市产业结构调整优化和产业导向目录（2016年修订）》和《深圳市土地使用权出让公告》（深土交告〔2018〕__号）相应宗地的企业和项目准入条件要求，保证深圳市龙岗区产业用地发展要求，根据《深圳市工业及其他产业用地供应管理办法（试行）》（深府〔2016〕80号）的有关规定，甲方作为龙岗区产业主管部门，受深圳市龙岗区人民政府委托，与乙方订立此协议履行监管职责。

一　地块基本情况

宗地编号：_____
土地位置：龙岗区宝龙街道新能源产业基地
土地用途：普通工业用地（M1）
总用地面积（平方米）7394.36（以《土地租赁合同》为准）

总建筑面积（平方米）29577（以《土地租赁合同》为准）

准入产业类别：新能源产业、新一代信息技术《深圳市产业结构调整优化和产业导向目录（2016 年修订）》

项目名称：电动汽车充电技术项目或车载智能终端设备项目

项目总投资额（万元）：10000

土地使用年期（年）：租赁期暂定 5 年（以《土地租赁合同》为准），租赁期满后可按规定申请续租或转出让，申请条件按本协议执行。

二　产业监管内容

甲方对乙方电动汽车充电技术项目或车载智能终端设备项目进行全程监管。监管的内容包括但不限于以下方面。

（一）注册地址、税务登记地址迁入与迁出。

（二）股权结构、控股股东或实际控制人的变更。

（三）《土地租赁合同》的履行。

（四）按照《深圳市产业结构调整优化和产业导向目录（2016 年修订）》和《深圳市工业项目建设用地控制标准》的要求，乙方承诺的履行情况。具体包括如下。

1. 上述宗地的项目总投资额达到 10000 万元人民币以上。

2. 项目建安工程造价（单位建筑面积）不低于 2800 元/平方米。

以上所称"建安工程造价"，包括但不限于：基础及土石方工程、土建工程、装修工程、安装工程、智能化系统工程、节能配套工程、室外水电、广场铺地、绿化景观、水电燃气电信接入等工程费用以及勘察、设计、监理等工程建设管理费用。

3. 项目竣工时间：于签订《土地租赁合同》后 3 年内竣工。

4. 项目投产时间：在该宗地的建设项目竣工验收合格并取得建设部门出具的《竣工验收备案收文回执》后 6 个月内，不得晚于取得用地后 4 年。

5. 项目达产时间：为签订《土地租赁合同》后的 5 年内。

6. 收入法增加值规模：乙方在签订《土地租赁合同》之日起第

一个完整会计年度，纳入龙岗区统计核算的土地产出率（单位土地面积收入法增加值）不低于13000元/平方米；至第5个完整会计年度，不低于28500元/平方米，且5年内在龙岗统计核算的收入法增加值的年均增长率不得低于龙岗区同期GDP的年均名义增长率。

7. 税收规模：乙方在签订《土地租赁合同》之日起第一个完整会计年度，在龙岗区的纳税额不低于1500万元；至第5个完整会计年度，不低于4000万元，且5年内在龙岗区的纳税额年均增长率不得低于15％。

8. 产值能耗：不高于0.15吨标准煤/万元。

（五）建设进展情况、投产运营情况。

（六）固定资产投资强度。

（七）总投资额、建安工程造价、产值、税收、能耗等相关指标落实情况。

（八）产业用地及建成物业是否存在出租、转让或变相转让的情形。

（九）建筑设计是否符合《绿色工业建筑评价标准》GB/T50878及深圳市绿色建筑促进办法等规范、标准的要求。

三　甲方权利和义务

（一）甲方应根据深圳市和龙岗区的产业政策与发展要求，为产业用地项目提供指导性服务。

（二）甲方有权对乙方上述项目的建设进展情况进行监管。

（三）上述项目竣工投产前，甲方有权指出乙方建设中存在的问题并提出处理意见。

上述项目竣工投产后，甲方或其委托专业机构有权按照本协议书核验乙方建设项目的投资强度、土地产出、税收和能耗等相关指标落实情况。

（四）乙方注册地址及税务登记地址不在龙岗区的，甲方为乙方将注册地址及税务登记地址依法变更到龙岗区范围内提供必要的帮助。

四　乙方权利和义务

（一）乙方注册地址不在龙岗区的，应在竞得土地之日起6个月内将注册地址、统计及税务登记地址变更到龙岗区。

在土地使用期内，乙方承诺未经甲方及土地行政主管部门的书面同意，不改变股权结构、控股股东或者实际控制人，不将注册地址和税务登记地址迁出龙岗区。

（二）乙方取得上述产业用地使用权后必须按照电动汽车充电技术或车载智能终端设备项目进行开发建设，不得转租或转售。

（三）乙方须按照与龙岗区土地主管部门签订的《土地租赁合同》约定的时间开发利用土地。

（四）乙方在签订《土地租赁合同》后，应按__季__（月或季）向甲方书面报告项目建设进展情况，直至项目投产，每季度首月15日前向甲方提交上季度项目建设进展情况的书面报告；项目投产后，乙方应每半年向甲方书面报告项目运营情况，每半年首月15日前向甲方提交上半年项目运营情况的书面报告。

（五）项目投产后1个月内，乙方应向甲方提出固定资产投资强度核查申请。

5年租赁期满前1个季度之内，乙方应向甲方提出履约核验申请，并提交核验资料，以上一年度同期生产值与本年度平均环比增加值加权预算，预算期为提出申请当月末至当期会计年度。

若本次履约核验未通过，乙方提出续约申请且区政府同意其续租（2年），乙方应在续租（2年）期满前1个季度之内，向甲方提出核验申请，并提交核验资料，以上一年度同期生产值与本年度平均环比增加值加权预算，预算期为提出申请当月末至当期会计年度。

乙方未在上述期限内提出核查申请，甲方有权直接核查，乙方应于甲方提出核查通知之日起3日内提交全部相关资料。乙方未提交相关资料或者未完整提交相关资料的，直接视为未通过履约核验。

（六）对于甲方或甲方委托的专业机构核验乙方的总投资额、

建安工程造价、产值、税收、能耗等相关指标落实情况，乙方应主动配合，提供相关资料。

（七）乙方承诺，上述产业用地及建成物业全部由乙方自用，建设用地使用权及建筑物在租赁期内不得转让（含股权转让等方式变相转让）和转租。

（八）本项目建设用地租赁期满后，经甲方核查，乙方达到本产业发展监管协议要求并通过履约核验后，可选择续租或申请本项目建设用地使用权及建筑物整体转出让。

租赁期内，若乙方提前达到产业发展监管协议要求并通过履约核验的，也可以向区政府申请租赁转出让。

（九）租赁转出让时，乙方须与甲方重新签订产业发展监管协议。

（十）本项目的建筑设计必须符合《绿色工业建筑评价标准》GB/T50878 及深圳市绿色建筑促进办法等规范、标准的要求。

五 违约责任

（一）乙方违反本协议第四条约定的，甲方有权停止给予乙方有关政策优惠。

（二）租赁期满，由甲方按本协议第二条要求核查，乙方履约核验未通过的，本项目建设用地使用权及建筑物不得转出让。

若乙方提出续租申请，并承诺按照以下方式承担违约责任，且经区政府审议同意后，可以续租 2 年。

1. 总投资额小于本协议约定的，应于甲方出具核查不合格通知书之日起 20 日内，向甲方支付违约金。违约金金额 =（承诺的总投资额 − 实际的总投资额）× 5%。

2. 建安工程造价小于本协议约定的，应于甲方出具核查不合格通知书之日起 20 日内，向甲方支付违约金。违约金金额 =（承诺的建安工程造价 − 实际的建安工程造价）× 总计容建筑面积 × 5%。

3. 产值能耗达不到本协议约定的，自甲方出具核查不合格通知书之日起 20 日内，乙方应按产值能耗超标部分折算费用的 10%，即 {（5 年累计实际产值能耗 − 5 年累计约定产值能耗）× 实际产值

×折电系数×电价×10%｝向甲方支付违约金,并承诺于__年内完成整改。

4. 注册地址、税务登记地址未变更至龙岗区的,应向甲方支付违约金<u>每年 50 万元</u>,并应于甲方指定期限内完成变更。

5. 在土地使用期内,未经甲方及土地行政主管部门的同意,乙方的股权结构、控股股东或者实际控制人擅自改变的,应当向甲方支付违约金<u>50</u> 万元并应于甲方指定的期限内恢复原出资比例及股权结构。

（三）若乙方不提出续约申请,或提出续约申请后拒绝按照本条第（二）款的约定承担违约责任,或续约后未能按照本条第（二）款完成承诺或经区政府审议后不同意续租的,依照本协议第六条的约定处理。

（四）租赁期满或续租（2 年）期满,经甲方核查,乙方未通过履约考核的,依照本协议第六条的约定处理。

六　退出机制

（一）有以下情形之一的,甲方可提请土地行政主管部门解除土地租赁合同。

1. 在《土地租赁合同》约定的开工日期之前或达产之后,乙方因自身原因无法开发建设或运营的,可以申请解除《土地租赁合同》。

2. 乙方取得建设用地后,应当按照《土地租赁合同》约定的土地使用条件使用土地。除不可抗力外,因乙方自身原因未按时开工、竣工、投产,超过合同约定最长时限的。

3. 出现本协议第五条约定情况的。

（二）土地行政主管部门解除《土地租赁合同》的,有权选择以下任一方式进行处理。

1. 收回建设用地使用权和地上建筑物、构建物及其附属设施,对地上建筑物、构筑物及其附属设施按残值予以补偿。

2. 收回建设用地使用权并要求乙方将土地恢复原状。

七　法律适用与争议解决

（一）本协议的适用法律为中华人民共和国的法律。

（二）凡因本协议书引起的任何争议，由双方协商解决。若协商不成，双方均可向项目用地所在地有管辖权的人民法院提起诉讼。

八 协议书效力

（一）本协议书一式四份，具有同等法律效力，甲、乙双方各执二份。

（二）本协议书自甲、乙双方签字盖章之日起正式生效。

（三）本协议书未尽事宜，双方通过友好协商解决，可另行签订补充协议，补充协议与本协议书具有同等的法律效力。

（以下无正文）

甲方（盖章）：　　　　　　　　乙方（盖章）：
　法定代表人：　　　　　　　　　法定代表人：
　委托代理人：　　　　　　　　　委托代理人：

　　　　　　　　　　　　签订日期：＿＿＿＿年＿＿月＿＿日
　　　　　　　　　　　　签订地点：**深圳市龙岗区海关大厦东座 11 楼**

参考文献

陈梅、刘凤群：《深圳特区城市建设的拓荒者——记原深圳市委常委、市人民政府副市长罗昌仁》，中国社会经济出版社2008年版。

广东省政协文史资料研究委员会编：《经济特区的由来》，广东人民出版社2002年版。

陆红生：《土地管理学总论》，中国农业出版社2011年版。

深圳房地产年鉴编辑委员会编：《深圳房地产年鉴（2002年）》，海天出版社2002年版。

深圳房地产年鉴编辑委员会编：《深圳房地产年鉴（2000年）》，海天出版社2000年版。

深圳房地产年鉴编辑委员会编：《深圳房地产年鉴（1999年）》，海天出版社1999年版。

深圳房地产年鉴编辑委员会编：《深圳房地产年鉴（1991年）》，海天出版社1991年版。

深圳市规划国土发展研究中心编著：《深圳市土地资源》，科学出版社2019年版。

深圳市史志办公室编：《李灏深圳特区访谈录》，深圳出版发行集团海天出版社2010年版。

魏振瀛主编：《民法》，高等教育出版社2010年版。

徐远、薛兆丰、王敏：《深圳新土改》，中信出版集团2016年版。

张思平：《深圳奇迹：深圳与中国改革开放四十年》，中信出版社2019年版。

中国城市规划学会编：《规划60年：成就与挑战——2016中国城市

规划年会论文集（02 城市工程规划）》，中国建筑工业出版社 2016 年版。

中国城市规划学会：《活力城乡　美好人居——2019 中国城市规划年会论文集（12 城乡治理与政策研究）》，中国建筑工业出版社 2019 年版。

中国城市经济学会、东北财经大学图书馆编：《中国土地的有偿使用经营与管理》，东北财经大学出版社 1988 年版。

艾建国：《对城市经济适用房建设用地选址的分析与思考》，《经济地理》1999 年第 5 期。

北京大学国家发展研究院综合课题组：《更新城市的市场之门——深圳市化解土地房屋历史遗留问题的经验研究》，《国际经济评论》2014 年第 5 期。

北京兰瑞环球投资管理咨询有限公司：《中国土地财政制度演变、问题及对策研究》，《发展研究》2018 年第 11 期。

本刊编辑部：《〈深圳市土地交易市场管理规定〉即将出台》，《中国建设信息》2001 年第 9 期。

布衣：《土地交易有了公平秤——〈深圳市土地交易市场管理规定〉近期出台》，《中外房地产导报》2001 年第 5 期。

蔡继明、郭万达：《深圳 40 年要素配置市场化改革回顾与展望》，《人民论坛》2020 年第 26 期。

蔡继明、王成伟：《市场在土地资源配置中同样要起决定性作用》，《经济纵横》2014 年第 7 期。

陈江龙、曲福田：《土地储备与城市土地市场运行》，《现代经济探讨》2002 年第 1 期。

陈荣：《城市土地利用效率论》，《城市规划汇刊》1995 年第 4 期。

陈云贤：《中国特色社会主义市场经济：有为政府+有效市场》，《经济研究》2019 年第 1 期。

初玉岗：《论城市土地配置的市场化》，《中国土地科学》1994 年第 7 期。

邓钧元、钟澄：《深圳佛山"农地入市"比较研究》，《法治社会研究》2017 年第 7 期。

杜茎深、陈箫、于凤瑞：《土地立体利用的产权管理路径分析》，《中国土地科学》2020 年第 34 卷第 2 期。

冯吉光：《资源配置、市场传导与划拨土地供给的政府作为》，《改革》2018 年第 2 期。

付光辉、刘友兆、吴冠岑：《论城乡统筹发展背景下城乡统一土地市场构建》，《中国土地科学》2008 年第 22 卷第 2 期。

付莹：《深圳城市化转地政策对新型城镇化土地制度改革的启示》，《深圳大学学报》（人文社会科学版）2018 年第 3 期。

付莹：《深圳经济特区有偿使用土地制度变迁及其影响》，《深圳大学学报》（人文社会科学版）2016 年第 33 卷第 4 期。

付莹：《新型城镇化不宜效仿深圳城市化转地模式》，《社科纵横》2015 年第 5 期。

盖庆恩、朱喜、程名望等：《土地资源配置不当与劳动生产率》，《经济研究》2017 年第 5 期。

国土资源部土地利用司调研组：《深圳：市场配置土地资源再创新》，《中国土地》2013 年第 9 期。

韩俊：《质疑行政强制性土地国有化》，《财经》2004 年第 18 期。

韩松：《集体建设用地市场配置的法律问题研究》，《中国法学》2008 年第 3 期。

贺振华：《农户外出、土地流转与土地配置效率》，《复旦学报》（社会科学版）2006 年第 4 期。

黄河：《水市场的特点和发展措施》，《中国水利》2000 年第 12 期。

黄淑娟：《浅谈工业用地招拍挂制度》，《广东科技》2014 年第 20 期。

贾生华、张娟锋：《土地资源配置体制中的灰色土地市场分析》，《中国软科学》2006 年第 3 期。

赖婉英：《诺思制度变迁理论述评》，《经济研究导刊》2011 年第 34 期。

雷爱先、李龙浩：《土地政策与土地市场发展》，《中国房地产市场》2006 年第 2 期。

雷爱先：《市场配置与政府调控》，《中国土地》2003年第6期。

黎赔肆、周寅康、彭补拙：《城市土地资源市场配置的缺陷与税收调节》，《中国土地科学》2000年第5期。

李勃、李莉、郭源园：《"深港"空间紧邻如何影响深圳经济制度变迁——以深圳土地管理制度变迁为案例》，《城市发展研究》2015年第22卷第8期。

李江涛、熊柴、蔡继明：《开启城乡土地产权同权化和资源配置市场化改革新里程》，《管理世界》2020年第6期。

李相宏：《农业规模经营模式分析》，《农业经济问题》2003年第8期。

李宇嘉：《从"深圳新政"看大城市国有土地改革方向》，《中国房地产》2017年第28期。

李曰琴、李风圣：《论市场体制与效率和公平的关系——从福利经济学三个定理谈起》，《社会科学辑刊》1995年第1期。

《立法先行规范市场——就实施〈深圳市土地交易市场管理规定〉市法制局郝珠江局长答本刊记者问》，《国土资源通讯》2001年第5期。

林梦笑、沈晖、耿继进：《关于多层次自然资源市场体系的战略思考》，《中国房地产》2020年第15期。

林梦笑、张喆、于洋：《深圳土地综合评标出让：现状、问题及对策》，《住宅与房地产》2020年第20期。

林强：《半城市化地区规划实施的困境与路径——基于深圳土地整备制度的政策分析》，《规划师》2017年第9期。

刘芳、邹霞、姜仁荣：《深圳市城市化统征（转）地制度演变历程和解析》，《国土资源导刊》2014年第5期。

刘光全：《关于我国土地市场公开交易制度存在的缺陷与对策研究文献综述》，载《"决策论坛——管理科学与工程研究学术研讨会"论文集》上，《科技与企业》2016年。

刘贵文、易志勇、刘冬梅：《深圳市城市更新政策变迁与制度创新》，《西安建筑科技大学学报》（社会科学版）2017年第6期。

刘荷蕾：《工业园更新改造的产业、规划、土地协同路径——以深圳龙华新区某工业园为例：2016中国城市规划年会》，《中国会议》2016年。

刘守英：《中国土地制度改革的方向与途径》，《上海国土资源》2014年第35卷第1期。

卢荻：《深圳土地"第一拍"拉开了我国地产市场的帷幕》，2010中国经济特区论坛：纪念中国经济特区建立30周年学术研讨会，2010年。

卢为民、唐扬辉：《我国土地市场的发展变迁和展望》，《中国土地》2019年第1期。

罗罡辉、游朋、李贵才等：《深圳市"合法外"土地管理政策变迁研究》，《城市发展研究》2013年第11期。

罗湖平：《中国土地隐形市场研究综述》，《经济地理》2014年第34卷第4期。

马凯、钱忠好：《土地征用、农地直接入市与土地资源优化配置》，《农业经济问题》2009年第4期。

马克星、刘红梅、王克强等：《上海市土地市场供给侧改革研究》，《中国土地科学》2017年第31卷第1期。

马欣、陈江龙、吕赛男：《中国土地市场制度变迁及演化方向》，《中国土地科学》2009年第23卷第12期。

南岭：《深圳基因：市场经济体制形成之初》，《特区实践与理论》2019年第3期。

钱文荣：《中国城市土地资源配置中的市场失灵、政府缺陷与用地规模过度扩张》，《经济地理》2001年第4期。

丘国堂：《论土地市场的建立与实践》，2001年环境资源法学国际研讨会，2001年。

曲福田、高艳梅、姜海：《我国土地管理政策：理论命题与机制转变》，《管理世界》2005年第4期。

曲福田、石晓平：《城市国有土地市场化配置的制度非均衡解释》，《管理世界》2002年第6期。

深圳市国土资源和房产管理局：《深圳土地革命——回顾深圳土地管理20年历程》，《国土资源通讯》2006年第19期。

《深圳土地使用权拍卖槌声又起》,《中外房地产导报》1998年第9期。

宋骞:《"土改"再启动的先驱?——深圳试水"集体土地曲线入市"》,《中华建设》2013年第4期。

谭启宇、王仰麟、赵苑等:《快速城市化下集体土地国有化制度研究——以深圳市为例》,《城市规划学刊》2006年第1期。

田传浩、贾生华:《农地市场对土地使用权配置影响的实证研究——基于苏、浙、鲁1083个农户的调查》,《中国农村经济》2003年第10期。

田光明、曲福田:《中国城乡一体化土地市场制度变迁路径研究》,《中国土地科学》2010年第24卷第2期。

田彦军:《理性看待"土地财政"》,《中国土地》2013年第4期。

王帆:《深圳产业空间"突围"之路》,《决策》2018年第7期。

王炬:《深圳经济特区土地使用制度改革与房地产市场》,《中国土地科学》1992年第6卷第4期。

王青、陈志刚、叶依广等:《中国土地市场化进程的时空特征分析》,《资源科学》2007年第29卷第1期。

王德润:《城市土地储备制度:模式、效果、问题和对策》,《黑龙江科技信息》2016年第9期。

王慎刚、张锐:《中外土地集约利用理论与实践》,《山东师范大学学报》(自然科学版)2006年第21卷第1期。

王万茂:《市场经济条件下土地资源配置的目标、原则和评价标准》,《自然资源》1996年第1期。

王妍妍、谷志莲:《深圳市原农村土地二次开发政策梳理与困境分析》,《广东土地科学》2018年第17卷第4期。

王玉堂:《灰色土地市场的博弈分析:成因、对策与创新障碍》,《管理世界》1999年第2期。

王媛:《土地资本化、城市化与城市经济增长——深圳土地制度改革的意义》,《中国房地产》2012年第19期。

武小平:《土地只能在场内交易——析〈深圳市土地交易市场管理规定〉》,《中外房地产导报》2001年第15期。

夏柱智：《城市转型的实质挑战及土地制度的应对——兼论集体土地入市问题》，《思想战线》2019 年第 45 卷第 2 期。

谢涤湘、牛通：《深圳土地城市化进程及土地问题探析》，《城市观察》2017 年第 8 期。

许明月：《市场经济条件下我国土地权利的独立性研究》，《现代法学》1999 年第 6 期。

薛兴利、岳书铭、刘桂艳等：《尽快实现以市场为主配置农村土地资源》，《农业经济问题》2001 年第 7 期。

严每蓉：《土地使用制度的"二次革命"——深圳土地交易进入阳光时代》，《中外房地产导报》2001 年第 12 期。

严若谷：《中国快速城市化进程的土地产权制度分析》，《学术研究》2016 年第 7 期。

杨丽萍：《深圳应争当全国土地改革先锋》，《深圳特区报》2014 年 12 月 8 日。

叶涛、史培军：《从深圳经济特区透视中国土地政策改革对土地利用效率与经济效益的影响》，《自然资源学报》2007 年第 3 期。

于幼军：《携手优势互补 共谋比翼齐飞》，《中外房地产导报》2001 年第 14 期。

袁绪亚：《土地产权结构中的利益定位与分享》，《中国经济问题》1997 年第 1 期。

袁绪亚：《土地使用制度改革的多级理论》，《经济学家》1995 年第 3 期。

袁绪亚：《土地市场：均衡分析》，《上海经济研究》1996 年第 Z1 期。

袁绪亚：《土地资源市场配置效率的"帕累托改进"》，《学术月刊》1997 年第 3 期。

月若水、李元：《土地挂牌交易是创新之举》，《中外房地产导报》2001 年第 12 期。

张合林、刘颖：《我国城乡一体化与土地市场制度关系的实证分析》，《财经科学》2017 年第 9 期。

张军：《我国住房置业担保行业发展及路径建设》，《中国房地产》

2012年第7期。

张俊远、王瑞芳：《土地财政与生产要素市场资源配置的扭曲——来自省际面板VAR的证据》，《社会科学家》2013年第19期。

赵蕊、姚祎：《地下商业地块使用权招拍挂出让条件比较研究》，《地下空间与工程学报》2018年第14卷第4期。

赵燕菁：《土地财政：历史、逻辑与抉择》，《城市发展研究》2014年第1期。

郑定铨：《深圳进行土地使用权有偿转让试点取得突破性进展》，《中国经济体制改革》1988年第4期。

钟凯文、张宇：《走向深度城市化的多元路径》，《中国国土资源报》2015年5月22日。

周建春：《集体建设用地使用制度改革中的几个问题》，《中国土地科学》2003年第3期。

朱道林、程建、张晖等：《2019年土地科学研究重点进展评述及2020年展望——土地管理分析报告》，《中国土地科学》2020年第34卷第1期。

朱乃肖：《深圳经济特区国营企业土地使用费问题探讨》，《经济问题探索》1984年第11期。

邹兵：《从特区到大湾区——深圳对中国城市化的历史贡献与未来责任》，《时代建筑》2019年第4期。

邹兵：《深圳土地整备制度设计的内在逻辑解析——基于农村集体土地非农化进程的历史视角》，《城市建筑》2018年第6期。

陈美球：《中国农村城镇化进程中的土地配置研究》，博士学位论文，浙江大学，2002年。

程浩：《深圳市新一轮土地管理制度改革探索研究》，硕士学位论文，广西师范大学，2014年。

韩冰华：《农地资源合理配置的制度经济学分析》，博士学位论文，华中农业大学，2005年。

黄尹：《服务型政府建设中政府与社会组织关系的走向》，硕士学位论文，中国青年政治学院，2010年。

康俊：《湖南省城市土地市场供给侧结构性改革研究》，硕士学位论文，湖南大学，2018年。

李明月：《我国城市土地资源配置的市场化研究》，博士学位论文，华中农业大学，2003年。

田光明：《城乡统筹视角下农村土地制度改革研究——以宅基地为例》，博士学位论文，南京农业大学，2011年。

王淑华：《城乡建设用地流转法律制度研究——以集体土地权利自由与限制为视角》，博士学位论文，复旦大学，2011年。

吴郁玲：《基于土地市场发育的土地集约利用机制研究——以开发区为例》，博士学位论文，南京农业大学，2007年。

徐霞：《我国城市土地集约利用经济学分析》，博士学位论文，河海大学，2007年。

杨庆媛：《中国城镇土地市场发展问题研究》，博士学位论文，西南农业大学，2001年。

《关于要求批准〈深圳经济特区土地管理规定（修正草案）的请示〉》，1987年，深圳市规划和国土资源委员会（市海洋局）档案室藏，资料号：C46-1987-L-01206-0001。

合一城市更新：《工业及产业用地如何稳供给？深圳有新规》，http://dy.163.com/v2/article/detail/ECTGSA5705380MPT.html，2019年。

李昌鸿：《改革开放40年：土地拍卖第一槌开地产发展先河》，2018年6月14日，http://www.takungpao.com/special/239157/2018/0614/175985.html。

《深圳公布2019年度城建和土地利用实施计划》，2019年7月15日，央广网（http://news.cnr.cn/native/city/20190715/t20190715_524692138.shtml）。

深圳市规划和国土资源委员会市海洋局：《有偿出让土地深圳吃"螃蟹" 中航工贸中心协议成交 深圳首块有偿出让土地背后的故事》，2010年9月9日，http://www.szpl.gov.cn/xxgk/gzdt/zwdt/201009/t20100909_59050.html。

易居研究院：《2019 年地方政府对土地财政的依赖度报告》，http：//www. fangchan. com/data/134/2020 – 02 – 25/6637964452304327335. html，2020 年。

深圳市土地房产交易中心：《2019 中国（深圳）自然资源博览会城市土地展（第 14 届）邀请函》，http：//www. fair1. cn/main/fair1/2019/2019invite. pdf，2019 年。

《深圳市建委一九八一年工作总结》，1981 年，深圳市规划和国土资源委员会（市海洋局）档案室藏，资料号：C43 – 1981 – 02 – Y – 0003。

《深圳市以三种不同形式实行土地使用权有偿转让试点基本情况》，1988 年，深圳市规划和国土资源委员会（市海洋局）档案室藏，资料号：C46 – 1987 – L – 02117 – 0001。

《市长办公会纪要》，1987 年，深圳市规划和国土资源委员会（市海洋局）档案室藏，资料号：C46 – 1987 – L – 01602 – 0001。

张卫清：《解读"深圳 90"建设项目审批制度改革》，2018 年 7 月 16 日，http：//www. sznews. com/news/content/2018 – 07/16/content_19562673_2. htm，2018 年。

［美］道格拉斯·诺斯：《经济史中的结构与变迁》，陈郁、罗华平等译，上海三联书店、上海人民出版社 1994 年版。

［美］道格拉斯·诺斯：《制度、制度变迁与经济绩效》，刘守英译，上海三联书店 1994 年版。

Christian C. S. , Stewart G. A. , "Methodology of Integrated Surveys", Report of Toulouse Conference on Principles and Methods of Integrated Aerial Studies of Natural Resources, Unesco, Paris, 1964.

后　　记

　　撰写本书，起意于作为中国深圳人的自豪感和历史使命感。虽然笔者都只是时代大潮中的小人物，但由衷感恩能把青春挥洒在这片中国改革开放前沿的热土上，更倍觉有责任记录亲历的历史变革及所思所为，托微言于拙笔，以留痕这段与这城（深圳）、这市（土地市场）共成长的足迹，以绵薄之力为大家探究土地改革、人间故事奉上一点素材。

　　行文之间，始终对中国特别是深圳土地市场改革中的先行开拓者怀着无比敬仰与感激之情。深圳改革开放的奠基者张勋甫、吴南生、李灏、罗昌仁、李传芳等精心绘制了深圳经济特区建设的宏伟蓝图，以刘佳胜为代表的一代国土人则在土地领域举槌创新，以排除万难的魄力和决心解放思想与革新办法，开辟了一条土地管理与发展的新道路。这凝聚着整整一代人的血汗与智慧，也为深圳乃至全国贡献了宝贵的改革经验。

　　正因为开拓者的革新和土地事业的发展，才诞生并造就了深圳市土地房产交易中心这艘冲浪大船，也才有了登上大船、扎根乐业于中心的笔者投身参与这一历史大潮的机缘。从中心的创建者罗志辉，到历任掌舵者刘建新、党从佑、夏雷、耿继进、苗晶、陈丽君，面对不同阶段深圳土地市场及中心发展的时代需求与挑战，他们都带领中心勇立潮头、从不止步，充分展示敢为天下先的深圳风范。

　　本书行至付梓，还离不开一群默默贡献力量的同行者。向发灿、邓敬宏、刘晓玲、耿继进、刘贵山、何鸿、程道银等领导对具体业务的统筹管理为本书打下扎实的基础。耿继进作为撰稿团队的核心专家顾问，不遗余力地在各个关键时点提供最有力的指导和支持；于洋从选题策划到书稿完成，力求组织协调好中心相关部门，稳步推进成书过程；李亚东、万华等拍卖部同仁为第七章第二节提供了土地司法拍卖系统性总结的历史资料；胡青、钟燕文、孙菁华等展会部同仁为第七章第三节提供了历年土地展珍贵资料并进行总结梳理；刘超奇等服务部同仁为第七章第四节提供了产业平台发展的详细材料；陈一新、王小敏、李莉和中国人民大学合作团队倾其全力为本书主要章节的写作提供专业技术支撑。

此文成书，对以上先行者与同行者再次致以诚挚的感谢！

回顾一年来撰稿团队出谋献策、各尽所能、废寝忘食、挑灯夜战的点滴与情谊，感慨万千。愿拙著能实现对深圳土地市场、中心、自己过去奋战的燃情岁月进行阶段性总结的初衷，并以此作为我们未来继续砥砺前行的新起点。下个40年，再会！

2020 年 10 月

作于香蜜湖深圳土地房产交易大厦